·乐税系列·

乐贸 LEMO
LOVE · EASY · MONEY · OPEN

外贸企业免退税实务

PRACTICE OF TAX EXEMPTION REFUND IN FOREIGN TRADE ENTERPRISE (SECOND EDITION)

——经验·技巧分享（第二版）

外贸会计出口退税工作中必不可少的工具书
新政策细致解读 大量系统操作截图方便掌握

徐玉树　罗玉芳 / 著

中国海关出版社有限公司
·北京·

图书在版编目（CIP）数据

外贸企业免退税实务：经验·技巧分享／徐玉树，罗玉芳著．—2版．—北京：中国海关出版社有限公司，2020.5

ISBN 978-7-5175-0428-3

Ⅰ.①外⋯ Ⅱ.①徐⋯ ②罗⋯ Ⅲ.①外贸企业—出口退税—税收管理—中国 Ⅳ.①F812.424

中国版本图书馆 CIP 数据核字（2020）第 051251 号

外贸企业免退税实务——经验·技巧分享（第二版）
WAIMAO QIYE MIAN-TUISHUI SHIWU——JINGYAN · JIQIAO FENXIANG（DI-ER BAN）

作　　者：徐玉树　罗玉芳	
策划编辑：马　超	
责任编辑：吴琳旖	
责任监制：赵　宇	
出版发行：中国海关出版社有限公司	
社　　址：北京市朝阳区东四环南路甲 1 号	邮政编码：100023
网　　址：www.customskb.com/book	
编 辑 部：01065194242－7589（电话）	01065194234（传真）
发 行 部：01065194221/4227/4238/4246（电话）	01065194233（传真）
社办书店：01065195616/5127（电话/传真）	01065194262/63（邮购电话）
印　　刷：北京铭成印刷有限公司	经　　销：新华书店
开　　本：710mm×1000mm　1/16	
印　　张：22.5	字　　数：444 千字
版　　次：2020 年 5 月第 2 版	
印　　次：2021 年 10 月第 2 次印刷	
书　　号：ISBN 978-7-5175-0428-3	
定　　价：55.00 元	

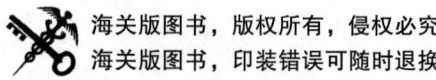

海关版图书，版权所有，侵权必究
海关版图书，印装错误可随时退换

前言

本书自2016年出版上市之后，受到广大读者的好评，对此作者感到非常欣慰。同时也存在一些批评意见，作者也虚心接受。因第一版加印图书基本售罄，中国海关出版社有限公司决定再次对本书进行印刷，并征求作者意见，是否对原书进行修改。

因近两年来，出口退税申报发生了很大变化，另外在第一版书中也发现了一些问题，因此对原书内容进行修改是非常必要的。出口退税申报的变化主要体现在两个方面。一方面是国家出口退税政策的变化：一是退税申报取消了预申报，取消预申报后，如果企业录入的申报数据没有错误，只需申报一次即可完成；二是出口退税申报实行了无纸化申报，申报时不再向退税主管部门提供纸质资料，只需提供电子申报资料即可，纸质资料留存申报企业备查。另一方面就是出口退税系统的变化：为适应新的出口退税政策，国家税务总局对外贸企业出口退税系统进行了升级，申报系统多年以来使用的由1开头的版本升级到了由2开头的版本，而且新系统的录入模块及菜单也有了较大的变动。

根据出口退税政策及退税系统的变化情况，作者对书的内容做了相应修改。由于海关和外汇管理政策变化不大，对电子口岸系统和外汇管理平台这两个管理系统的申报操作基本没有什么影响，所以本次修改不涉及第三章至第五章的内容，修改主要针对第一章基本知识、第二章出口退税申报系统和第六章账务处理。对第一章内容做了部分修改，是为了与新的出口退税政策相对应；对第二章的内容做了比较大的修改：一是根据政策变化对有些内容做了增加或删除，二是把书中的操作截图全部换成了出口退税申报系统最新版本的截图；对第六章的内容做了小部分修改。在对以上内容进行修改的同时，也对第一版书中错误的地方进行了更正。

通过本次修改，我相信新版图书出版后，将为读者们的学习提供更好的帮助，对会计同行们的工作提供更好的支持，这也是作者写作本书的唯一目的。

当然，因受作者能力所限，书中肯定还存在许多不足之处，甚至还会存在一些错误。因此真诚欢迎读者朋友们加以指正，以便下次印刷时加以修改，同时也督促作者不断提高业务水平，为读者们提供更好的服务。

徐玉树

2019 年 12 月 1 日

Contents 目录

第一章 外贸企业免退税的基本知识 ·········· 1

 第一节 国际贸易与免退税的概念 ·········· 2
  一、国际贸易与外贸企业的概念 ·········· 2
  二、免退税的概念 ·········· 3

 第二节 外贸企业免退税需要掌握的基本常识 ·········· 3
  一、外贸企业与生产企业 ·········· 3
  二、一般纳税人与小规模纳税人 ·········· 4
  三、外贸企业主要的贸易方式 ·········· 5
  四、免退税的税种 ·········· 5
  五、出口货物的税率与退税率 ·········· 6
  六、出口货物退免税的计算方法 ·········· 6
  七、免退税的几个时限 ·········· 7

 第三节 免退税的适用条件 ·········· 8
  一、免退税的基本条件 ·········· 9
  二、免退税适用的货物范围 ·········· 9
  三、免退税适用的企业范围 ·········· 10

 第四节 免退税使用的电子系统 ·········· 10
  一、外贸企业出口退税申报系统 ·········· 10
  二、电子口岸执法系统 ·········· 11

  三、国际收支申报系统 …… 11
  四、货物贸易业务系统 …… 12
  五、各电子系统之间的关系 …… 12

第二章　外贸企业出口退税申报系统的操作经验与技巧 …… 15
 第一节　系统基础知识 …… 16
  一、系统介绍 …… 16
  二、系统安装 …… 16
  三、系统登录 …… 18
  四、系统维护 …… 19
 第二节　外贸企业出口业务免退税申报操作 …… 41
  一、备案申请向导 …… 43
  二、退税申报向导 …… 56
  三、代办申报向导 …… 104
  四、其他申报向导 …… 115
  五、单证申报向导 …… 139
 第三节　系统操作中经常遇到的问题 …… 164

第三章　电子口岸执法系统的操作经验与技巧 …… 167
 第一节　系统介绍 …… 168
 第二节　系统的安装及系统功能介绍 …… 169
  一、系统安装前的准备工作 …… 169
  二、系统软件的安装 …… 171
  三、系统功能 …… 173
 第三节　出口退税子系统的操作 …… 174
  一、系统操作流程简介 …… 174
  二、通关无纸化网上签约、解约 …… 174
  三、系统登录、密码修改 …… 180
  四、出口退税子系统的操作 …… 182

第四节　系统操作中经常遇到的问题 ················· 190

第四章　国际收支申报系统的操作经验和技巧 ············· 193
第一节　系统简介 ······························ 194
　　一、关于系统 ······························ 194
　　二、系统功能 ······························ 196
　　三、系统登录 ······························ 196
第二节　申报单管理 ···························· 198
　　一、涉外收入申报单 ························ 199
　　二、境内收入申报单 ························ 210
第三节　基础档案管理、公共数据查询、工作日志查看 ··· 213
　　一、基础档案管理 ·························· 213
　　二、公共数据查询 ·························· 214
　　三、工作日志查看 ·························· 219
第四节　系统操作中经常遇到的问题 ················· 220

第五章　货物贸易业务系统的操作经验和技巧 ············· 223
第一节　系统简介 ······························ 224
　　一、关于系统 ······························ 224
　　二、系统功能 ······························ 226
第二节　企业网上报告管理 ······················ 227
　　一、贸易信贷与融资报告 ···················· 229
　　二、转手买卖收支时间差报告 ················ 258
　　三、出口收入存放境外报告 ·················· 274
　　四、其他报告 ······························ 280
第三节　企业信息管理 ·························· 303
　　一、企业管理状态查询 ······················ 303
　　二、登记表签发情况查询 ···················· 306
　　三、现场核查信息接收与反馈 ················ 308

· 3 ·

四、外汇局公告信息查询 ·· 310
　　五、企业留言 ·· 310
　第四节　系统操作中经常遇到的问题 ···························· 312

第六章　外贸企业出口退免税业务的账务处理 ············ 315
　第一节　外贸企业自营出口业务的账务处理 ···················· 316
　　一、自营出口货物退税的条件 ···································· 316
　　二、自营出口业务退税申报需提供的资料 ······················ 317
　　三、外贸企业自营出口业务涉及的主要会计科目 ············· 317
　　四、外贸企业自营出口业务的账务处理 ························ 318
　　五、外贸企业出口货物退运业务的账务处理 ·················· 319
　　六、外贸企业出口转内销业务的账务处理 ····················· 319
　　七、外贸企业自营出口业务的账务处理实例 ·················· 320
　第二节　外贸企业委托代理出口业务的账务处理 ··············· 323
　　一、外贸企业委托代理出口货物退税的条件 ·················· 323
　　二、外贸企业委托代理出口业务退税申报需提供的资料 ···· 324
　　三、外贸企业委托代理出口业务涉及的主要会计科目 ······· 324
　　四、外贸企业委托代理出口业务的账务处理 ·················· 325
　　五、外贸企业委托代理出口业务的账务处理实例 ············ 326
　第三节　外贸企业代理出口业务的账务处理 ···················· 328
　　一、外贸企业代理出口货物的条件 ······························ 328
　　二、代理出口企业需要为委托企业免退税提供的资料 ······ 329
　　三、外贸企业代理出口货物涉及的主要会计科目 ············ 329
　　四、外贸企业代理出口货物的账务处理 ······················· 330
　　五、外贸企业代理出口货物的账务处理实例 ················· 331
　第四节　外贸企业进料加工业务的账务处理 ···················· 333
　　一、外贸企业进料加工业务的加工方式、退免税政策及退税计算
　　　　方法 ··· 333
　　二、外贸企业进料加工业务涉及的主要会计科目 ············ 334

三、外贸企业进料加工业务的账务处理 …………………………… 335
　　四、外贸企业进料加工业务账务处理实例——委托加工方式 ……… 336
　　五、外贸企业进料加工业务账务处理实例——作价加工方式 ……… 339
　第五节　外贸企业来料加工业务的账务处理 ……………………………… 341
　　一、外贸企业从事来料加工贸易的特点及税收政策 ………………… 341
　　二、外贸企业来料加工业务涉及的主要会计科目 …………………… 342
　　三、外贸企业来料加工业务账务处理 ………………………………… 342
　　四、外贸企业来料加工业务账务处理实例 …………………………… 343

第一章
外贸企业免退税的基本知识

第一节 国际贸易与免退税的概念

一、国际贸易与外贸企业的概念

国际贸易，顾名思义，就是国家或地区之间的贸易，也称对外贸易。狭义的对外贸易是指不同国家或地区之间的贸易活动。广义的对外贸易不仅包括国家或地区之间的贸易，还包括境内企业与各类海关特殊监管区域（如保税区、出口加工区等）的贸易活动。这种贸易活动包括商品贸易、服务贸易、技术贸易等。商品贸易是指国家或地区之间以实物形态的货物所进行的交易活动，也称"有形贸易"。服务贸易是指国家或地区之间互相提供服务的经济交换活动。技术贸易是指国家或地区之间进行的有偿技术转让活动。服务贸易和技术贸易因一般是非实物形态的贸易，所以也称"无形贸易"。

国际贸易从贸易交易对象的流向来分，又可划分为出口贸易和进口贸易。

出口贸易是交易对象的提供方通过商品、服务或技术等流出，来换取境外货币资金或其他商品、服务、技术的流入的贸易活动，包括一般贸易、加工贸易、易货贸易、补偿贸易等。

进口贸易是以货币资金或商品、服务、技术等的流出，来换取所需的境外商品、服务、技术等对象的流入的贸易活动。进口贸易根据流入对象的形态，也分为一般贸易、加工贸易、易货贸易、补偿贸易等。

在国民经济中，国际贸易额也是衡量一个国家经济实力的重要标志。我国自改革开放以来，经济实力和国际地位发生了翻天覆地的变化。2010年，我国取代日本，成为世界第二大经济体。三年后的2013年，我国货物贸易总额达到了4.16万亿美元，一举取代了美国，成为无可争议的世界第一货物贸易大国。促成这些变化的重要因素之一，是我国高速发展的进出口国际贸易。

国家之间的进出口贸易，一般并不是由政府主导的，而主要是在企业之间进行的。在我国，任何一家企业，都可以从事进出口业务。当然企业要直接进行进出口贸易活动，首先要取得进出口经营权，否则只能委托有进出口经营权的企业代理出口。外贸企业就是这些从事进出口贸易企业的重要组成部分。在改革开放之前，由于政策限制，我国的国际贸易基本都是通过国有外贸公司来做。改革开放后，随着国家政策的调整，进出口经营权一步步放开，生产企业逐渐取代了外贸企业，成为我国国际贸易的新生力量和主力军，但外贸企业仍然在我国的国际贸易中占有非常重要的地位。

所谓外贸企业，也有狭义和广义之分。广义的外贸企业是指所有从事进出口贸易的企业。狭义的外贸企业是指商贸型的进出口企业。从会计和出口退税角度来说，外贸企业则是指狭义的外贸企业，也就是从事进出口贸易的商贸企业。本书的内容也是针对这类企业的需求来写的。

二、免退税的概念

出口退税政策是国家为了鼓励出口而对出口企业实行的一种税收优惠政策。在改革开放初期，由于我国的外汇储备比较有限，严重制约了我国在国际市场上的购买力。因此，为了鼓励企业出口，为国家争创更多外汇，我国一方面放松了对进出口经营权的限制，另一方面又出台了对出口企业出口货物实行免退税的优惠政策。随着我国进出口业务的迅速发展，我国的外汇储备也突飞猛进地增长。2008年世界经济危机爆发后，我国数次上调出口货物退税率，其最终目的就是利用出口退税作为杠杆，巩固和增加出口业务，维持我国经济的高速发展和对外投资，抵消经济危机对我国的冲击。

在出口业务中，不同企业类型执行不同的退税政策。生产企业执行的是出口免抵退税政策，而外贸企业执行的是出口免退税政策。所谓免退税，就是指企业发生出口业务后，免征增值税及消费税，企业购进的出口货物或劳务的进项税则全额或部分退还给出口企业。当然退税率为零的出口货物是不予退税的。

实行免退税优惠政策，一方面鼓励出口，为国家增加了外汇收入，另一方面也减轻了企业的税收负担，增加了企业的收入；同时也增强了企业在国际市场的竞争实力，为企业走出国门、走向世界提供了经济保障。

第二节　外贸企业免退税需要掌握的基本常识

企业从事进出口贸易，计算出口免退税，有些基本概念是需要掌握的。这些基本概念也是进出口贸易的基本常识，只有熟悉了这些常识，在工作中才能做到得心应手，否则就可能遇到许多困难，影响工作效率，严重的甚至会给企业造成重大损失。俗话说，"工欲善其事，必先利其器"，多了解一些基本知识是做好出口退税工作的基础。

一、外贸企业与生产企业

前文说到生产企业发展很快，早已取代外贸企业，成为进出口业务中的主要力量。那么何为生产企业，何为外贸企业？二者的关系又如何？

前文也说过，外贸企业就是商贸型的进出口企业，其特点是一般自己不加工生产商品，基本都是从其他企业购入商品后直接出口，通俗来讲就是"倒买倒卖"。由于商贸企业的特点，其倒买倒卖的对象企业，既可以是国内企业，也可以是境外企业，还可以是保税区、加工区等海关特殊监管区域的企业。就是说，外贸企业的业务范围包括内贸业务与外贸业务，但只有外贸业务享受免退税优惠。

外贸企业除了自身业务外，也可以代理其他企业从事进出口业务。被代理企业包括生产企业或外贸企业，内资、外资或合资企业，一般纳税人企业或小规模纳税人企业等。

生产企业是指生产型的进出口企业，其特点是出口产品一般都由自己生产，当然也可以从其他企业外购商品出口，但前提是必须按视同自产产品出口。关于视同自产产品的概念，因与外贸企业无关，就不在这里加以解释了。

原来的生产企业出口货物时，可以自营出口，也可以委托外贸企业出口，但不能代理其他企业出口。这也是过去生产企业与外贸企业的重要区别。不过自2012年7月1日起，国家对出口退税政策作出了重大调整，新政策规定生产企业也可以代理其他企业出口货物。

外贸企业与生产企业的最大区别除了出口货物的来源不同外，还有就是退税的计算方法不同。外贸企业计算退税是以购进货物的增值税或消费税专用发票的进项税额为基础，而生产企业计算退税是以出口货物的出口专用发票上的FOB（装运港船上交货）条件折算的人民币价格为基础。还有一个显著的区别就是两者使用的退税系统完全不一样。但二者在许多方面也有相同或相似的地方，如必须单证齐全的出口货物才能参与退税计算，单证的收齐期限、退税方式都是一样的，贸易方式的涵盖范围也基本相同。

二、一般纳税人与小规模纳税人

不论是外贸企业还是生产企业，都包括一般纳税人和小规模纳税人两类企业。一般纳税人企业是指生产经营规模达到国家规定的标准，取得一般纳税人资格的企业。其标准是：生产企业年应税销售额在50万元以上，商贸企业年应税销售额在80万元以上。被认定为一般纳税人的企业，可以对客户开具增值税专用发票，其购进货物或劳务取得的增值税专用发票的进项税额可以用来抵扣销售货物的销项税额，外贸企业还可以凭进项发票计算出口退税。一般纳税人的增值税征收率，根据企业销售货物的不同，分为13%、9%、6%等。小规模纳税人是指年应税销售额低于国家规定标准、未取得一般纳税人资格的企业。小规模纳税人企业不能开具增值税专用发票，只能开具普通发票，其增值税征收率为3%。其购进货物或劳务取得的增值税专用发票的进项税额不能抵扣销售业务的销项税额。

取得一般纳税人资格的生产企业或外贸企业,可以享受出口退税的优惠政策。未取得一般纳税人资格的企业,其出口业务虽不能退税,但可以免税。

由于小规模纳税人不能开具增值税专用发票,所以外贸企业从小规模纳税人企业购买的商品出口后不能退税。生产企业从小规模纳税人企业购入的货物,因没有可抵扣的进项税,所以出口货物也等于不能退税。但无论外贸企业还是生产企业,如果小规模纳税人能够提供税务局代开的税率3%的增值税专用发票,就可以进行出口退税。不过外贸企业退税是按出口货物退税率与征收率更低的一项来计算的,简单说就是就低不就高。例如现在的小规模纳税人增值税的征收率一般为3%,如果购进的出口货物的退税率高于3%,按3%计算退税,如果购进的出口货物的退税率低于3%,则按退税率计算退税。因此从小规模纳税人企业购入货物时,一定要把退税率这一因素考虑进去。对于退税率比较高的出口货物,尽量不要从小规模纳税人企业购买,除非是货物的价格较低。

三、外贸企业主要的贸易方式

外贸企业的贸易方式是多样的,几乎所有的贸易方式,外贸企业都可以做,包括一般贸易、加工贸易、补偿贸易、易货贸易、小额边境贸易、转口贸易等。由于外贸企业出口货物都是外购的,不管是哪种贸易方式,其退税都是以购入货物的进项税额为计算依据。

除了一般贸易外,其他贸易方式对于外贸企业来说有点复杂。例如做加工贸易时,需要把进料或来料进口后委托给其他生产企业加工,然后再回收加工产品出口。做补偿贸易、易货贸易、转口贸易时,需要把进口的货物再转手销售出去。与生产企业相比,相同的贸易方式,外贸企业可能要多好几道程序。

四、免退税的税种

外贸企业出口货物的退税税种包括两种:增值税和消费税。

我国的免抵退税政策主要是针对流转税中的增值税和消费税。增值税是价外税,即货物的价款和税款是分开的,价款中不包含税款,税款由购买方承担。增值税作为我国所有税种中最主要的部分,其覆盖面是最大的。增值税退税政策的影响力自然也是最大的,它惠及了多数的工商企业。消费税是价内税,即货物的价款里包括税款,税款由销售方承担。消费税的征税范围比较小,只有国家规定的特定商品如烟、酒、化妆品等才征收消费税。

五、出口货物的税率与退税率

出口货物的税率，是指货物销售时根据征税对象用来计算应纳税额的比率。对于出口货物退税计算来说，出口货物税率包括增值税税率和消费税税率。增值税税率原来主要有应税货物的17%、13%和运输费用的7%等三档。营业税改征增值税后，又增加了11%和6%两档税率。2019年，国家税务总局又对税收政策进行了调整，增值税税率调整为13%、9%、6%三档。因小规模纳税人企业不涉及退税政策，所以这里所谓出口企业和出口业务均不包括小规模纳税人企业及其出口业务。消费税征税方式主要有两种，即从价计征和从量计征。从价计征就是按销售额与适用税率计算税额，从量计征就是以销售数量与适用税额标准计算税额。从价计征的消费税税率不像增值税税率那样简单，税率分档非常复杂，即使是同一商品的税率，也可能有多档。这里就不一一列举了。

退税率是指应税货物出口后，把出口货物已经缴纳的全部或部分税款按退税率计算出结果，把生产和流通环节已征收的税款退还给出口企业。增值税应税出口货物的退税率与购进业务按业务类型划分的三档税率不同，它是以出口业务的品种类型来设置的。不同品种的出口货物或劳务，其退税率也各不相同，甚至同一品种的出口货物因规格型号不同，其退税率也不相同。应税消费税出口货物的退税率就简单多了，执行的是全额退税政策，其退税率就是其征税率。

六、出口货物退免税的计算方法

一般贸易的应税增值税出口货物计算退税时，以出口货物购入时的进项增值税专用发票上的金额为计算依据；进料加工出口货物，如果是以委托加工方式加工的，计算退税以回购货物时加工企业开具的增值税专用发票上的加工费金额为依据；进料加工出口货物，如果是以作价加工方式加工的，计算退税以回购货物时加工企业开具的增值税专用发票的商品金额为依据。公式如下：

一般贸易出口货物应退税额＝进项增值税专用发票的金额×出口货物退税率

进料加工贸易委托加工的出口货物应退税额＝回购的出口货物的加工费发票金额×出口货物退税率

进料加工贸易作价加工的出口货物应退税额＝回购的出口货物的发票金额×出口货物退税率

应税消费税出口货物的消费税退税计算，是以出口货物购入时销售企业出具的"出口货物消费税专用缴款书"为计算依据的。出口企业申报退税时，只需向退税部门提供该完税凭证即可。

外贸企业自小规模纳税人购入货物取得的税务部门代开的增值税专用发票，如果出口退税率高于代开发票的税率，则以代开的增值税专用发票的税率作为退税率计算退税额。

七、免退税的几个时限

外贸企业出口货物申报退税，是受许多条件限制的，其中有几个时限就需要特别注意。

一是出口货物的进项增值税专用发票必须及时取得并通过税务部门认证，而且要在申报出口退税之前或退税当月认证。进项增值税专用发票的认证期限是在开票之日起的360日之内，超过规定的认证期限的发票，就不能抵扣了。不能抵扣的发票是不能参与退税的。

二是出口货物必须在规定时间内完成申报。出口业务的纳税申报必须在发生出口业务的次月申报期内申报。外贸企业的出口退税申报，不要求在出口次月必须申报，但必须在出口发生后的次月至次年4月30日前的任意申报期内收齐单证并完成申报。未在规定期限内完成申报的不能申请延期，只能免税或转内销征税。

三是符合延期申报条件的，可在次年4月份申报期截止前办理延期申报。未办理延期申报申请的，不能参与退税。因以下原因影响未按期申报的企业可以办理延期申请：

①自然灾害、社会突发事件等不可抗力因素；

②出口退（免）税申报凭证被盗、抢，或者因邮寄丢失、误递；

③有关司法、行政机关在办理业务或者检查中，扣押出口退（免）税申报凭证；

④买卖双方因经济纠纷，未能按时取得出口退（免）税申报凭证；

⑤由于企业办税人员伤亡、突发危重疾病或者擅自离职，未能办理交接手续，导致不能按期提供出口退（免）税申报凭证；

⑥由于企业向海关提出修改出口货物报关单申请，在退（免）税期限截止之日前海关未完成修改，导致不能按期提供出口货物报关单；

⑦国家税务总局规定的其他情形。

四是出口业务必须在规定的退税申报期限内完成收汇。出口退税的申报截止日期是出口发生后的次年4月30日，所以出口业务的收汇应该在出口发生后的次年4月30日之前完成。如果不能按期完成收汇，则只能适用免税政策或按内销征税。

五是符合办理延期收汇条件的，可在次年4月份申报期截止前办理不能收汇申报，经退税部门审核，符合条件的可视同收汇处理，办理退税。未办理延期申报申请的，不能参与退税。可办理延期收汇申请的条件如下：

①因国外商品市场行情变动的，提供有关商会出具的证明或有关交易所行情报价资料。

②因出口商品质量原因的，提供进口商的有关函件和进口国商检机构的证明；由于客观原因无法提供进口国商检机构证明的，提供进口商的检验报告、相关证明材料和出口单位书面保证函。

③因动物等鲜活产品变质、腐烂、非正常死亡或损耗的，提供进口商的有关函件和进口国商检机构的证明；由于客观原因确实无法提供商检证明的，提供进口商有关函件、相关证明材料和出口单位书面保证函。

④因自然灾害、战争等不可抗力因素的，提供报刊等新闻媒体的报道材料或中国驻进口国使领馆商务处出具的证明。

⑤因进口商破产、关闭、解散的，提供报刊等新闻媒体的报道材料或中国驻进口国使领馆商务处出具的证明。

⑥因进口国货币汇率变动的，提供报刊等新闻媒体刊登或外汇局公布的汇率资料。

⑦因溢短装的，提供提单或其他正式货运单证等商业单证。

⑧因出口合同约定全部收汇最终日期在申报退（免）税截止期限以后的，提供出口合同。

⑨因其他原因的，提供主管税务机关认可的有效凭证。

六是委托出口的货物，受托方应在货物报关出口之日起至次年4月份申报期截止日前，向主管退税部门申请开具"代理出口货物证明"，并将其及时转交委托方，逾期的，受托方不得申请开具"代理出口货物证明"。

七是进料加工手册或账册必须按时到海关核销。从事进料加工业务的外贸企业，必须在加工手册中的最后一项业务出口后，或海关对电子账册核定的核销周期内，到海关对加工手册或电子账册进行核销。

八是进料加工业务必须按时在退税部门完成核销。从事进料加工业务的外贸企业，必须在次年4月30日前向退税部门申请办理上年度海关已经核销的手册或账册的进料加工业务的核销手续。过期后，退税部门将不再予以办理。

第三节　免退税的适用条件

外贸企业出口货物享受免退税的优惠政策都是有一定条件的，只有满足这些条件的要求，出口货物才能享受免退税优惠。这些条件包括免退税的基本条件、免退税适用的货物范围、免退税适用的企业范围等。

一、免退税的基本条件

外贸企业出口货物享受免退税优惠的基本条件主要包括以下几方面。

一是出口货物已经报关出口。只有完成报关手续并已离境的出口货物才允许参与免退税计算。

二是购进货物的进项增值税专用发票必须通过税务部门认证。没有认证或认证未通过的进项增值税专用发票，不允许参与退税计算。

三是出口企业必须开具销售发票且对出口货物做了销售收入账务处理。

四是外贸企业委托其他企业代理出口货物，需要有代理企业从主管退税部门开来的"代理出口货物证明"。

五是从事进料加工、来料加工业务的外贸企业，其加工手册或电子账册必须已经在海关核销。

六是出口货物的货款要及时回收。虽然现在实行年度总量核查制度，但如果出口金额与收款金额差额较大，就会被国家外汇管理局列为重点监控企业，如此必然会对企业的免退税造成很大影响。

七是申报免退税的纸质资料或电子资料要齐全。2005 年，国家税务总局开始推进出口收汇核销单的无纸化试点工作。2012 年，海关总署推行无纸化通关试点工作。2015 年，国家税务总局推行出口退税无纸化申报试点工作。2018 年，国家税务总局要求，按照企业自愿的原则，于 2018 年 12 月 31 日前，实现出口退（免）税管理类别为一类、二类的出口企业全面推行无纸化退税申报。也就是说，以后满足条件的企业进行出口退税申报时，不需要再向退税部门提供申报所需的纸质资料，只需通过网络提交电子数据资料即可。需要说明的是，各地退税部门可能对政策的落实情况不完全一样，有些地方也许会要求提供部分纸质资料。而且所谓的无纸化仅限于申报环节，纸质资料还是必不可少的，只不过这些纸质资料改为由企业存档备查了。

二、免退税适用的货物范围

外贸企业适用于出口免退税政策的货物，不像生产企业那么复杂，但也要符合国家有关政策。这里主要是指出口货物必须是国家政策允许免退税的货物。国家限制出口的货物或零退税率的货物出口后应该按规定缴纳出口增值税、出口关税等。

企业出口货物报关单的商品代码与申报系统的商品代码必须一致。如果遇到海关调整商品代码而申报系统未及时升级时，企业可按报关单上的代码申报，但要附送"海关出口商品代码、名称、退税率调整对应表"及电子数据。

企业出口货物的进项增值税专用发票的计量单位至少要与出口报关单上第一计量单位、第二计量单位及申报的计量单位之一相符，且进项增值税专用发票上的货物名称要与出口报关单上的货物名称一致。如果出口货物由多种零部件组成，出口企业应针对出口货物报关单、增值税专用发票上不同商品名称的相关性及不同计量单位的折算标准，向主管退税部门提供书面报告，加以说明。

三、免退税适用的企业范围

具有进出口经营权的商贸企业，因企业的性质、规模等不同，执行的出口优惠政策也不相同。一般纳税人外贸企业出口业务一般都可以享受退免税政策。小规模纳税人外贸企业，不论是自营出口还是委托代理出口货物，只能免税而不能退税。

第四节　免退税使用的电子系统

外贸企业出口货物后，需要综合使用几个电子系统，才能完成退税工作。这几个电子系统就是：退税部门的外贸企业出口退税申报系统、海关的电子口岸执法系统、外汇管理部门的国际收支申报系统及货物贸易业务系统等。

一、外贸企业出口退税申报系统

外贸企业出口退税申报系统是国家税务总局委托开发的出口业务退税专用的电子申报系统，也是对出口货物进行退免税申报时使用的最主要系统。企业出口货物后的退免税申报需提供的材料，都是通过这个系统来提交的。由于申报系统不断升级，退税率也在随着国家政策的变化而实时更新，所以出口企业申报退免税时，一定要使用最新版本的退税申报系统。

出口退税申报系统的操作流程如下。

第一步，登录外贸企业出口退税申报系统。

第二步，在系统中进行外部数据采集。这些外部数据包括报关单数据、出口商品的汇率、贸易性质、已经认证的进项增值税专用发票信息等。

第三步，对出口业务进行明细申报录入，包括出口明细申报录入、进口明细申报录入、出口货物收汇或不能收汇录入、零税率出口货物明细录入、零税率进货明细录入、免税出口货物劳务明细录入、出口已使用旧设备录入等。

第四步，对出口业务进行单证申请录入，包括进料加工证明申请、来料加工证明申请及核销申请、出口货物转内销证明申请、退运补税证明申请、委托出口货物证明申请、代理出口货物证明申请等。

第五步，退税申报数据检查，包括进货出口数量关联检查、换汇成本检查、预申报数据一致性检查等。

第六步，生成申报数据。把已经录入的出口信息生成申报数据，同时可对逾期未申报数据进行查询。

第七步，打印申报表。将已经生成的申报数据打印成纸质申报报表资料。主要操作内容有：退税汇总表申报录入、生成退免税申报数据、生成出口收汇申报数据、打印出口收汇申报表等。

第八步，申报信息处理。把退税部门审核通过的申报信息录入系统进行处理，同时可对收汇异常情况进行查询。对不能忽略的反馈疑点进行分析，重新修改录入的申报数据。修改完成后再次进行申报。

第九步，确认申报数据。对退税部门审核反馈的信息处理后如果没有发现问题，可对正式申报数据进行确认。进行确认的过程就是对出口货物的退税数据计算的过程。

二、电子口岸执法系统

电子口岸执法系统是海关总署组织开发的、对企业出口货物的单证信息进行监管的电子系统。随着国家对出口收汇管理的放宽以及对出口退税管理工作的改革，电子口岸执法系统在出口退税中的作用也大大减弱。现在电子口岸的主要作用就是查询出口报关单信息数据，为出口退税申报系统的申报录入提供帮助。

出口企业现在使用的主要就是出口退税子系统。操作模块主要有：结关信息查询、数据报送、数据查询、数据下载、业务规范等。具体内容将在后面有关章节详细介绍。

三、国际收支申报系统

国际收支申报系统是国家外汇管理局组织开发的、对企业出口货物收到的货款进行申报的电子系统。企业对收到的每一笔货款，不论是外汇还是人民币，都要通过本系统向外汇管理部门进行申报。企业申报信息将通过本系统传送至退税主管部门和海关等单位，以便有关部门对出口业务的收款情况进行监督。

国际收支申报系统与下文的货物贸易业务系统共用一个电子平台系统，即国家外汇管理局网上服务平台，也可以说这两个系统是该平台的子系统。

国际收支申报系统主要操作模块有申报单管理、基础档案管理、公共数据查询、工作日志查看等。其中，申报单管理模块是对出口收入进行申报的工具模块，每一笔出口收入都要在本模块录入后向外汇管理部门申报。它又分为涉外收入申报单与境内收入申报单两部分，企业根据收入的途径分别进行申报。

四、货物贸易业务系统

货物贸易业务系统也是国家外汇管理局开发的对国际贸易信贷进行监管的电子系统。2012年货物贸易外汇管理体制改革后，取消了出口业务的收汇核销，对出口企业的收汇或收款不再实行单笔核销，而是实行年度总量核查办法。这大大放宽了对企业出口业务收汇的监管政策，出口企业只要对超过规定期限的贸易信贷款项及融资等通过本系统向外汇管理部门申报，无须再对每笔收款业务逐笔申报。年终时，如果企业本年度的出口报关总金额与收款总金额基本保持平衡就算正常，否则将被外汇管理部门列为重点监控企业，这样势必影响企业的出口退税工作。

货物贸易业务系统主要操作模块有企业网上报告管理和企业信息管理。企业网上报告管理模块是企业进行申报时使用的模块，包括贸易信贷与融资报告、转手买卖收支时间差报告、出口收入存放境外报告、其他报告四个子模块。企业根据实际情况分别在有关模块录入申报内容。企业信息管理模块是关于企业的基本信息及企业出口报关与收汇情况对比监测的模块，如果企业数据异常，系统就会在此模块发出预警，外汇管理部门也会通过此模块对企业发出核查通知。企业信息管理模块包括企业管理状态查询、登记表签发情况查询、现场核查信息接收与反馈、外汇局公告信息查询、企业留言等五个子模块。

五、各电子系统之间的关系

以上出口企业使用的四个电子系统，既各自独立，又互相联系。外贸企业出口退税申报系统是在出口货物退税过程中使用的主要电子系统，出口货物退税申报的信息都是在这个系统里提交的。但出口企业要实现出口货物的退税申报，需要录入报关单号、出口日期、出口货物的单位及数量等数据，这些数据需要在电子口岸执法系统中查询，存档所用的报关单纸质资料也需要在该系统中打印。出口货物的收汇要通过国际收支申报系统进行申报。外汇管理部门还要通过货物贸易业务系统来监测出口企业的出口收汇情况。如果货物贸易业务系统监测到出口货物收汇异常，就可能会影响企业出口退税。

各系统的操作流程及相互关系如图1－1所示。

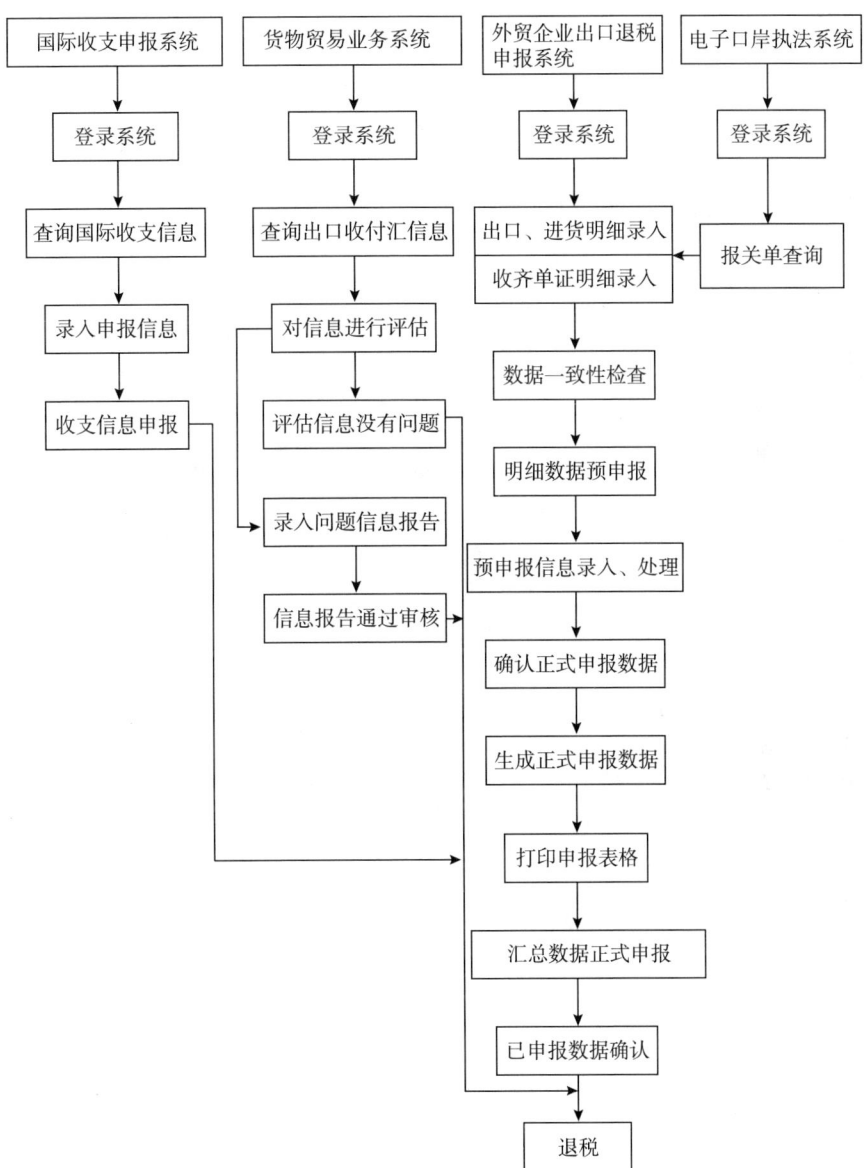

图1－1　各系统的操作流程及相互关系

第二章
外贸企业出口退税申报系统的操作经验与技巧

第一节 系统基础知识

一、系统介绍

外贸企业出口退税申报系统是国家税务总局针对外贸企业的出口退税工作而专门主导开发的一个电子化管理系统。它根据外贸企业的特点,把国家的相关退税政策与计算机技术相结合,并借助互联网,使出口企业与退税主管部门统一起来,达到出口数据及信息的共享,让企业的退税申报工作变得更方便、更快捷,也使出口企业和退税部门工作人员的工作效率得到很大提高。

外贸企业出口退税申报系统自开发应用后,根据我国退税政策的变化不断更新和升级,系统的功能也不断得到完善和加强。以绝大多数省份使用的大连龙图公司开发的出口退税软件为例,它经历了从单机版到网络版,从单纯的申报工作系统到监督管理、信息处理、数据分析综合系统的过程。从1993年的电子化申报系统1.1版本起,经过20多年的发展,到2016年已经升级到17.0版本了。2016年下半年开始,国家税务总局又把外贸企业出口退税申报系统升级到了2开头的版本,到2018年,已经升级到了2.1.06.181201版本。

与企业增值税专用发票开票系统等收费系统不同,出口企业退税申报系统是免费的,使用企业既无须购买系统,也不用缴纳系统维护费。从这一点来说,出口退税申报系统不但为企业节省了费用支出,也使系统显得更人性化,与企业的距离也更近。

二、系统安装

本书的内容是以大连龙图公司开发的软件为例编写的,所以本章介绍的内容也就是该软件的操作过程。

外贸企业出口退税申报系统的安装非常简单。用户可登录中国出口退税咨询网,先下载系统,然后解压、安装到指定的路径即可。具体步骤如下。

第一步,登录中国出口退税咨询网,点击顶部导航栏的"申报系统下载",在下拉菜单中选择"外贸企业出口退税申报系统",进入系统下载窗口。

第二步,在图2-1所示下载窗口中,如果是首次使用,点击"安装包下载",如果是原系统升级,点击"补丁下载"。此处我们以安装包下载为例,补丁下载在下面章节中介绍。

第二章
外贸企业出口退税申报系统的操作经验与技巧

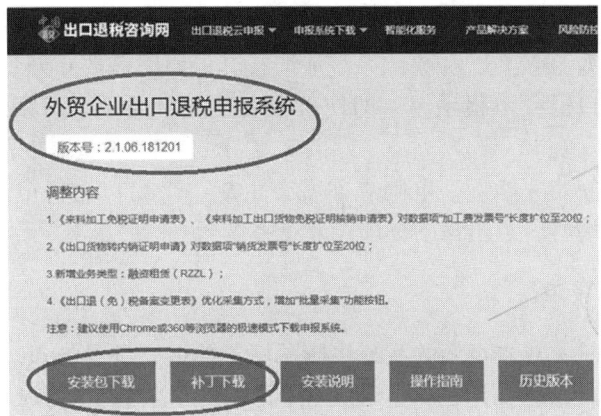

图 2-1

第三步,点击"安装包下载"后,窗口显示一个压缩文件,如图 2-2 所示,窗口右上角有"保存到网盘"和"下载"两种选择。因文件较大,一般选择保存到网盘后再下载。

图 2-2

第四步,通过网盘下载文件并解压后,形成安装文件,如图 2-3 所示。

图 2-3

第五步，点击"安装软件"，系统开始安装。安装时最好不要安装在C盘，因为C盘是系统盘，如果因系统崩溃或其他原因需要重新安装操作系统，就会影响到出口退税申报系统。即使重新安装出口退税申报系统，一些原有数据也将不再存在。

第六步，安装完毕后，电脑桌面就会生成一个出口退税申报系统的快捷方式图标，使用时，点击该图标即可登录系统。

三、系统登录

登录系统时，双击桌面的系统快捷图标，即进入登录窗口。如图2-4所示，在登录窗口，有"用户名"和"密码"两个栏目。"用户名"栏默认为"sa"，不用修改。密码默认为空，当然也可以设置密码。如果为了省事，可以不做任何修改，每次登录时，直接点击"确认"即可。

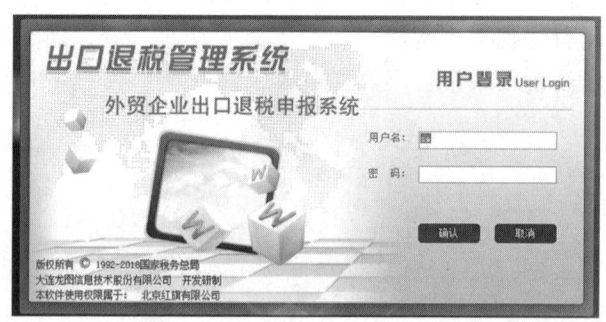

图2-4

点击"确认"后，如果是第一次启用系统，不论老用户还是新用户，都需要在企业信息录入窗口中录入企业信息。录入信息生效后，再次进入系统时就不再显示该窗口了。企业信息录入窗口如图2-5所示。

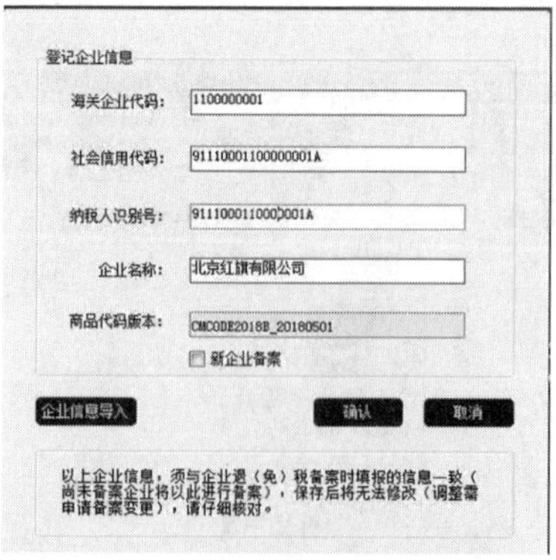

图2-5

这里录入的企业信息就是以后企业进行申报时的企业信息，所以如果企业已经在退税部门进行过备案，在此录入的信息一定要与备案信息一致。如果是新申请的进出口企业，可以先在此录入信息，然后进入系统后，生成企业备案信息，再到退税部门进行备案。

如果企业名称更换或升级系统，而企业在原系统中做过企业信息备份，在录入企业信息时，可以点击"企业信息导入"按钮，从备份路径中导入企业信息。如果是企业第一次使用系统或者虽然不是第一次使用，但原系统没有做过企业信息备份，则只能手工录入企业信息。

企业信息录入完毕，点击"确认"按钮，就可以进入系统了。

四、系统维护

出口退税申报系统下载、安装完成后，暂时还不能进行应用操作，需要对系统进行一番设置后才能正常使用，主要是对系统的一些参数进行设置或修改，也就是系统维护。

出口退税申报系统参数设置或修改是根据国家退税政策有关规定及退税部门的要求，在系统中对企业的信息及有关数据进行录入或确认的过程。这些设置包括代码维护、系统配置、系统初始化、数据优化、系统数据备份、系统备份数据导入等内容，如图2-6所示。

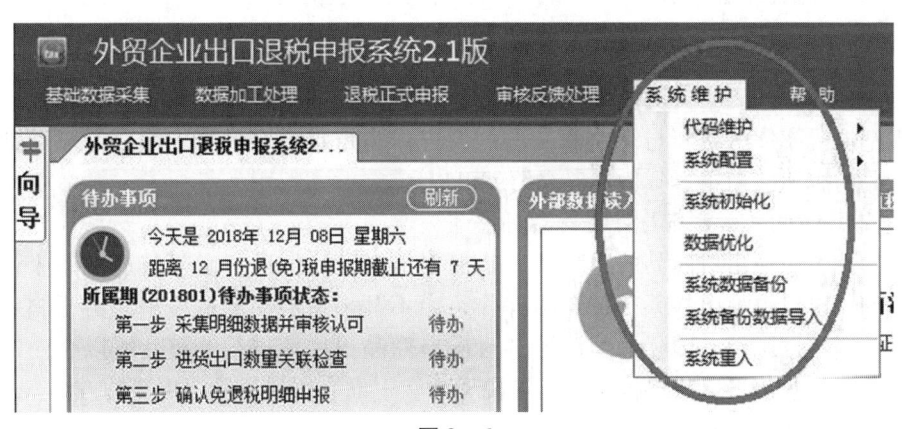

图2-6

下面对上述内容的设置操作进行具体说明。

（一）代码维护

代码维护就是对出口退税申报系统中经常用到的一些代码进行设置的过程。这些代码的具体内容如图2-7所示。

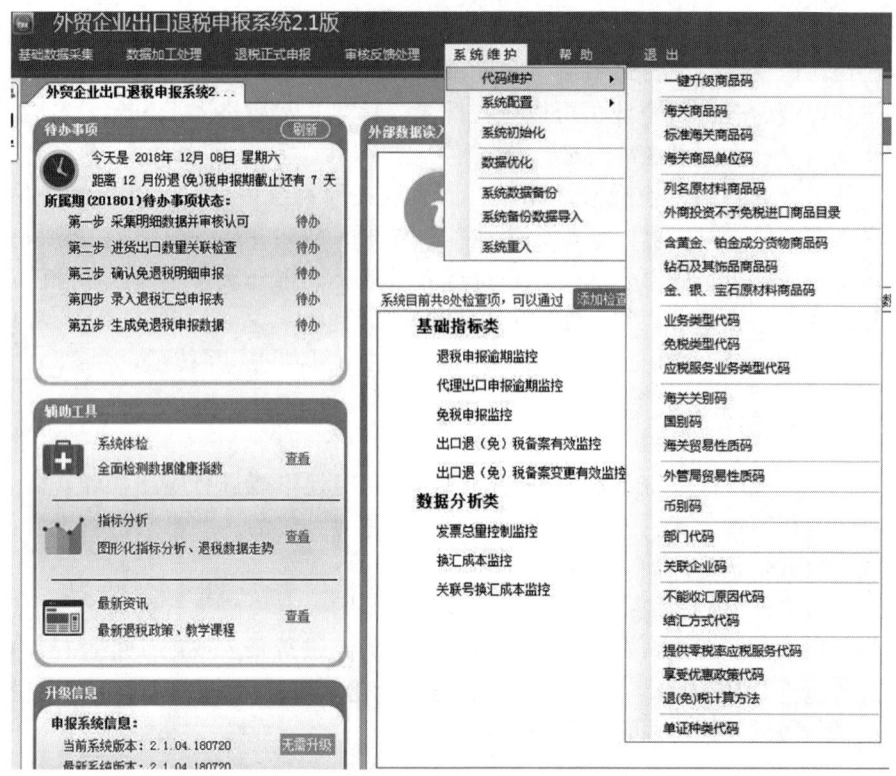

图 2-7

在这些代码中，海关商品码的设置涉及系统的退税率库的更新，我在这里把退税率库的更新与海关商品码的设置作为重点内容进行专门介绍。其他代码内容比较简单，只做一般介绍就可以了。

1. 退税率库更新与海关商品码设置

外贸企业出口商品的退税额，是根据出口商品的进货金额与退税率来计算的。出口退税申报系统的申报操作，离不开出口商品的退税率。由于国家经常会根据国内、国际的经济形势对出口商品退税率进行调整，所以企业需要及时更新出口退税申报系统的退税率库。下面介绍退税率库更新的方法。

（1）退税率库的下载

退税率库的下载途径与出口退税申报系统的下载途径是相同的，具体步骤如下。

第一步，登录中国出口退税咨询网，点击顶部导航栏的"申报系统下载"，在下拉菜单中选择"外贸企业出口退税申报系统"，进入系统下载窗口，如图2-1所示。

第二章
外贸企业出口退税申报系统的操作经验与技巧

第二步，点击"补丁下载"后，窗口同样是一个压缩文件。窗口右上角有"保存到网盘"和"下载"两种选择，如图 2-8 所示。

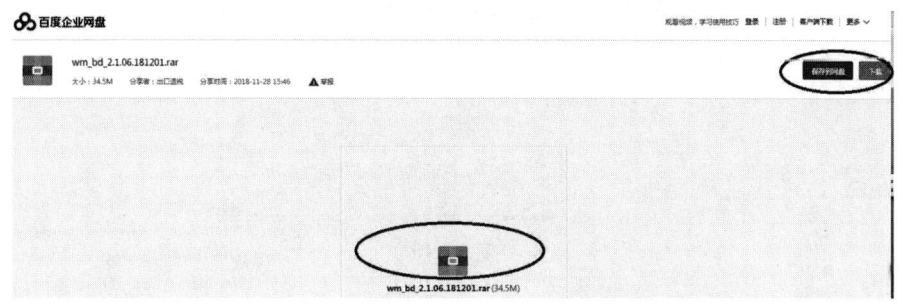

图 2-8

（2）退税率库的安装

出口退税申报系统安装后，自身是带有退税率库的。如果系统的退税率库是最新的，不需要对退税率库进行更新；如果不是最新的，则需要根据国家税务总局公布的最新退税率库补丁，对退税申报系统的退税率库及时进行更新。

退税率库安装方法有三种：一是把退税率库压缩文件解压后逐步安装，二是用压缩文件直接安装，三是用系统主窗口的"点击升级"功能进行安装。后两种方法比第一种解压文件后安装更方便。下面分别介绍这三种安装方法的操作步骤。

第一种方法：解压文件后安装。

第一步，通过网盘下载文件并解压后，生成安装文件，如图 2-9 所示。

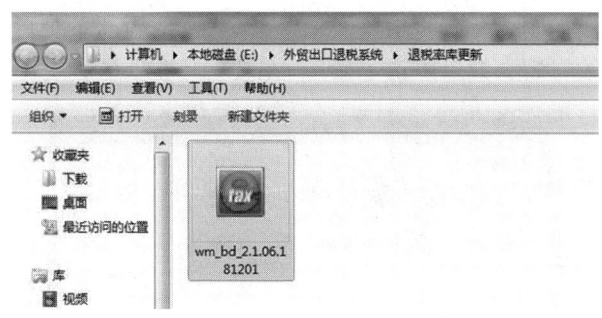

图 2-9

第二步，点击安装文件，安装窗口会提示安装路径，如图 2-10 所示。

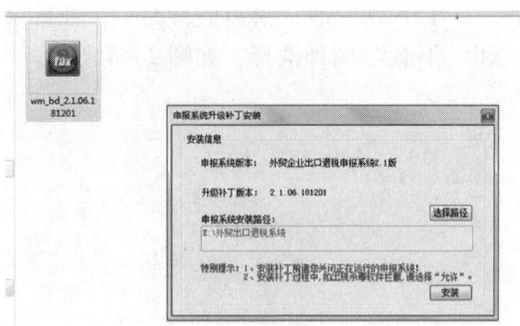

图 2–10

第三步，更新系统会自动找到退税申报系统的安装路径，点击"安装"按钮，系统自动完成安装、设置，更新完成，如图 2–11 所示。

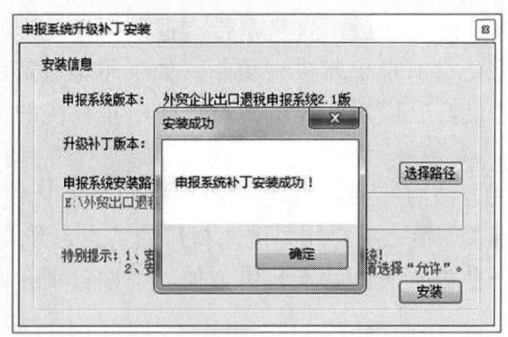

图 2–11

如果出口退税申报系统正处于运行状态，更新系统会提示是否关闭出口退税申报系统，如图 2–12 所示。如果点击"是"，更新系统将关闭出口退税申报系统并继续安装；如果点击"否"，系统将停止安装，退出安装状态。

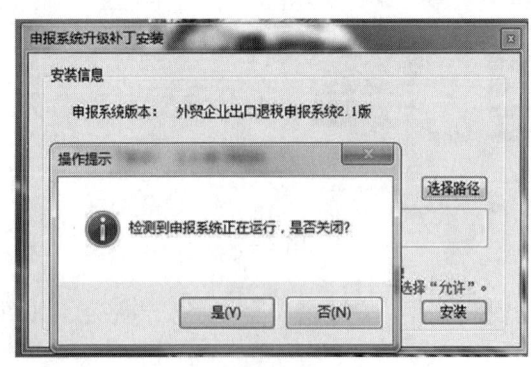

图 2–12

第二种方法：直接用压缩文件安装。

第一步，进入出口退税申报系统，点击"系统维护"—"代码维护"—"一键升级商品码"，如图2－7所示。

第二步，在打开的窗口中，找到下载的退税率库的压缩文件存放路径，点击该压缩文件，然后点击"打开"按钮，或直接双击该压缩文件，如图2－13所示。

图2－13

第三步，系统询问："请确认税务机关版本是否升级？"如图2－14所示，选择"是"，进行更新。

图2－14

第四步，系统提示新代码读入会清空代码库中原有数据，如图2－15所示，点击"确认"。

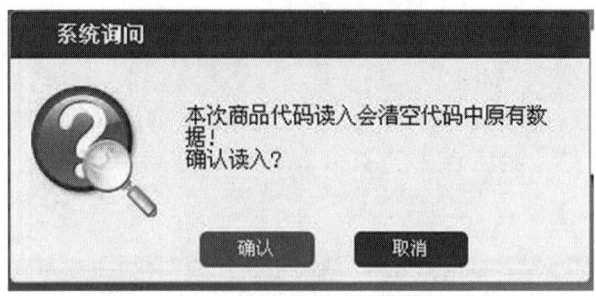

图 2-15

第五步,系统询问是否更新代码库,如图 2-16 所示,点击"确认"。

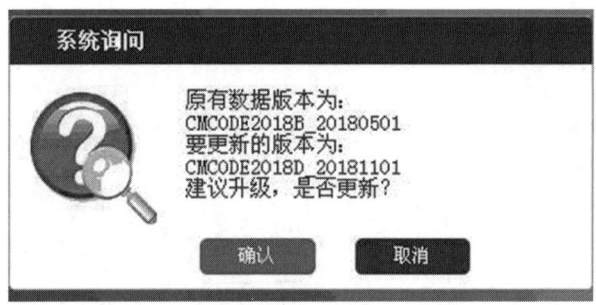

图 2-16

第六步,系统询问是否把全部商品设为自用商品,如图 2-17 所示,点击"确认"完成代码库更新。

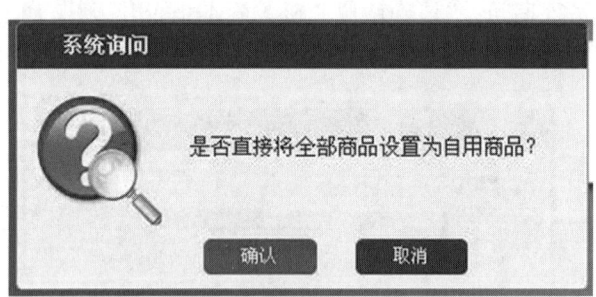

图 2-17

第三种方法:通过出口退税申报系统首页的"点击升级"按钮进行升级。

第一步,点击出口退税申报系统首页窗口左下角的"点击升级"按钮,如图 2-18 所示,系统会自动进行升级。

第二章

外贸企业出口退税申报系统的操作经验与技巧

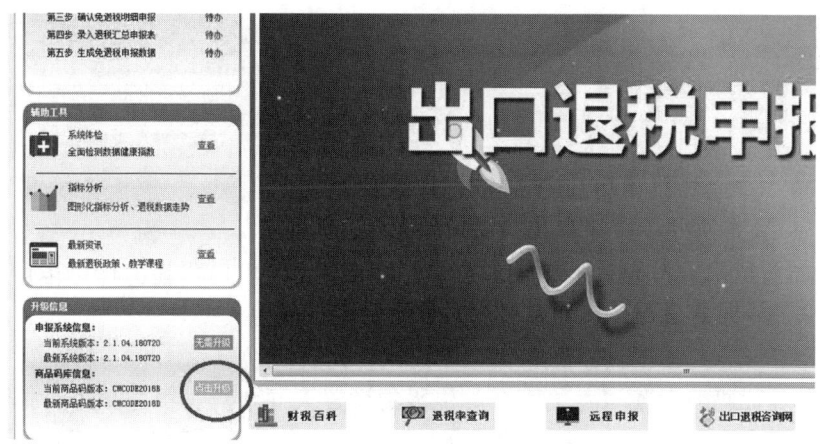

图 2-18

第二步,系统升级、设置同步进行。升级窗口如图 2-19 所示。

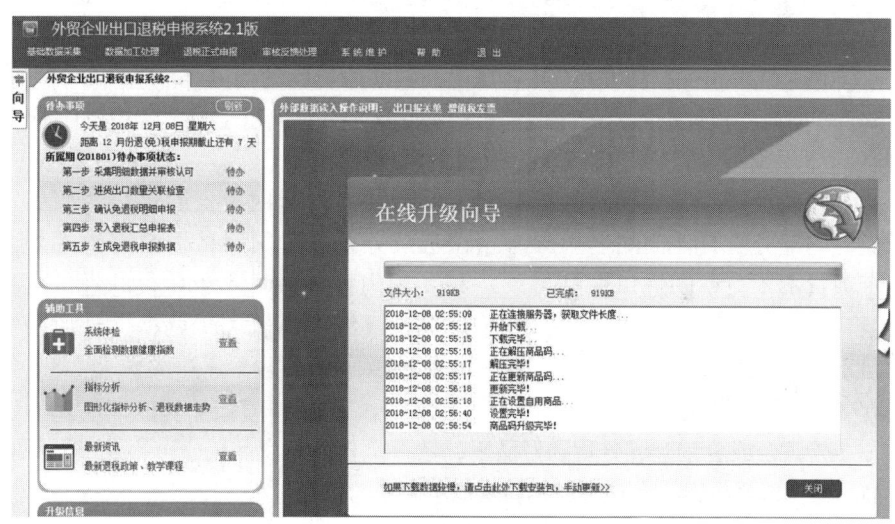

图 2-19

第三步,点击"关闭"按钮,完成升级。

2. 其他代码设置

其他代码指除了海关商品码以外的代码。下面以海关商品单位码的设置为例,简单介绍一下其他代码的设置。

海关商品单位码设置就是对出口商品的计量单位进行设置。

第一步,点击"系统维护"—"代码维护"下拉菜单中的"海关商品单位码",进入设置窗口,如图 2-20 所示。

· 25 ·

图2-20

第二步，在设置窗口中，选择左侧索引窗口中出口货物的计量单位，具体内容将显示在右侧窗口中。

第三步，点击工具栏的"保存"按钮，完成设置。

其他代码的设置与海关商品单位码的设置大同小异，都是根据具体的出口商品，在索引窗口对代码内容进行选择后，再点击"保存"。下面仅对代码的内容加以说明，而设置方法就不再一一列举。

①海洋工程结构物商品码：指国内生产企业向国内海上石油、天然气开采企业销售的勘探设备等的商品码。这些设备的销售视同出口，可以参与退税。

②列明原材料商品码：指国家税务总局在《关于出口货物劳务增值税和消费税政策的通知》（财税〔2012〕39号）中列明的原材料的商品码。这些原材料指出口企业向海关报关进入特殊区域销售给特殊区域内生产企业生产耗用的列名原材料。列明原材料的具体内容参看该文件的附件6。

③外商投资不予免税进口商品名录：指外商对境内投资时进口的商品不予免税的部分。具体商品名单参考《国务院办公厅对国家计委制定的〈外商投资项目不予免税的进口商品目录〉和〈国内投资项目不予免税的进口商品目录〉的复函》（国办函〔1997〕68号）及《海关总署关于调整〈外商投资项目不予免税的进口商品目录〉等目录商品税号的公告》（海关总署2008年第65号公告）等文件内容。

④含黄金或者铂金成分货物商品码、钻石及其饰品商品码、金银及宝石原材料商品码：指金、银、宝石等原材料及加工商品的代码。

⑤业务类型代码：指出口业务的类型代码。

⑥免税类型代码：指免税出口企业或免税出口货物的代码。

⑦应税服务业务类型代码：指企业对外应税服务业务的类型对应的代码。

⑧海关关别码、国别码：指出口货物报关的海关代码、出口货物购货方的国家代码。

⑨海关贸易性质码、外管局贸易性质码：指海关或外汇管理局各自规定的出口货物贸易方式的代码。

⑩币别码：指出口货物的结算币种的代码。

⑪部门代码：出口企业的出口业务由不同部门负责，并且在申报退税时

由不同部门分别申报,因此需要设置部门代码。但设置部门代码的前提是在系统配置"是否分部门核算"与"是否分部门申报"里选择了"是"。

⑫关联企业码:指与出口企业之间存在直接或间接控制关系或重大影响关系的企业代码。

⑬不能收汇原因代码:指出口货物因故不能收汇的原因代码。

⑭结汇方式代码:指出口收汇的结算方式代码。

⑮提供零税率应税服务代码:指企业从事的三种零税率服务行业的代码。

⑯享受优惠政策代码:指出口企业享受的各种税收优惠政策的代码。

⑰退(免)税计算方法:指出口企业享受的免、免抵、免抵退等税收优惠政策的代码。

⑱单证类型代码:指系统中各种单证的代码。

(二) 系统配置

出口退税申报系统在使用前,需要对企业信息、系统参数等进行一番设置,具体包括系统配置信息、企业扩展信息、系统参数设置与修改、系统口令设置与修改、用户操作权限设定、税率配置与修改等,如图2-21所示。

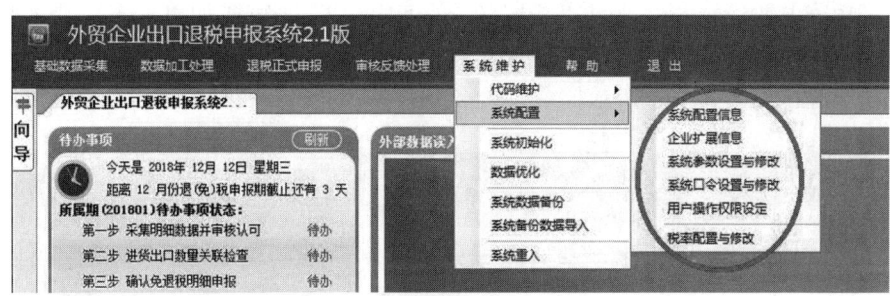

图 2-21

1. 系统配置信息

系统配置信息就是我们第一次启用系统时需要录入的企业信息。企业只能查看,不能修改,如图2-22所示。

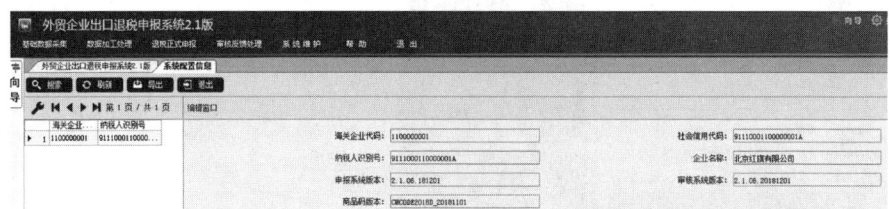

图 2-22

2. 企业扩展信息

企业扩展信息是指退税部门反馈的申报企业的数据,如企业放弃免税权(扩展类型代码 FQMSQ)、放弃零税率声明(扩展类型代码 FQLSL)、分类管理代码(扩展类型代码 FLGLCD)等。企业只能查看,不能修改,如图 2-23 所示。

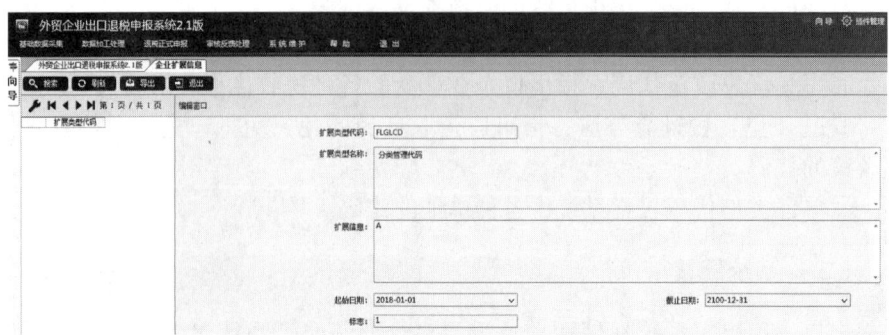

图 2-23

3. 系统参数设置与修改

系统参数设置与修改是对系统的一些配置进行选择或加以设置。其主要内容包括:常规设置、功能配置Ⅰ、功能配置Ⅱ、业务方式、远程配置、地区功能等,如图 2-24 所示。

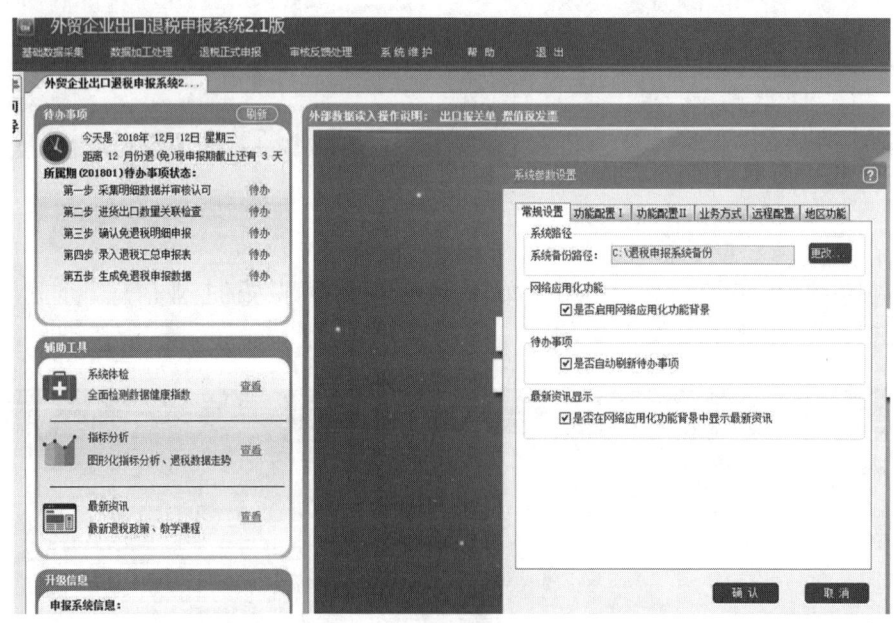

图 2-24

下面具体说明各项配置的设置。

(1) 常规设置：包括系统备份路径设置、网络化应用选择等。

系统备份路径是保存备份系统或数据库的文件夹。当出口退税申报系统出现异常或崩溃时，可以重新导入备份系统，或者下载新的系统，把备份数据导入新系统中。这样就很方便地解决了因系统数据丢失而遇到的麻烦。

出口退税申报系统默认的备份路径是 C 盘。为了避免电脑的操作系统出现问题而影响备份的出口退税申报系统数据或申报数据，最好把备份路径更改为其他盘。更改步骤如下。

第一步，在准备保存备份数据的盘里新建一个文件夹，将其重命名为"退税申报系统备份"。

第二步，打开出口退税申报系统，在"系统维护"—"系统配置"—"系统参数设置"下的"常规设置"窗口，点击"系统备份路径"栏后面的"更改"按钮，如图 2 - 25 所示。

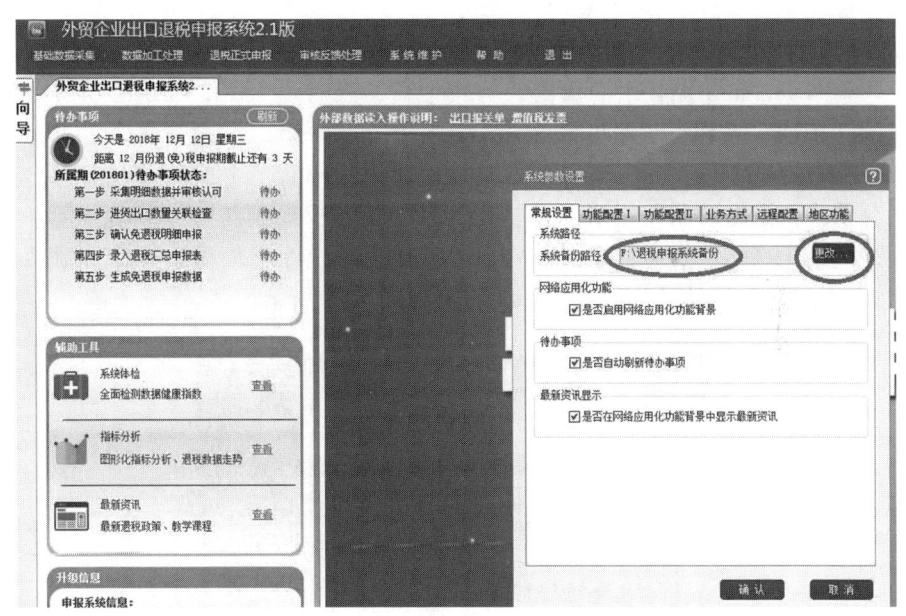

图 2 - 25

第三步，在打开的窗口中，找到第一步中建立的"退税申报系统备份"文件夹，点击窗口下面的"确认"按钮，如图 2 - 26 所示。

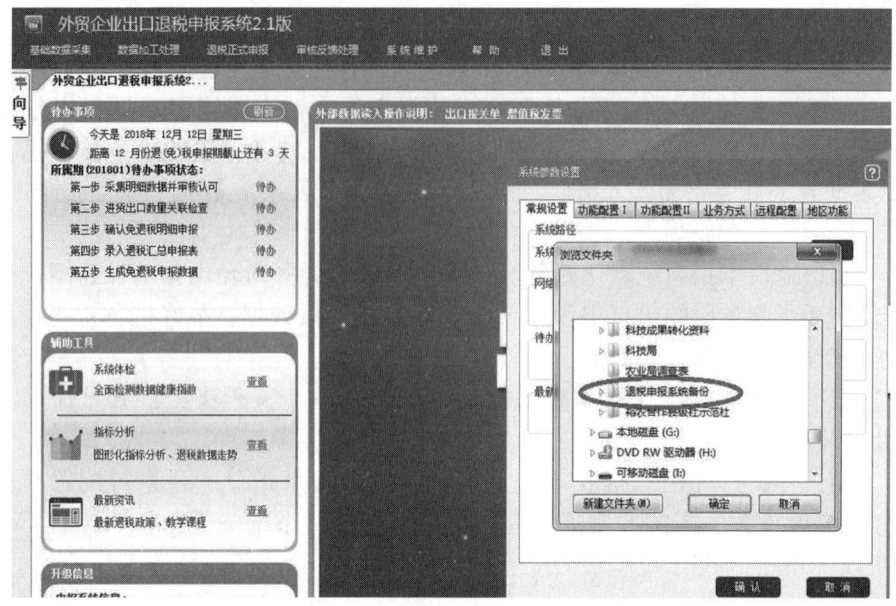

图 2-26

第四步，备份路径由 F 盘更改为其他盘，然后点击图 2-25 所示窗口下面的"确认"按钮，更改生效。

在常规设置里，除了系统备份路径设置外，还有三个选项需要选择，它们分别是：是否启用网络应用化功能背景、是否自动刷新待办事项、是否在网络应用化功能背景中显示最新资讯。如果对这三个选项做了选择，则系统主窗口就会显示网络资讯及待办事项，如图 2-27 所示。

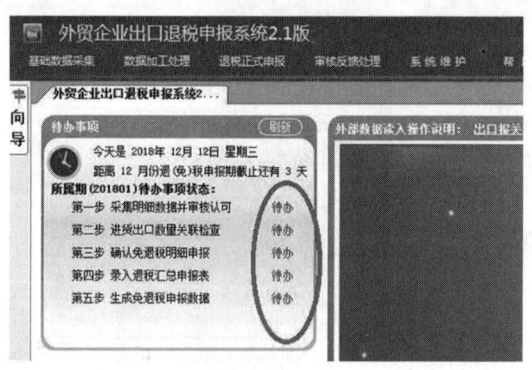

图 2-27

如果不对以上三个选项做选择，则系统主窗口不会主动显示网络资讯及待办事项，如图 2-28 所示。

第二章 外贸企业出口退税申报系统的操作经验与技巧

图 2-28

（2）功能配置Ⅰ：主要是对报关单号继承方式、报关单读入方式、电子口岸卡信息等进行设置，如图 2-29 所示。

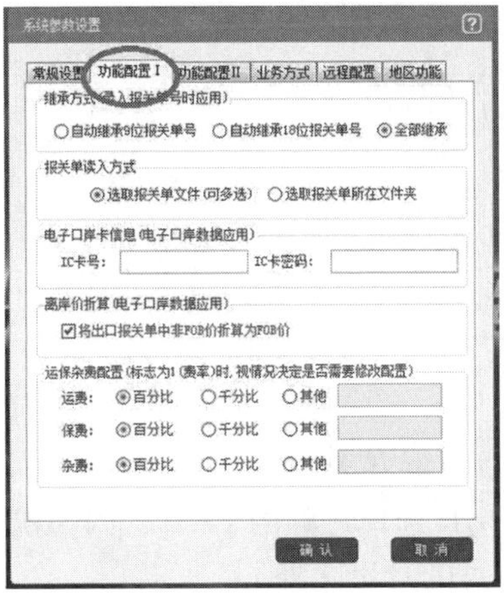

图 2-29

功能配置Ⅰ有关项目设置方法如下。

报关单号的继承方式有三个选项。早期的出口退税申报系统录入一般都是报关单的后 9 位号码加项号，自 2011 年 9 月 1 日起，改为录入 18 位单号加项号。因此 2011 年系统升级后，考虑到出口退税申报系统单号的衔接问题，必须选择"全部继承"。现在设置时可以选择"全部继承"，也可以选择"自动继承 18 位报关单号"，一般选择系统默认选项即可。

报关单读入方式可根据企业的实际情况选择，一般选择系统默认选项即可。

设置电子口岸卡信息时，企业录入在主管海关办理的电子口岸 IC 卡上的卡号及登录密码，这样系统才能导入电子口岸的报关数据。

应该勾选离岸价折算，因为退税政策规定计算出口退税的出口货物价值必须是离岸价。

运保杂费配置一般都是选择"百分比"，如果企业不是用百分比，可以选择其他选项。

（3）功能配置Ⅱ：主要是对退（免）税申报截止日、确认关联号规则、数字签名等进行设置。

功能配置Ⅱ窗口如图2－30所示。

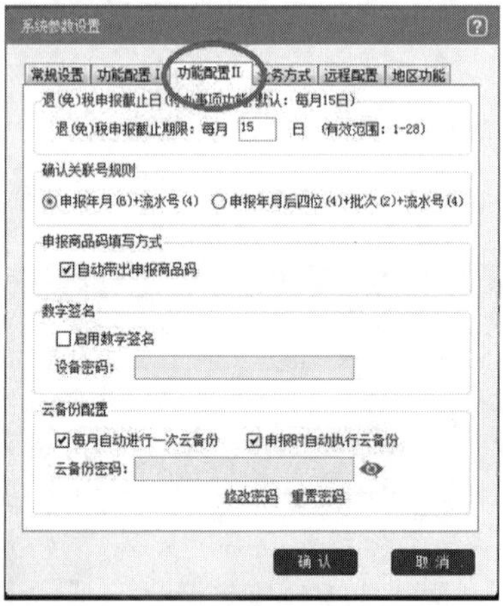

图2－30

功能配置Ⅱ有关项目设置方法如下。

退（免）税申报截止日选择每月的15日，因为税务部门正常的申报截止日就是每月15日，有节日的月份除外。

确认关联号规则一般由企业根据操作习惯自主选择。但如果企业主管退税部门对关联号的编制方法有要求，则按退税部门的要求选择。

申报商品码填写方式需要勾选"自动带出申报商品码"，否则企业就得手工录入申报商品码。

数字签名是为了适应退税申报无纸化的要求而设置的。执行无纸化退税申报的企业，需要选中"启用数字签名"勾选框，然后录入设备的密码。这里所谓的设备是一种用于数字签名、生成电子数据的工具，主要是开具发票所使用的金税盘或税控盘。国家税务总局规定，自2015年5月1日起，在全国部分省份试行出口退税无纸化申报。《关于加快出口退税进度有关事项的公告》（国家税务总局2018年第48号）要求在2018年12月31日前实现无纸化退税申报覆盖一类、二类出口企业。实行无纸化退税申报时，企业首先需要安装数字签名工具。但不论这种工具的名称如何,它们的功能是一样的,就是实现数字签名,生成申报数据。企业安装了这种工具的驱动程序后,需要通过密码才能打开。出口退税申报系统的数字签名的设备密码,就是所使用工具的密码。企业在生成申报数据时,必须首先连接数字签名设备。

云备份配置是除了本机备份之外,对申报数据进行网络备份的另一种方式。云备份相对本机备份最大的优势是,节约硬盘资源,不受时间、地点的限制,在任意时间和地点都可以使用备份数据。设置云备份时,需要先注册云盘,注册成功后才能根据登录密码登录使用。如果设置了云备份,建议把"每月自动进行一次云备份"和"申报时自动执行云备份"两个选项全部勾选。

在原系统中,报关单读入方式在功能配置Ⅱ里,在新系统中,改在了功能配置Ⅰ里,而在原系统中,申报商品码填写方式在功能配置Ⅰ里,在新系统中,改在了功能配置Ⅱ里。

(4) 业务方式:其设置包括换汇成本设置、浮动比率设置及18位报关单执行日期设置等。

业务方式设置窗口如图2-31所示。

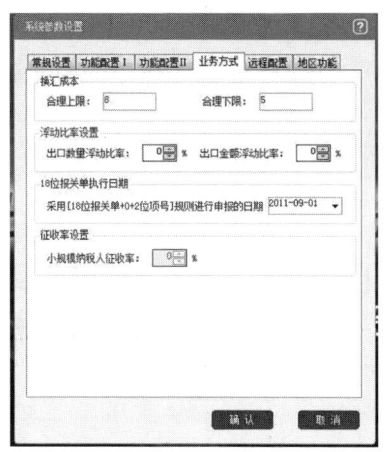

图2-31

针对换汇成本,系统默认是5~8,如果主管退税部门有具体要求,则按退税部门要求设置。

浮动比率一般不用设置,但如果企业主管退税部门对比率有要求,则按退税部门要求设置。

18 位报关单执行日期按系统默认设置即可，具体执行日期就是 2011 年 9 月 1 日。

征收率设置针对的是小规模纳税人企业，小规模纳税人企业可按实际征收率设置。

（5）远程配置：对出口企业进行远程申报时的网络配置。

如果企业主管退税部门规定可以进行远程申报，出口企业就需要对远程申报的网址进行设置，如果不能远程申报，则不用设置。

如图 2-32 所示，设置时首先勾选"启用远程申报"，然后在"远程申报地址"栏录入退税部门的申报地址，在"在线申报地址"栏录入企业申报地址，在"远程登录密码"栏录入远程申报时的登录密码。

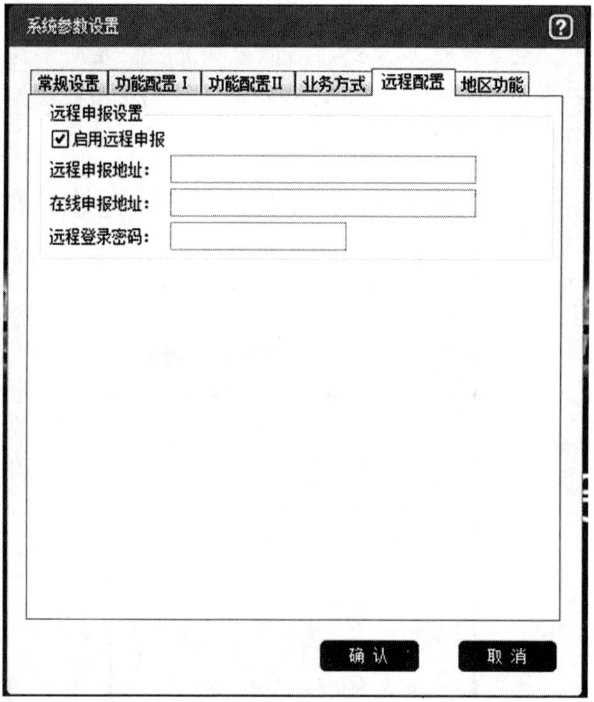

图 2-32

（6）地区功能：目前没有内容，暂不用设置。

4. 系统口令设置与修改

系统口令设置与修改是对系统管理人员及操作人员进行设置与修改。系统的操作人员包括三种：管理员、部门主管、录入员。管理员有设置与修改的权限，设置或修改时以管理员身份登录系统，打开系统口令设置与修改窗口,在窗口左侧选择"部门主管"或"录入员",然后点击工具栏的"增加""修改"或"删除"按钮,就可以在窗口右侧进行设置、修改、删除操作,如图 2 – 33 所示。

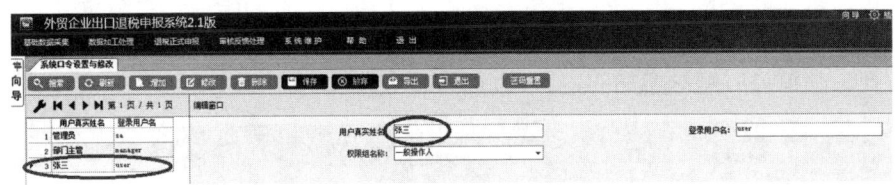

图 2 – 33

5. 用户操作权限设定

用户操作权限设定是对系统操作人员进行权限分配的设置。设置时,首先以管理员身份登录系统,打开用户操作权限设定窗口,然后在窗口中的"权限组"栏下拉菜单中选择"业务主管"或"一般操作人",最后对所选定的人员进行权限设置。如图 2 – 34 所示,权限设置包括全选、查看、增加、修改、删除等操作。但增加或修改权限时,深灰色部分是不能进行授权操作的。授权结束后点击工具栏的"保存"按钮,使设置生效。

图 2 – 34

6. 税率配置与修改

税率配置与修改就是对出口货物的退税率及征税税率进行设置。设置时打开税率配置与修改窗口，首先在窗口左侧选中某档退税率或征税率，然后点击工具栏的"修改"或"删除"按钮，并在窗口右侧编辑栏进行操作，如图 2-35 所示。如果需要增加新的退税率或征税率，点击工具栏中的"增加"按钮，在窗口右侧对增加的内容进行操作。

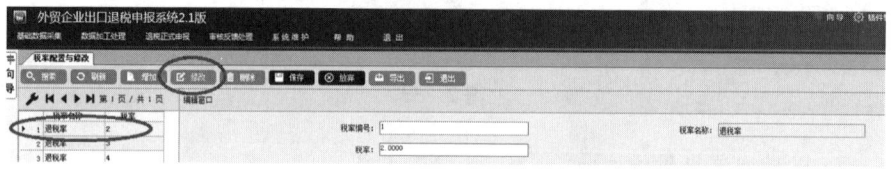

图 2-35

（三）系统初始化

系统初始化就是清空系统的原有数据并重建系统索引的过程。出口退税申报系统在初次使用时，都要初始化。因为如果系统中存在其他数据，企业在使用过程中很可能出现错误，影响系统的正常使用，进而影响企业的退税申报工作。但一旦启用系统，就不能再进行初始化操作了，否则系统数据库中的所有数据就都不存在了。

出口退税申报系统的初始化操作步骤如下。

第一步，点击"系统维护"—"系统初始化"菜单。

第二步，在打开的小窗口中，系统对初始化作出提示。如图 2-36 所示，在询问栏录入"YES"，点击"确定"，系统开始初始化。

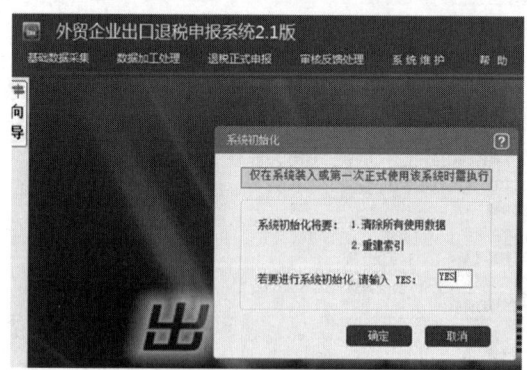

图 2-36

第三步，系统初始化结束后，重新登录系统，进行其他操作。

（四）数据优化

数据优化就是系统对数据库的数据进行优化、重建数据索引等。

数据优化的操作步骤如下。

第一步，点击"系统维护"—"数据优化"菜单。

第二步，如图2-37所示，在打开的小窗口中，点击"确定"按钮，系统开始对数据进行优化。

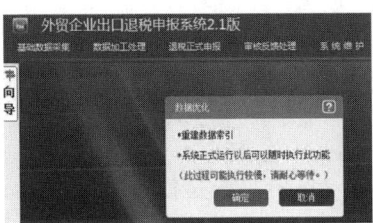

图2-37

（五）系统数据备份

前文我们已经介绍了系统初始化的操作，这里就不再重复了，跳过它介绍系统数据备份的操作过程。

系统数据备份在前面的系统参数设置与修改里已经介绍了设置方法，这里介绍的是数据备份的具体使用。

系统数据备份的操作非常简单，用几个步骤就可以完成。

第一步，点击"系统维护"—"系统数据备份"菜单，显示系统询问窗口。系统默认的是云备份数据，如图2-38所示。

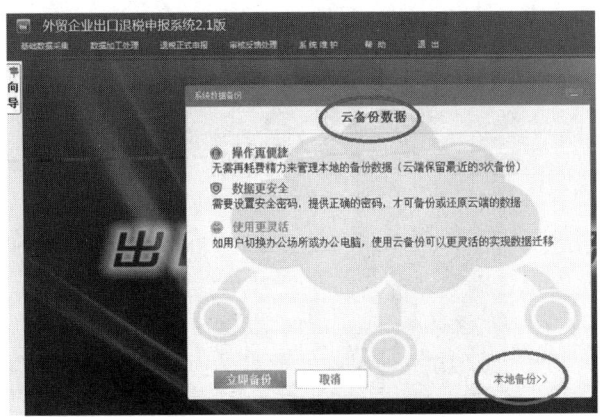

图2-38

第二步，如果在功能配置Ⅱ中对云备份进行了设置，而且决定使用云备份，可以直接点击"立即备份"按钮进行云备份，如图2-39所示。

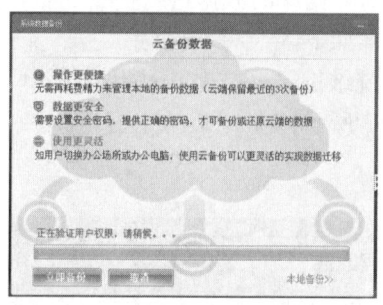

图 2-39

第三步，如果不使用云备份，而是使用本地备份，则点击系统数据备份窗口右下角的"本地备份"按钮，在本机进行备份。点击"本地备份"后，系统显示提问窗口，建议选择"完全数据备份"，如图2-40所示。

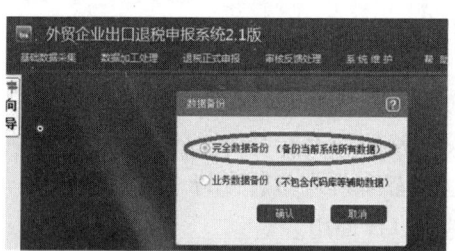

图 2-40

第四步，勾选需要的备份方法后，点击"确认"按钮，进入备份数据路径选择窗口，如图2-41所示。

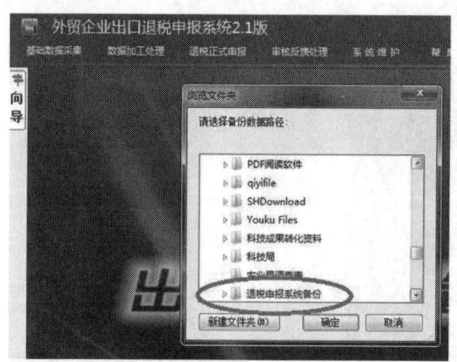

图 2-41

第五步，选中"退税申报系统备份"，点击"确定"按钮，系统完成数据备份，如图 2-42 所示。

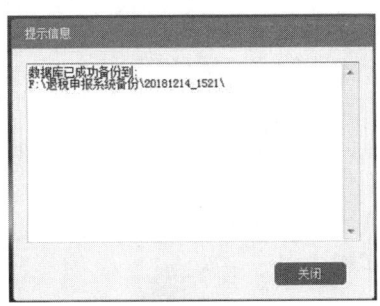

图 2-42

（六）系统备份数据导入

系统备份数据导入就是在系统数据出现错误或重装系统后，把已经备份的数据再导入新安装系统的过程。系统备份数据导入的操作也很简单，仅仅用几个简单步骤就能完成。

第一步，点击"系统维护"—"系统备份数据导入"菜单，进入备份数据导入窗口。系统默认进行云备份数据导入，如图 2-43 所示。

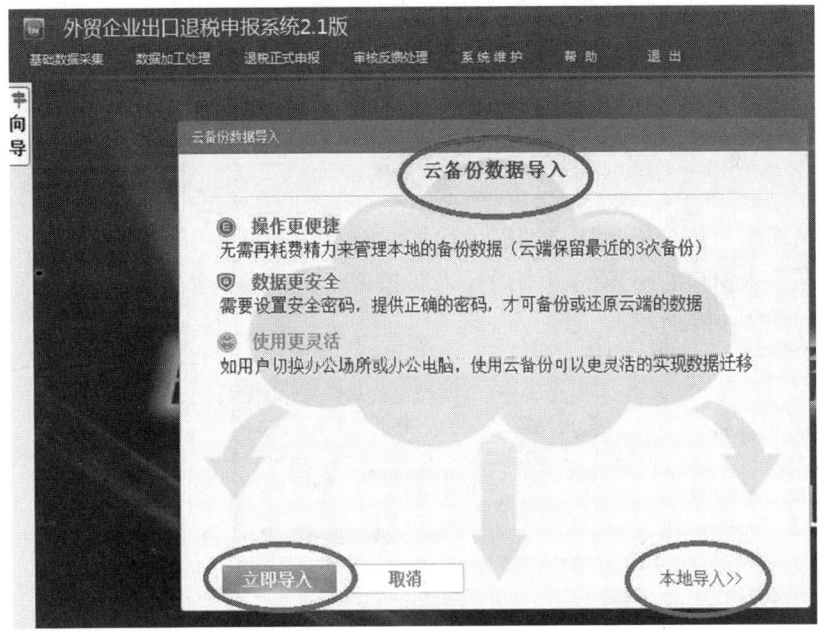

图 2-43

第二步，如果从云备份导入，则直接点击“立即导入”按钮，进入云端备份数据选择窗口，如图 2 – 44 所示。

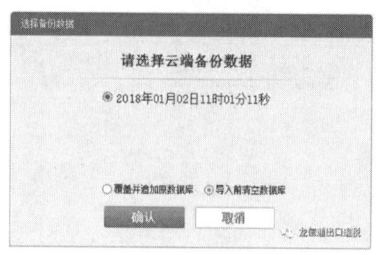

图 2 – 44

第三步，点击图 2 – 44 所示“确认”按钮，将数据导入系统中，再点击图 2 – 45 所示“确认”按钮，完成导入。

	数据表	数据条数	状态
1	关联企业码	1	导入完成
2	出口退（免）税备案表	1	导入完成
3	出口货物明细（申报）	2	正在导入数据...
4	免抵退税申报资料情况表	1	等待导入
5	增值税纳税申报表（申报）	1	等待导入
6	免抵退申报汇总表（申报）	1	等待导入
7	免抵退申报汇总表附表（申报）	2	等待导入
8	退运已补税（未退税）证明（申报）	1	等待导入
9	企业信息配置扩展表	1	等待导入
10	企业行业类型录入	1	等待导入

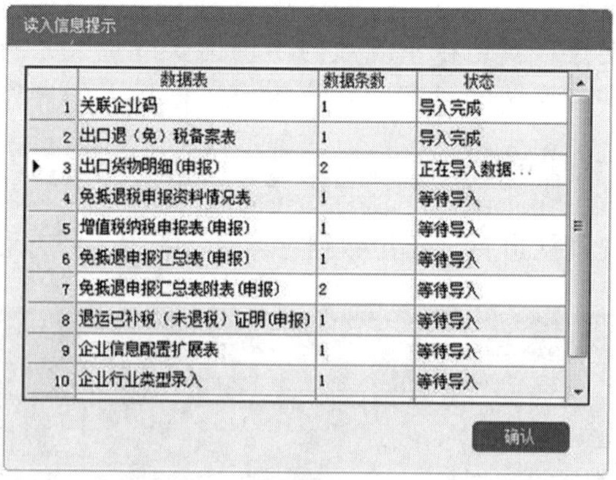

图 2 – 45

第四步，如果不是从云端导入数据，而是从本地备份中导入，则点击备份数据导入窗口右下角的“本地导入”按钮，进入备份数据保存路径选择窗口，如图 2 – 46 所示。

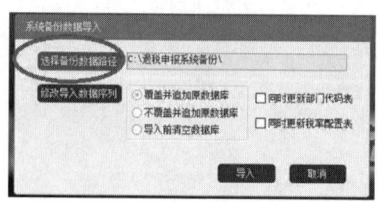

图 2 – 46

第五步，点击窗口的"选择备份数据路径"，找到在参数配置中建立的数据备份路径，如图2-47所示，点击"打开"按钮，完成备份路径选择。

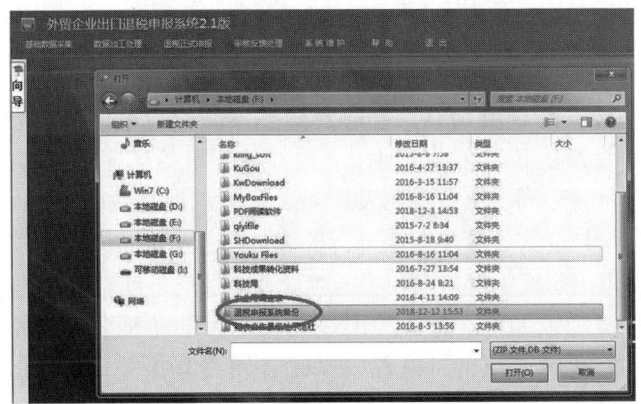

图2-47

第六步，如图2-48所示，在备份导入窗口中，有五个选项。导入时可根据需要对选项加以选择。作出选择后点击"导入"按钮，完成备份数据导入。

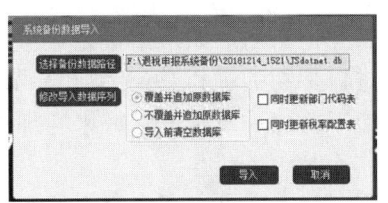

图2-48

第二节　外贸企业出口业务免退税申报操作

企业出口业务发生后，就需要向退税部门做免退税申报操作了。与生产企业一样，免退税申报操作也是外贸企业出口退税整个过程中最重要的一环，所以外贸企业出口退税申报系统也是所有系统中最核心的。通过出口退税申报操作，企业出口的货物才能实现退税。

既然免退税的申报是企业必须做的事情，那么熟练掌握有关数据和单证的录入操作，对企业顺利实现退税非常重要。在本节中，我将对系统录入的整个过程进行详细介绍。

要完成系统数据与单证的录入，需要准备和整理录入所需的有关资料。因为这些资料是免退税申报的基础资料，没有它们，申报录入就无法完成。即使现在已经实行了无纸化退税申报，不用再向退税部门提供这些纸质资料，但这些资料仍然是系统数据录入必不可少的。这些资料包括如下内容。

一是购买商品的增值税专用发票。这些进项发票是计算退税的依据，而且要求必须是增值税专用发票，普通发票是不能退税的。进项发票的内容必须填写完整，发票还必须在规定时限之内经税务机关认证无误。

二是出口货物合同、出口专用发票等。计算出口货物退税时，要把出口货物的数量及金额与进货数量及金额进行关联。虽然外贸企业不是以出口货物来计算退税的，但出口货物发票上列明的数量及金额也是计算退税的依据之一。

三是出口货物报关单。企业的出口退税申报与单证收齐申报是合并在一起一次完成的，所以进行出口退税申报时必须要有报关单的收齐信息。出口日期、出口货物离岸价等也需要根据报关单上的数据录入。这就需要在申报前准备好报关单资料，否则是无法做单证收齐申报的。

四是代理出口证明。如果是委托其他公司代理出口的，在申报系统中必须录入委托出口货物代理证明的编号。如果没有拿到代理证明，申报也是不能进行的。

五是海关核发的加工登记手册。如果出口企业从事的是进料或来料加工业务，申报时需要录入进口货物的进料登记手册号码，申报时需要提供纸质手册。因此海关核发的加工登记手册是进料或来料加工企业退税申报前必须准备的资料。

以上资料准备齐全后，基本就可以在出口退税申报系统进行申报数据录入了。需要特别说明的是，自2018年5月1日起，退税申报取消了实行了多年的预申报过程，统一改为单证信息齐全时正式申报。取消免退税预申报，使企业的申报过程减少了一道程序，使税务部门工作人员减少了一道审核程序，企业的会计人员也节约了预申报录入和跑税务局的时间，可以说是国家税务总局采取的一项一举多得的便民措施。

除了遇到节假日外，退税部门的申报期一般为每月的1日至15日，节假日顺延。不过由于单证收齐的期限是出口业务发生的次年的4月30日，所以不论是哪个月份出口的货物，只要在次年的4月份前完成单证收齐申报即可。当然提前申报还是应该提倡的，一是可以早退税，二是可以避免因延误申报而不能退税的情况，因此还是早申报较好。

在外贸企业出口退税申报系统录入申报数据时，会计人员可以根据录入习惯通过菜单项目录入申报数据，也可以通过系统提供的申报向导依次录入有关数据。对于那些对系统不太熟悉的新手来说，还是建议使用申报向导进行操作。使用申报向导有两个好处：一是它按数据录入与申报的先后顺序来安排有关表格单证的录入；二是它省略了与申报无关的模块及菜单，只把需要录入的内容列在了向导里，让新手能够很容易地找到切入点，不至于面对系统时无所适从。

在本节中，我就以系统的申报向导中列出的录入顺序为例，介绍出口退税申报系统的数据录入与申报。

外贸企业出口退税申报系统的"向导"按钮在系统窗口的左侧边栏中，点击"向导"按钮后就可以按照提示的顺序，录入有关的申报数据。

"向导"窗口主要分为五部分内容：一是备案申请向导，二是退税申报向导，三是代办申报向导，四是其他申报向导，五是单证申报向导。在五个向导之下，是需要录入与申报的系列菜单。

一、备案申请向导

备案申请向导是指对出口企业资格认定及表、证、单、书等有关内容进行备案的操作向导。企业在外贸主管部门取得进出口经营权后，需要在 30 日内携带"出口退（免）税备案表""对外贸易经营者备案登记表""中华人民共和国海关报关单位注册登记证书"等资料，到主管退税部门办理出口企业的退（免）税资格备案手续，以便退税部门对企业的组织机构、经营范围、资产规模、生产经营情况等进行了解，以此来确定企业是否具备退（免）税资格。"出口退（免）税备案表"就是通过出口退税申报系统来完成的。备案申请向导包括"退（免）税备案数据采集""打印退（免）税备案报表""生成退（免）税备案申报""撤销退（免）税备案申报""退（免）税备案数据查询"五个主菜单，如图 2-49 所示。

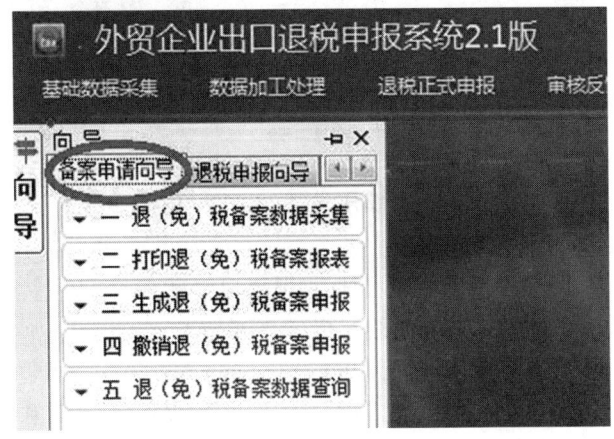

图 2-49

下面我们分别就每个主菜单的具体操作做详细介绍。

(一) 退(免)税备案数据采集

退(免)税备案数据采集是指企业对退(免)税资格的备案、变更、撤回等内容进行的操作,此外还包括未结清退(免)税确认、集团公司成员企业备案以及放弃免税权、放弃适用零税率、放弃退(免)税声明等。完成对退(免)税备案数据的采集后,企业才能够向退税部门提交有关备案资料。退(免)税备案数据采集子菜单的内容如图2–50所示。

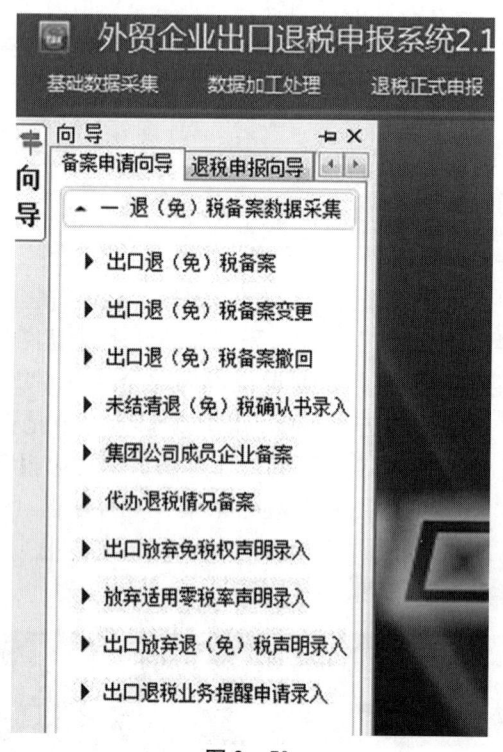

图2–50

下面详细介绍各项子菜单的操作方法。

1. 出口退(免)税备案

出口退(免)税备案是出口企业取得出口经营权后,向主管退税部门申请备案时所提交的表格的录入过程。操作步骤如下。

第一步,依次点击出口退税申报系统"向导"—"备案申请向导"—"退(免)税备案数据采集"—"出口退(免)税备案"菜单,打开操作录入窗口,如图2–51所示。

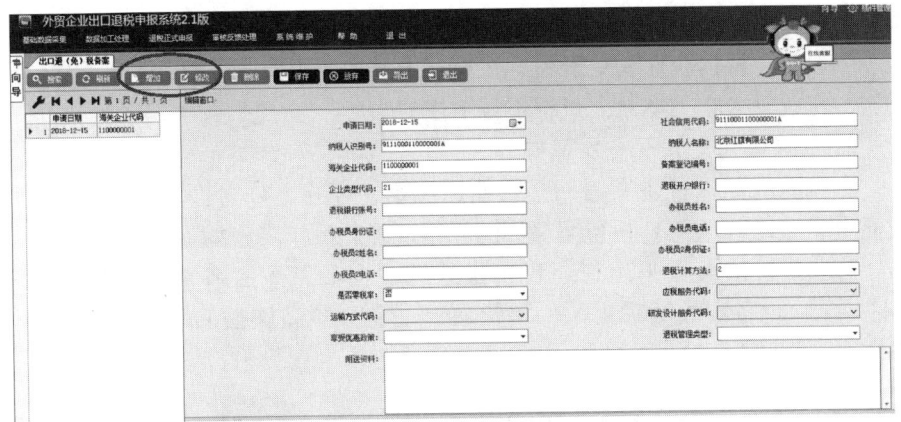

图 2-51

第二步，如果是新办退（免）税企业，点击工具栏的"增加"按钮；如果是已备案企业，需要修改备案内容，点击工具栏的"修改"按钮。点击"增加"或"修改"按钮后，窗口各栏处于可编辑状态。

第三步，根据企业具体情况和有关证件，依次录入各栏内容，然后点击"保存"按钮，完成录入。具体录入过程就不再细说了。

2. 出口退（免）税备案变更

当企业名称、企业海关代码等内容因故变更后，需要在此录入变更内容，向主管退税部门申请变更备案登记。操作步骤如下。

第一步，依次点击出口退税申报系统"向导"—"备案申请向导"—"退（免）税备案数据采集"—"出口退（免）税备案变更"菜单，打开操作窗口，如图 2-52 所示。

图 2-52

第二步，点击工具栏的"增加"或"修改"按钮，使窗口各栏处于可编辑状态。

第三步，根据企业变更资料，在窗口中录入变更内容，然后点击"保存"按钮，完成录入。具体录入过程不再细述。

3. 出口退（免）税备案撤回

出口退（免）税备案撤回是企业因注销、合并、分立、改制、重组等原因而申请出口退（免）税备案撤回的操作过程。操作步骤如下。

第一步，依次点击出口退税申报系统"向导"—"备案申请向导"—"退（免）税备案数据采集"—"出口退（免）税备案撤回"菜单，打开操作窗口，如图2-53所示。

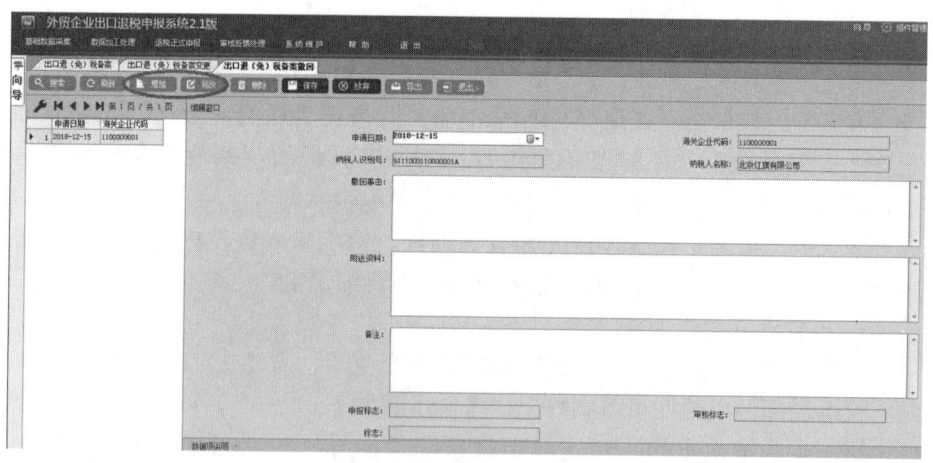

图2-53

第二步，点击工具栏的"增加"或"修改"按钮，使窗口各栏处于可编辑状态。

第三步，根据企业实际情况，在窗口各栏录入备案撤回相关内容，然后点击"保存"按钮，完成录入。具体录入过程不再详述。

4. 未结清退（免）税确认书录入

未结清退（免）税确认书录入是指企业因合并、分立、改制、重组等原因注销或撤回退（免）税备案时，就未结清的退（免）税向退税部门进行确认的操作过程。

未结清退（免）税确认书录入菜单的操作步骤如下。

第一步，依次点击出口退税申报系统"向导"—"备案申请向导"—"退（免）税备案数据采集"—"未结清退（免）税确认书录入"菜单，打开操作窗口，如图2-54所示。

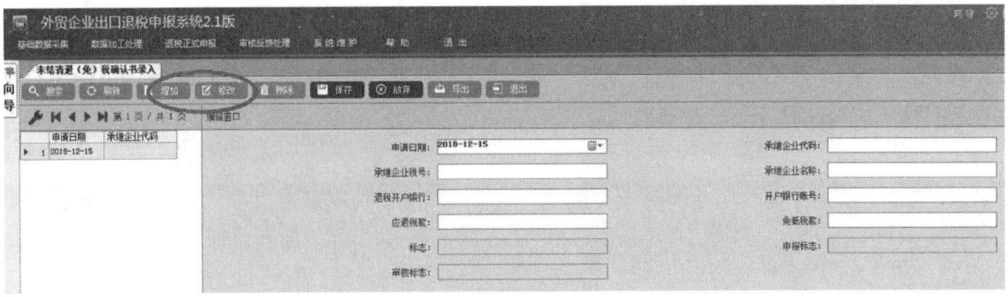

图 2-54

第二步，在打开的窗口中，点击工具栏的"增加"或"修改"按钮，使窗口处于可编辑状态。

第三步，根据企业有关资料，在各栏目中录入数据。录入完毕后点击工具栏的"保存"按钮，完成操作。

5. 集团公司成员企业备案

集团公司成员企业备案是指集团公司总部为集团公司或控股企业向退税部门申请退（免）税备案的录入操作过程。

集团公司成员企业备案菜单的操作步骤如下。

第一步，依次点击出口退税申报系统"向导"—"备案申请向导"—"退（免）税备案数据采集"—"集团公司成员企业备案"菜单，打开操作窗口，如图 2-55 所示。

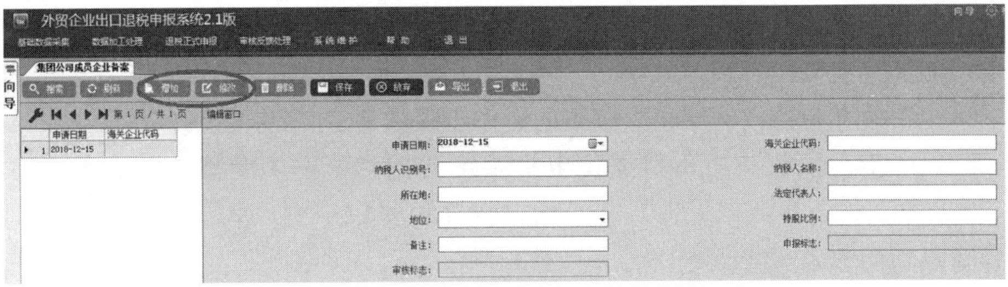

图 2-55

第二步，点击工具栏的"增加"或"修改"按钮，使窗口处于可编辑状态。

第三步，根据集团公司成员企业情况，录入添加企业的资料或对已经添加的企业的资料进行修改。录入完毕后，点击工具栏的"保存"按钮，完成录入。

6. 代办退税情况备案

代办退税情况备案是指外贸企业为生产企业或其他企业代办出口退税时，通过系统向退税部门备案的操作过程。

代办退税情况备案菜单的操作过程如下。

第一步,依次点击出口退税申报系统"向导"—"备案申请向导"—"退(免)税备案数据采集"—"代办退税情况备案"菜单,打开操作窗口,如图2-56所示。

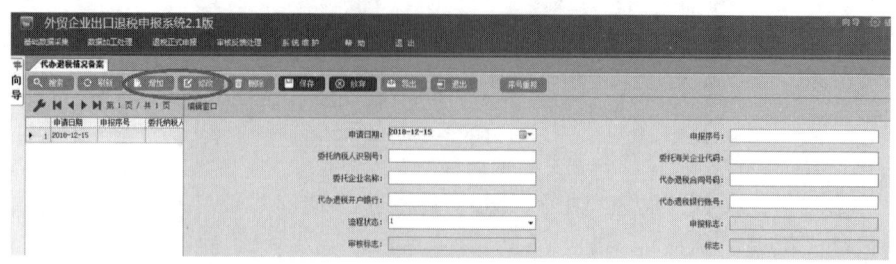

图2-56

第二步,点击工具栏的"增加"或"修改"按钮,使窗口处于可编辑状态。

第三步,根据委托单位的有关基础资料及双方签订的代办合同等,录入窗口中有关栏目数据。录入完毕后,点击工具栏的"保存"按钮,完成录入。

7. 出口放弃免税权声明录入

国家在实行营改增政策后,免征增值税和适用零税率增值税的企业大大增加。对于享有货物或服务出口免税资格的企业,可以选择放弃出口货物免税权,选择适用增值税征税政策。企业一旦放弃免税权,自备案次日起36个月内,其出口货物不得再次申请免税。放弃免税权后,企业需要在系统中录入放弃声明并向退税部门备案。出口放弃免税权声明录入就是对放弃免税权的声明的录入操作过程。

出口放弃免税权声明录入菜单的操作步骤如下。

第一步,依次点击出口退税申报系统"向导"—"备案申请向导"—"退(免)税备案数据采集"—"出口放弃免税权声明录入"菜单,打开操作窗口,如图2-57所示。

图2-57

第二步，点击工具栏的"增加"或"修改"按钮，使窗口处于可编辑状态。

第三步，根据企业放弃免税权的实际情况，录入窗口中各栏数据。录入完毕后，点击工具栏的"保存"按钮，完成操作。

8. 放弃适用零税率声明录入

出口企业如果对零税率应税服务选择放弃适用零税率政策，则企业应税零税率业务将适用免税或缴纳增值税，而且在放弃出口适用零税率后，36 个月之内不得再次申请享受零税率政策。企业需要在系统中录入放弃适用零税率政策声明，并向退税主管部门备案。操作步骤如下。

第一步，依次点击出口退税申报系统"向导"—"备案申请向导"—"退（免）税备案数据采集"—"放弃适用零税率声明录入"菜单，打开操作窗口，如图 2-58 所示。

图 2-58

第二步，点击工具栏的"增加"或"修改"按钮，使窗口各栏处于可编辑状态。

第三步，根据企业实际情况，在"选择适用政策"栏的下拉菜单中选择适用的税收政策。录入完毕后，点击工具栏的"保存"按钮，完成操作。

9. 出口放弃退（免）税声明录入

根据规定，自 2014 年 1 月 1 日起，出口企业可以放弃享有的出口货物或服务的退（免）税，并选择适用增值税免税政策或征税政策。放弃适用退（免）税政策的出口企业需要在系统中录入放弃退（免）税声明，并报送退税部门备案。放弃退（免）税的企业自备案次日起 36 个月内，不得再次申请出口货物或服务退（免）税。出口放弃退（免）税声明录入就是企业在出口退税申报系统对放弃退（免）税声明的录入操作过程。

出口放弃退（免）税声明录入菜单操作步骤如下。

第一步，依次点击出口退税申报系统"向导"—"备案申请向导"—"退（免）税备案数据采集"—"出口放弃退（免）税声明录入"菜单，打开操作窗口，如图 2-59 所示。

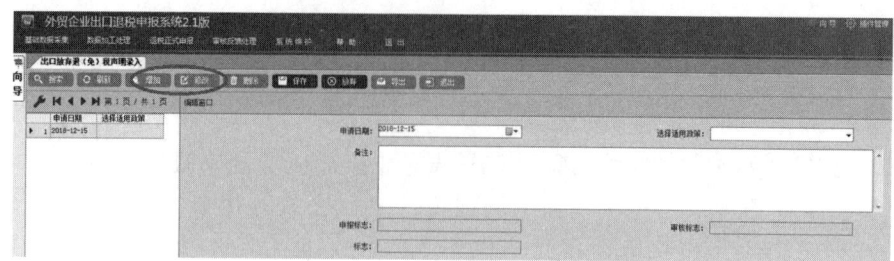

图 2-59

第二步，点击工具栏的"增加"或"修改"按钮，使窗口处于可编辑状态。

第三步，根据企业实际情况，在"选择适用政策"栏的下拉菜单中选择适用的税收政策。录入完毕后点击工具栏的"保存"按钮，完成操作。

10. 出口退税业务提醒申请录入

为了提高税务部门的工作质量，更好地为退税企业服务，根据国家税务总局的要求，许多地方的退税部门都就退税工作为企业开通了免费提醒的业务。这些提醒包括出口退（免）税政策、分类管理等级评定结果、即将到期未申报信息、出口退税率文库升级、已办理退税额等内容。提醒的方式包括电话、邮件、手机短信、微信等多种方式。出口企业如果想要申请免费的出口退税业务提醒服务，需要向退税部门申请并提供申请资料。出口退税业务提醒申请录入就是企业向退税部门申请免费提醒服务时录入申请资料的操作过程。

出口退税业务提醒申请录入的操作步骤如下。

第一步，依次点击出口退税申报系统"向导"—"备案申请向导"—"退（免）税备案数据采集"—"出口退税业务提醒申请录入"菜单，打开操作窗口，如图 2-60 所示。

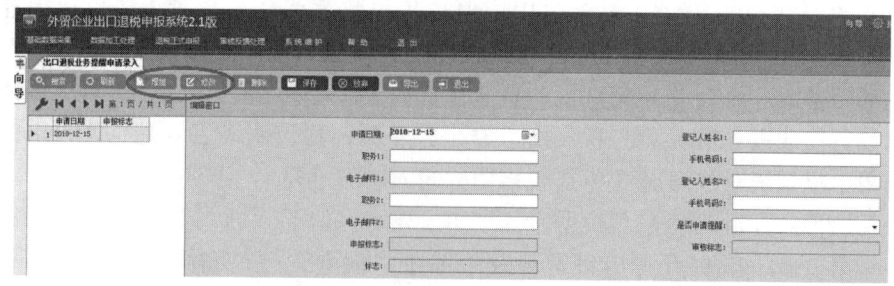

图 2-60

第二步,点击工具栏的"增加"或"修改"按钮,使窗口处于可编辑状态。

第三步,根据企业实际情况,在窗口各栏目中录入数据资料。录入完毕后,点击工具栏的"保存"按钮,完成操作。

(二) 打印退(免)税备案报表

企业完成退(免)税数据采集后,就可以根据采集的数据资料打印退(免)税备案表了。退(免)税备案表是企业向退税部门提交的备案资料。

下面简单介绍退(免)税备案报表的打印操作步骤。

第一步,依次点击出口退税申报系统"向导"—"备案申请向导"—"打印退(免)税备案报表"—"打印退(免)税备案相关报表",打开相关报表的列表窗口,如图2-61所示。

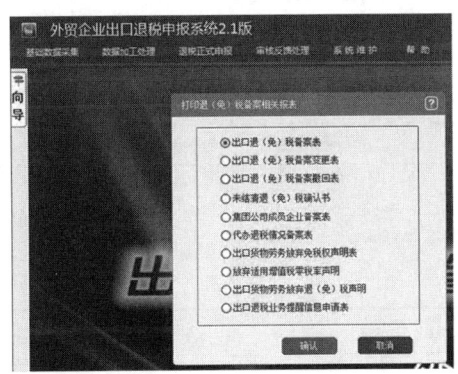

图 2-61

第二步,选中需要打印的报表,这里以"出口退(免)税备案表"为例,然后点击"确认"按钮,打开该报表,如图2-62所示。

第三步,点击窗口上方的打印机图标,系统完成打印。

因各种报表的打印方式相同,而且打印操作非常简单,我在这里就不一一详细叙述了。

(三) 生成退(免)税备案申报

生成退(免)税备案申报是指企业录入完各种备案申报的资料后,生成向退税部门进行申报所需的电子数据的过程。根据退税部门要求,企业退(免)税申报备案,除了提供打印的纸质资料外,还需要提供电子数据资料。实行退税申报无纸化后,只需向退税部门提供电子资料即可,纸质资料留存企业备查。

生成退(免)税备案申报的操作步骤如下。

出口退（免）税备案表

统一社会信用代码/纳税人识别号	91110001100000001A			
纳税人名称	北京红旗有限公司			
海关企业代码	1100000001			
对外贸易经营者备案登记表编号	91110001100000001A			
企业类型	内资生产企业（ ）	外商投资企业（ ）	外贸企业（√）	其他单位（ ）
退税开户银行	中国银行北京西城区支行			
退税开户银行账号	318100000001			
办理退（免）税人员	姓名	张三	电话	13000000001
	身份证号	110000198801010202		
	姓名		电话	
	身份证号			
退（免）税计算方法	免抵退税（ ）	免退税（√）	免税（ ）	其他（ ）
是否提供零税率应税服务	是（ ）否（√）	提供零税率应税服务代码		
享受增值税优惠政策	先征后退（ ）	即征即退（ ）	超税负返还（ ）	其他（ ）
出口退（免）税管理类型				
附送资料				
本表是根据国家税收法律法规及相关规定填报的，我单位确定是真实的、可靠的、完整的。 经办人： 财务负责人： 法定代表人： （印 章） 年 月 日				

图 2-62

第一步，依次点击出口退税申报系统"向导"—"备案申请向导"—"生成退（免）税备案申报"—"生成退（免）税备案相关数据"，打开相关报表的列表窗口，如图 2-63 所示。

第二章
外贸企业出口退税申报系统的操作经验与技巧

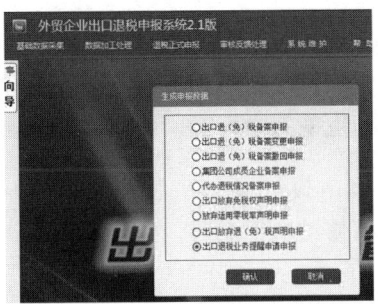

图 2-63

第二步，选中需要申报的报表，这里以"出口退税业务提醒申请申报"为例，然后点击"确认"按钮，系统将显示生成备案数据的存放路径，如图 2-64 所示。

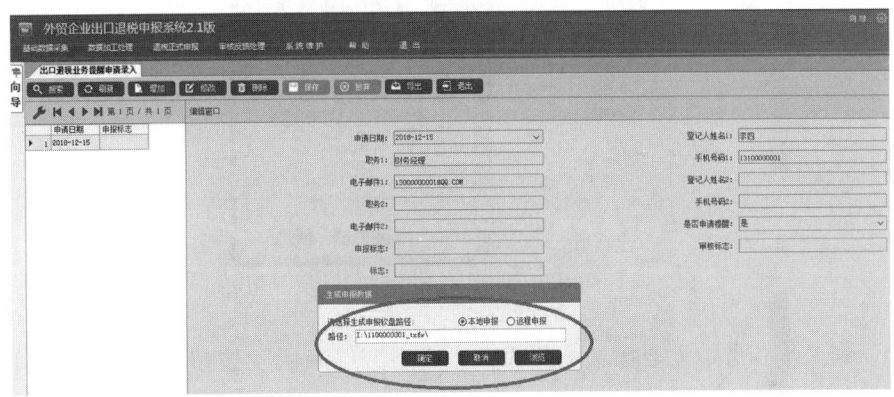

图 2-64

第三步，如果是通过 U 盘等移动介质申报，选中"本地申报"，点击"浏览"，选择存放备案数据的路径，然后点击"确定"按钮，完成操作，如图 2-65 所示。如果是网络申报，选中"远程申报"，录入申报的网址，然后点击"确定"按钮，完成操作。

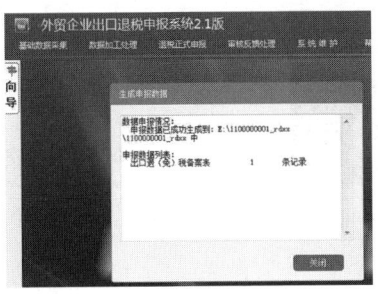

图 2-65

以上各个报表的生成申报数据的方法相同,我在这里就不再一一做详细介绍。

(四)撤销退(免)税备案申报

撤销退(免)税备案申报是指企业完成备案申报数据录入后,因某种原因需要对已保存数据进行修改或撤销时,通过本菜单进行操作。

具体操作步骤如下。

第一步,依次点击出口退税申报系统"向导"—"备案申请向导"—"撤销退(免)税备案申报"—"撤销退(免)税备案相关数据",打开相关报表的列表窗口,如图 2-66 所示。

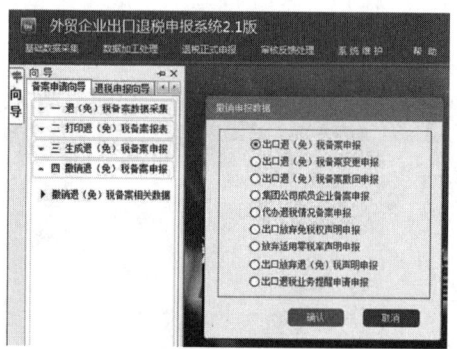

图 2-66

第二步,选中需要撤销的报表,然后点击"确认"按钮,系统显示询问窗口,如图 2-67 所示。

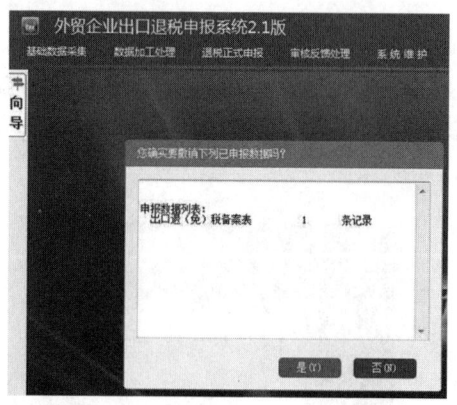

图 2-67

第三步,点击"是(Y)"按钮,完成撤销操作,如图 2-68 所示。

图 2-68

其他各种报表撤销的操作方法相同,这里就不再细说。

(五)退(免)税备案数据查询

退(免)税备案数据查询就是企业对以上已经生成申报数据的备案资料进行查看的过程。企业已经生成申报数据的备案资料,在撤销申报之前,只能查询而不能进行编辑操作。

退(免)税备案数据查询的操作步骤如下。

第一步,依次点击出口退税申报系统"向导"—"备案申请向导"—"退(免)税备案数据查询"菜单,打开操作窗口,如图 2-69 所示。

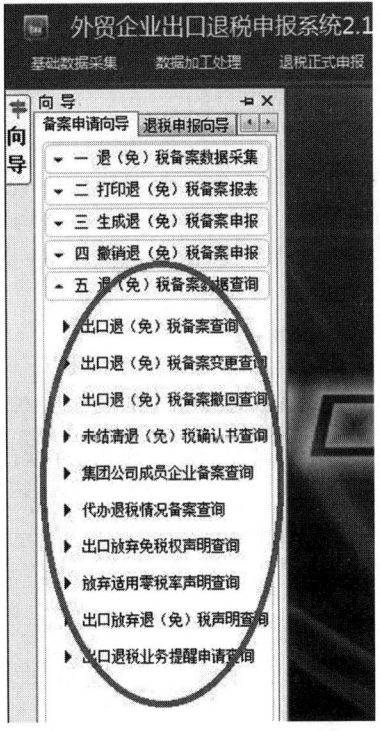

图 2-69

第二步,在下拉菜单中选择需要查询的备案资料,该备案资料将显示在窗口中,如图2-70所示。

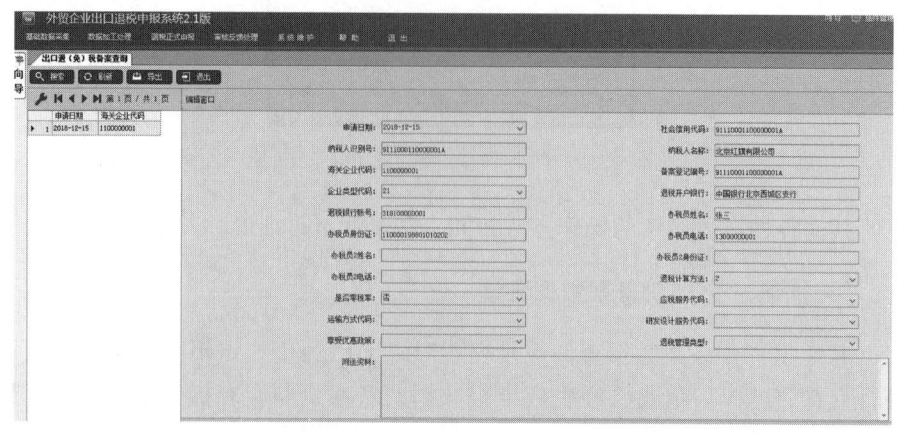

图2-70

其他各种备案资料的查询方法均相同,这里就不再细说了。

二、退税申报向导

退税申报向导是出口退税申报数据录入的核心部分,出口退税申报的主要数据及表格都是在这里录入后申报的。

在退税申报向导中,系统分六个步骤列出了退税数据申报操作的主菜单,这六个主菜单分别是:外部数据采集、免退税明细数据采集、免退税申报数据检查、确认免退税明细数据、免退税申报、审核反馈处理,如图2-71所示。而六个主菜单又分别包括若干个子菜单。我们所有的操作都是在各个子菜单中进行的。下面详细介绍的就是退税申报向导中各个主菜单及子菜单的操作方法。

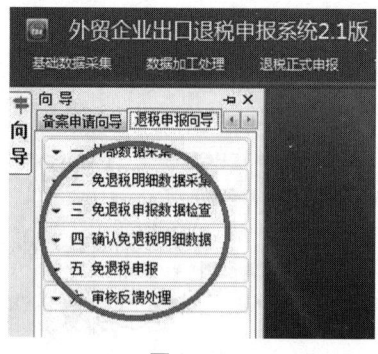

图2-71

(一) 外部数据采集

外部数据采集就是把退税申报需要的数据采集、录入到出口退税申报系统的操作过程。这些数据主要包括出口报关单信息、出口商品汇率、海关贸易性质、认证发票信息等，这些外部数据是企业在退税申报过程中不可或缺的内容。外部数据采集需要录入的子菜单包括：出口报关单数据查询与读入、出口报关单数据修改与确认、代理出口货物证明读入与确认、出口商品汇率配置、海关贸易性质配置、认证发票信息读入、认证发票信息处理等，如图 2 - 72 所示。

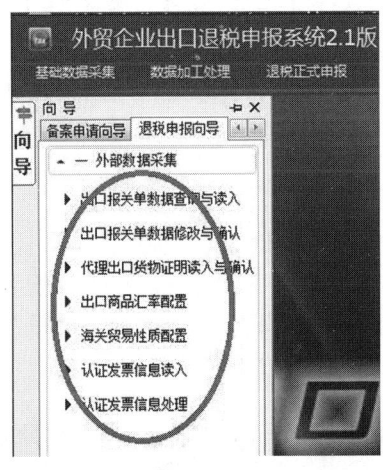

图 2 - 72

下面按向导列出的菜单顺序依次介绍数据录入操作过程。

1. 出口报关单数据查询与读入

出口报关单是出口货物必需的单证之一，也是出口货物申报退税必须提供的单证之一。出口报关单可以在系统中以手工的方式直接录入，也可以通过电子口岸下载报关单数据后把数据读入系统中。如果企业出口笔数较少，报关单数据录入工作量较小，可以选择人工录入。如果企业出口笔数较多，人工录入工作量太大，而且容易出错，最好使用下载数据后读入系统的方法。这样既节省了人力，也保证了数据的准确性。

老版本的出口退税申报系统手工录入报关单数据与导入报关单数据是在同一个子菜单里，企业录入时可以选择录入方式。新版的出口退税申报系统把两种录入方式一分为二，把数据读入方式单独设为一个子菜单——出口报关单数据查询与读入，而把手工录入方式合并到了出口报关单数据修改与确认子菜单里。

出口报关单数据查询与读入就是不需要系统操作人员手工录入，而是通过系统的外部数据导入功能,把出口货物的报关单数据批量读入出口退税申报系统中。在进行报关单数据读入之前,首先要在电子口岸系统中把报关单数据下载到装有出口退税申报系统的电脑的文件夹中,然后再通过出口退税申报系统中的报关单读入功能读入出口报关单数据。

小贴士

系统录入数据前需要注意一下以下两点。

①读入出口报关单数据前,一定要在系统菜单"系统维护"—"系统配置"—"系统参数设置与修改"—"功能配置Ⅰ"中,对IC卡号和IC卡密码预先进行录入,否则数据无法读入。

②读入报关单数据时,如果系统提示"解析的XML文件格式不正确",就说明下载的报关单文件格式不正确。因此企业在下载数据时,要以正确的文件格式保存。

出口报关单数据读入操作步骤如下。

第一步,在打开的"向导"窗口,依次点击"退税申报向导"—"外部数据采集"—"出口报关单数据查询与读入"菜单,打开操作窗口,如图2-73所示。

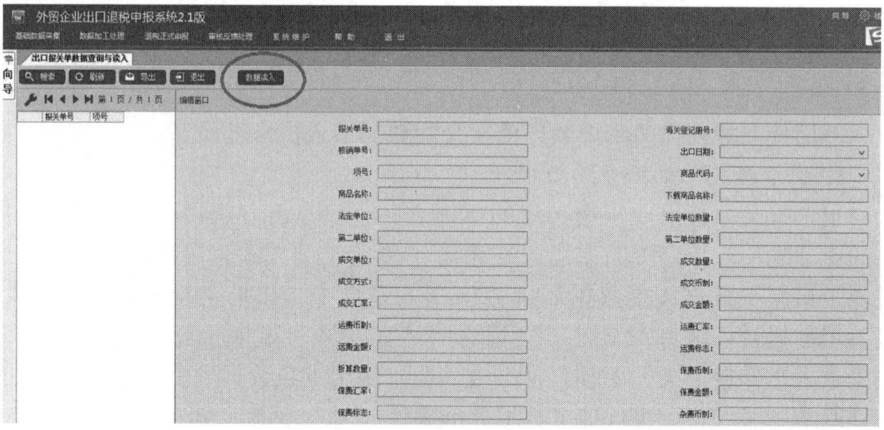

图2-73

第二步,在打开的窗口中,点击工具栏的"数据读入"按钮,打开数据读入窗口,如图2-74所示。

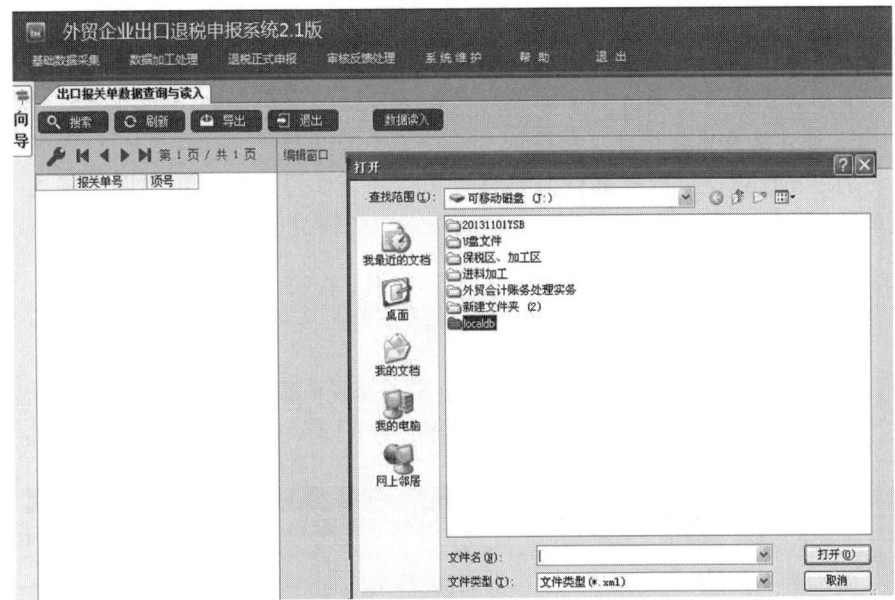

图 2-74

第三步，在打开的窗口中，双击从电子口岸下载的出口报关单保存路径的文件夹，或单击该文件夹后再点击"打开"按钮，报关单数据将自动导入到出口退税申报系统的相关栏目中，如图 2-75 所示。

图 2-75

需要说明的是,"出口报关单数据查询与读入"读入的只是报关单电子信息的一部分内容,其他栏目还需要手工录入。录入的方法请参阅下面的"出口报关单数据修改与确认"中的录入方法。

2. 出口报关单数据修改与确认

通过出口报关单数据修改与确认菜单,一方面可以在菜单里手工录入报关单数据资料,另一方面可以对已经录入完毕的报关单数据进行检查、确认、恢复、批量处理等。

下面我们做详细说明。

(1) 出口货物报关单手工录入

第一步,在打开的"向导"窗口,点击"退税申报向导"—"外部数据采集"—"出口报关单数据修改与确认"菜单,打开操作窗口,如图2-76所示。

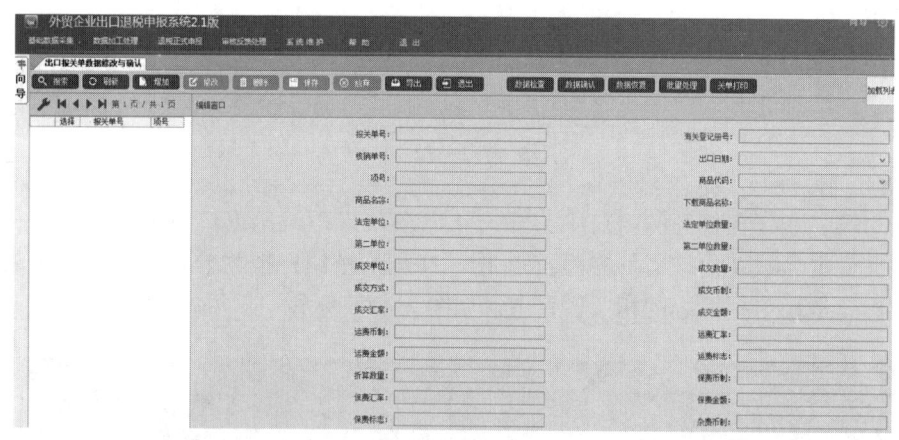

图 2-76

第二步,在打开的窗口中,点击工具栏的"增加"按钮,使窗口处于可编辑状态,如图2-77所示。

第三步,根据企业的出口合同、出口报关单、出口发票等资料,在窗口各栏目中录入数据。

各栏目的录入方法如下。

①报关单号:根据企业出口报关单的号码录入。

②海关登记册号:录入进料加工海关登记手册的编号。

③核销单号:无须录入。

④出口日期:录入报关单上注明的出口日期。

⑤项号:录入报关单上商品的顺序编号,如01、02等。

⑥商品代码:录入出口商品的海关商品码。

图 2-77

⑦商品名称、下载商品名称：无须录入，录入商品代码后系统会自动录入。

⑧法定单位：录入出口商品的法定计量单位。

⑨法定单位数量：录入按法定计量单位计量的出口商品数量。

⑩第二单位：录入出口商品的法定第二计量单位。

⑪第二单位数量：录入按第二计量单位计量的出口商品数量。

⑫成交单位：录入出口商品的报关计量单位，即与外商在合同中约定的计量单位，可与法定计量单位相同，也可以不同。

⑬成交数量：录入以成交单位计量的成交数量。

⑭成交方式：录入合同约定的成交方式，如 FOB、CIF 等。

⑮成交币制：录入合同约定的成交货币币种。

⑯成交汇率：如果使用报关当日的汇率，则录入当日汇率，如果采用其他汇率，则不用录入。

⑰成交金额：录入成交方式下的合同金额。

⑱运费币制：录入运费采用的结算币种。

⑲运费汇率：如果使用报关当日的汇率，则录入当日汇率，如果采用其他汇率，则不用录入。

⑳运费金额：录入报关单上注明的运费金额。

㉑运费标志：录入对运费的计算方法的描述，如 1 代表运费率，2 代表运费单价，3 代表运费总价。

㉒折算数量：如果运费标志采用 2，录入根据运费单价计算的运费数量。

㉓保费币制：录入保险费采用的结算币种。

㉔保费汇率：如果使用报关当日的汇率，则录入当日汇率，如果采用其他汇率，则不用录入。

㉕保费金额：录入报关单上注明的保险费金额。

㉖保费标志：录入对保险费计算方式的描述，如1代表保费率，2代表保费单价，3代表保费总价。

㉗杂费币制：录入杂费采用的结算币种。

㉘杂费汇率：如果使用报关当日的汇率，则录入当日汇率，如果采用其他汇率，则不用录入。

㉙杂费金额：录入报关单上注明的杂费金额。

㉚杂费标志：录入对杂费计算方式的描述，如1代表杂费率，2代表杂费单价，3代表杂费总价。

㉛贸易性质代码：在下拉菜单中选择贸易性质代码，如一般贸易、加工贸易等。

㉜贸易性质名称：即与贸易性质代码相对应的贸易名称，系统会根据贸易性质代码自动录入。

㉝关联业务表：将当期的报关单记录确认到关联业务表中，可以在下拉菜单中选择。

㉞业务表名称：根据选择的关联业务表，系统会自动录入业务表名称。

㉟合同号：一般无须录入，但因制度变化而需要合同备案的，要录入合同号码。

㊱运输工具：一般无须录入。

㊲标志：即数据检查标志，如"空"代表尚未检查，"N"代表检查未通过，"Y"代表检查通过。

（2）出口报关单数据检查、数据确认、数据恢复

出口报关单数据检查就是检查录入系统的有关数据是否正确或是否符合系统要求。检查项目主要包括：报关单号码长度、出口日期、商品项号、商品代码、出口商品汇率配置、海关贸易性质配置等。对于检查出的异常数据，操作人员要进行调整，直到检查的异常数据变成正确的为止。

出口报关单数据确认就是对已经通过出口报关单数据检查的数据进行系统确认，把报关单数据变为退税申报数据添加到相关的明细申报表中。确认后的数据在"出口报关单数据查询与确认"窗口将不再显示，只能到明细申报表中去查看。

对经过确认的报关单数据，操作人员如果发现错误，可先把确认到各明细申报表中的数据删除，然后再回到"出口报关单数据检查与确认"窗口，点击工具栏的"数据恢复"按钮，把已经确认的报关单数据恢复回来。对错误之处进行修改并检查无误后，需再次对报关单数据进行"数据确认"。需要注意的是，如果在报关单数据恢复之前，又读入了新的报关单数据，那么已

经确认的数据就不能够恢复了。

出口报关单数据检查与确认操作步骤如下。

第一步,在出口退税申报系统的"向导"窗口中,点击"退税申报向导"—"外部数据采集"—"出口报关单数据修改与确认"—"数据检查"菜单。

第二步,在打开的窗口中,左侧索引窗口为本次读入的所有报关单数据。在对报关单数据进行检查时,可以在窗口左侧索引栏勾选某一笔或几笔报关单数据,也可以勾选全部数据。勾选报关单数据后,点击窗口工具栏的"数据检查"按钮,系统将对勾选的数据进行检查,如图2-78所示。

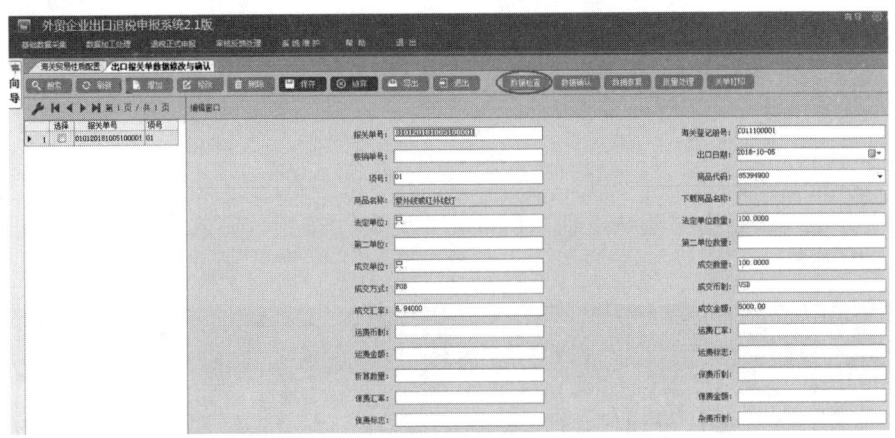

图2-78

第三步,检查结束后,系统将在窗口中显示检查结果。如果存在问题,操作人员可以根据系统提示进行修改或更正,如果没有错误,点击"确认"按钮,完成检查,如图2-79所示。

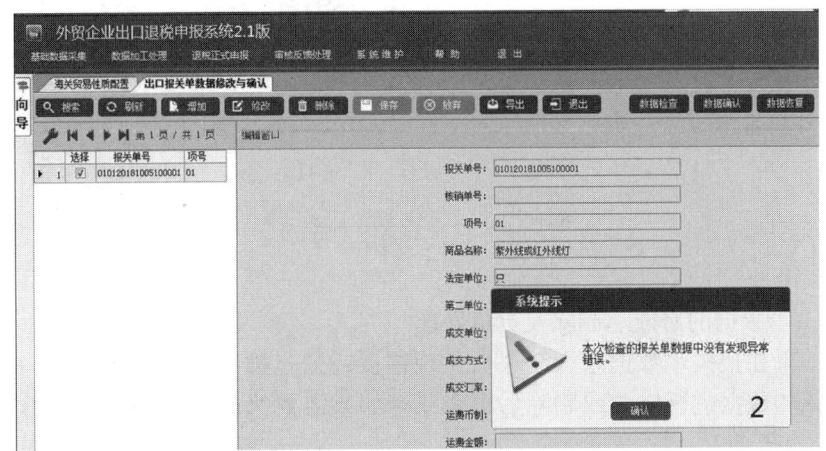

图2-79

第四步，报关单数据检查无误后，点击工具栏的"数据确认"按钮，对录入的数据进行确认，如图2-80所示。

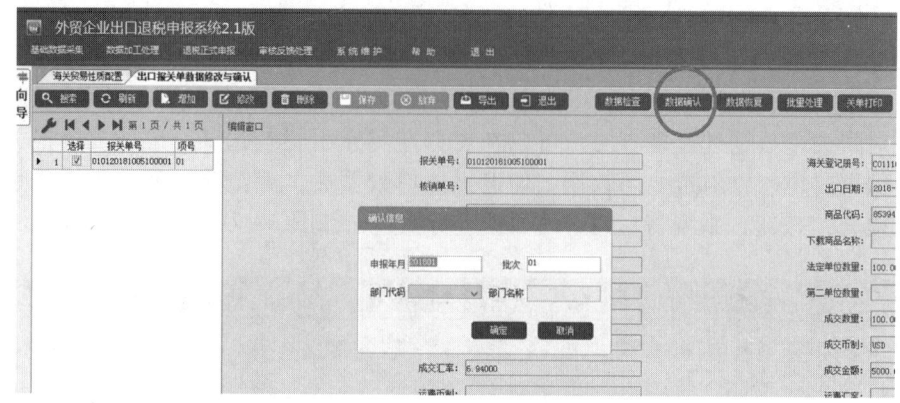

图2-80

第五步，点击"确认信息"窗口的"确定"按钮，完成确认操作，如图2-81所示。

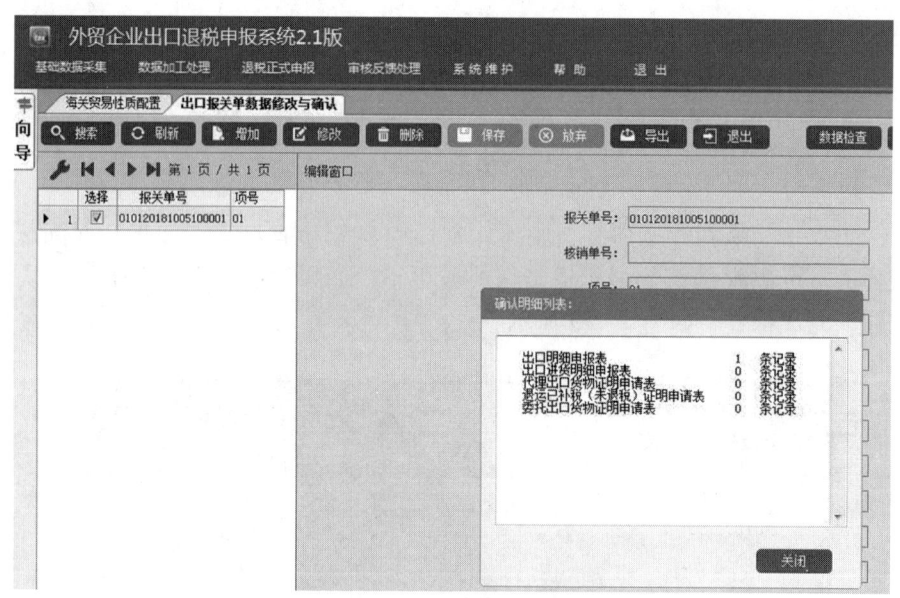

图2-81

(3) 数据的修改、删除及批量处理

如果在报关单数据录入结束后发现错误或通过数据检查发现错误，可以对录入的数据进行修改或删除后再重录。如果需要修改的报关单数据不止一笔，可通过"批量处理"来进行操作。操作步骤如下。

第一步，在出口退税申报系统的"向导"窗口中，点击"退税申报向导"—"外部数据采集"—"出口报关单数据修改与确认"菜单。

第二步，在打开的操作窗口中，选中左侧的索引窗口中需要修改或删除的数据，然后点击工具栏的"修改"、"删除"或"批量处理"按钮，进行相应的修改、删除、批量处理操作。

第三步，操作完成后，再次点击"数据检查"按钮，对修改或处理的数据进行检查。检查无误后，点击"数据确认"按钮，对数据加以确认。

3. 代理出口货物证明读入与确认

代理出口货物证明读入与确认就是把税务部门出具的代理出口货物证明读入到出口退税申报系统并进行确认的过程。代理出口货物证明读入到出口退税申报系统，通过系统确认后，单证数据就变为退税申报数据被添加到明细申报表中。确认后的单证数据，在本菜单中将不再显示，需要查看的话，需要到明细申报表中去查询。

与查看报关单数据一样，经过确认的代理出口货物证明数据，如果有错误需要修改，可先把确认到各明细申报表中的数据删除，然后再回到"代理出口货物证明读入与确认"窗口，点击工具栏的"数据恢复"按钮，把已经确认的代理出口货物证明数据恢复回来。对错误之处进行修改并检查无误后，需再次进行"数据确认"。如果在代理出口货物证明数据恢复之前，又读入了新的数据，则已经确认的数据同样也不能够恢复。

4. 出口商品汇率配置

出口商品汇率配置就是根据出口商品当月的汇率对出口报关单上的出口货物的人民币与外币汇率进行配置的过程。在对系统读入的出口报关单数据进行确认前，必须对出口商品汇率进行配置，否则在对报关单数据进行确认时系统会提示数据存在错误。具体操作方法如下。

第一步，在打开的"向导"窗口中，点击"退税申报向导"—"外部数据采集"—"出口商品汇率配置"菜单。

第二步，在打开的操作窗口中，点击工具栏的"增加"或"修改"按钮，在窗口右侧有关栏目中录入正确数据，如图2-82所示。录入完毕后点击工具栏的"保存"按钮，完成设置。

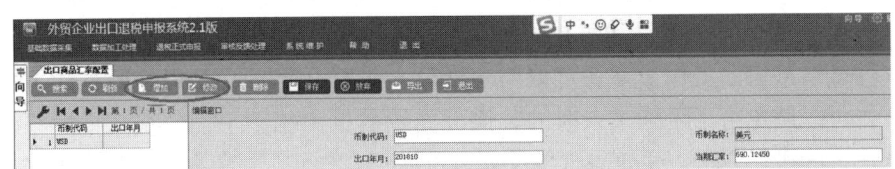

图2-82

5. 海关贸易性质配置

海关贸易性质配置就是对出口报关单上的出口商品的贸易性质进行配置的过程。在对系统读入的出口报关单数据进行确认前，必须对出口商品的海关贸易性质进行配置，否则在对报关单数据进行确认时系统也会提示数据存在错误。当前系统配置项目只有"关联业务表"一栏，操作人员要根据报关单的贸易性质，选择需要配置的关联业务表。

具体操作方法如下。

第一步，在打开的"向导"窗口中，点击"退税申报向导"—"外部数据采集"—"海关贸易性质配置"菜单。

第二步，在打开的操作窗口，在左侧索引栏选择贸易性质，在右侧录入窗口有关栏目录入正确数据。录入完毕后点击工具栏的"保存"按钮，对录入数据进行保存，如图 2-83 所示。

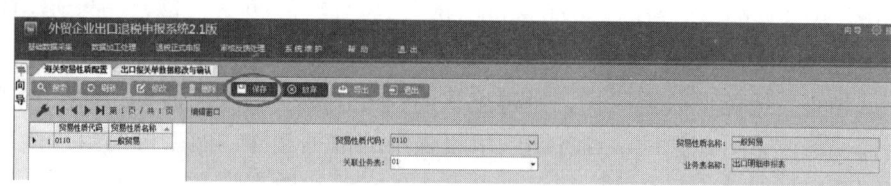

图 2-83

如果出现不能根据海关贸易性质确认关联业务表的情况，如一张报关单对应多笔关联业务表等，可以返回"出口报关单数据查询与确认"窗口，直接修改报关单数据对应的"关联业务表"栏的数据。

6. 认证发票信息读入

认证发票信息读入就是把已经认证通过的出口商品的增值税进项发票信息读入出口退税申报系统的过程。因为外贸企业出口货物退税的计算依据是该货物的进项发票，所以读入进项发票是企业出口退税操作过程中必不可少的程序。

与出口商品报关单一样，除了通过系统读入认证发票信息外，也可以用手工方式把已经通过认证的进项发票数据逐一录入系统中。手工录入适用于出口业务较少的企业，如果出口业务较多，最好选择通过系统导入的方式。这样做一是提高工作效率，可以一次性导入批量数据；二是提高数据的准确性，可以避免由于手工录入时的失误而导致数据出错。下面介绍认证发票信息读入的操作方法。手工录入的操作方法我们在"（二）免退税明细数据采集

——2. 进货明细申报数据录入"里再详细介绍。

将认证发票信息读入出口退税申报系统前,首先要把已经通过税务部门认证的进项发票信息从税务部门的服务器下载到装有出口退税申报系统的电脑或 U 盘等移动存储设备上,然后通过出口退税申报系统的读入功能把下载的认证发票信息读入系统中。具体操作如下。

第一步,在打开的"向导"窗口中,点击"退税申报向导"—"外部数据采集"—"认证发票信息读入"菜单,出口退税申报系统将显示从税务部门发票认证服务器下载的、保存认证发票信息文件的窗口。找到下载信息的存放路径,双击存放文件,或单击存放文件后再点击"打开"按钮,如图 2 – 84 所示。

图 2 – 84

第二步,系统将显示是否读入信息的询问对话框。点击"是(Y)",认证发票信息就会被读入出口退税申报系统中,如图 2 – 85 所示。

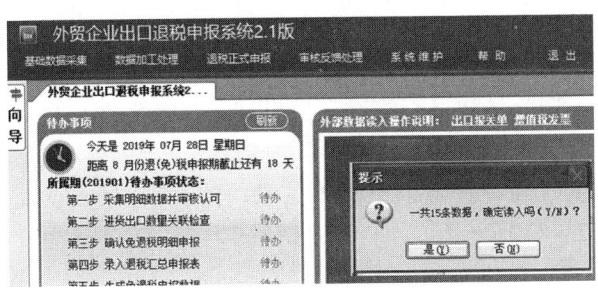

图 2 – 85

 小贴士

因各地使用的进项发票认证系统软件不一样，所以认证发票导出的方法也不一样。无论认证发票信息以什么方法导出，出口退税申报系统要求导出文件必须是 XML 格式的文件，其他文件格式是无法导入出口退税申报系统的。有些地方的进项发票认证系统导出的认证发票信息可能不能生成 XML 文件，那么只好手工录入了。

7. 认证发票信息处理

认证发票信息处理就是对读入出口退税申报系统的认证发票信息进行查看和修正的过程。操作步骤如下。

第一步，在打开的"向导"窗口中，点击"退税申报向导"—"外部数据采集"—"认证发票信息处理"菜单，出口退税申报系统将打开认证发票信息处理窗口，如图 2-86 所示。

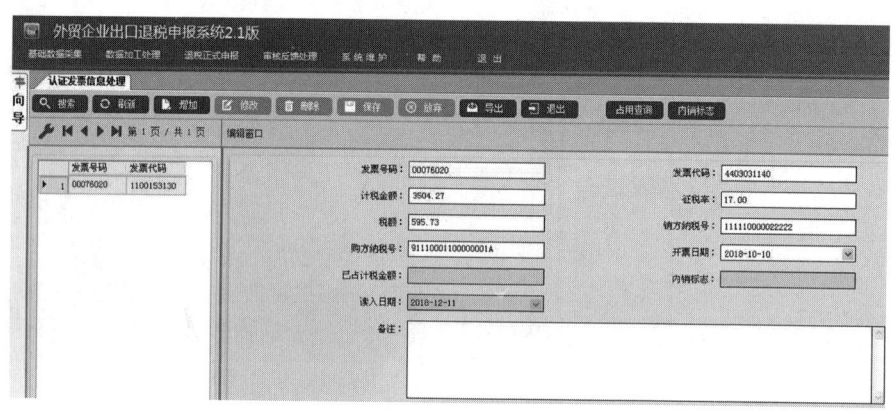

图 2-86

第二步，查看窗口中的数据是否齐全，如有缺失，操作人需要把信息补全，然后点击工具栏中的"保存"按钮。

第三步，如果想知道某条认证发票信息是否已被用于退税，可点击工具栏中的"占用查询"按钮进行查询。如果某条认证发票信息对应的货物已经内销，则选中该信息，点击工具栏的"内销标志"按钮，在显示的小窗口中选择"当前记录"和"设置内销标志"，这样信息在录入认证发票信息时将被屏蔽，如图 2-87 所示。

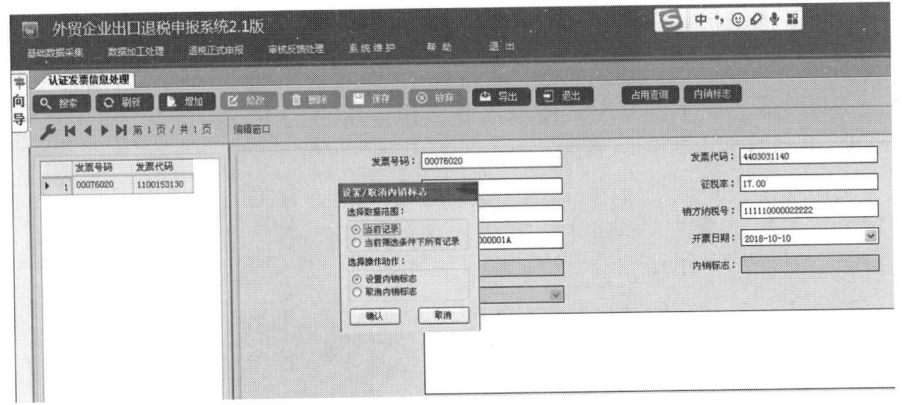

图 2-87

(二) 免退税明细数据采集

免退税明细数据采集是把退税部门需要的出口货物退税申报数据录入外贸企业出口退税申报系统的过程。退税申报数据录入是整个出口退税申报系统操作过程中最重要的内容。免退税明细数据录入的内容包括以下十方面：出口明细申报数据录入、进货明细申报数据录入、出口/进货明细申报数据录入、海关商品码调整对应表录入、出口企业情况说明表录入、出口货物收汇申报录入（已认定）、出口不能收汇申报录入（已认定）、零税率出口明细申报录入、零税率进货明细申报录入、免退税冲减申报录入，如图 2-88 所示。

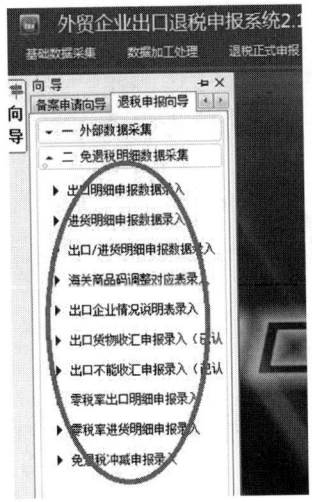

图 2-88

在以上十项内容中，一般情况下，出口明细申报数据录入和进货明细申报数据录入这两项是企业必须录入的，其他内容，企业可视自身业务的实际情况选择性录入。下面介绍具体录入方法和步骤。

1. 出口明细申报数据录入

出口明细申报数据录入就是把与企业出口业务有关的详细数据根据出口退税申报系统要求录入系统中，形成有效的申报数据，以便向退税部门申报的过程。具体操作步骤如下。

第一步，在打开的"向导"窗口中，依次点击"退税申报向导"—"免退税明细数据采集"—"出口明细申报数据录入"菜单，打开明细数据录入窗口。

第二步，在打开的窗口中，点击工具栏的"增加"按钮，使数据录入栏目处于可编辑状态。

第三步，根据企业出口业务的数据，依次录入窗口中各栏的内容。录入完毕点击工具栏的"保存"按钮，如图2-89所示。

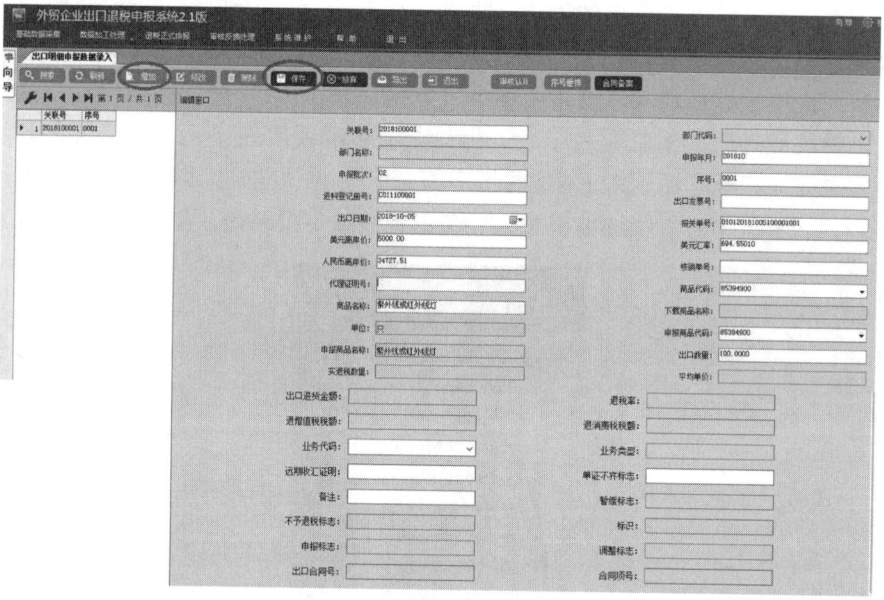

图2-89

第四步，点击工具栏的"审核认可"与"序号重排"按钮，系统对录入数据进行审核并排序，同时在"标识"栏加上待申报标志"R"，如图2-90所示。如果不经过"审核认可"，则录入的申报数据在后面的确认过程中就无法确认。

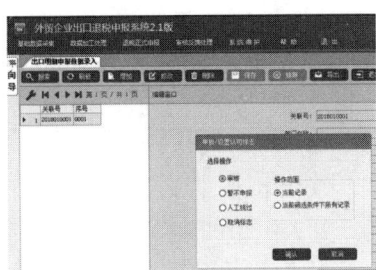

图 2-90

下面对出口明细申报数据录入窗口各栏目的录入方法加以说明。

①关联号：是出口货物与购进货物进行关联的标志，由企业自己编写，一般要求是十位数字。编写格式有两种：一是六位申报年月加上四位流水号组成，如 2018110001、2018110002 等；二是四位申报年月加上两位部门代码再加上四位流水号组成，如果不分部门用两个"0"代替，如 1811010001、1811020001 等。具体使用哪一种方法，要根据当地退税部门的要求选择。

如果是一张出口报关单多条出口数据对应一张购货发票，则每条出口数据使用一个关联号，录入进货明细时需要把购货发票拆分成与出口相对应的数据，并使用报关单对应数据的关联号。如果是一张出口报关单的一条出口数据对应多张购货发票，则分别录入购货发票，但都使用与报关单对应的同一关联号。如果是出口报关单的多条数据对应多张进货发票，则每条出口数据使用一个关联号，需要把进货发票拆分成与出口报关单各条数据相对应的数据进行录入，使用对应报关单数据的关联号。

②部门代码：如果在"系统维护"—"代码维护"—"部门代码"中进行了设置，则需要录入部门代码，否则不能录入。

③部门名称：与部门代码对应的部门名称，根据系统维护中的设置自动生成，无须手工录入。

④申报年月：指对出口业务进行退税申报的时间，为四位年号加两位月份，系统默认数据为当月。

⑤申报批次：指当月出口货物的申报批次，申报几次就有几个批次，用两位数表示，如 01、02 等。

⑥序号：申报数据的流水号，用四位数表示，如 0001、0002 等。一张报关单有几项货物就有几个序号，但同一关联号内序号不能重复。

⑦进料登记册号：海关颁发的进料加工登记手册号码。进料加工业务需要录入，其他业务不录。

⑧出口发票号：录入为出口业务填开的出口货物专用发票号码。

⑨出口日期：录入出口报关单上列明的出口日期。

⑩报关单号：录入出口货物报关单号码，由报关单上的十八位号码加"0"再加两位项号组成，有几种商品就有几个项号，如123456789123456789001、012345678912345678001等。

⑪美元离岸价：出口货物以美元表示的离岸价格。如果出口货物不是以美元结算的，按汇率折算为美元价格录入，但以人民币结算的除外。

⑫美元汇率：100美元兑人民币的汇率。

⑬人民币离岸价：出口货物美元FOB价按美元汇率折算的人民币价格。

⑭核销单号：根据政策规定，核销单已经取消，此处无须录入。

⑮代理证明号：委托其他企业代理出口的货物，录入受托企业开具的代理出口货物证明的编号。

⑯商品代码：指商品税率库中对应商品的代码，根据出口报关单上的代码录入。

⑰商品名称：与商品代码对应的商品名称。

⑱下载商品名称：无须录入。

⑲单位：系统自动生成，无须录入。如果与报关单上的计量单位不一致，看是否与第二计量单位一致，如果都不一致，需要在系统维护里修改，以保持与报关单一致。

⑳申报商品代码：出口货物所使用的原材料成本如果80%以上为财税〔2012〕39号文件的附件9中所列内容，则需要按该原材料的退税率计算退税，在这种情况下，此栏需录入原材料的商品代码，其他情况选择系统默认自动录入内容即可。

㉑申报商品名称：与申报商品代码对应的商品名称。

㉒出口数量：根据实际出口货物数量录入，以报关单上的为准。

㉓实退税数量：指实际参与计算出口退税的货物数量。如果存在出口货物数量大于进货数量或出口收汇实行差额核销的情况，差额部分一般不予退税。

㉔平均单价：系统自动计算，无须手工录入。

㉕出口进货金额：系统自动计算，无须手工录入。

㉖退税率：出口货物的退税率。在下文中进行"进货出口数量关联检查"操作后，系统会自动计算，无须手工录入。

㉗退增值税税额：根据出口货物计算的出口应退的增值税税额，由系统自动计算，无须手工录入。

㉘退消费税税额：根据出口货物计算的出口应退的消费税税额，由系统自动计算，无须手工录入。

㉙业务代码：特殊贸易方式的业务类型代码，在下拉菜单中选择。

㉚业务类型：与业务代码对应的业务类型，由系统自动录入。

㉛远期收汇证明：如是远期收汇的出口货物，录入外贸主管部门出具的远期收汇证明的编号。

㉜单证不齐标志：无须录入。

㉝备注：根据需要录入，一般不录。

㉞暂缓标志：添加是否暂缓退税标志，1表示暂缓退税，2表示正常。

㉟不予退税标志：添加是否不予退税的标志，1表示不予退税，2表示正常。

㊱标识、申报标志、调整标志：系统根据实际操作情况自动添加，无须手工录入。

㊲出口合同号、合同项号：进行了合同备案的企业录入备案合同号，一般企业无须录入。

2. 进货明细申报数据录入

进货明细申报数据录入是指企业在货物出口之前，将购入货物的有关数据录入系统中。因为进货数据是计算出口货物退税的依据，所以企业进货明细数据的录入与申报，也是退税部门将其与海关出口数据进行核对的过程。申报数据只有与海关数据相符，企业才能进行退税。

企业录入进货明细申报数据的操作步骤如下。

第一步，在打开的系统"向导"窗口，依次点击"退税申报向导"——"免退税明细数据采集"——"进货明细申报数据录入"菜单。

第二步，在打开的窗口中，点击工具栏的"增加"按钮，使数据录入栏处于可编辑状态。

第三步，根据已经认证通过的进项发票等凭证，在有关栏内录入数据。录入结束，点击工具栏的"保存"按钮，如图2-91所示。

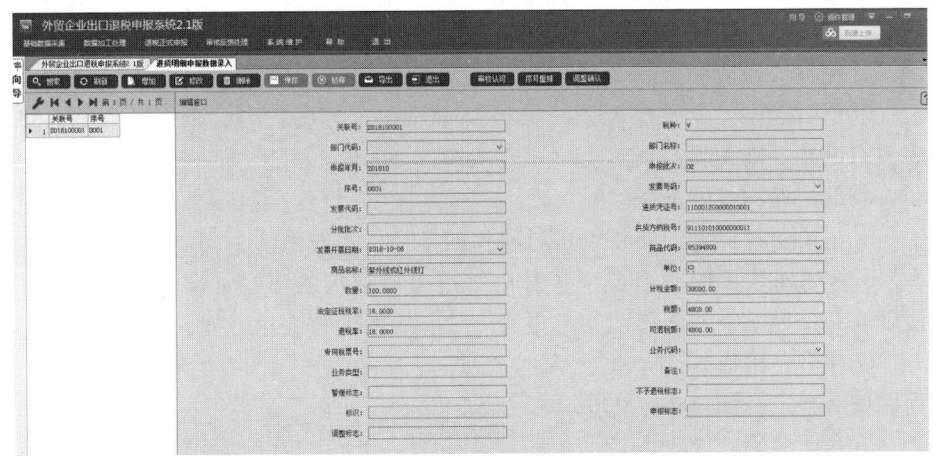

图2-91

第四步，点击工具栏的"审核认可"按钮，对录入数据进行审核认可。系统将显示"审核/设置认可标志"小窗口，如图 2-92 所示。在窗口中，可以对数据范围进行选择，选项有"当前记录"和"当前筛选条件下所有记录"两种。操作方式有"审核""暂不申报""人工挑过""取消标志"四个选项。针对数据范围与操作方式，企业可以根据实际需要来选择。如果选择了"审核"，则系统在"标识"栏将自动添加待申报标志"R"；如果选择了"暂不申报"，则系统将自动添加暂不申报标志"Z"。

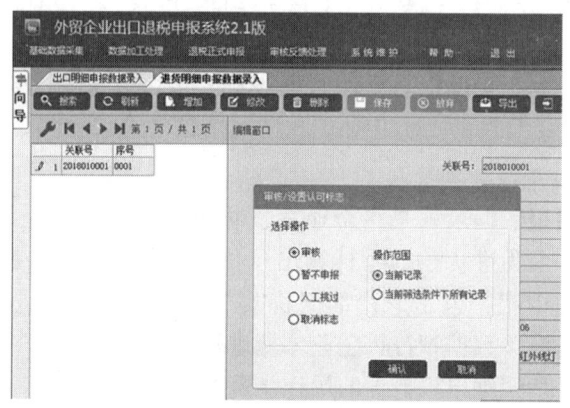

图 2-92

第五步，如果企业录入了不止一条数据，为了防止序号混乱，可以点击工具栏的"序号重排"按钮。如果数据进行过调整，点击"调整确认"按钮进行确认。

下面具体说明各栏目数据的录入方法。

①关联号：出口货物与购进货物进行关联的标志，应与出口明细申报表号码一致。

②税种：增值税或消费税，增值税录入"V"，消费税录入"C"。

③部门代码：如果在"系统维护"中设置了部门代码，则需要录入，如果没有设置，则无须录入。

④部门名称：同上条。

⑤申报年月：对出口货物进行申报的年月，一般默认为当前录入的年月。

⑥申报批次：同一个申报年月内本批出口货物的申报批次。当月申报几次就有几个批次，与出口明细申报表一致，用两位数表示，如 01、02 等。

⑦序号：出口货物申报录入的流水号，一张发票上一项货物一个序号，由四位数组成，如 0001、0002 等。

⑧发票号码：录入进货增值税专用发票右上角的八位编码。如果发票认

证信息没有导入系统，不能录入，直接在"进货凭证号"栏录入。

⑨发票代码：进货增值税专用发票左上角的十位编码。如果发票认证信息没有导入系统，不能录入，直接在"进货凭证号"栏录入。

⑩进货凭证号：录入十位发票代码加上八位发票号码。如果是其他进货凭证，录入有关凭证号码。

⑪分批批次：如果进货不能在一个出口关联号内申报完成，则采用分批申报方式。本次申报是第几批，就录入该批次。

⑫供货方纳税号：进货增值税专用发票上的供货方的18位纳税识别号。

⑬发票开票日期：进货增值税专用发票上的开具日期。

⑭商品代码：根据出口货物报关单上的货物商品代码录入。

⑮商品名称：与商品代码对应的商品名称，由系统自动生成，无须录入。

⑯单位：出口报关单上的商品计量单位，由系统自动生成，无须录入。

⑰数量：进货发票上的数量。如果进货发票上的计量单位与出口报关单上该商品的计量单位不一致，则把发票上的数量按报关单上的计量单位折算后录入此栏。委托加工的进货发票，此栏录入"0"，同时在备注栏录入"WT"字样。

⑱计税金额：进货发票上的计税金额。如果发票商品代码及名称与报关单一致，可录入发票总额，否则分项录入。

⑲法定征税税率：如果是增值税，录入进货发票上标明的税率，以"%"表示。如果是消费税，分两种情况：从价定率征收的，以小数形式录入消费税发票上的法定税率；从量定额征收的，填写消费税发票上的法定税额。

⑳税额：根据计税金额与税率计算，由系统自动生成，无须录入。

㉑退税率：根据商品代码库中该出口商品的退税率录入。

㉒可退税额：根据计税金额与退税率计算的退税金额，由系统自动生成，无须录入。

㉓专用税票号：2014年起开出的专用税票数据，由14位数字组成。

㉔业务代码：该栏目下拉菜单中的特殊业务需要选填，其他的不用录入。

㉕业务类型：与业务代码相对应的业务类型，由系统自动生成，无须录入。

㉖备注：根据需要录入，一般可省略。

㉗暂缓标志：添加的是否暂缓退税标志，"1"表示暂缓退税，"2"表示正常。

㉘不予退税标志：添加的是否不予退税的标志，"1"表示不予退税，"2"表示正常。

㉙标识、申报标志、调整标志：此三项由系统根据实际操作情况自动生成，无须录入。

 小贴士

录入完数据后,如果还有消费税退税的,需要出口货物供货商提供消费税专用缴款书作为退税依据,同时在系统录入窗口再次录入明细数据,只是在"税种"栏里改录"C"。

3. 出口/进货明细申报数据录入

出口/进货明细申报数据录入是把出口明细申报数据与进货明细申报数据两类数据集为一个录入窗口的录入方法。如果是一笔进货对应一笔出口,可以在前面的"出口明细申报数据录入"与"进货明细申报数据录入"里分别录入,也可在"出口/进货明细申报数据录入"里录入,二者任选其一。如果是一笔进货对应多笔出口,或多笔进货对应一笔出口,也可以分别按上面的两种方法之一录入。但如果选择了在"出口/进货明细申报数据录入"中录入数据,则需要点击窗口工具栏的"数据分解"按钮,这样系统将把录入的数据分解后,自动填到"出口明细申报数据录入"与"进货明细申报数据录入"两个表格中。而尚未录入的进货或出口数据还需要补充录入这两个表格中。

下面介绍"出口/进货明细申报数据录入"的操作步骤与录入方法。

第一步,在系统打开的"向导"窗口,点击"退税申报向导"—"免退税明细数据采集"—"出口/进货明细申报数据录入"菜单。

第二步,在打开的窗口中,点击工具栏的"增加"按钮,使窗口处于可编辑状态。企业根据进货资料与出口资料依次录入窗口各栏目数据。录入完毕,点击工具栏的"保存"按钮,如图2-93所示。

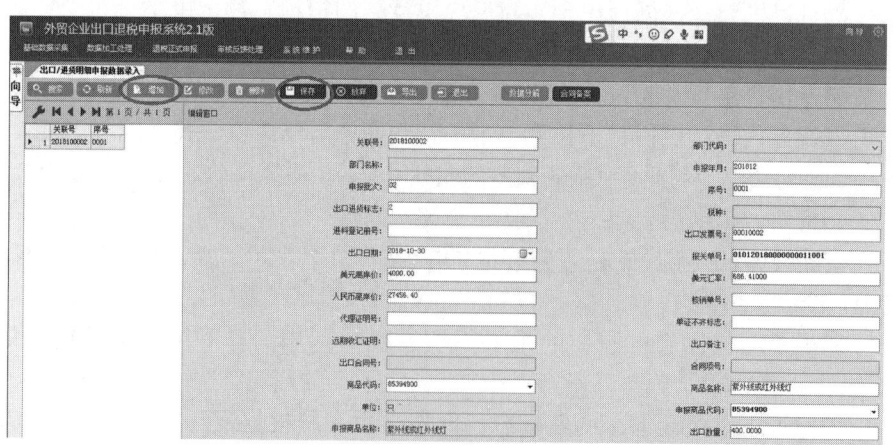

图2-93

第三步，如果出口不属于一笔进货对应一笔出口的情况，则点击工具栏的"数据分解"按钮，如图 2-94 所示，所录入的数据就会被系统分解到"出口明细申报数据录入"与"进货明细申报数据录入"中去。

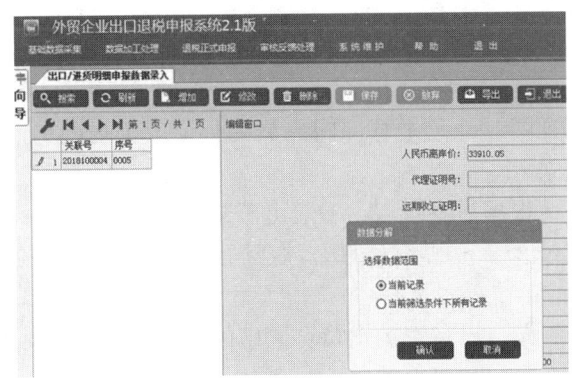

图 2-94

窗口各栏具体录入方法如下。

①关联号：出口货物与购进货物进行关联的标志，详见前文。

②部门代码：系统根据"系统维护"中设置的部门自动生成。

③部门名称：与部门代码对应的部门名称，由系统根据部门代码自动生成。

④申报年月：向退税部门申报的年月，如 201811、201812 等。系统默认为当前月份，可手工修改。

⑤申报批次：指同一月份当前申报的出口货物的批次，由两位数字组成，如 01、02 等。

⑥序号：出口货物的顺序编号，由四位流水号组成，如 0001、0002 等。也可不录序号，等其他数据录完后，点击"序号重排"按钮，由系统自动生成。

⑦出口进货标志：进货后出口为"0"，只有进货没有出口为"1"，只有出口没有进货为"2"。

⑧税种：录入增值税或消费税。如果是增值税，录入"V"；如果是消费税，录入"C"。

⑨进料登记册号：海关签发的进料加工登记册的编号，进料加工企业需要录入，其他企业不需要录入。

⑩出口发票号：出口货物专用发票的编号。

⑪出口日期：报关单上的出口日期。

⑫报关单号：出口报关单上的号码，为十八位单号加"0"再加两位项号，如 123456789123456789001、123456789123456789002 等。

⑬美元离岸价：出口货物的美元 FOB 价，是计算换汇成本的依据。如果

出口成交价不是 FOB 价，应折算为 FOB 价录入。

⑭美元汇率：出口货物 100 美元折合人民币的汇率。

⑮人民币离岸价：根据美元离岸价与美元汇率计算的人民币离岸价。

⑯核销单号：无须录入。

⑰代理证明号：代理出口货物证明的号码，为单号加两位项号。

⑱单证不齐标志：无须录入。

⑲远期收汇证明：外贸主管部门出具的远期收汇证明的号码。如果不是远期收汇，无须录入。

⑳出口备注：根据需要录入，一般可不录。

㉑出口合同号：录入已备案的出口合同编号。特殊情况下需录入，见前文说明。

㉒合同项号：录入已备案的出口合同中的出口商品种类项号。

㉓商品代码：录入出口报关单上的商品代码。

㉔商品名称：与商品代码对应的商品名称，由系统根据商品代码自动生成，无须手工录入。

㉕单位：录入出口报关单上的货物计量单位。

㉖申报商品代码：特殊出口货物需要录入。详见"出口明细申报数据录入"有关栏目录入内容。

㉗申报商品名称：录入与申报商品码对应的商品名称。

㉘商品数量：录入出口商品的数量，以报关单为准。

㉙发票号码：录入增值税专用发票上的号码。如果发票认证信息没有导入系统，不用录入，直接在"进货凭证号"栏录入。

㉚发票代码：录入增值税发票上的发票代码。如果进货发票认证信息没有导入系统，不用录入，直接在"进货凭证号"栏录入。

㉛进货凭证号：录入发票代码加上发票号码，如果是其他凭证，录入该凭证号码。

㉜分批批次：一张进货凭证的货物分批出口申报的，录入本次申报的批次，如 1、2 等。

㉝供货方纳税号：录入进货发票上的供货方的纳税识别号，共十八位。

㉞发票开票日期：录入进货增值税专用发票上的开票日期。

㉟进货数量：录入出口货物的进货发票上的数量。如果出口报关单与进货发票的计量单位不一致，以出口报关单为准进行折算。如果货物为委托加工的货物，录入"0"，并在备注栏录入字母"WT"。

㊱计税金额：录入进货增值税专用发票上的计税金额。

㊲法定征税税率：增值税录入进货增值税专用发票上的税率；消费税以

小数方式录入消费税专用发票上的税率，消费税从量定额征收的，录入消费税发票上的法定税额。

㊳税额：系统根据计税金额与法定征税税率自动计算填列，一般无须手工录入。

㊴退税率：录入出口商品的退税率。

㊵可退税额：系统根据计税金额与退税率自动计算填列，一般无须手工录入。

㊶专用税票号：录入2014年1月1日后税务部门开具的专用完税凭证的号码。

㊷业务代码：在栏目下拉菜单中的业务类型中选择，其他业务不用录入。

㊸业务类型：与业务代码对应的业务类型。

㊹进货备注：根据需要录入，如委托加工业务等，一般可不填。

㊺标识、申报标志：由系统自动生成。

已经备案的出口合同，需要在备注栏里录入"合同备案"这四个字拼音的大写首字母，即"HTBA"，然后点击工具栏的"合同备案"按钮，在显示的窗口中"原备案序号"下拉菜单中，选择录入的合同，这样"合同编号"与"合同项号"将自动录入系统栏目中。

4. 海关商品码调整对应表录入

海关商品码调整对应表录入是指因代码库升级或其他原因等造成的报关单的商品代码、商品名称或退税率等与代码库不一致，企业对照修改录入的过程。

海关商品码调整对应表录入菜单的操作步骤如下。

第一步，在系统打开的"向导"窗口，点击"退税申报向导"—"免退税明细数据采集"—"海关商品码调整对应表录入"菜单，打开操作窗口。

第二步，在打开的窗口中，点击工具栏的"增加"按钮，使窗口处于可编辑状态，根据报关单等资料依次录入窗口各栏目，如图2-95所示。录入完毕，点击工具栏的"保存"按钮，完成操作。

窗口各栏目具体录入方法如下。

①所属期：申报所属年月，由四位年号和两位月号组成，如201807、201812等。

②申报批次：同一申报期内多次申报时的批次序号，由两位数字组成。

③序号：申报顺序号，由四位数字组成，如0001、0002等。

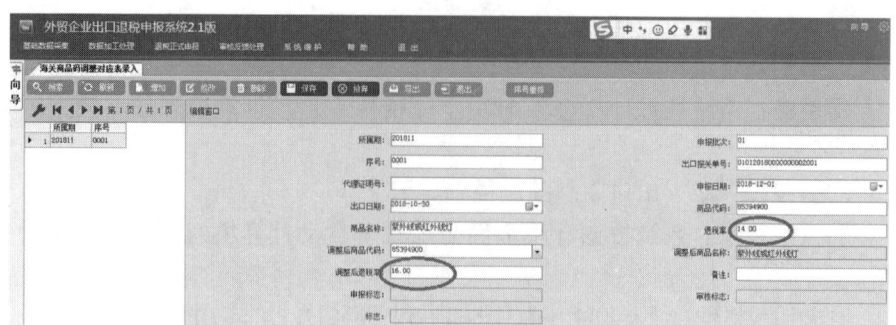

图 2-95

④出口报关单号：由出口报关单号码加"0"再加两位项号组成。如 12345678912345678900、12345678912345678002 等。

⑤代理证明号：委托其他企业代理出口的货物，录入受托企业开具的代理出口货物证明的编号。

⑥申报日期：录入出口货物报关单上的申报日期。

⑦出口日期：录入出口货物报关单上注明的出口日期。

⑧商品代码：录入报关单上的商品代码。

⑨商品名称：录入报关单上的商品名称。

⑩退税率：录入调整前的商品退税率。

⑪调整商品代码：录入调整后的商品代码。

⑫调整商品名称：录入调整后的商品名称。

⑬调整退税率：录入调整后的退税率。

⑭备注：不录入。

⑮申报标志、审核标志、标志：申报或审核后由系统自动录入。

5. 出口企业情况说明表录入

出口企业情况说明表录入是出口企业对出口退税申报时出现的异常情况等进行说明的过程。在出口退税申报的过程中，如果出现换汇成本过高或过低等，出口企业需要说明这些异常情况出现的原因，并在系统中与其他申报表一起进行申报。

出口企业情况说明表录入菜单的操作步骤如下。

第一步，在系统的"向导"窗口，依次点击"退税申报向导"—"免退税明细数据采集"—"出口企业情况说明表录入"菜单，打开操作窗口。

第二步，在打开的窗口中，点击工具栏的"增加"按钮，使窗口处于可编辑状态。根据系统反馈的申报异常情况，将异常业务的有关资料及产生原因等依次录入窗口各栏目，如图 2-96 所示。录入完毕，点击工具栏的"保存"按钮，完成操作。

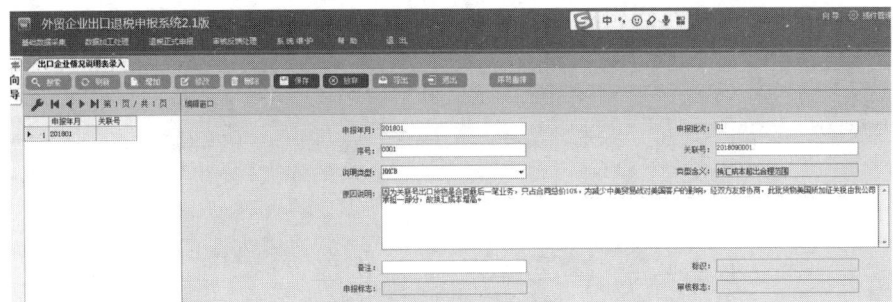

图 2-96

6. 出口货物收汇申报录入（已认定）

根据国家税务总局《关于出口企业申报出口货物退（免）税提供收汇资料有关问题的公告》（国家税务总局公告 2013 年第 30 号）规定，被认定为申报出口收汇九类重点管理的出口企业，向退税部门提供收汇申报资料及收汇电子信息后，才能进行免退税申报。这九类企业之外的企业，不用提供申报出口收汇信息资料。九类企业的认定，是通过退税部门的审核完成的。出口企业进行申报时，退税部门将审核信息的反馈、企业认定情况的修改记录一并反馈给企业。企业对反馈信息进行处理时，出口退税申报系统会自动在"系统维护"—"系统配置"—"系统参数设置与修改"中对企业的配置信息进行修改。

针对需要提供收汇申报资料及收汇电子信息的九类企业，公告规定如下：

①被外汇管理部门列为 B、C 类企业的；

②被外汇管理部门列为重点监测企业的；

③被人民银行列为跨境贸易人民币重点监管企业的；

④被海关列为 C、D 类企业的；

⑤被税务机关评定为 D 级纳税信用等级的；

⑥因虚开增值税专用发票或其他增值税扣税凭证、增值税偷税、骗取国家出口退税款等原因，被税务机关给予行政处罚的；

⑦因违反进出口管理、收付汇管理等方面的规定，被海关、外汇管理部门、人民银行、商务主管部门等部门给予过行政处罚的；

⑧向主管税务机关申报的不能收汇的原因为虚假的；

⑨向主管税务机关提供的出口货物收汇凭证是冒用的。

出口货物收汇申报录入（已认定）菜单的录入步骤如下。

第一步，在系统打开的"向导"窗口，点击"退税申报向导"—"免退税明细数据采集"—"出口货物收汇申报录入（已认定）"菜单，打开操作窗口。

第二步，在打开的窗口中，点击工具栏的"增加"按钮，使窗口处于可编辑状态。根据出口、进货及收汇等有关资料依次录入窗口各栏目，如图 2-97 所示。

图 2-97

第三步，录入完毕，点击工具栏的"保存"按钮。如果录入的数据不止一笔，则录入完毕后点击工具栏的"序号重排"按钮。

菜单各栏目录入方法如下。

①所属期：申报业务所属年月，系统默认为当期年月，由四位年号加两位月号组成，如201805。

②申报批次：同一所属期的数据可分若干批次申报，录入当前申报数据的批次。

③序号：申报业务的顺序号，由四位流水号组成，如0001、0002等。

④出口报关单号：录入出口业务的报关单号码，由18位单号加0再加两位项号组成，如123456789123456789001等。

⑤出口发票号：录入出口货物开具的专用发票的号码。

⑥记销售日期：录入财务账结转销售的日期。

⑦销售币种代码：录入出口货物结算的币种的代码，根据出口合同、报关单等资料在下拉菜单中选择。

⑧销售币种：录入与"销售币种代码"对应的销售币种名称。

⑨出口销售金额：录入出口货物申报的销售金额，如果是外币，按FOB价录入。

⑩销售币种汇率：录入一百单位外币折算的人民币汇率。

⑪人民币销售额：根据"出口销售金额"与"销售币种汇率"计算的人民币金额。

⑫收入凭证号：录入结转销售收入的凭证号码。如果一张报关单对应不止一张凭证，应分行单独录入。

⑬收汇日期：录入出口货物货款的收入日期。

⑭结汇方式代码：出口货物货款结算方式代码，根据合同等资料在下拉菜单中选择。

⑮结汇方式：录入与"结汇方式代码"对应的结算方式。

⑯金融机构代码：录入出口货物货款结算的银行代码。根据银行的级别不同，代码长度也不同。

⑰银行业务编号：录入银行出具的出口货物收汇凭单上的业务编号，各行编号不一。

⑱收汇币种代码：出口货物实际收到的外汇币种代码，在下拉菜单中选择。

⑲收汇币种：录入与"收汇币种代码"对应的币种。

⑳收汇金额：录入出口货物实际收到的外币金额。

㉑收汇币种汇率：录入收到的一百单位外币对应的人民币汇率。

㉒收汇人民币金额：根据"收汇金额"与"收汇币种汇率"计算的人民币金额。

㉓付汇人：录入支付货款的客户单位或个人。

㉔付汇国家地区：录入付款单位或个人所在的国家或地区的名称。

㉕非进口商付汇：说明非进口商付汇原因。

㉖非进口国付汇：说明非进口国家或地区付汇原因。

㉗备注：如果属于"非进口商付汇"或"非进口国付汇"的，录入出口合同号码。

㉘申报标志、审核标志、标志：申报反馈读入后，由系统自动生成。

7. 出口不能收汇申报录入（已认定）

出口不能收汇申报录入（已认定）是指被认定的申报出口收汇九类重点企业在出口货物后，因故发生不能收汇的情况，需要在此菜单中对有关数据进行录入、申报。不能收汇的情况是指因《国家税务总局关于出口企业申报出口货物退（免）税提供收汇资料有关问题的公告》（国家税务总局公告2013年第30号）附件3所列的九种原因及其他原因造成的不能收汇、不能在规定的申报期内收汇的情况。企业在录入有关数据后，需携带纸质及电子数据与其他申报数据一起向退税部门申报。

出口不能收汇申报录入（已认定）菜单的录入步骤如下。

第一步，在系统打开的"向导"窗口，点击"退税申报向导"—"免退税明细数据采集"—"出口不能收汇申报录入（已认定）"菜单，打开操作窗口。

第二步，在打开的窗口中，点击工具栏的"增加"按钮，使窗口处于可编辑状态。根据企业出口的相关资料依次录入窗口各栏目，如图2-98所示。

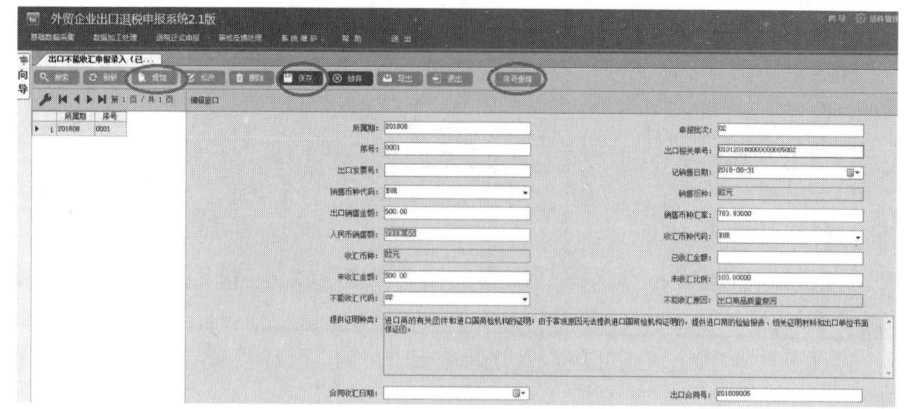

图 2-98

第三步，录入完毕，点击工具栏的"保存"按钮。如果录入的数据不止一笔，则在录入完毕后点击工具栏的"序号重排"按钮。

各栏目录入请参照出口货物收汇申报录入（已认定）的录入方法进行操作，这里就不再详细说明了。

8. 零税率出口明细申报录入

零税率出口是国家对出口企业的出口行为的一种优惠政策，指企业出口销售货物或出口服务的征税率为零，也就是说企业的出口销售不但不用纳税，而且其出口货物或服务以前环节已缴纳的税款还能全部返还。

零税率出口与免税出口看起来有些相似，即出口货物或服务均不用缴纳出口环节的应纳税款，但二者有着本质的区别。零税率的税率为零，所以企业的销售行为不但不用负担税款，而且其出口货物或服务以前环节已缴纳的税款还能全部返还。而免税则是销售行为本来有税款的，是国家的优惠政策免除了出口企业应缴的税款。

目前我国零税率政策主要适用于对外应税服务领域，行业主要是对境外的运输服务和对外的研发与设计服务，货物出口暂未执行这一政策。需要说明的是，境内企业与海关特殊监管区域内企业之间的上述应税服务业务，不适用零税率政策。

出口企业从事零税率应税服务出口后，需要在出口退税申报系统中对出口服务的有关数据进行录入并进行申报。具体录入步骤如下：

第一步，在系统打开的"向导"窗口，点击"退税申报向导"—"免退税明细数据采集"—"零税率出口明细申报录入"菜单，打开操作窗口。

第二步，在打开的窗口中，点击工具栏的"增加"按钮，使窗口处于可编辑状态。根据出口合同等有关资料依次录入窗口各栏目，如图 2-99 所示。

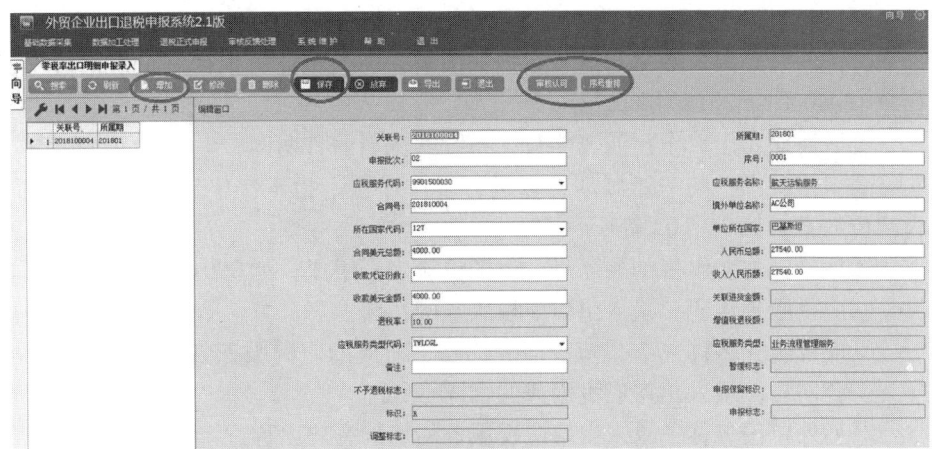

图 2-99

第三步，录入完毕，点击工具栏的"保存"按钮。如果录入的数据不止一笔，则在录入完毕后点击工具栏的"序号重排"按钮。

第四步，点击工具栏的"审核认可"按钮，系统将显示"审核/设置认可标志"小窗口，如图 2-100 所示。在窗口中，可以对数据范围进行选择，选项有"当前记录"和"当前筛选条件下所有记录"两种。操作方式有"审核""暂不申报""人工挑过""取消标志"四个选项。企业可以根据实际需要选择数据范围与操作方式。如果选择了"审核"，则系统将在"标识"栏自动添加待申报标志"R"。如果要取消申报标志，则点击窗口的"取消标志"，则申报标志"R"将被取消。如果选择了"暂不申报"，则系统将自动添加暂不申报标志"Z"。

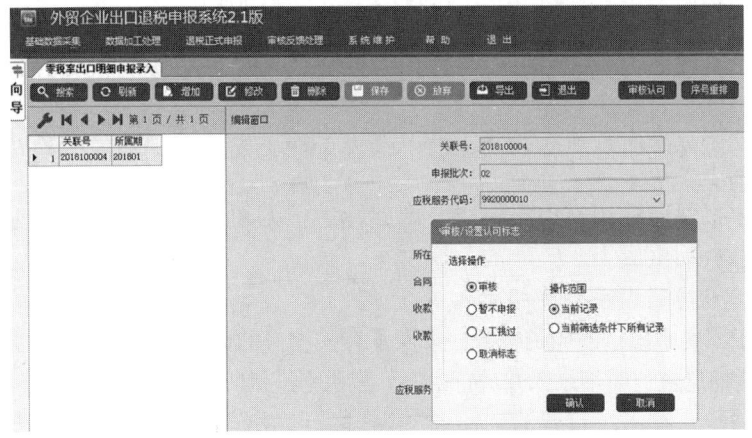

图 2-100

窗口各栏录入方法如下。

①关联号：出口数据与进货数据的关联标志，企业可根据一定规则编写，如 2018040001、2018040002 等。

②所属期：出口申报所属年月，系统默认当前日期。

③申报批次：同一所属期可以进行多次申报，指本次申报的批次，一般为两位数字，如 01、02 等。

④序号：本次申报的顺序号，由四位流水号组成，如 0001、0002 等。

⑤应税服务代码：录入出口应税服务的代码。

⑥应税服务名称：与"应税服务代码"对应的应税服务名称。

⑦合同号：录入出口应税服务的合同号码。

⑧境外单位名称：录入出口应税服务的境外客户名称。

⑨所在国家代码：录入境外客户所在国家的代码。

⑩单位所在国家：录入与"所在国家代码"对应的国家名称。

⑪合同美元总额：录入应税服务合同美元金额或按汇率折算的美元金额。

⑫人民币总额：录入应税服务合同的人民币金额或按汇率折算的人民币金额。

⑬收款凭证份数：录入收到的应税服务合同客户汇款的银行收款凭证份数。

⑭收入人民币金额：录入累计收到的应税服务客户的人民币货款或按汇率折算的人民币货款。

⑮收款美元金额：录入累计收到的应税服务境外客户的美元货款或按汇率折算的美元货款。

⑯关联进货金额：录入与本笔出口货物关联的进货金额。

⑰退税率：录入国家税务总局规定的应税服务出口业务的退税率。

⑱增值税退税额：录入根据进货金额与退税率计算的应退增值税额。

⑲应税服务类型代码：录入出口应税服务类型代码。

⑳应税服务类型：与"应税服务类型代码"对应的应税服务类型。

㉑备注：一般无须录入。

㉒标识：点击"审核认可"按钮后，再点击"审核"，系统就会自动添加审核标志"R"。

㉓申报保留标识、申报标志、调整标志：无须录入或由系统根据读入的反馈信息自动生成。

9. 零税率进货明细申报录入

对于零税率出口的应税服务，录入了有关出口的数据之后，还要对该出口对象的进货信息进行明细录入并进行申报。零税率进货明细申报录入操作步骤如下。

第一步，在系统打开的"向导"窗口，点击"退税申报向导"——"免退税明细数据采集"——"零税率进货明细申报录入"菜单，打开操作窗口。

第二章
外贸企业出口退税申报系统的操作经验与技巧

第二步，在打开的窗口中，点击工具栏的"增加"按钮，使窗口处于可编辑状态。根据进货合同、发票等有关资料依次录入窗口各栏目。如图2-101所示。

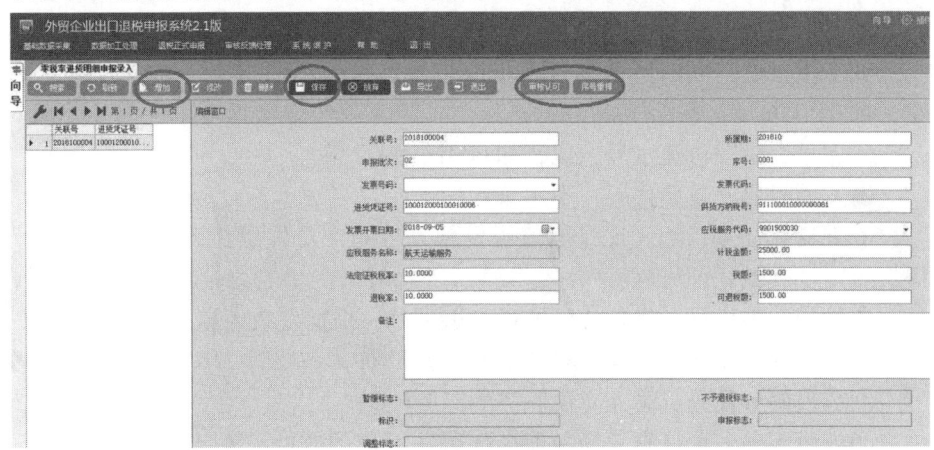

图 2-101

第三步，录入完毕，点击工具栏的"保存"按钮。如果录入的数据不止一笔，则录入完毕后点击工具栏的"序号重排"按钮。

第四步，点击工具栏的"审核认可"按钮，系统将显示"审核/设置认可标志"小窗口，如图2-102所示。在窗口中，可以对数据范围进行选择，选项有"当前记录"和"当前筛选条件下所有记录"两种。操作方式有"审核""暂不申报""人工挑过""取消标志"四个选项。企业可以根据实际需要来选择数据范围与操作方式。如果选择了"审核"，则系统在"标识"栏将自动添加待申报标志"R"。如果要取消申报标志，则点击窗口的"取消标志"，申报标志"R"就会被取消。如果选择了"暂不申报"，则系统将自动添加暂不申报标志"Z"。

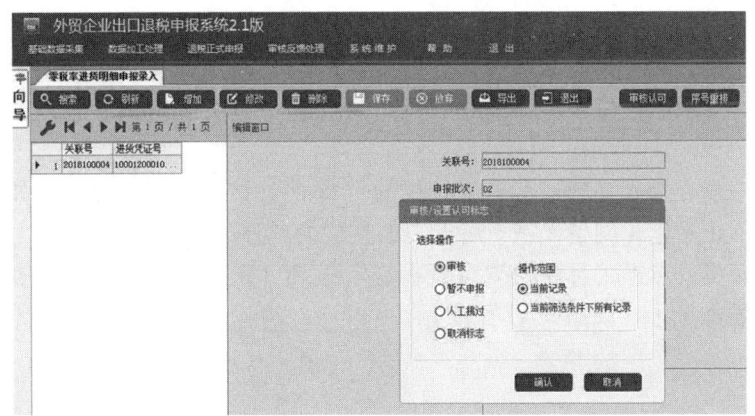

图 2-102

· 87 ·

窗口各栏录入方法如下。

①关联号：与出口数据相关联的唯一标志，应与出口明细录入一致。

②所属期：申报数据所属期，系统默认为当前日期。

③申报批次：同一所属期可多批次申报，录入当前批次，一般为两位数字，如01、02等。

④序号：由四位流水号组成，如0001、0002等。

⑤发票号码、发票代码：不用录入。

⑥进货凭证号：如凭证是增值税发票，填写十位发票代码与八位发票号码，否则填其他凭证号码。

⑦供货方纳税号：供货方的纳税人识别号，根据发票内容录入。

⑧发票开票日期：录入进项发票的开票日期。

⑨应税服务代码：录入应税服务的海关代码。

⑩应税服务名称：与"应税服务代码"对应的应税服务名称。

⑪计税金额：录入进项发票的不含税金额。

⑫法定征税税率：录入进项发票上的征税税率。

⑬税额：录入根据计税金额与法定征税税率计算的税额。

⑭退税率：录入出口应税服务的退税率，应为进项计税税率。

⑮可退税额：录入根据计税金额与退税率计算的退税额。

⑯备注：一般无须录入。

⑰标识：根据"审核认可"添加相应标识。

⑱申报标志、调整标志：无须录入或由系统根据反馈信息处理添加。

10. 免退税冲减申报录入

免退税冲减申报录入是指冲减前期已申报的退免税数据的录入操作过程。

免退税冲减申报录入菜单操作步骤如下。

第一步，在打开的"向导"窗口，点击"退税申报向导"—"免退税明细数据采集"—"免退税冲减申报录入"菜单，打开操作窗口。

第二步，在打开的窗口中，点击工具栏的"增加"按钮，使窗口处于可编辑状态。根据进货合同、发票、出口报关单等有关资料依次录入窗口各栏目，如图2-103所示。

第三步，录入完毕，点击工具栏的"保存"按钮，完成操作。如果录入的数据不止一笔，则录入完毕后点击工具栏的"序号重排"按钮。

第四步，点击工具栏的"设置标志"按钮，系统将为本张申报表的"标志"栏添加标志，如图2-104所示。

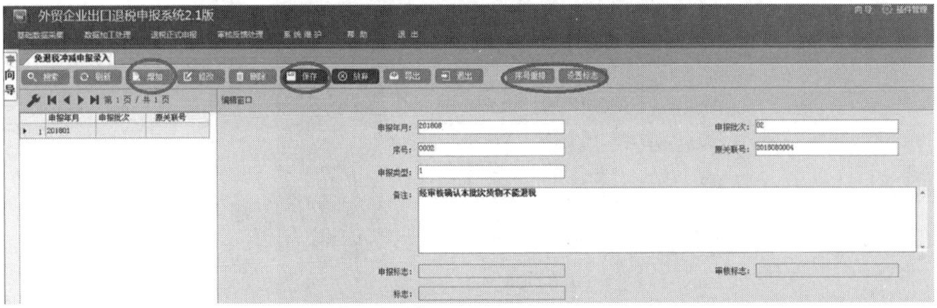

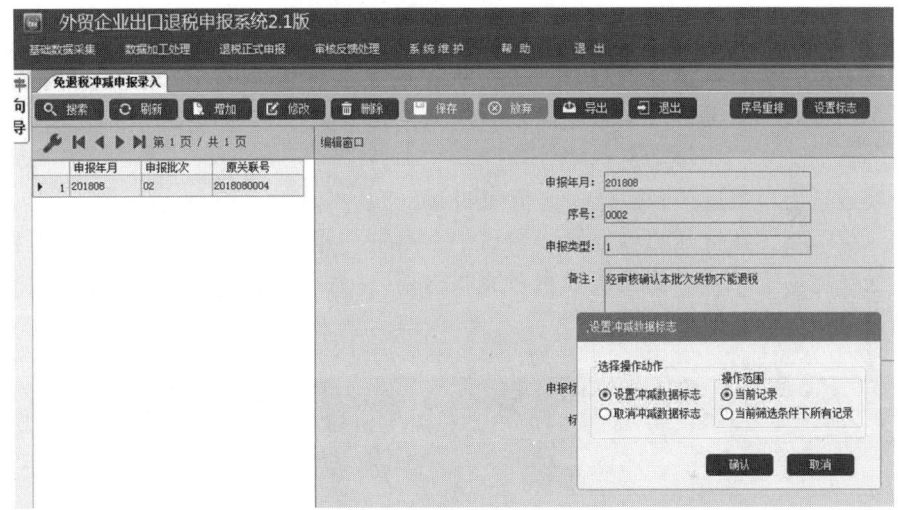

图 2-103

图 2-104

（三）免退税申报数据检查

免退税申报数据检查就是系统对录入的有关数据进行检查的过程。通过检查可以发现录入的错误数据、超出规定范围的数据或数据的关联性错误等。申报数据检查包括"进货出口数量关联检查""换汇成本检查""数据一致性检查"三个方面，如图 2-105 所示。

下面详细介绍免退税申报数据检查的操作方法和步骤。

1. 进货出口数量关联检查

进货出口数量关联检查就是对系统录入的进货数据与出口数据的关联性进行检查，检查同一关联号的进货数量与出口数量是否一致。对于检查过程中发现的错误，系统将在提示窗口中详细列明错误所在的关联号、商品码、

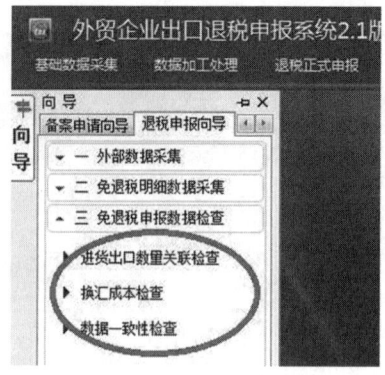

图 2-105

进货数量、出口数量等信息。如果系统提示没有问题，说明已录入数据通过了系统检查。系统将根据通过检查后的数据，自动在"出口明细申报数据录入"等有关表格中添加退税率等数据。

进货出口数量关联检查操作步骤如下。

第一步，在打开的"向导"窗口中，点击"退税申报向导"—"免退税申报数据检查"—"进货出口数量关联检查"，系统将显示对申报数据的检查结果操作界面，如图 2-106 所示。

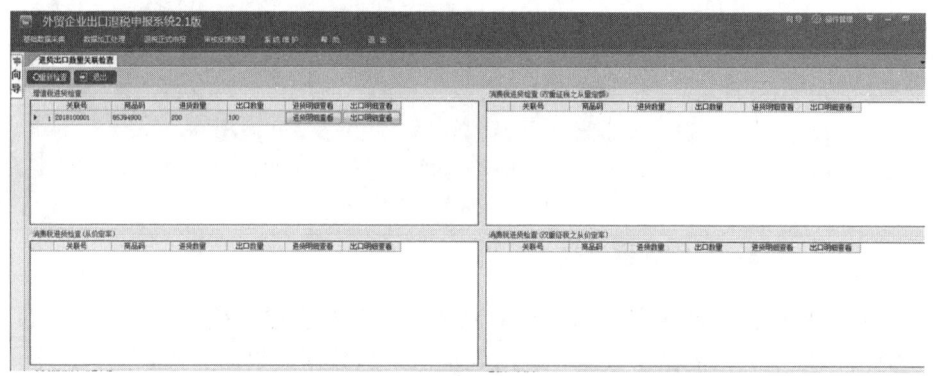

图 2-106

第二步，如果检查发现错误，数据录入人员需要根据系统的提示，对错误之处进行更正，然后再次进行检查，直到错误提示消失为止。

2. 换汇成本检查

换汇成本检查就是系统通过对录入的进货数据和出口销售数据进行对比计算，检查企业出口货物的换汇成本的高低。如果计算结果高于汇率，则说明出口企业在做亏本买卖，进而说明出口企业的出口交易是不正常的。如果换汇成本过低也不正常,可能存在牟取暴利行为,说明企业在进货过程中可能存在问题。换汇成本低于汇率而又不是过低,才是最合理的。如果检查结果没有提示错误,则检查通过。

换汇成本检查操作步骤如下。

第一步,在打开的系统"向导"窗口,点击"退税申报向导"—"免退税申报数据检查"—"换汇成本检查"菜单。

第二步,在打开的窗口中可以看到系统的检查结果。如果换汇成本超出了合理的范围,企业需要向退税主管部门提供说明。检查结果显示界面如图2-107所示。

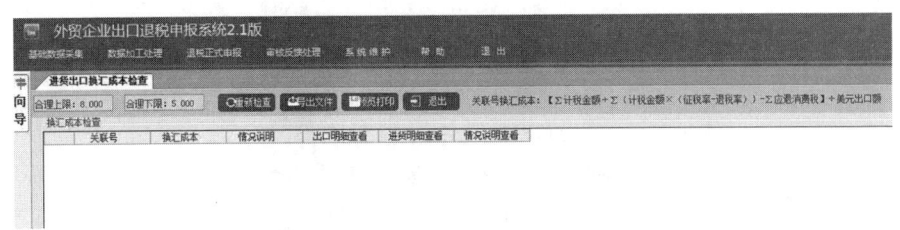

图 2-107

3. 数据一致性检查

数据一致性检查是系统对录入数据的一致性进行检查的过程,检查无误后确认免退税明细申报数据。如果没有通过系统的认证信息导入功能对认证发票信息进行导入,则不需要进行一致性检查。如果在此种情况下检查,系统将提示"认证发票信息库为空,不需要检查!",如图2-108所示。

图 2-108

(四) 确认免退税明细数据

确认免退税明细数据就是对已经录入的申报数据进行查询和确认的过程。这个过程包括以下内容:确认明细申报数据、逾期未申报数据查询(货物出口)、逾期未申报数据查询（代理证明）等已经录入完毕的申报数据，如图 2-109所示。

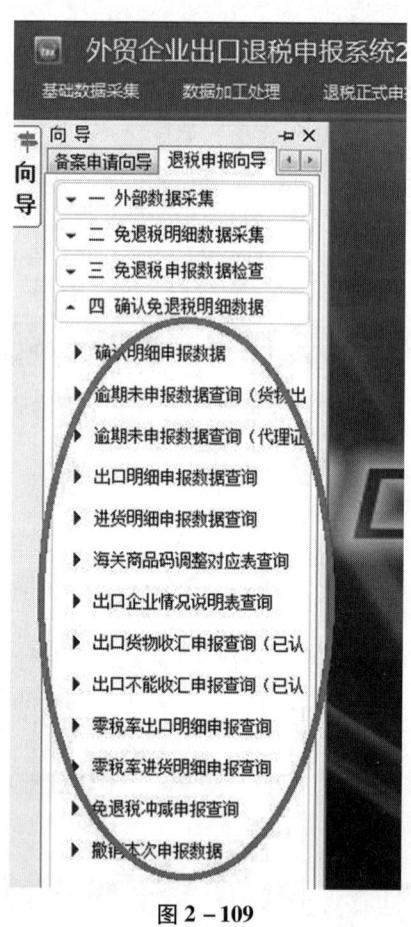

图 2-109

下面分别介绍这些子菜单的操作方法。

1. 确认明细申报数据

确认明细申报数据是对出口明细申报数据及进货明细申报数据进行确认的过程。其操作步骤如下。

第一步，在打开的系统"向导"窗口，点击"退税申报向导"—"确认免退税明细数据"—"确认明细申报数据"菜单，打开操作窗口，如图 2-110 所示。

第二步，点击窗口的"确认"按钮，系统提示"本次申报数据确认完毕！"，完成确认，如图 2-111 所示。

第二章
外贸企业出口退税申报系统的操作经验与技巧

图 2 – 110

图 2 – 111

2. 逾期未申报数据查询（货物出口）、逾期未申报数据查询（代理证明）

逾期未申报数据查询（货物出口）和逾期未申报数据查询（代理证明）是指通过系统查询功能来查看企业因某种原因而超过申报期限，但仍未申报自营出口或代理出口的数据信息的过程。如果有逾期未申报记录，将显示在查询系统窗口中；如果没有逾期未申报记录，则窗口表格中没有数据。一般情况下，企业不存在逾期未申报出口业务。如果经过查询后发现有逾期未申报数据，则可视具体情况进行补申报、转免税处理或转内销处理。货物出口的逾期未申报查询窗口，如图 2 – 112 所示。

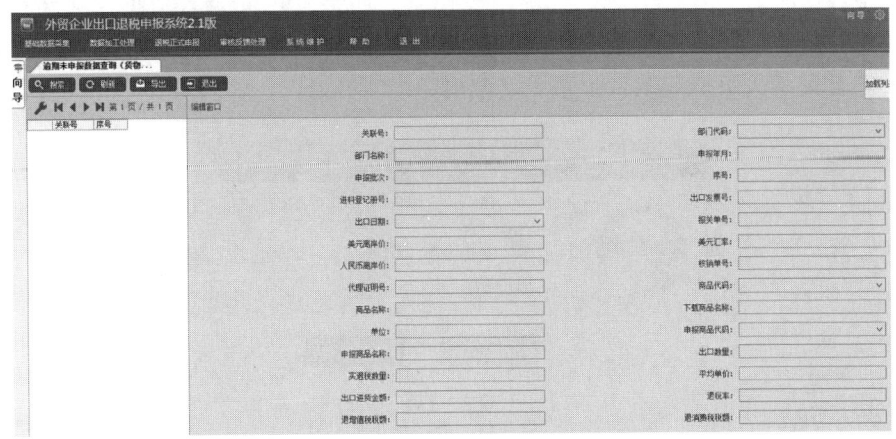

图 2 – 112

3. 出口明细申报数据查询、进货明细申报数据查询、海关商品码调整对应表查询、出口企业情况说明表查询、出口货物收汇申报查询（已认定）、出口不能收汇申报查询（已认定）、零税率出口明细申报查询、零税率进货明细申报查询、免退税冲减申报查询

以上各菜单都是用来查询已经录入的企业出口业务的各种明细申报数据的工具。查询操作很简单，直接点击需要查询的子菜单，即可查看已录入数据，我们在这里就不一一细说了。图 2 – 113 为零税率出口明细申报查询的窗口。

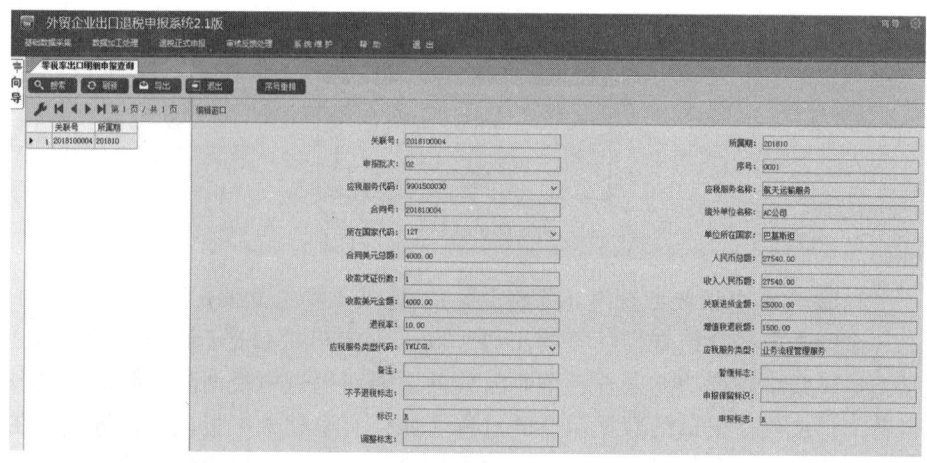

图 2 – 113

4. 撤销本次申报数据

撤销本次申报数据是对已经录入并确认的申报数据进行撤销的操作过程。申报数据经确认后就不能进行修改操作了，如果发现原录入数据存在错误，要先撤销申报数据，才能进行修改。对申报数据的撤销操作很简单，直接点击"撤销本次申报数据"子菜单，撤销操作即可完成，如图 2 – 114 所示。

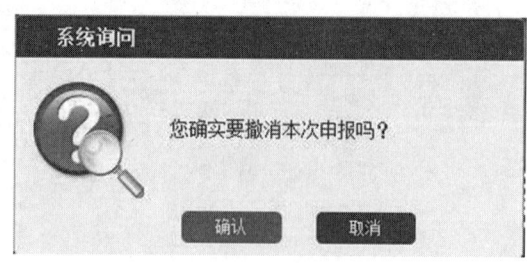

图 2 – 114

（五）免退税申报

免退税申报是企业在系统录入申报数据后生成申报数据、打印申报报表的过程。免退税申报包括"退税汇总申报表录入""生成退（免）税申报数据""打印退（免）税申报数据""打印出口收汇申报报表"四项内容，如图2－115所示。

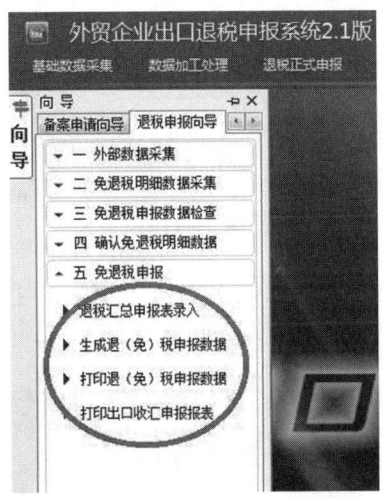

图2－115

下面分别介绍各个子菜单的录入方法。

1. 退税汇总申报表录入

退税汇总申报表是企业办理出口退税业务必须向退税部门提交的报表之一，是反映企业出口货物退税金额的报表，也是企业对退税进行账务处理的依据。

退税汇总申报表录入菜单比较简单，操作步骤如下。

第一步，在"向导"窗口，依次点击"退税申报向导"—"免退税申报"—"退税汇总申报表录入"菜单，打开操作窗口。

第二步，点击工具栏的"增加"按钮，然后按键盘回车键，系统将自动生成汇总数据，如图2－116所示。

第三步，点击工具栏的"保存"按钮，完成录入。

2. 生成退（免）税申报数据

生成退（免）税申报数据就是把已经录入系统的各种申报需要的数据，生成退税部门要求的申报文件的过程。生成申报数据时，有本地申报和远程申报两种申报方法可供选择。出口企业要根据本地退税部门的要求，选择申报方式。

生成退（免）税申报数据菜单操作步骤如下。

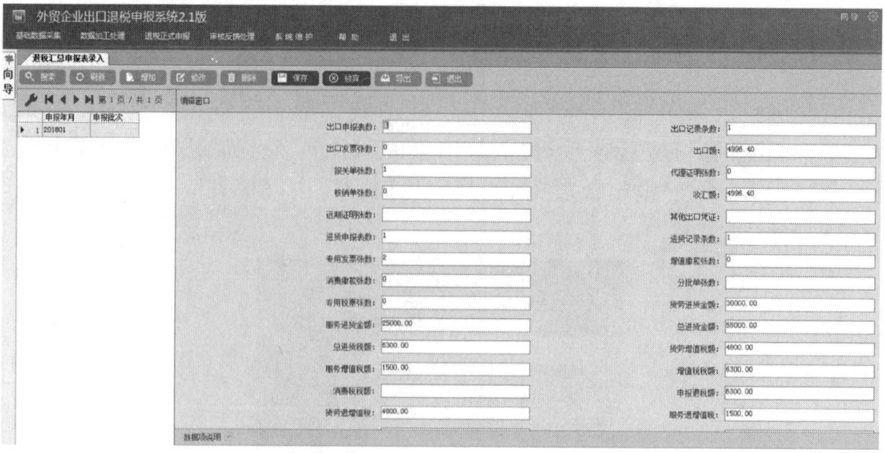

图 2-116

第一步，在"向导"窗口，依次点击"退税申报向导"—"免退税申报"—"生成退（免）税申报数据"菜单，打开操作窗口，如图 2-117 所示。

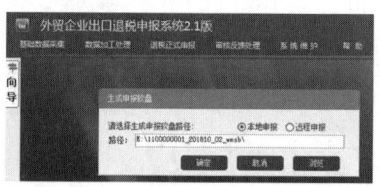

图 2-117

第二步，在打开的窗口，选择"本地申报"或"远程申报"。如果选择"本地申报"，可点击"浏览"按钮，选择申报文件的存放路径；如果选择"远程申报"，因在参数设置时已经填写了申报网址，此时系统将自动添加已设置的网址。以"本地申报"为例，点击"确定"后，系统将自动生成申报数据，如图 2-118 所示。

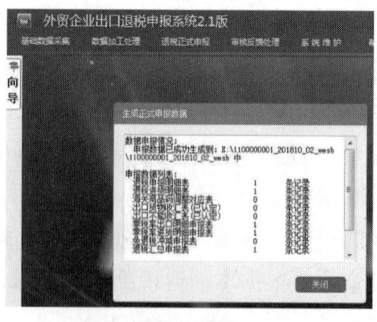

图 2-118

第二章
外贸企业出口退税申报系统的操作经验与技巧

系统生成的申报数据是一个文件夹，文件夹里是一个压缩文件。文件夹和压缩文件的文件名相同，都是由企业的十位海关代码加上四位申报年月和两位项号再加上"wmsb"（"外贸申报"四字拼音的首位字母）组成，如图2－119所示。

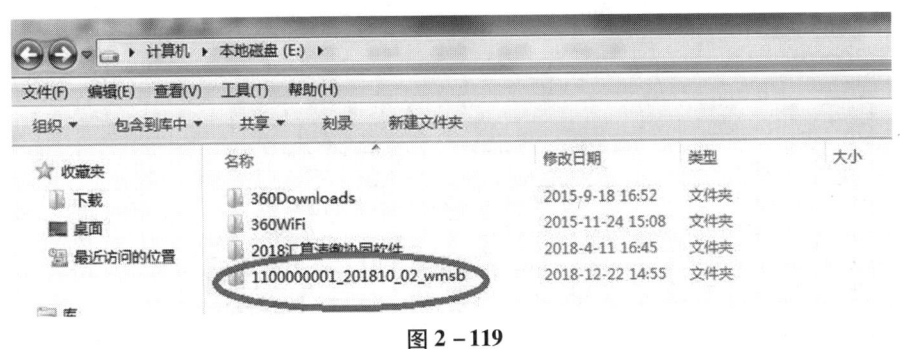

图 2－119

3. 打印退（免）税申报数据

生成申报数据后，就可以根据退税部门要求的资料，打印申报数据了。实行无纸化申报后，有些纸质资料出口企业只需留存备查，不需要再报送退税部门了。但各地退税部门的要求可能有所不同，出口企业要及时和本地的退税部门进行沟通，确认哪些需要报送，哪些需要留存。

打印退（免）税申报数据的操作步骤如下。

第一步，在"向导"窗口，依次点击"退税申报向导"—"免退税申报"—"打印退（免）税申报数据"菜单，打开操作窗口，如图2－120所示。

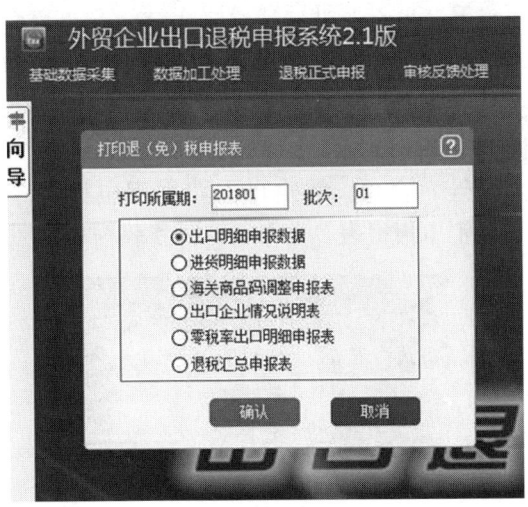

图 2－120

· 97 ·

第二步，选择要打印的申报数据，以“出口明细申报数据”为例，然后点击“确认”，系统将生成外贸企业出口退税出口明细申报表打印预览，如图2－121所示。

外贸企业出口退税出口明细申报表

海关企业代码：1100000001

纳税人名称（公章）：北京红旗有限公司

纳税人识别号：91110001100000001A　　申报年月：2018年10月　　申报批次：02　　金额单位：元至角分

序号	关联号	出口发票号	出口货物报关单号	代理出口货物证明号	出口日期	出口商品代码	计量单位	出口数量	美元离岸价	出口进货金额	申报商品代码	退税率	申报增值税退税额	申报消费税退税额	单证不齐标志	退（免）税业务类型	备注
1	2	3	4	5	6	7	8	9	10	11	12	13	14	15	16	17	18
0001	2018100001		010120181005100001001		2018.10.05	85394900	只	100.0000	4,996.40		85394900						
小计								100.0000	4,996.40	-			-	-			
合计								100.0000	4,996.40	-			-	-			

兹声明以上申报无讹并愿意承担一切法律责任。

经办人：　　财务负责人：　　法定负责人（负责人）：

图2－121

第三步，点击表格顶部的打印机图标，系统将打印出报表。

4. 打印出口收汇申报报表

出口收汇申报报表是指企业已经认定和未认定的出口收汇申报表以及已认定和未认定的出口不能收汇申报表。如果企业的这四种报表有数据，则需要打印纸质报表提交退税主管部门。

打印出口收汇申报报表的操作步骤如下。

第一步，在“向导”窗口，依次点击“退税申报向导”—“免退税申报”—“打印出口收汇申报报表”菜单，打开操作窗口，如图2－122所示。

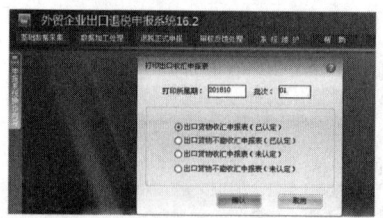

图2－122

第二步，选中需要打印的报表，然后点击"确认"按钮，系统将自动生成报表打印预览。在预览界面点击顶部的打印机图标即可完成打印。

（六）审核反馈处理

审核反馈处理是指企业持当月的申报数据到退税主管部门进行申报，经退税部门审核后，企业再将审核反馈信息读入出口退税申报系统，进行处理的过程。

退税申报数据申报是企业退税申报必须走的程序。原来的申报数据会生成多个文件，但随着系统不断升级，现在企业的申报文件和退税部门预审后的反馈文件都会生成一个压缩文件，既提高了文件的保密性和安全性，也使申报文件由大变小，而且系统读入时可直接读入无须解压，操作起来非常方便。

审核反馈处理菜单既包括退税部门反馈信息的读入与处理功能子菜单，也包括预申报的各种报表的查询与撤销功能子菜单，如图 2-123 所示。

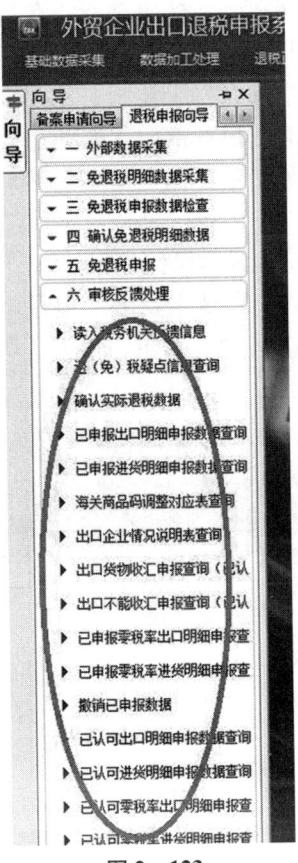

图 2-123

下面介绍各个子菜单的操作方法。

1. 读入税务机关反馈信息

读入税务机关反馈信息是指企业的申报资料经退税部门审核后，重新读入到企业出口退税申报系统的过程。自 2018 年 5 月 1 日起，出口退税申报取消预申报过程，企业可在出口业务信息齐全时直接进行正式申报。

企业如果选择通过互联网进行申报，那么出口企业通过互联网把申报数据上传到退税部门后，退税部门对上传的数据进行审核，然后再把审核过的数据发回企业，企业应把已审核过的数据下载到系统所在的电脑预设路径和文件夹中，之后再把审核信息从所在文件夹读入出口退税申报系统中。如果企业不是通过网络申报，而是选择通过介质申报，则需要将申报数据存放在移动存储设备上并到退税部门进行现场预审，然后把经过退税部门审核的信息存放在移动存储设备上，回企业后再读入企业出口退税申报系统中。

有的地方的出口退税审核权在上一级的税务部门，报审时也是通过网络进行，但并不是通过互联网在企业的电脑上上传数据，而是用当地税务部门的专用电脑及软件上传到退税部门。这样，企业并不完全是通过互联网申报，而是借助税务部门内部网络进行网上申报，本质上还是介质申报。退税部门审核后再把信息发回到当地的税务部门，企业也要先从当地税务部门的电脑下载审核后的信息到自己的移动存储工具上，然后再读入企业的出口退税申报系统中。

读入税务机关反馈信息的具体操作步骤如下：

第一步，在"向导"窗口，依次点击"退税申报向导"—"审核反馈处理"—"读入税务机关反馈信息"菜单，根据反馈文件所在路径，打开反馈文件，如图 2－124 所示。

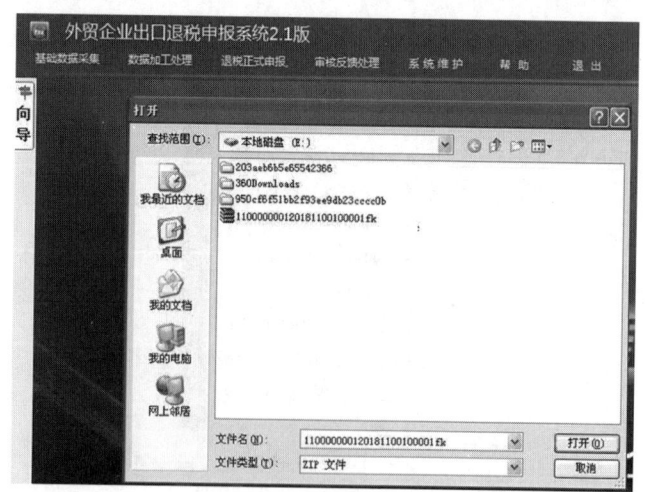

图 2－124

第二步，点击退税部门审核反馈的压缩文件，然后单击"打开"，或者双击该压缩文件，打开文件，系统会显示询问窗口，如图2-125所示。

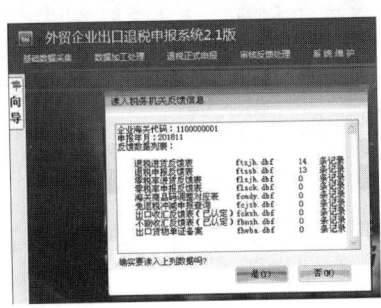

图2-125

第三步，点击"是（Y）"按钮，把反馈信息读入系统中。

2. 退（免）税疑点信息查询

退（免）税疑点信息查询就是读入退税部门审核过的申报信息后，对反馈信息中的疑点进行查询并用退税部门审核无误的信息替换原申报信息的过程。通过退（免）税疑点信息查询可以查看审核过程中发现的错误。有些疑点可以忽略，有些疑点则要重视，要结合疑点对申报数据进行修改。如果申报反馈信息无疑点或存在可以忽略的疑点，则申报通过；如果申报反馈信息有疑点且不能忽略，则需要在撤销申报子菜单中撤销本次有关申报数据，然后重新回到向导"免退税明细数据采集"中修改数据，并再次办理退税数据申报操作。

出口退税预申报取消后，只有单证和信息都齐全的企业才能申报退税。那么出口企业如何才能知道单证和信息是否齐全呢？因各地出口退税的申报方式及申报系统不完全一样，所以获取单证信息的途径也不一样。使用"出口退税综合服务平台"的地区，可以通过平台下载和查询电子信息；没有使用"出口退税综合服务平台"的地区，除了询问退税部门之外，暂时还没有更好的办法。尤其企业出口货物后，如果在较短时间内就进行退税申报，有可能退税部门反馈的疑点会提示申报数据的单证信息不齐，造成无法退税。因此，为了避免申报单证信息不齐的情况，企业最好把收齐单证进行申报的时间后移。因为现在单证收齐的最后截止日期是下一年的4月份，所以企业有足够的时间等待单证信息齐全后再进行申报。如果出现申报信息不齐的情况，企业只当做了一次预审，然后再做正式申报。

下面介绍退（免）税疑点信息查询的详细操作步骤。

第一步，在"向导"窗口，依次点击"退税申报向导"—"审核反馈处理"—"退（免）税疑点信息查询"菜单，打开操作窗口，如图2-126所示。

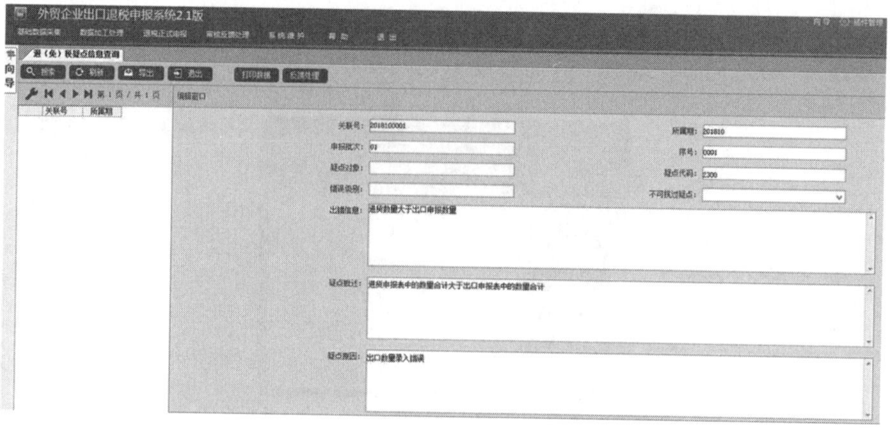

图 2 – 126

第二步，在打开的窗口中，显示的是预审疑点的反馈情况。疑点错误级别为空的，属于提示性疑点，表示可能存在错误，但不影响退税计算，需认真核实错误是否存在。疑点错误级别为"W"的，属于警告性疑点，错误较轻，但需要认真核实后方可办理退税。疑点错误级别为"E"的，属于错误性疑点，表示存在错误，只有经过认真核实并经过修改后才可以办理退税。企业通过对疑点进行分析确认，采用正确的方法对疑点进行处理。

第三步，企业对疑点提示的错误进行修改后，需要再次进行申报。如果审核反馈信息疑点不再存在，点击工具栏的"反馈处理"按钮，对读入的反馈数据进行处理，则经退税部门审核的数据将替代系统中存在的原有数据。

3. 确认实际退税数据

确认实际退税数据就是根据退税部门审核反馈的申报数据，对本次申报的出口货物的退税额进行计算确认的过程。具体操作步骤如下。

在"向导"窗口，依次点击"退税申报向导"—"审核反馈处理"—"确认实际退税数据"菜单，系统将对申报出口退税数据进行计算，如图 2 – 127 所示。

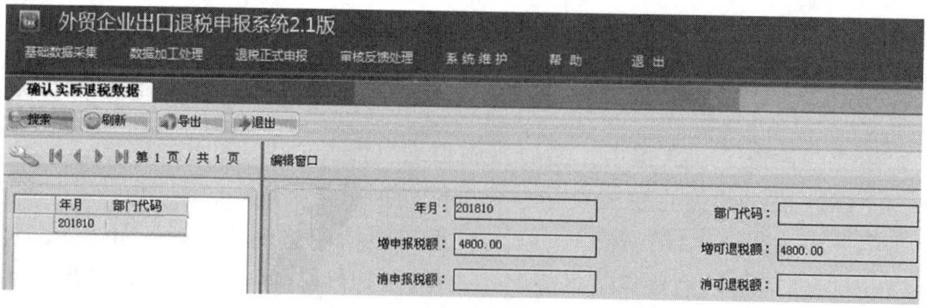

图 2 – 127

4. 撤销已申报数据

撤销已申报数据是指对已经生成的申报数据进行撤销申报的操作过程。在发现错误后或者反馈信息存在不能忽略的疑点，需要撤销已经生成的申报数据，然后对申报数据进行补充或更正。

撤销已申报数据菜单详细操作步骤如下。

第一步，在"向导"窗口，依次点击"退税申报向导"—"审核反馈处理"—"撤销已申报数据"菜单，打开撤销已申报数据窗口，如图2-128所示。

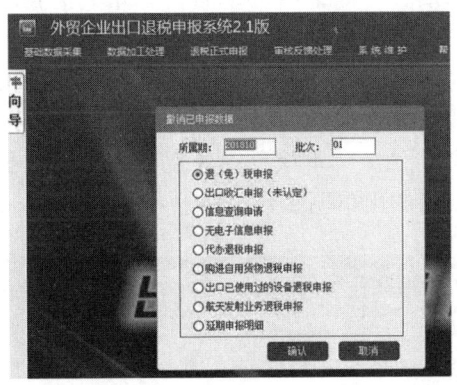

图 2-128

第二步，在打开的窗口中，选中需要修改的内容，然后点击"确认"按钮，进入撤销询问窗口，如图2-129所示。

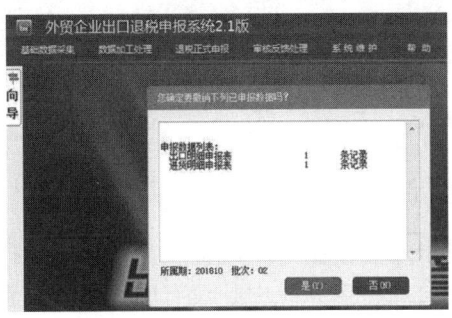

图 2-129

第三步，在询问窗口中，点击"是（Y）"按钮，完成已申报数据撤销。

第四步，在"向导"窗口，依次点击"退税申报向导"—"免退税明细数据采集"，对"出口明细申报数据采集"或"进货明细申报数据采集"表中的有关数据进行修改或补充。

5. 已申报出口明细申报数据查询、已申报进货明细申报数据查询、海关商品码调整对应表查询、出口企业情况说明表查询、出口货物收汇申报查询（已认定）、出口不能收汇申报查询（已认定）、已申报零税率出口明细申报查询、已申报零税率进货明细申报查询、已认可出口明细申报数据查询、已认可进货明细申报数据查询、已认可零税率出口明细申报查询、已认可零税率进货明细申报查询

上述有关报表的数据查询操作，是指对已经录入申报的报表进行查询的过程。这些报表数据的查询方式非常简单，直接点击有关报表的查询菜单后，系统就会显示所查询报表的详细内容，而且这几个报表的查询操作也基本一样。我们在这里以"已申报出口明细申报数据查询"为例来说明查询操作的方法，其他查询菜单的操作就不再一一介绍了。

已申报出口明细申报数据查询操作方法非常简单。在"向导"窗口，依次点击"退税申报向导"—"审核反馈处理"—"已申报出口明细申报数据查询"菜单，则已申报的出口明细数据将显示在窗口中，如图2–130所示。

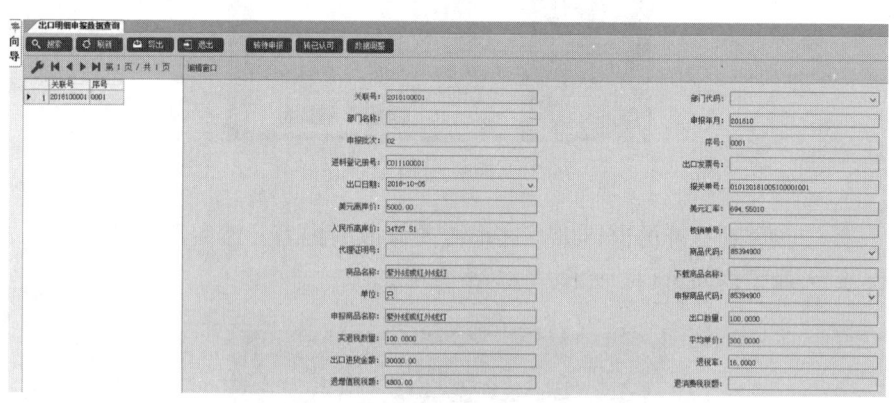

图2–130

三、代办申报向导

代办申报向导是指外贸企业为生产企业等其他企业代办出口退税申报的操作过程。代办申报向导在老系统中是没有的，是升级到2.0版以后的系统新设置的内容。如图2–131所示，代办申报向导主要包括"代办退税明细数据采集""确认代办退税数据""代办退税申报""审核反馈处理""代办退税申报数据查询"五个主菜单，每个主菜单下面还包含许多子菜单。

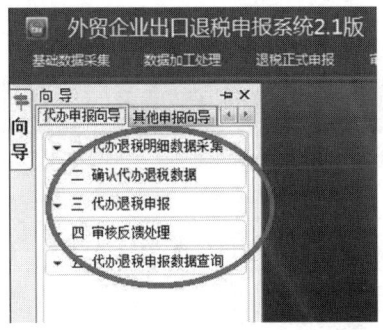

图 2-131

下面就对各个菜单的操作方法加以介绍。

（一）代办退税明细数据采集

代办退税明细数据采集是指对代办企业的出口明细数据进行采集录入的过程，包括"代办退税申报明细录入""海关商品码调整对应表录入""出口货物收汇申报录入（已认定）""出口不能收汇申报录入（已认定）"四个子菜单，如图 2-132 所示。

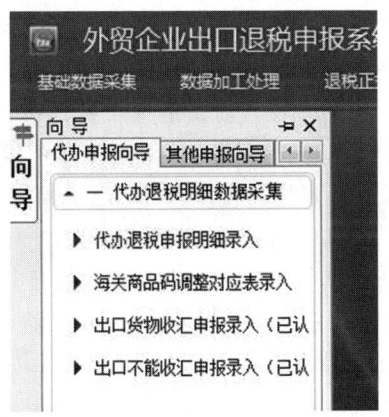

图 2-132

1. 代办退税申报明细录入

代办退税申报明细录入是把代办企业的出口货物的有关单证数据录入到出口退税申报系统的过程。具体操作步骤如下。

第一步，在"向导"窗口，依次点击"代办申报向导"—"代办退税明细数据采集"—"代办退税申报明细录入"菜单，打开申报数据录入窗口。

第二步，在打开的窗口中，点击"增加"按钮，使窗口处于可编辑状态，如图2-133所示。

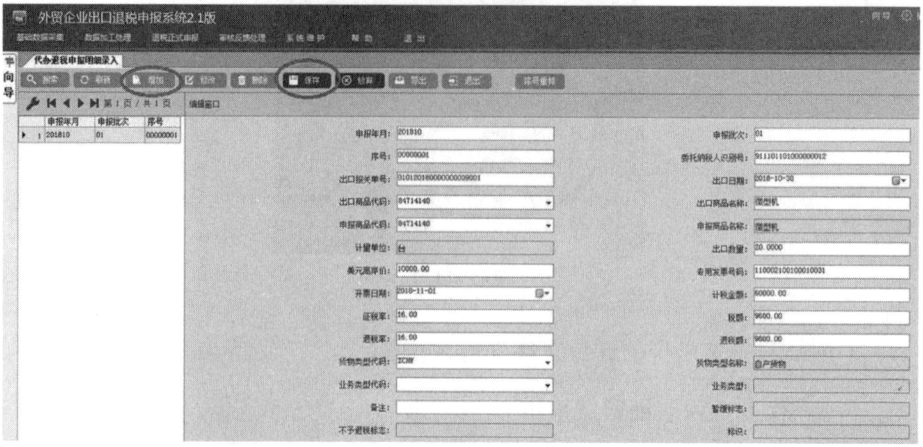

图2-133

第三步，根据代办出口企业出口货物的有关单证资料，录入申报表各栏数据，然后点击工具栏的"保存"按钮对数据进行保存。

第四步，如果录入的数据不止一笔，全部数据录入完毕后，为防止序号错误，点击工具栏的"序号重排"按钮，完成数据录入。

2. 海关商品码调整对应表录入

海关商品码调整对应表录入与前文退税申报向导的同名菜单内容是一样的，指因代码库升级等原因造成报关单的商品代码、商品名称或退税率等与系统代码库不一致时修改录入的过程。具体操作步骤如下。

第一步，在"向导"窗口，依次点击"代办申报向导"—"代办退税明细数据采集"—"海关商品码调整对应表录入"菜单，打开申报数据录入窗口。

第二步，在打开的窗口中，点击"增加"或"修改"按钮，使窗口处于可编辑状态，如图2-134所示。

图2-134

第三步，根据实际情况，对报表内容进行修改后，点击工具栏的"保存"按钮和"序号重排"按钮，完成录入。

3. 出口货物收汇申报录入（已认定）、出口不能收汇申报录入（已认定）

这两个子菜单的内容与退税申报向导菜单同类内容的子菜单是一样的，也是指被认定为申报出口收汇九类重点管理的出口企业，需要向退税部门提供收汇申报资料及收汇电子信息后，才能进行免退税申报。这两个菜单的操作方法与退税申报向导菜单的有关内容也是相同的，这里就不再做详细介绍了，请参考前文有关章节的内容。

（二）确认代办退税数据

确认代办退税数据是对已经录入系统的代办退税申报数据进行确认的过程。与退税申报向导里的操作一样，只有先确认数据才能生成申报数据，进行数据申报。确认代办退税数据菜单包括以下几个子菜单："确认代办退税数据""逾期未申报数据查询（代办退税）""代办退税申报明细数据查询""海关商品码调整对应表查询""出口货物收汇申报查询（已认定）""出口不能收汇申报查询（已认定）""撤销本次申报数据"，如图2-135所示。

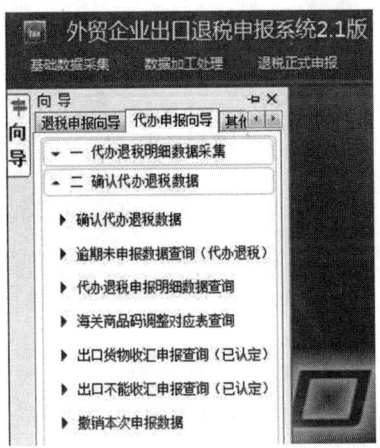

图2-135

下面详细介绍各菜单的录入操作方法。

1. 确认代办退税数据

确认代办退税数据是指外贸企业为其他企业代办退税申报时，对已经录入出口退税申报系统的申报数据加以确认的操作。具体操作步骤如下。

第一步，在"向导"窗口，依次点击"代办申报向导"—"确认代办退税数据"—"确认代办退税数据"菜单，打开确认代办退税数据窗口，如图

2-136所示。

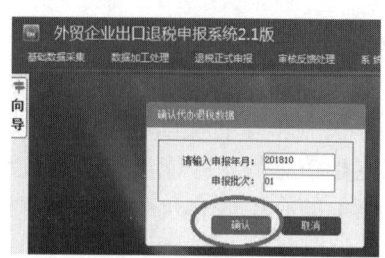

图 2-136

第二步,在打开的窗口中,核实日期和批次无误后,点击"确认"按钮,进入申报数据列表窗口,如图 2-137 所示。

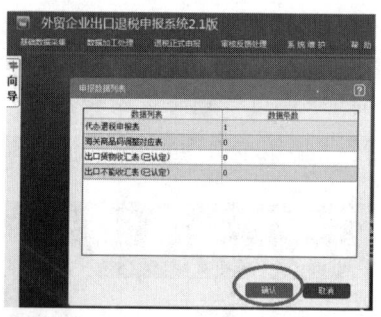

图 2-137

第三步,点击窗口的"确认"按钮,完成数据确认。

2. 逾期未申报数据查询(代办退税)、代办退税申报明细数据查询、海关商品码调整对应表查询、出口货物收汇申报查询(已认定)、出口不能收汇申报查询(已认定)

上述有关报表的数据查询操作,是指对已经录入的代办退税申报的报表进行查询的过程。这些报表数据的查询方式非常简单,操作方法也基本一样,直接点击有关报表的查询菜单后,系统就会显示所查询报表的详细内容。我们在这里以"代办退税申报明细数据查询"为例来说明查询操作的方法,其他查询菜单的操作就不再一一介绍了。

在"向导"窗口,依次点击"代办申报向导"—"确认代办退税数据"—"代办退税申报明细数据查询"菜单,则查询的内容就会显示在窗口中,如图 2-138 所示。

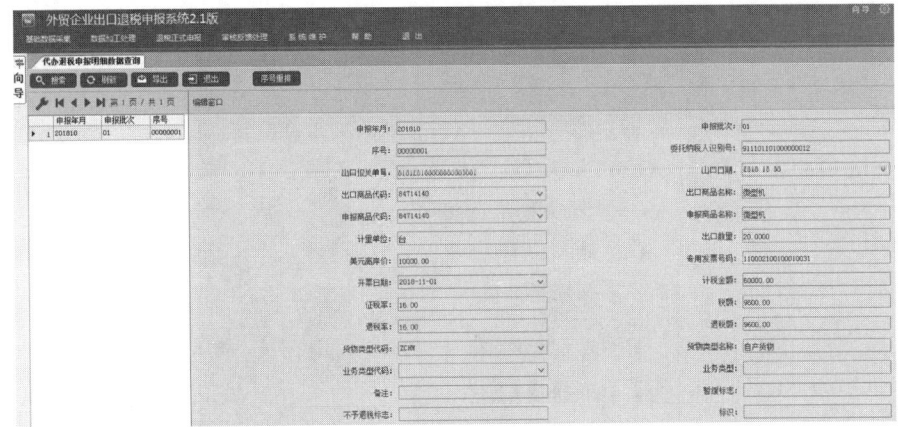

图 2-138

3. 撤销本次申报数据

撤销本次申报数据就是对已经录入并经过确认的代办出口退税申报数据进行撤销的操作过程。对已经录入并确认的申报数据，如果发现错误或需要补充内容，可以通过本菜单撤销后，回到代办退税明细数据采集主菜单下的代办退税明细申报录入子菜单，对数据进行修改或补充。撤销本次申报数据操作非常简单，在"向导"窗口，依次点击"代办申报向导"—"确认代办退税数据"—"撤销本次申报数据"菜单，在打开的询问窗口，点击"确认"按钮，就可以完成撤销操作，如图 2-139 所示。

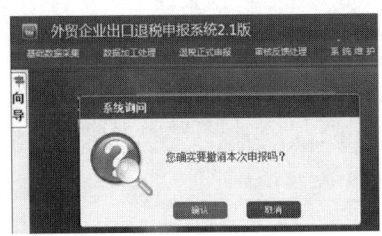

图 2-139

（三）代办退税申报

代办退税申报菜单是对已经录入出口退税申报系统的出口数据生成申报表、打印申报表的操作过程。本菜单包括"生成代办退税数据""打印代办退税数据""打印出口收汇申报报表"三个子菜单，如图 2-140 所示。

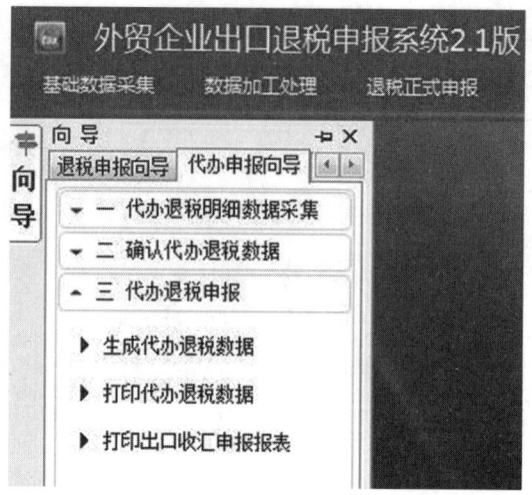

图 2-140

下面分别介绍各子菜单的录入操作过程。

1. 生成代办退税数据

生成代办退税数据是把录入系统的、已经确认过的退税数据生成申报表的操作过程。具体操作步骤如下。

第一步，在"向导"窗口，依次点击"代办申报向导"—"代办退税数据"—"生成代办退税数据"菜单，打开生成申报数据窗口，如图2-141所示。

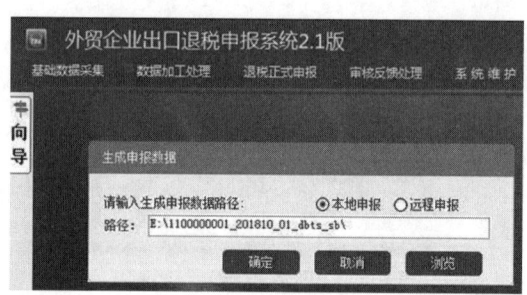

图 2-141

第二步，在打开的窗口中，点击"浏览"按钮，选择生成申报数据的存放路径，然后点击"确定"按钮，系统提示创建存放路径询问窗口，如图2-142所示。

第二章
外贸企业出口退税申报系统的操作经验与技巧

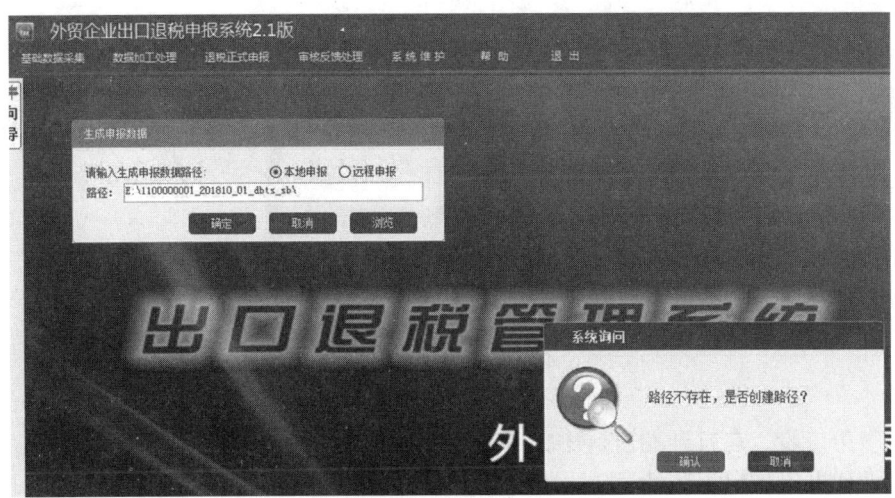

图 2 – 142

第三步，点击"确认"按钮，生成申报数据，再点击"关闭"按钮，就可以完成操作，如图 2 – 143 所示。

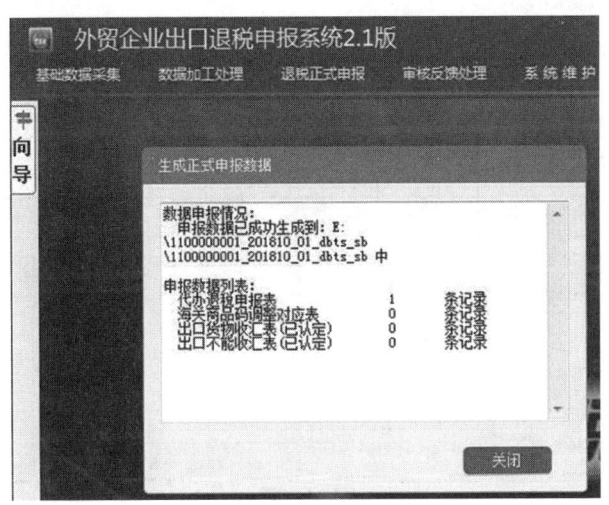

图 2 – 143

2. 打印代办退税数据

打印代办退税数据是对已经生成的退税申报数据表格进行打印的操作过程。具体操作步骤如下。

第一步，在"向导"窗口，依次点击"代办申报向导"—"代办退税数据"—"打印代办退税数据"菜单，打开打印窗口，如图 2 – 144 所示。

· 111 ·

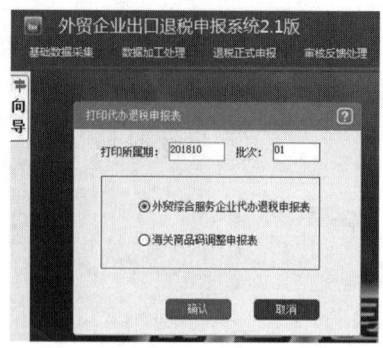

图 2－144

第二步，在打开的窗口中，选择需要打印的报表（这里以外贸综合服务企业代办退税申报表为例），然后点击“确认”按钮，生成打印预览，如图2－145所示。

外贸综合服务企业代办退税申报表

综服企业海关企业代码：（公章）1100000001
综服企业纳税人名称：北京红旗有限公司
综服企业纳税人识别号(统一社会信用代码)：91110001100000001A
代办退税专用发票张数：1　　申报年月：2018年10月　　申报批次:01　　金额单位：元至角分

序号	生产企业纳税人识别号(统一社会信用代码)	出口货物报关单号	出口日期	出口商品代码	申报商品代码	出口商品名称	计量单位	出口数量	美元离岸价	代办退税专用发票号码	开票日期	出口退税计税金额	征税率	退税率	申报代办退税税额	业务类型	备注
1	2	3	4	5	6	7	8	9	10	11	12	13	14	15	16	17	18
0000001	91110110100000012	010120180000000009001	2018.10.30	84714140	84714140	微型机	台	20.0000	10,000.00	1100021001000010031	2018.11.01	60,000.00	16.00	16.00	9,600.00		
小计								20.0000	10,000.00			60,000.00			9,600.00		
合计								20.0000	10,000.00			60,000.00			9,600.00		

申报人申明
此表各栏填报内容是真实、合法的，与实际出口货物情况相符，否则，本企业愿意承担由此产生的相关责任。

授权人申明
（如果你已委托代理申报人，请填写下列资料）
为代理出口货物退税申报事宜，现授权　　为本纳税人的代理申报人，任何与

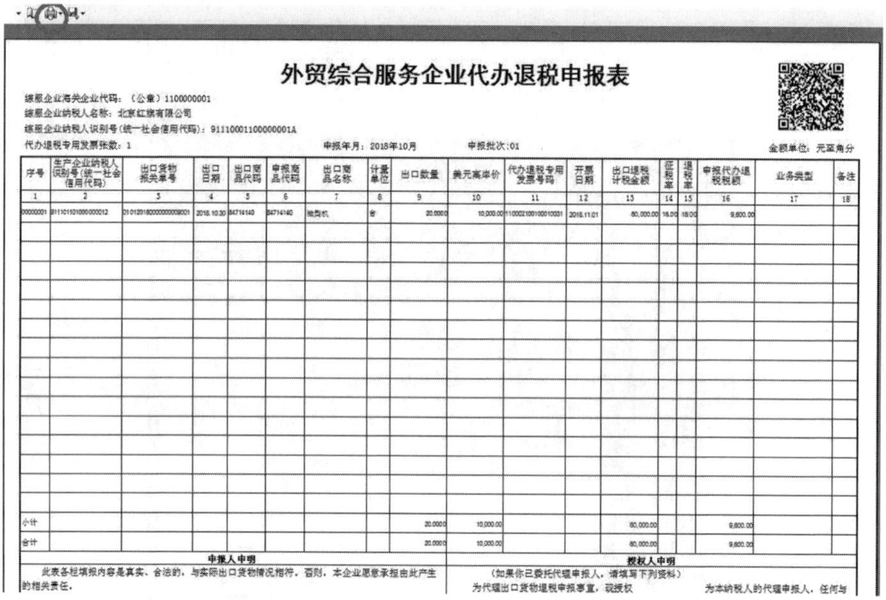

图 2－145

第三步，点击表格上方的打印机图标，完成报表打印。

3. 打印出口收汇申报报表

打印出口收汇申报报表就是对出口货物收汇申报表（代办退税）和出口货物不能收汇申报表（代办退税）两张报表的打印操作。打印方法与上面打印代办退税数据的方法一样，如图2－146所示，在打印窗口选中需要打印的报表，然后确认，生成打印预览。在预览窗口，点击上方的打印机图标后就能完成打印。

外贸企业出口退税申报系统的操作经验与技巧

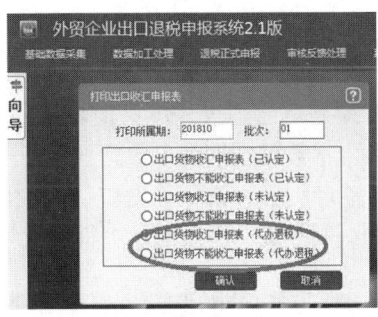

图 2 – 146

(四) 审核反馈处理

出口企业生成退税申报数据并打印后，就可以向退税部门申报了，退税部门对申报数据进行审核后，出口企业需要把审核结果再次读入出口退税申报系统，以替换原有数据。出口退税申报系统对审核信息进行读入处理后，可以对已经申报的各种表格进行查询，对审核过程中发现的问题进行修改、补充。如图 2 – 147 所示，审核反馈处理菜单包括以下几个子菜单："读入税务机关反馈信息""退（免）税疑点信息查询""代办退税申报明细查询""代办退税税款明细查询""海关商品码调整对应表查询""出口货物收汇数据查询（已认定）""出口不能收汇数据查询（已认定）"。这些菜单的操作方法与退税申报向导中的税务机关反馈信息处理的方法相同，请参考该章节的有关内容，这里就不再细说有关步骤了。

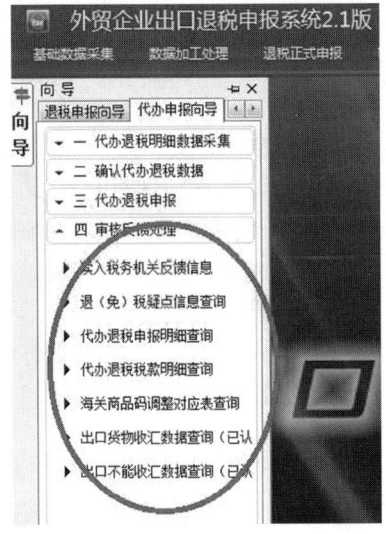

图 2 – 147

· 113 ·

（五）代办退税申报数据查询

代办退税申报数据查询是对已经录入出口退税申报系统的代办申报数据进行查询的操作过程。代办申报数据查询菜单包括如下子菜单："代办退税申报明细查询""海关商品码调整对应表查询""出口货物收汇申报查询（已认定）""出口不能收汇申报查询（已认定）""撤销已申报数据"，如图2-148所示。

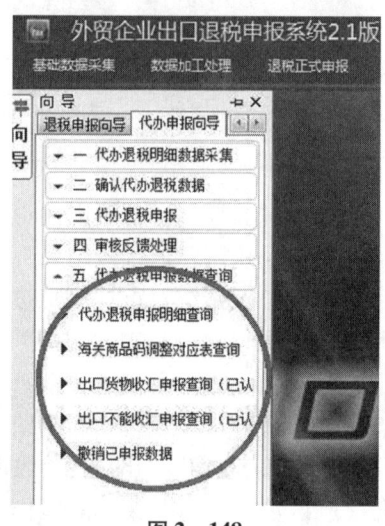

图 2-148

代办退税申报数据查询菜单包括的子菜单内容看起来与审核反馈处理菜单包括的子菜单的内容基本相同，但代办申报数据查询菜单查询的是录入的代办退税数据，而审核反馈处理查询的是退税部门审核后反馈回来的代办退税数据，所以二者还是有差别的。

代办退税申报数据查询菜单中除了撤销已申报数据外，其他菜单的查询方法与审核反馈处理菜单的查询方法基本相同，对这些菜单的操作就不再单独介绍了。这里只说明一下撤销已申报数据的操作步骤。

撤销已申报数据是对已经生成、确认或经退税部门审核的代办申报数据进行撤销申报的操作。在系统生成申报数据后发现错误或审核反馈信息中有不能忽略的疑点时，需要对原申报数据进行修改或补充。首先要撤销原申报数据，然后回到"代办退税明细数据采集"的子菜单"代办退税明细申报录入"中对原申报数据进行修改或补充操作。

撤销已申报数据操作步骤如下。

第一步，在"向导"窗口，依次点击"代办申报向导"——"代办退税申报数据查询"—"撤销已申报数据"菜单,打开撤销已申报数据窗口,如图 2-149 所示。

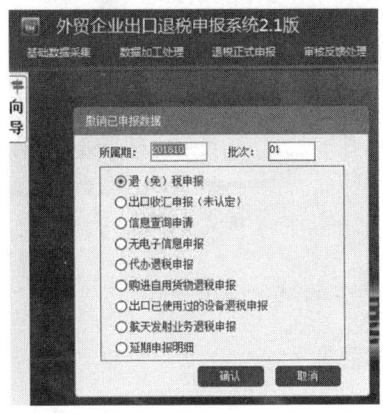

图 2-149

第二步,在打开的窗口中,选中需要撤销的内容,然后点击"确认"按钮,系统将显示查询的内容,如图 2-150 所示。

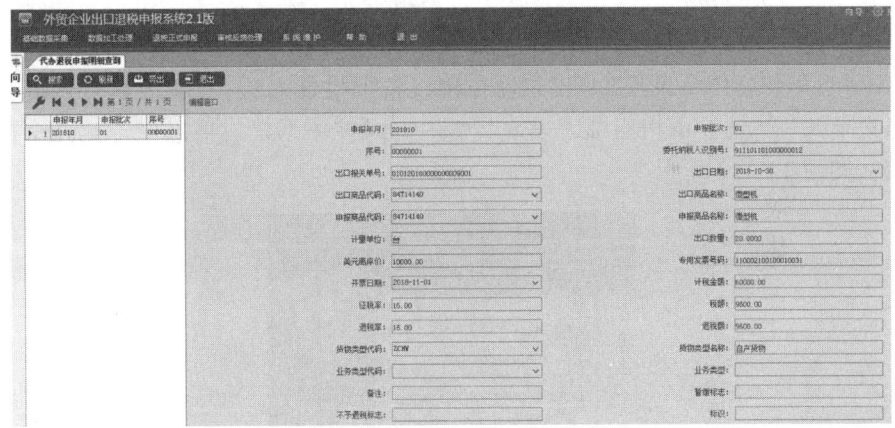

图 2-150

四、其他申报向导

其他申报向导是指除了退税申报向导、代办申报向导外的一些企业不经常用到的报表的录入操作向导。在其他申报向导中包括以下一些菜单内容:"其他申报数据采集""生成其他业务申报""打印其他申报报表""审核反馈信息处理""其他申报数据查询",如图 2-151 所示。

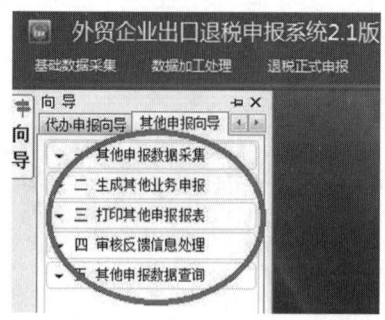

图 2-151

下面分别介绍这些菜单的录入申报操作。

(一) 其他申报数据采集

在进出口业务中,有时因企业自身原因或外部原因,退税部门会要求企业申报一些特殊报表。之所以说这些报表特殊,是因为这些报表一般企业是不需要申报的,只有特殊的企业或者一般企业在某些特殊情况下才需要申报。因此出口退税申报系统把这些报表作为其他申报数据列入了其他申报向导里。特殊报表录入菜单包括"出口货物收汇申报录入(未认定)""出口不能收汇申报录入(未认定)""出口信息查询申请录入""出口无电子信息申报录入""购进自用货物申报录入""出口已使用设备申报录入""航天发射业务退税申报录入""延期申报明细表录入""内部风控体系建设情况报告"九个报表,如图 2-152 所示。

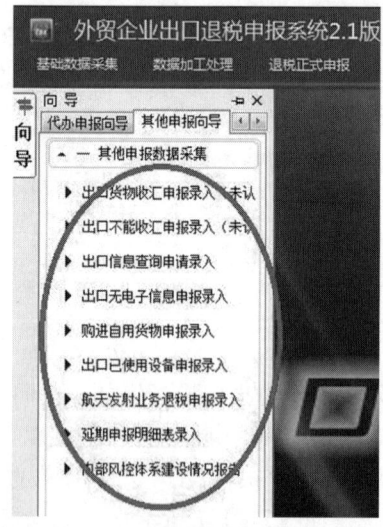

图 2-152

下面详细介绍这些菜单的录入方法。

1. 出口货物收汇申报录入（未认定）

出口货物收汇申报录入（未认定）是指未被认定为前文所说的申报出口收汇九类重点管理企业，因特殊情况需要申报出口收汇的录入操作过程。

除《关于出口企业申报出口货物退（免）税提供收汇资料有关问题的公告》（国家税务总局公告2013年第30号）规定的九类企业之外的一般企业，正常情况下出口退税申报是不需要提供收汇资料的。但如果因出口企业上年度出口收汇率低于70%或退税部门怀疑该企业出口业务的真实性等原因，出口企业也需提供出口货物收汇信息，就是通过出口货物收汇申报录入（未认定）菜单来进行录入和申报。

出口货物收汇申报录入（未认定）菜单的录入步骤如下。

第一步，在系统"向导"窗口，依次点击"其他申报向导"—"其他申报数据采集"—"出口货物收汇申报录入（未认定）"菜单，打开操作窗口。

第二步，在打开的窗口中，点击工具栏的"增加"按钮，使窗口处于可编辑状态，如图2-153所示。

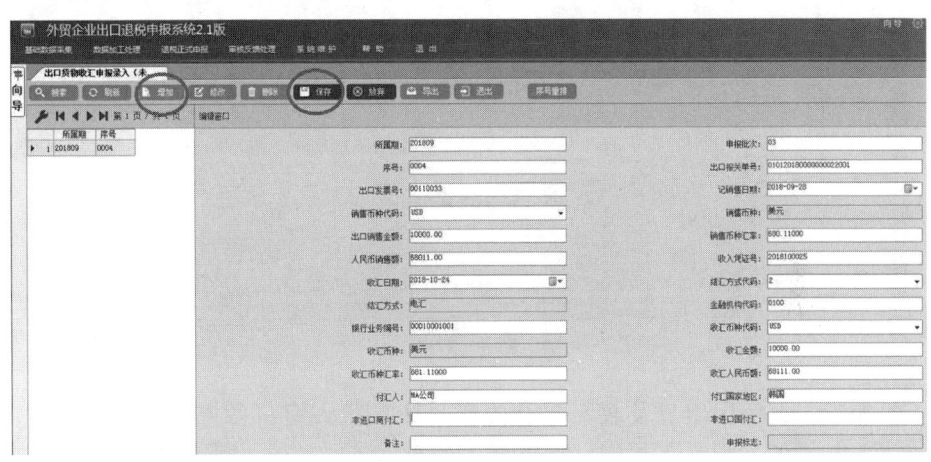

图2-153

第三步，根据出口报关单及收汇凭证等有关资料依次录入窗口各栏目。录入完毕，点击工具栏的"保存"按钮。如果录入的数据不止一笔，录入完毕后点击工具栏的"序号重排"按钮。

表中各栏数据的录入可参照前文"出口货物收汇申报录入（已认定）"的录入方法进行操作。

2. 出口不能收汇申报录入（未认定）

出口不能收汇申报录入（未认定）是指未被认定为申报出口收汇九类重

点管理企业，因特殊情况需要申报出口不能收汇的录入操作过程。

申报出口收汇九类重点管理企业之外的企业，如果发生了《关于出口企业申报出口货物退（免）税提供收汇资料有关问题的公告》（国家税务总局公告 2013 年第 30 号）附件 3 所列的九种原因造成的不能收汇或不能在规定的申报期内完成收汇的，也需要向退税主管部门提供不能收汇的电子及纸张申报资料。这些资料就是通过出口不能收汇申报录入（未认定）菜单来完成的。

出口不能收汇申报录入（未认定）菜单的录入步骤如下。

第一步，在系统"向导"窗口，依次点击"其他申报向导"—"其他申报数据采集"—"出口不能收汇申报录入（未认定）"菜单，打开操作窗口。

第二步，在打开的窗口中，点击工具栏的"增加"按钮，使窗口处于可编辑状态，如图 2 - 154 所示。

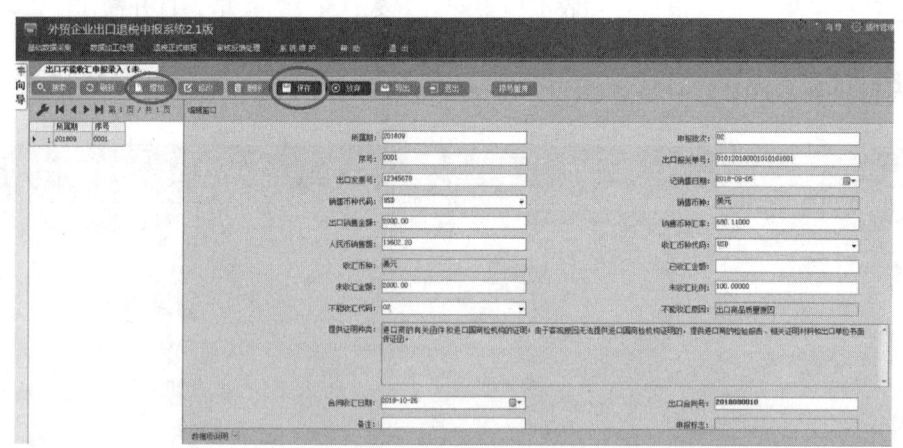

图 2 - 154

第三步，根据出口及收汇等有关资料依次录入窗口各栏目。录入完毕，点击工具栏的"保存"按钮。如果录入的数据不止一笔，录入完毕后点击工具栏的"序号重排"按钮。

表中各栏目数据的录入可参照前文"出口货物收汇申报录入（已认定）"的录入方法进行操作。

3. 出口信息查询申请录入

出口信息查询申请录入是指企业进行退税申报时，对退税部门电子信息缺失或电子信息与企业凭证数据不符的情况进行查询录入的操作，即通过出口信息查询申请录入菜单录入查询数据后向主管税务机关报送，请退税部门查询具体原因。

根据国家税务总局规定,企业因以下原因造成在规定期限内未收齐单证而无法申报出口退(免)税的,应在退(免)税申报期限截止之日前,通过向主管税务机关提出申请,并提供相关举证材料,经主管税务机关审核、逐级上报省级税务局批准后,可进行出口退(免)税申报。这些原因包括:①自然灾害、社会突发事件等不可抗力因素;②出口退(免)税申报凭证被盗、抢,或者因邮寄丢失、误递;③有关司法、行政机关在办理业务或者检查中,扣押出口退(免)税申报凭证;④买卖双方因经济纠纷,未能按时取得出口退(免)税申报凭证;⑤由于企业办税人员伤亡、突发危重疾病或者擅自离职,未能办理交接手续,导致不能按期提供出口退(免)税申报凭证;⑥由于企业向海关提出修改出口货物报关单申请,在退(免)税期限截止之日海关未完成修改,导致不能按期提供出口货物报关单;⑦国家税务总局规定的其他情形。

现在退(免)税申报期截止日为下年的 4 月 30 日,所以企业所做的查询工作必须在 4 月份或之前进行,否则将影响企业的出口退税。

出口信息查询申请录入菜单的操作步骤如下。

第一步,在系统"向导"窗口,依次点击"其他申报向导"—"其他申报数据采集"—"出口信息查询申请录入"菜单,打开操作窗口。

第二步,点击工具栏的"增加"按钮,使窗口处于可编辑状态,如图 2-155 所示。

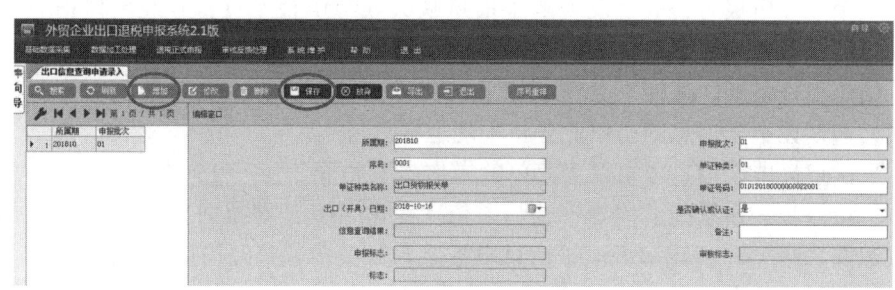

图 2-155

第三步,根据实际情况选择需要查询的条件,然后点击"保存"按钮,完成操作。如果需要查询多笔信息,继续点击工具栏的"增加"按钮,依次录入查询单证数据。录入完毕后,为避免序号错误,点击工具栏的"序号重排"按钮。

表中各栏目录入方法如下。

①所属期:申报日期,由四位年份加两位月份组成,如 201810。

②申报批次:本批在申报当月各批中的批次。

③序号:本次申报的四位流水号,如 0001、0002 等。

④单证种类：本次申报单证的种类编号，在下拉菜单中选择。

⑤单证种类名称：与单证种类对应的单证名称，系统根据单证种类自动生成。

⑥单证号码：申报单证的号码，企业可根据单证种类录入。

⑦出口（开具）日期：出口报关单上的出口日期，其他单证的开具或出具日期。

⑧是否确认或认证：出口报关单等是否在系统中已经确认，进货发票是否已经认证。其他无须认证或确认的内容，系统默认为"是"。

⑨信息查询结果：退税部门反馈的查询结果。报关单、代理证明等如果为0，表明该信息不存在；如果为1，表明该信息存在。发票信息如果为0，表明该信息不存在；如果为1，表明该信息存在（指既有认证发票信息，又有交叉稽核相符信息）；如果为2，表明只有认证发票信息，无交叉稽核相符信息；如果为3，表明只有交叉稽核相符信息，无认证发票信息。

⑩备注：不用录入。

⑪申报标志、审核标志、标志：系统根据审核结果自动录入。

4. 出口无电子信息申报录入

出口无电子信息申报录入是指企业进行退税申报时，因申报的数据在退税部门没有单证齐全的电子信息而申报录入的操作过程。

企业在申报时，一旦发现电子信息缺失或与申报不符，并经出口信息查询申请录入查询原因后，应该在下年的4月份申报截止日之前进行出口无电子信息申报备案，这样不会影响企业的出口退税。如果企业未能及时申报备案，逾期无电子信息的出口业务将不能退税。

出口无电子信息申报录入菜单的操作步骤如下。

第一步，在系统"向导"窗口，依次点击"其他申报向导"—"其他申报数据采集"—"出口无电子信息申报录入"菜单，打开操作窗口。

第二步，点击工具栏的"增加"按钮，使窗口处于可编辑状态，如图2-156所示。

第三步，根据实际情况录入有关栏目，然后点击"保存"按钮，完成操作。如果需要录入多笔信息，继续点击工具栏的"增加"按钮，依次录入数据。录入完毕后，为避免序号错误，点击工具栏的"序号重排"按钮。

表中各栏目录入方法如下。

①所属期：申报日期，由四位年份加两位月份组成，如201810。

②申报批次：本批在申报当月各批中的批次。

③序号：本次申报的四位流水号，如0001、0002等。

④关联号：本批无电子信息业务所属的购进货物与出口货物的关联号。

第二章 外贸企业出口退税申报系统的操作经验与技巧

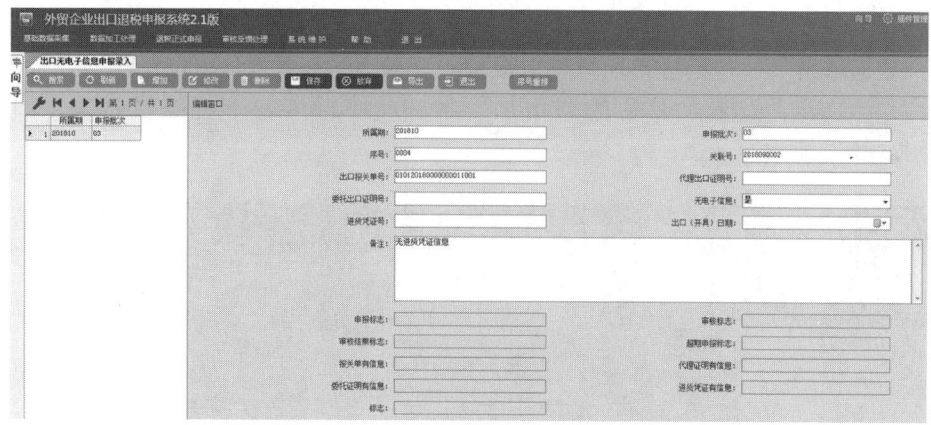

图 2-156

⑤出口报关单号：所属出口报关单的号码。

⑥代理出口证明号：如果无电子信息业务为代理出口业务，则录入代理出口业务的代理出口证明编号。非报关出口的无须录入。

⑦委托出口证明号：如果无电子信息业务属于委托出口业务，则录入委托出口业务的委托出口证明编号。非报关出口的无须录入。

⑧无电子信息：是否有出口报关单信息或代理出口证明电子信息，根据实际情况选择"是"或"否"。

⑨进货凭证号：所属报关单或代理出口证明对应的进货凭证编号。

⑩出口（开具）日期：所属报关单上注明的出口日期，非报关出口业务录入进货凭证的开具日期。

⑪备注：不用录入。

⑫申报标志、审核标志、审核结果标志、超期申报标志、标志：系统根据审核结果自动录入。

⑬报关单有信息、代理证明有信息、委托证明有信息、进货证明有信息：这四类证明是否有信息的标志，由系统自动添加，无须录入。无信息为0，有信息为1。

5. 购进自用货物申报录入

购进自用货物申报录入指境内特殊经济区域内企业购进自用的货物时，在系统中申报录入操作的过程。

境内特殊经济区域内企业指保税区、出口加工区等区内企业。这些企业所使用的水、电、气等如果从区外购买，需要在本菜单中录入有关数据进行申报。

购进自用货物申报录入菜单的操作步骤如下。

第一步，在系统"向导"窗口，依次点击"其他申报向导"—"其他申报数据采集"—"购进自用货物申报录入"菜单，打开操作窗口。

第二步，点击工具栏的"增加"按钮，使窗口处于可编辑状态，如图2－157所示。

图 2－157

第三步，根据实际情况录入有关栏目，然后点击"保存"按钮，完成操作。如果需要录入多笔信息，继续点击工具栏的"增加"按钮，依次录入数据。录入完毕后，为避免序号错误，点击工具栏的"序号重排"按钮。

表中各栏目录入方法如下。

①所属期：申报日期，由四位年份加两位月份组成，如201811。

②序号：本次申报的四位流水号，如0001、0002等。

③自用货物名称：自区外购进的自用货物的名称。

④发票标志：0代表增值税专用发票；1代表增值税普通发票。

⑤专用发票号码：购进自用货物专用发票的号码。

⑥供货方纳税号：供货方的纳税人识别号，根据发票内容录入。

⑦开票日期：供货方发票的开具日期，根据发票录入。

⑧单位：自区外购进的自用货物的计量单位。

⑨数量：自区外购进的自用货物的数量。

⑩单价：自区外购进的自用货物的单价。

⑪计税金额：自区外购进的自用货物专用发票的计税金额。

⑫征税率：自区外购进的自用货物专用发票上的征税率。

⑬税额：自区外购进的自用货物专用发票上的税额。

⑭申报退税额：自区外购进的自用货物的退税额。系统根据自用货物的退税率自动计算录入。

⑮付款凭证号码：企业购进自用货物付款凭证的号码。
⑯业务类型代码：企业购进自用货物的类型的代码，在下拉菜单中选择。
⑰业务类型：与业务类型代码对应的业务类型，由系统自动录入。
⑱备注：不用录入。
⑲暂缓标志、不予退税标志、申报标志、审核标志、标志：系统根据审核结果自动录入。

6. 出口已使用设备申报录入

出口已使用设备申报录入是指对符合退税条件的国产或进口设备，已经被购入企业使用过且计提过折旧，又被外贸企业购入并出口后的数据申报录入过程。这里所谓的符合退税条件，意思是说不是所有已使用过的设备都可以享受出口退税，只有满足下列条件才可以：

一是出口的设备是在2008年12月31日以前购进的设备；

二是虽然是2009年1月1日以后购入的，但按照政策规定不允许抵扣进项税额的设备；

三是非增值税纳税人购进的设备；

四是营业税改征增值税试点地区的出口企业出口在本企业被列为试点以前购进的设备或被列为试点以后购入的没有抵扣进项税额的设备。

出口符合以上条件的已使用过的设备，出口企业要在专门的录入菜单中对有关信息进行录入并申报。如果出口设备不在上述所列的范围内，则无须录入。

出口已使用设备申报录入操作步骤如下。

第一步，在打开的"向导"窗口，点击"其他申报向导"—"其他申报数据采集"—"出口已使用设备申报录入"菜单。

第二步，在打开的窗口中，点击工具栏的"增加"按钮，使窗口处于可编辑状态。根据进货合同、发票、出口报关单等有关资料依次录入窗口各栏目，如图2-158所示。

第三步，录入结束后点击工具栏的"保存"按钮，对数据进行保存。如果录入的是多条出口信息，点击工具栏的"序号重排"按钮，避免录入的多条数据出现漏号或重号现象。

窗口各栏录入方法如下。

①所属期：出口设备的出口所属期，由四位年份加两位月份组成，如201805、201806等。

②序号：出口设备信息的顺序编号，由四位流水号组成，如0001、0002等。

③设备名称：出口的旧设备的具体名称。

④出口日期：报关单上标注的出口日期。

图 2-158

⑤出口报关单号：出口报关单上标注的号码，由十八位报关单号加"0"再加两位项号组成，如12345678912345678900１、12345678912345678900２等。

⑥代理证明号：企业委托代理出口时，受托单位主管退税部门出具的代理出口证明上的编号，由证明编号加两位项号组成。

⑦核销单号：已停用，无须录入。

⑧出口商品代码：出口报关单上标注的出口货物的海关商品代码。

⑨出口商品名称：与出口商品代码对应的商品名称，由系统自动填列，无须手工录入。

⑩退税率：出口设备的退税率。一般由系统根据出口商品代码自动生成，如果政策有所变动，可手工修改。

⑪设备凭证号码：已使用的出口设备的凭证号码，一般为发票号码。

⑫开票日期：出口设备的发票上的日期。

⑬金额：出口设备的发票上的金额。

⑭征税率：出口设备的征税率。一般系统根据出口商品代码自动显示。

⑮税额：根据设备发票标注的税额录入。

⑯折余价值：设备计提折旧后的价值，为设备原值减去累计折旧后的余额。

⑰申报退税额：为折余价值乘以退税率，由系统自动计算填列，如果政策有变动，可手工修改。

⑱备注：企业可根据自身需要录入，一般可忽略。

⑲暂缓标志、不予退税标志、标志、申报标志、审核标志：由系统自动填列，无须手工录入。

7. 航天发射业务退税申报录入

航天发射业务退税申报录入是专门针对航天部门承揽的对外卫星发射等

业务而申报退税数据录入的操作过程。因此项业务仅限航天企业，一般企业涉及不到，这里就不再做介绍了。

8. 延期申报明细表录入

延期申报明细表录入是对符合国家税务总局有关规定的延期申报条件而向退税部门做申报录入的操作过程。关于国家税务总局规定的延期申报条件，我们在前文已经介绍过。截至次年4月份还不能申报退税的企业，凡符合条件的都可以向退税部门申请延期申报。

延期申报明细表录入具体操作如下。

第一步，在打开的"向导"窗口，点击"其他申报向导"—"其他申报数据采集"—"延期申报明细表录入"菜单。

第二步，在打开的窗口中，点击工具栏的"增加"按钮，使窗口处于可编辑状态。根据进货合同、发票、出口报关单等有关资料依次录入窗口各栏目，如图2-159所示。

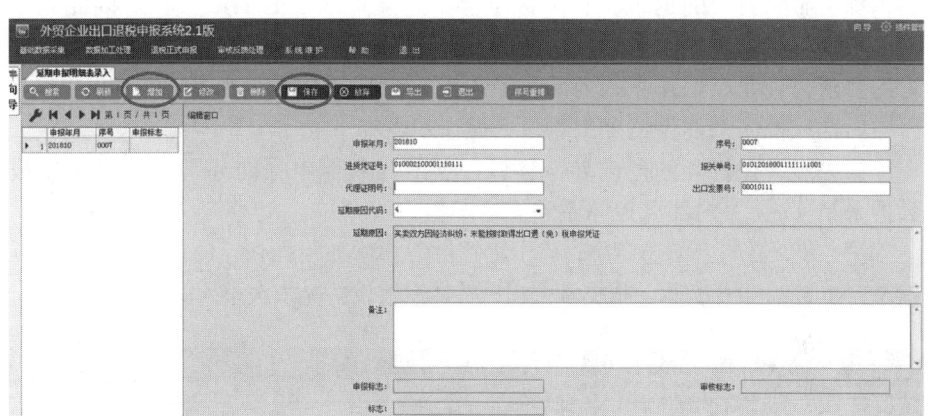

图2-159

第三步，录入结束后点击工具栏的"保存"按钮，对数据进行保存后完成录入。如果录入的是多条出口信息，点击工具栏的"序号重排"按钮，避免录入的多条数据出现漏号或重号现象。

窗口各栏录入方法如下。

①申报年月：申报所属期，由四位年份加两位月份组成，如201810、201811等。

②序号：出口设备信息的顺序编号，由四位流水号组成，如0001、0002等。

③进货凭证号：进货增值税专用发票代码加号码。

④报关单号：出口报关单上标注的号码，由十八位报关单号加"0"再加

两位项号组成,如 12345678912345678 9001、12345678912345678 9002 等。

⑤代理证明号:企业委托代理出口时,受托单位主管退税部门出具的代理出口证明上的编号,由证明编号加两位项号组成。

⑥出口发票号:出口货物开具的发票的号码

⑦延期原因代码:延期申报原因代码,根据具体情况在下拉菜单中选择。

⑧延期原因:与"延期原因代码"对应的延期原因,由系统自动录入。

⑨备注:一般无须录入。

⑩申报标志、审核标志、标志:无须录入,系统审核后自动录入。

9. 内部风控体系建设情况报告

内部风控体系建设情况报告是企业为规避退税风险就制定的管理制度、管理措施向退税部门申报的操作过程。企业出口退税工作,不仅仅是财务部门的事,还涉及市场、单证、报关等许多部门,也就是说,退税工作是通过企业内部有关部门互相配合共同完成的一项工作。其中任何一个部门出了问题,都会影响公司的退税工作,甚至会给企业造成不必要的损失。因此企业内部风险控制体系建设对退税工作来说非常重要。根据申请出口企业类别评定的要求,企业应把建立的内部风控体系的情况向退税管理部门进行申报。

内部风控体系建设情况报告录入操作步骤如下。

第一步,在打开的"向导"窗口,点击"其他申报向导"—"其他申报数据采集"—"内部风控体系建设情况报告"菜单。

第二步,在打开的窗口中,点击工具栏的"增加"按钮,使窗口处于可编辑状态,如图 2-160 所示。根据本公司风控体系建设情况依次录入窗口各栏目。

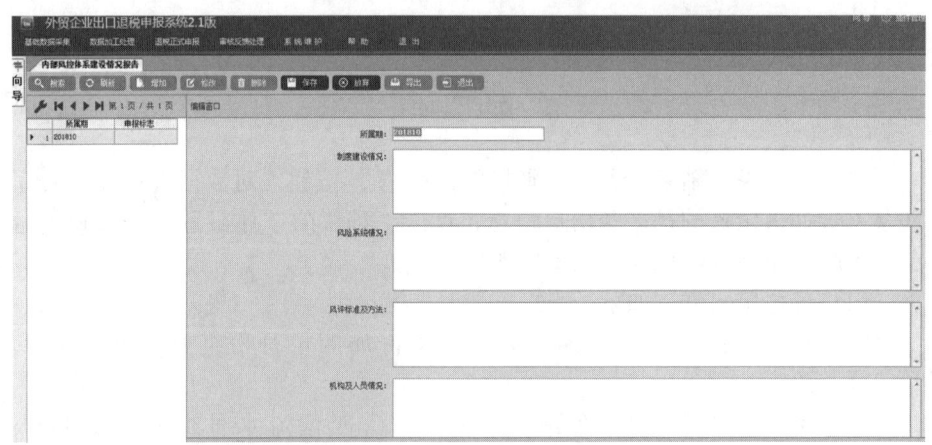

图 2-160

第三步，录入结束后点击工具栏的"保存"按钮对数据进行保存后完成录入。关于各栏目具体录入方法，这里就省略了。

（二）生成其他业务申报

企业在完成需要申报的企业业务申报数据报表的录入之后，就可以生成申报数据进行申报了。生成其他业务申报菜单包括四个子菜单："生成出口收汇申报数据（未认定）""生成信息申报数据""生成其他申报数据""生成管理类别评定相关情况报告"，如图 2–161 所示。

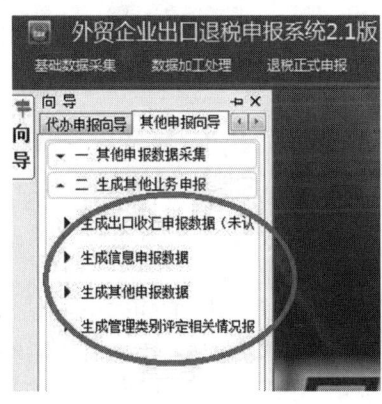

图 2–161

下面详细介绍各子菜单的录入方法。

1. 生成出口收汇申报数据（未认定）

生成出口收汇申报数据（未认定）所生成的申报数据包括出口收汇申报数据（未认定）申报录入和出口不能收汇申报数据（未认定）申报录入两个报表。具体操作步骤如下。

第一步，在系统"向导"窗口，依次点击"其他申报向导"—"生成其他业务申报"—"生成出口收汇申报数据（未认定）"菜单，打开操作窗口，如图 2–162 所示。

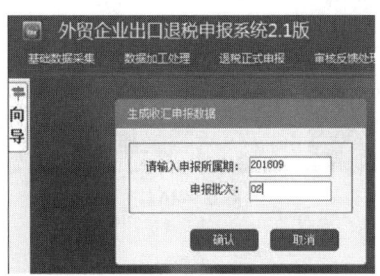

图 2–162

第二步，录入申报所属期和申报批次，然后点击"确认"按钮，系统显示如图2-163所示窗口。

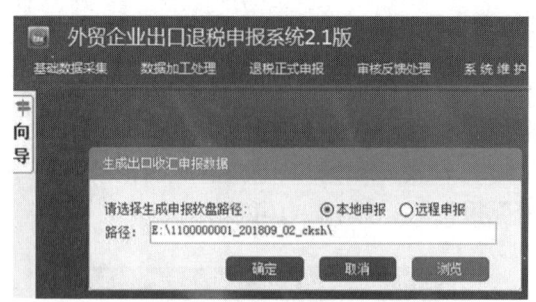

图2-163

第三步，选择好保存路径后，点击"确定"按钮，生成申报数据。如果企业选择远程申报，系统将显示远程申报的网址，然后点击"确定"按钮，完成申报。

2. 生成信息申报数据

生成信息申报数据包括信息查询申请和无电子信息申报两个报表。生成申报数据时，两个报表可选择生成。具体操作步骤如下。

第一步，在系统"向导"窗口，依次点击"其他申报向导"—"生成其他业务申报"—"生成信息申报数据"菜单，打开操作窗口。

第二步，录入申报所属期和申报批次，选择需要生成的报表，然后点击"确认"按钮，如图2-164所示。

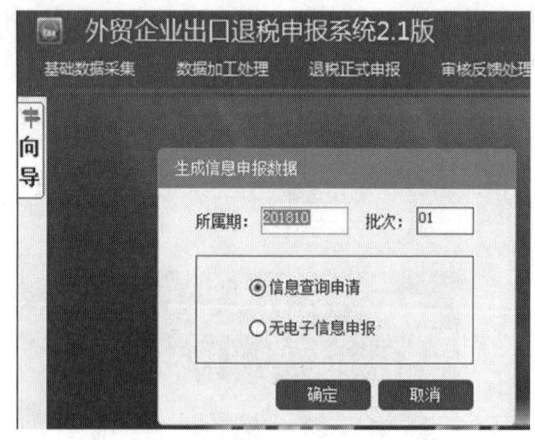

图2-164

第二章
外贸企业出口退税申报系统的操作经验与技巧

第三步，选择好保存路径后，点击"确定"按钮，生成申报数据。如果企业选择远程申报，系统将显示远程申报的网址，然后点击"确定"按钮，完成申报，如图 2-165 所示。

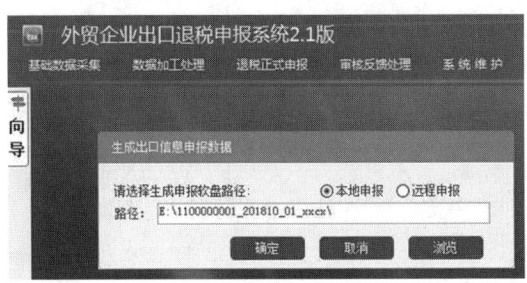

图 2-165

3. 生成其他申报数据

生成其他申报数据包括购进自用货物退税申报表、出口已使用过的设备退税申报表、航天发射业务退税申报表和延期申报明细表四张报表。生成申报数据时，四个报表也可选择生成。具体操作步骤如下。

第一步，在系统"向导"窗口，依次点击"其他申报向导"—"生成其他业务申报"—"生成其他申报数据"菜单，打开操作窗口，如图 2-166 所示。

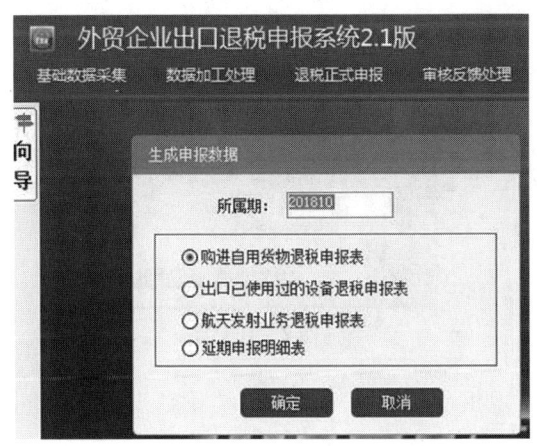

图 2-166

第二步，录入申报所属期，选择需要生成的报表，然后点击"确定"按钮。

第三步，选择好保存路径后，点击"确定"按钮，生成申报数据。如果企业选择远程申报，系统将显示远程申报的网址，然后点击"确定"按钮，完成申报，如图 2-167 所示。

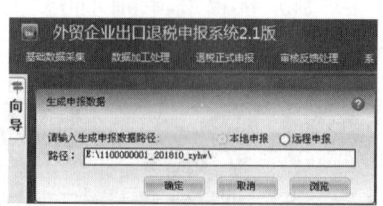

图 2-167

4. 生成管理类别评定相关情况报告

生成管理类别评定相关情况报告是把已经录入出口退税申报系统的内部风控体系建设情况报告等数据生成申报数据的过程。

根据《出口退（免）税企业分类管理办法》（国家税务总局公告 2015 年第 2 号），把出口企业管理类别分为一类、二类、三类、四类，每类企业的评定标准及企业权利、义务不尽相同。企业应根据内部风控体系建设情况报告等已录入数据通过出口退税申报系统向退税部门申报。

具体录入操作步骤如下。

第一步，在系统"向导"窗口，依次点击"其他申报向导"—"生成其他业务申报"—"生成管理类别评定相关情况报告"菜单，打开操作窗口，如图 2-168 所示。

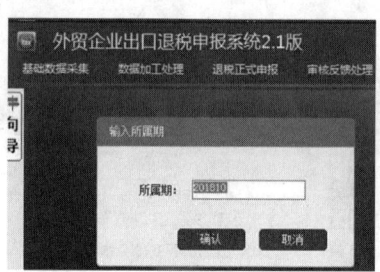

图 2-168

第二步，录入申报所属期，然后点击"确认"按钮，进入数据保存路径选择窗口，如图 2-169 所示。

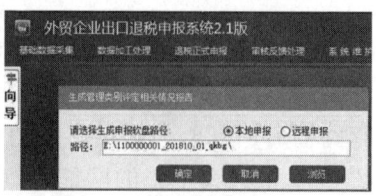

图 2-169

第三步，在窗口中选择数据存放路径，然后点击"确定"按钮，完成数据生成操作。

（三）打印其他申报报表

在进行企业的其他申报数据申报时，企业不但需要提供电子申报数据，有些表格还需要提供纸质申报报表。在申报数据录入完成并生成电子申报数据之后，就可以在打印其他申报报表菜单中打印报表了。

打印其他申报报表菜单包括三个子菜单："打印出口收汇申报报表""打印信息及其他申报报表""打印管理类别评定相关情况报告"，如图2-170所示。

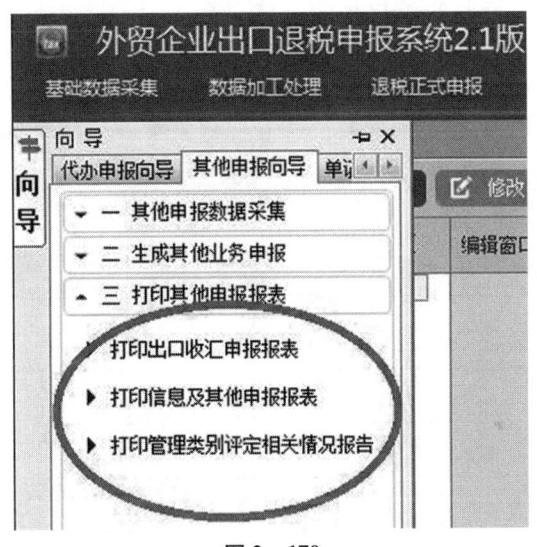

图 2-170

报表打印很简单，与退税申报向导中的报表打印方式是一样的。下面我简要介绍一下这三种申报报表的打印操作步骤。

1. 打印出口收汇申报报表

打印出口收汇申报报表菜单是用来打印出口收汇或不能收汇报表的专用菜单，包括出口货物收汇申报表和出口货物不能收汇申报表两个"已认定"的报表，也包括"未认定"的两个报表，还包括两个"代办退税"的报表。

具体操作步骤如下。

第一步，在系统"向导"窗口，依次点击"其他申报向导"—"打印其他申报报表"—"打印出口收汇申报报表"菜单，打开操作窗口，如图2-171所示。

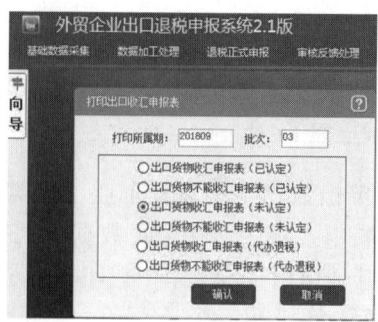

图 2-171

第二步，在打开的窗口中，录入打印所属期和批次，然后选择要打印的报表［这里以出口货物收汇申报表（未认定）为例］，点击"确认"按钮，系统就会自动生成打印预览，如图 2-172 所示。

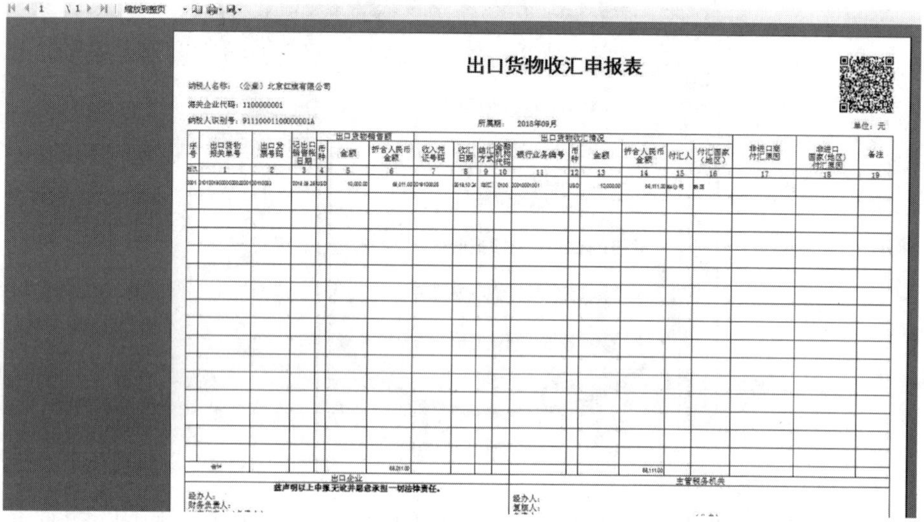

图 2-172

第三步，点击窗口顶部的打印机图标，系统将完成打印操作。

2. 打印信息及其他申报报表

打印信息及其他申报报表菜单包括以下六张申报报表：出口货物备案单证目录表、出口企业信息查询申请表、出口退（免）税凭证无相关电子信息申报表、购进自用货物退税申报表、出口已使用过的设备退税申报表、出口退（免）税延期申报申请表。企业可根据实际情况选择打印，下面具体说明打印操作步骤。

第一步，在系统"向导"窗口，依次点击"其他申报向导"—"打印其他申报报表"—"打印信息及其他申报报表"菜单,打开操作窗口,如图2-173所示。

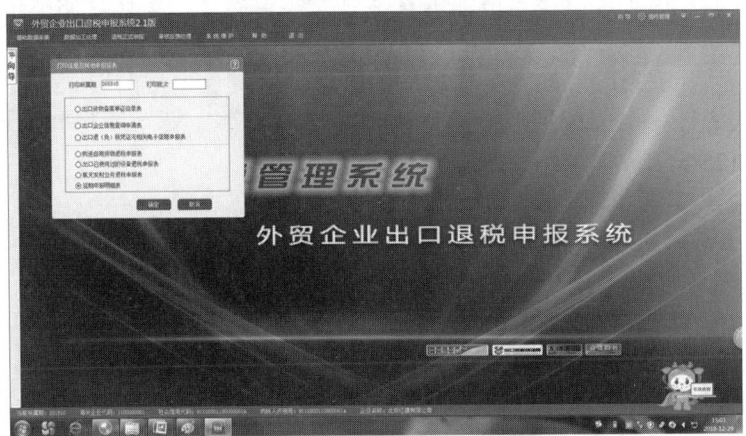

图2-173

第二步,在打开的窗口中,录入打印所属期,有批次的报表录入批次,然后选择需要打印的报表[这里以出口退(免)税延期申报申请表为例],点击"确认"按钮,生成打印预览,如图2-174所示。

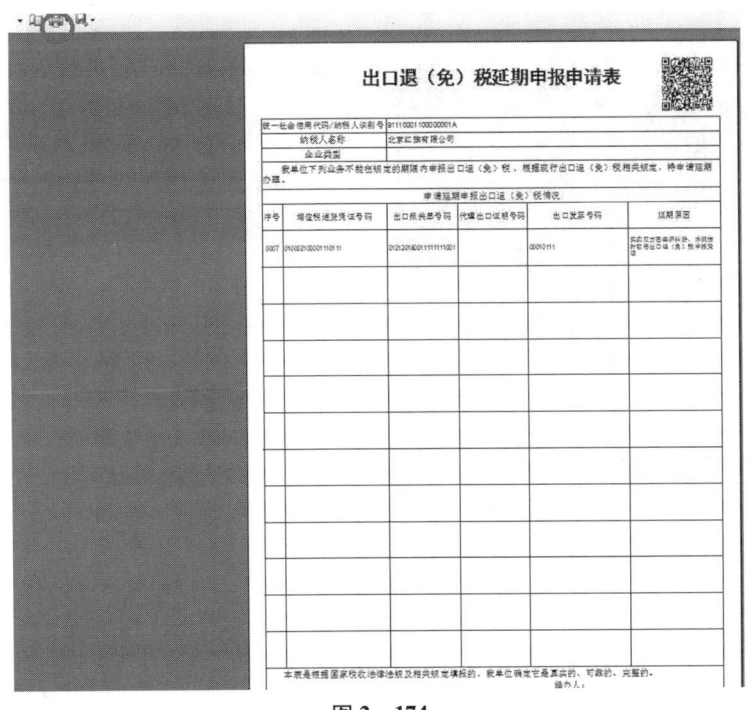

图2-174

第三步，点击窗口顶部的打印机图标，系统将完成打印操作。

3. 打印管理类别评定相关情况报告

打印管理类别评定相关情况报告只有一张报表，就是在其他申报数据采集菜单中录入的风控体系建设情况报告。打印操作步骤如下：

第一步，在系统"向导"窗口，依次点击"其他申报向导"—"打印其他申报报表"—"打印管理类别评定相关情况报告"菜单，打开操作窗口，如图2-175所示。

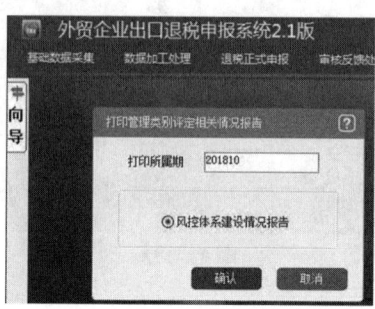

图2-175

第二步，在打开的窗口中，录入打印所属期，选中要打印的报表，然后点击"确认"按钮，进入打印预览窗口，如图2-176所示。

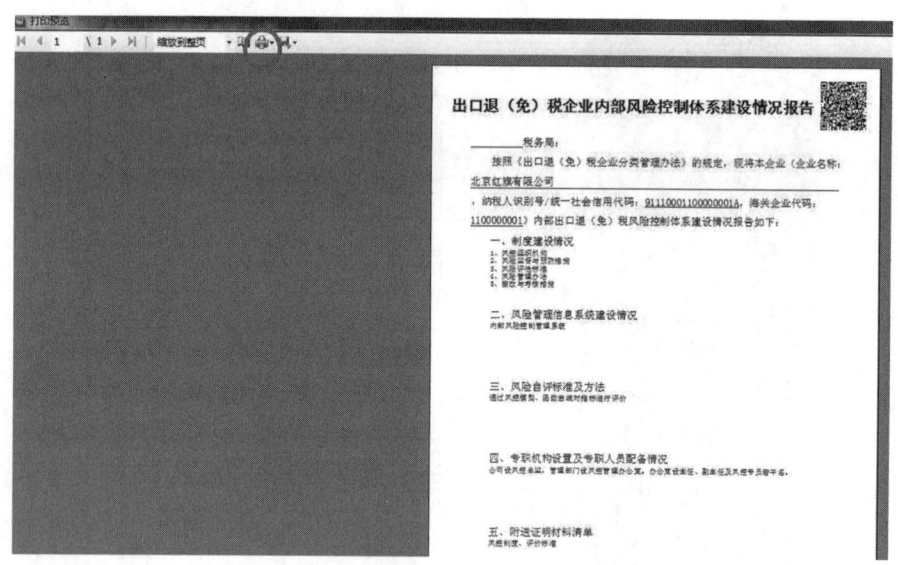

图2-176

第三步，点击窗口上方的打印机标志，完成打印。

(四) 审核反馈信息处理

与退税申报向导中录入的报表一样,系统采集的其他申报数据报表经退税部门审核后,也要进行反馈读入处理。另外,对于生成申报数据的查询与撤销,也需要在本菜单中进行。

审核反馈信息处理菜单包括以下 11 个子菜单:"读入税务机关反馈信息""出口货物收汇数据查询(未认定)""出口不能收汇数据查询(未认定)""出口企业信息查询情况""出口无电子信息申报查询""购进自用货物数据查询""出口已使用设备数据查询""航天发射业务退税申报查询""延期申报明细表查询""撤销已申报数据""撤销管理类别评定相关情况报告",如图 2-177 所示。

图 2-177

这 11 个子菜单分为三类:一是反馈读入类,二是查询类,三是撤销类。操作时首先要读入退税部门的反馈信息才能进行查询和撤销操作。各菜单的操作与退税申报向导下的报表读入、查询与撤销的方法是一样的。下面简单介绍一下这三类菜单的操作方法。

1. 读入税务机关反馈信息

读入税务机关反馈信息是企业申报的出口数据经退税部门审核后,企业把审核结果读入出口退税申报系统中,与退税向导的报表预审读入操作基本相同,区别是这里的反馈信息读入系统后不用再进行反馈处理。

反馈信息读入操作步骤如下。

第一步,在系统"向导"窗口,依次点击"其他申报向导"—"审核反馈信息处理"—"读入税务机关反馈信息"菜单,根据反馈文件所在路径,打开反馈文件,操作窗口如图2-178所示。

图 2-178

第二步,选中税务机关审核反馈的压缩文件,点击"打开"按钮,或双击该文件,系统就会将审核反馈信息读入系统中。

2. 出口货物收汇数据查询(未认定)、出口不能收汇数据查询(未认定)、出口企业信息查询情况、出口无电子信息申报查询、购进自用货物数据查询、出口已使用设备数据查询、航天发射业务退税申报查询、延期申报明细表查询

这些菜单的查询方法都是相同的,这里只以延期申报明细表查询为例做一下说明,其他就不再一一介绍了。

在系统"向导"窗口,依次点击"其他申报向导"—"审核反馈信息处理"—"延期申报明细表查询"菜单,查询的报表将显示在窗口中,如图2-179所示。

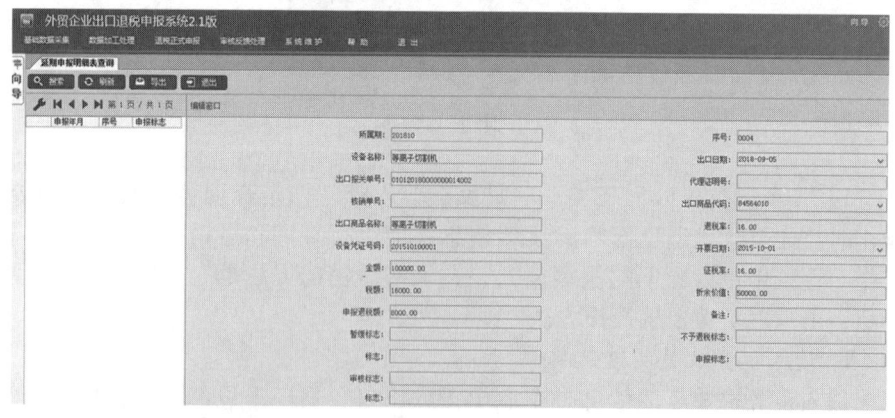

图 2-179

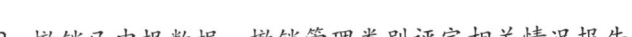

外贸企业出口退税申报系统的操作经验与技巧

3. 撤销已申报数据、撤销管理类别评定相关情况报告

对于已经申报的其他申报报表，如果发现错误需要修改或删除，首先要撤销申报。这里的撤销申报只是撤销申报标志，并不是撤销已经录入的申报数据。撤销申报数据后，就不能在审核反馈信息处理菜单中查询撤销的报表数据，只能回到数据采集菜单中去查询。

撤销已申报数据、撤销管理类别评定相关情况报告的操作方法也是一样的。我们这里只以撤销管理类别评定相关情况报告的为例来说明操作方法，其他报表的撤销方法就不在这里重复了。

第一步，在系统"向导"窗口，依次点击"其他申报向导"—"审核反馈信息处理"—"撤销管理类别评定相关情况报告"菜单，打开撤销窗口，如图 2 - 180 所示。

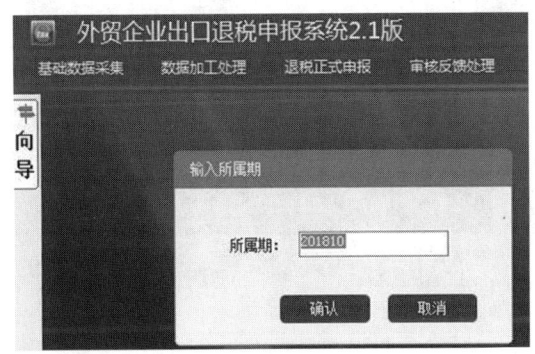

图 2 - 180

第二步，录入所属期，然后点击"确认"按钮，系统将显示询问窗口，如图 2 - 181 所示。

第三步，点击"是（Y）"按钮，系统完成撤销操作。

（五）其他申报数据查询

其他申报数据查询是指对已经申报的其他报表数据进行查询的操作过程。其他报表就是我们在其他申报向导模块录入的报表。其他申报数据查询菜单与确认免退税明细数据菜单中申报数据查询的内容基本是一样的，查询方法也是相同的，而且二者的查询条件是一样的，就是这些报表必须是生成申报数据的报表。但确认免退税明细数据菜单中查询的申报数据是税务机关审核反馈的数据，而其他申报数据查询菜单查询的是申报成功后的申报数据。其他申报数据查询菜单如图 2 - 182 所示。

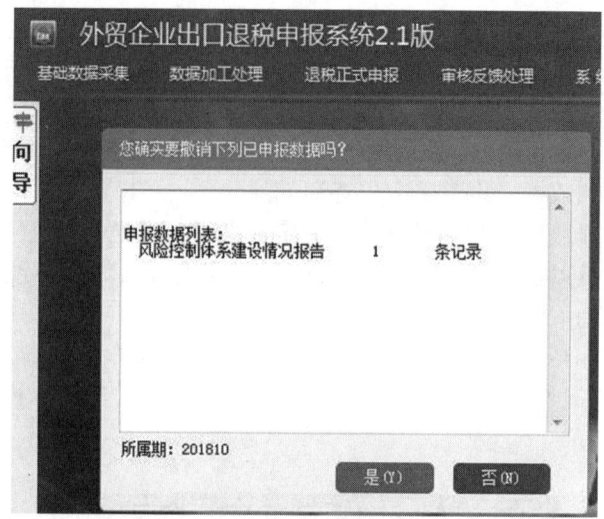

图 2-181

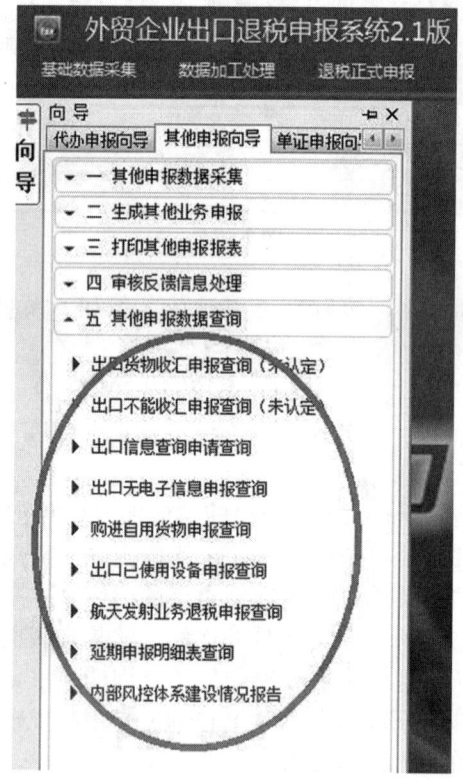

图 2-182

查询报表时，直接点击相应的菜单即可。因为查询方法相同，我们仍然以出口货物收汇申报查询（未认定）为例来说明查询的操作，其他报表的查询就不再多叙了。

在系统"向导"窗口，依次点击"其他申报向导"—"其他申报数据查询"—"出口货物收汇申报查询（未认定）"菜单，查询的报表数据就会显示在系统窗口中，如图2-183所示。

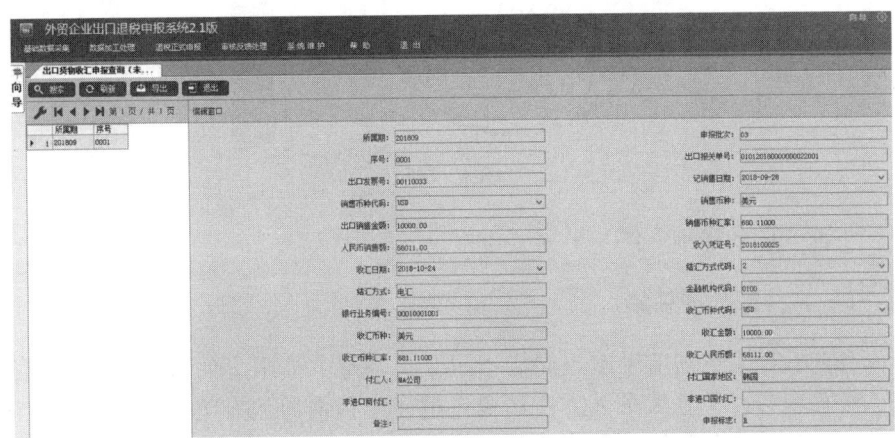

图2-183

五、单证申报向导

外贸企业出口货物后，除了做正常的出口退税申报外，在某些特殊情况下还需要做单证申报。这些特殊情况包括来料加工业务、出口货物退运业务、代理其他企业进出口业务、出口转内销业务、补办报关单业务等。单证申报就是指企业对这些业务中需要申报的各种单证进行录入申报的过程。这些单证与企业的各种出口数据一样，也是企业申报出口退税必不可少的资料。

出口单证包括出口报关单及申报出口退税需要提供的各种证明。这些证明有来料加工免税证明、退运已补税（未退税）证明、委托出口货物证明、代理出口货物证明、代理进口货物证明、出口货物转内销证明、补办出口报关单证明等。

单证申报向导包括以下六项菜单："外部数据采集""单证申报数据录入""打印单证申请表""生成单证申报数据""审核反馈信息处理""撤销单证申报数据"，每项菜单中又包括若干个子菜单，如图2-184所示。

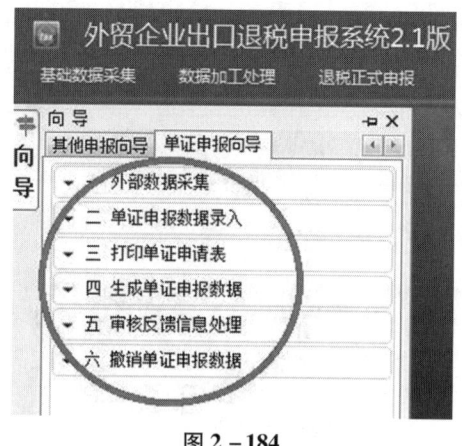

图 2-184

下面我们就详细介绍一下需要申报录入的内容。

(一) 外部数据采集

外部数据采集与退税申报向导下子菜单外部数据采集的有关内容完全相同,操作也一样,具体录入方法请参考退税申报向导的有关内容,这里就不再重复介绍。外部数据采集包含内容如图 2-185 所示。

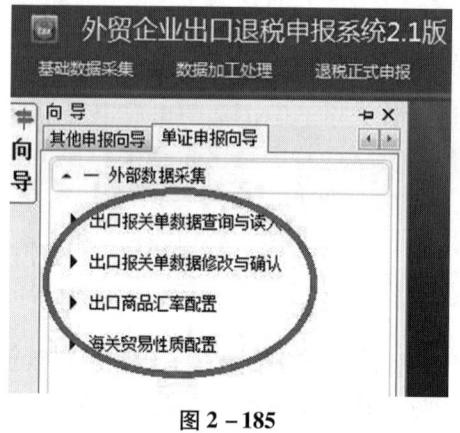

图 2-185

(二) 单证申报数据录入

单证申报数据录入是企业在退税申报时需要提供的各种单证的录入操作过程。在单证申报数据录入菜单下,包括"来料加工免税证明申请""来料加工免税证明核销申请""退运已补税(未退税)证明申请"等 12 个单证子菜单,如图 2-186 所示。下面我们逐一介绍。

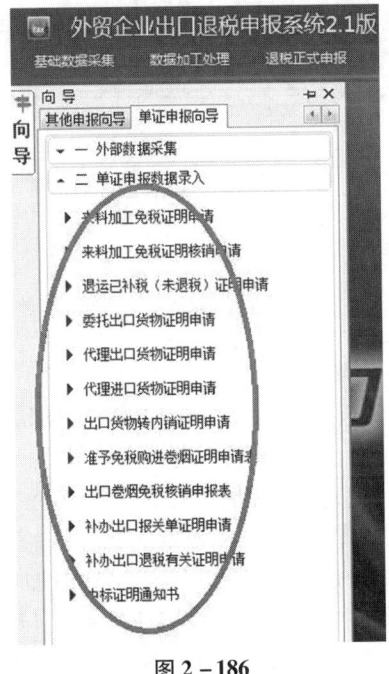

图 2-186

1. 来料加工免税证明申请

外贸企业在从事来料加工业务时,首先要取得外贸主管部门的加工贸易业务批准证及有关清单,然后要取得海关签发的来料加工登记手册。委托加工企业加工商品完毕,在取得加工企业开具的加工费的普通发票后,企业应在加工费的普通发票开具之日起至次月的增值税纳税申报期内,填报来料加工免税证明申请表以及电子申报数据,之后持进口报关单等资料向主管税务机关办理来料加工免税证明。来料加工免税证明申请菜单的录入就是为了提交纸质和电子申请表而做的工作。

需要说明的是,外贸企业从事来料加工的税收政策是免税而不是退税,而且是全程免税。就是说来料加工的商品从生产企业加工到外贸企业出口都是免税的,因此生产企业开具的加工费用发票是普通发票。自 2014 年 1 月 1 日起,来料加工业务不再通过出口退税申报系统申报,企业只需在纳税申报表中录入申报即可,在出口退税申报系统中要做的就是申请办理免税证明。

来料加工免税证明申请菜单的操作步骤如下。

第一步,在"向导"窗口,依次点击"单证申报向导"—"单证申报数据录入"—"来料加工免税证明申请"菜单,打开操作窗口,如图2-187 所示。

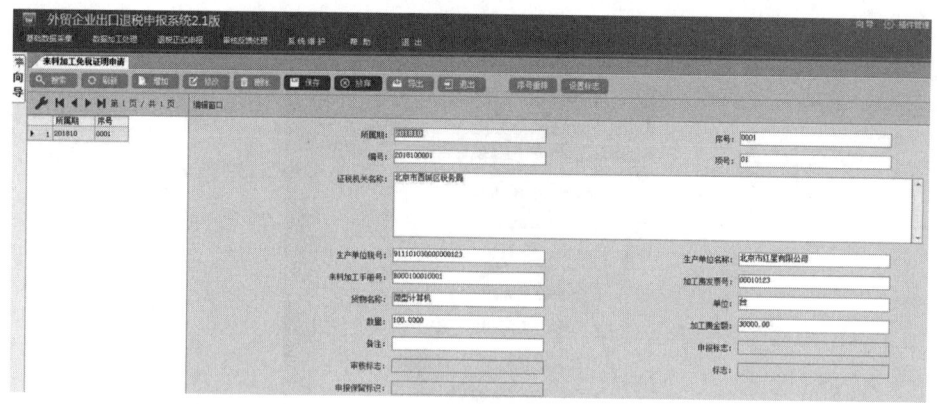

图 2-187

第二步，在打开的窗口中，点击工具栏的"增加"或"修改"按钮，使窗口表格处于可编辑状态，以便对表格进行增加或修改操作。

第三步，根据有关资料，对窗口各栏目进行录入，录入完毕，点击工具栏的"保存"按钮，完成操作。

第四步，点击工具栏的"设置标志"按钮，添加申报标志。此步骤一定要做，否则不能生成申报数据。如果录入的记录不止一条，最好点击工具栏的"序号重排"按钮，系统将对录入的所有记录进行排序，以免发生序号错误的情况。

下面详细说明窗口各栏目的录入操作。

①所属期：委托加工年月，由四位年号和两位月份组成，如 201810。

②序号：加工业务的顺序号，由四位数字组成，如 0001、0002 等。

③编号：免税证明申请的编号，由所属期加上四位流水号组成，如 2018110001、2018110002 等。如果一份证明有多条记录，编号应该一致，由项号区分。

④项号：一张凭证下有多条记录时的每条记录的编号，由两位数字组成，如 01、02 等。

⑤征税机关名称：加工企业征税机关名称。

⑥生产单位税号：加工企业的税号。如果企业办理了三证合一，则录入社会信用统一代码。

⑦生产单位名称：企业税号对应的加工企业的名称。

⑧来料加工手册号：海关签发的来料加工手册十二位号码。

⑨加工费发票号：加工企业开具的加工费发票号码。

⑩货物名称：来料加工货物产品名称。

⑪单位：来料加工产品的计量单位。

⑫数量：来料加工产品的数量。

⑬加工费金额：委托生产企业加工产品的加工费金额。

⑭备注、申报标志、审核标志、标志、申报保留标识：由系统自动录入。

2. 来料加工免税证明核销申请

来料加工免税证明核销申请是指企业的来料加工商品复出口后，到退税部门核销来料加工免税证明的过程。出口企业以来料加工贸易方式复出口货物后，首先需要办理海关核销手续，然后持海关签发的核销结案通知书及录入的来料加工出口货物免税证明核销申请表电子及纸质资料等，向主管税务机关办理来料加工免税证明核销手续。

来料加工免税证明核销申请菜单的操作步骤如下。

第一步，在"向导"窗口，依次点击"单证申报向导"—"单证申报数据录入"—"来料加工免税证明核销申请"菜单，打开操作窗口，如图2-188所示。

图 2-188

第二步，在打开的窗口中，点击工具栏的"增加"或"修改"按钮，使窗口表格处于可编辑状态，以便对表格进行增加或修改操作。

第三步，根据加工发票、免税证明、出口报关单等有关资料，对窗口各栏目进行录入，录入完毕，点击工具栏的"保存"按钮，完成操作。

第四步，点击工具栏的"设置标志"按钮，添加申报标志。此步骤一定要做，否则不能生成申报数据。如果录入的记录不止一条，最好点击工具栏的"序号重排"按钮，系统将对录入的所有记录进行排序，以免发生序号错误的情况。

下面详细介绍表格录入方法。

①所属期：申报日期，由四位年号和两位月份组成，如201811。

②序号：四位顺序号，如0001、0002。

③编号：核销申请表的十位编号，由六位所属期和四位流水号组成，如2018110001。

④项号：同一证明下的两位记录顺序标志，如01、02。

⑤加工企业税号：受托加工的生产企业的税号或社会信用代码。

⑥加工企业名称：与加工企业税号对应的企业名称。

⑦免税证明编号：需要核销的免税证明的编号。

⑧来料加工手册号：海关签发的来料加工手册号码。

⑨加工费发票号：加工费发票的号码。录入加工手册号后，系统会自动生成。

⑩计量单位：委托加工商品的计量单位。录入加工手册号后，系统会自动生成。

⑪数量：委托加工商品的数量。

⑫加工费金额：委托加工商品的加工费发票上的金额。录入加工手册号后，系统会自动生成。

⑬出口发票号：加工后复出口货物的出口发票号码。

⑭出口报关单：加工后复出口货物的出口报关单号码，由十八位单号加"0"再加两位项号组成，如123123123123123001等。

⑮出口商品代码：加工后复出口商品的海关商品代码。

⑯出口商品名称：与出口商品代码对应的商品名称。

⑰出口计量单位：加工后复出口货物的计量单位。

⑱出口数量：加工后复出口货物的数量。

⑲备注：无须录入。

⑳申报标志、审核标志、标志、申报保留标识：无须录入，申报、审核后由系统自动录入。

3. 退运已补税（未退税）证明申请

退运已补税（未退税）证明申请是企业发生出口货物退运时，向主管退税部门申请开具出口货物退运已补税（未退税）证明的操作过程。企业发生货物退运时，需要先向主管退税部门办理出口货物退运已补税（未退税）证明，然后再凭该证明到海关办理退运手续。如果是外贸企业代理其他企业出口货物，该证明由委托企业在所属退税机关办理，然后转交给受委托的外贸企业办理退运。

退运已补税（未退税）证明申请菜单的操作步骤如下。

第一步，在"向导"窗口，依次点击"单证申报向导"—"单证申报数据录入"—"退运已补税（未退税）证明申请"菜单，打开操作窗口，如图2-189所示。

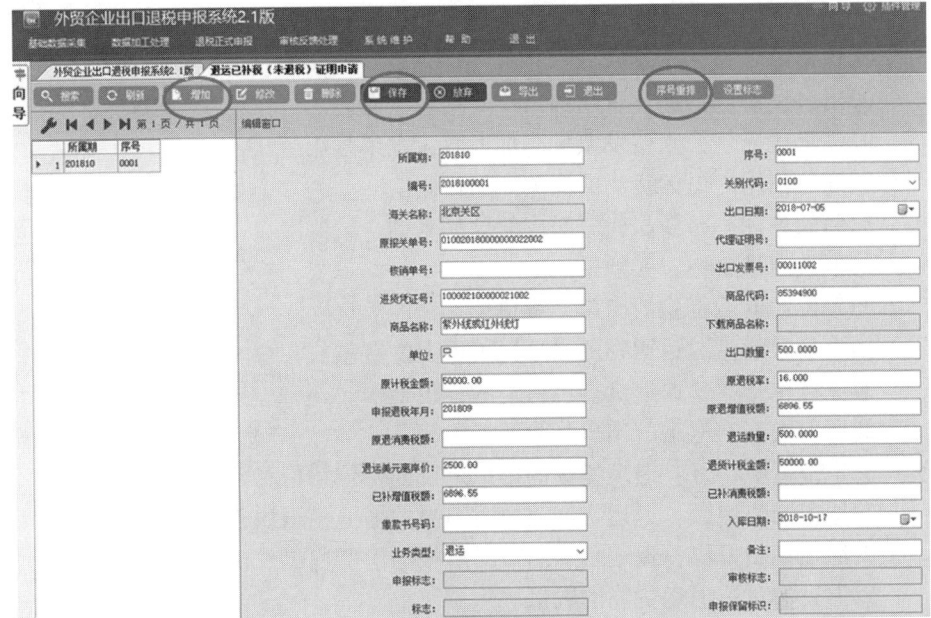

图2-189

第二步，在打开的窗口中，点击工具栏的"增加"或"修改"按钮，使窗口表格处于可编辑状态，以便对表格进行增加或修改操作。

第三步，根据出口货物报关单、出口退税申报资料等，对窗口各栏目进行录入，录入完毕，点击工具栏的"保存"按钮，完成操作。

第四步，点击工具栏的"设置标志"按钮，添加申报标志。此步骤一定要做，否则不能生成申报数据。如果录入的记录不止一条，最好点击工具栏的"序号重排"按钮，系统将对录入的所有记录进行排序，以免发生序号错误的情况。

下面详细介绍表格录入方法。

①所属期：申请证明的年月，由四位年份和两位月份组成，如201811、201812等。

②序号：申请证明四位序号，如0001、0002等。

③编号：申请证明的编号，由所属期加四位流水号组成，如2018110001、2018110002等。

④关别代码：申请退运海关的代码，在下拉菜单中选择。

⑤海关名称：与关别代码对应的海关名称。

⑥出口日期：退运货物的出口日期，在下拉菜单中选择。

⑦原报关单号：退运货物的出口报关单号。

⑧代理证明号：代理出口货物办理的代理证明编号。
⑨核销单号：无须录入。
⑩出口发票号：退运货物的出口专用发票号码。
⑪进货凭证号：十位发票代码加上八位发票号码。
⑫商品代码：退运货物的海关商品代码。
⑬商品名称：与商品代码对应的商品名称。
⑭下载商品名称：无须录入。
⑮单位：退运货物的出口计量单位。
⑯出口数量：退运货物的出口报关单上的数量。
⑰原计税金额：退运货物出口时的计税金额。
⑱原退税率：退运的出口货物的退税率。
⑲申报退税年月：退运货物的申请退税的四位年份和两位月份。
⑳原退增值税额：退运货物出口时申报的增值税退税额。
㉑原退消费税额：退运货物出口时申报的消费税退税额。
㉒退运数量：退运货物的数量。
㉓退运美元离岸价：退运货物出口时的美元离岸价。
㉔退货计税金额：退运货物的计税金额。
㉕已补增值税额：退运货物补交的增值税额。
㉖已补消费税额：退运货物补交的消费税额。
㉗缴款书号码：补交税款完税凭证的号码。
㉘入库日期：税款缴入国库的日期。
㉙备注：无须录入。
㉚申报标志、审核标志、标志、申报保留标识：由系统自动录入。

4. 委托出口货物证明申请

委托出口货物证明申请是指企业委托其他企业代理出口货物后，向主管退税部门申请开具委托出口货物证明的操作过程。企业委托其他企业代理出口货物时，委托方自货物报关出口之日起至次年 3 月 15 日前，凭委托代理出口协议复印件以及在系统中录入的委托出口货物证明申请的纸质申请及电子数据，向主管退税部门办理委托出口货物证明。委托企业拿到税务部门签发的证明后，交予受托企业，受托企业凭该证明到所在地主管退税部门办理代理出口货物证明。也就是说，委托出口货物证明是受托方办理代理出口货物证明需提供的资料之一。

根据《国家税务总局关于出口退（免）税有关问题的公告》（国家税务总局公告 2015 年第 29 号）的规定："委托出口的货物，除国家取消出口退税的货物外，委托方不再向主管国税机关报送委托出口货物证明，此前未报送委托出口货物证明的不再报送；受托方申请开具代理出口货物证明时，不再提供委托方主管国税机关签章的委托出口货物证明。"也就是说享受出口退税的货物出口后，不再需要提供委托出口货物证明，当然也就不再需要在出口退税申报系统进行申报录入。

委托出口货物证明申请菜单的操作步骤如下：

第一步，在"向导"窗口，依次点击"单证申报向导"—"单证申报数据录入"—"委托出口货物证明申请"菜单，打开操作窗口，如图2-190所示。

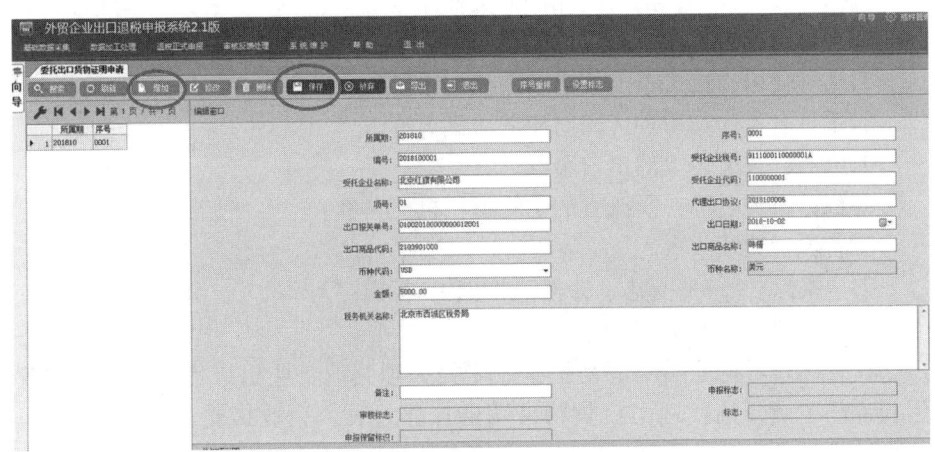

图2-190

第二步，在打开的窗口中，点击工具栏的"增加"或"修改"按钮，使窗口表格处于可编辑状态，以便对表格进行增加或修改操作。

第三步，根据委托出口货物协议、出口报关单等资料，对窗口各栏目进行录入，录入完毕，点击工具栏的"保存"按钮，完成操作。

第四步，点击工具栏的"设置标志"按钮，添加申报标志。此步骤一定要做，否则不能生成申报数据。如果录入的记录不止一条，最好点击工具栏的"序号重排"按钮，系统将对录入的所有记录进行排序，以免发生序号错误的情况。

下面详细介绍表格录入方法。

①所属期：申请证明的年月，由四位年份和两位月份组成，如201811、201812等。

②序号：申请证明的四位序号，如0001、0002等。

③编号：申请证明的编号，由所属期加四位流水号组成，如2018110001、2018110002等。

④受托企业税号：受托企业的纳税人识别号或社会信用代码。

⑤受托企业名称：与受托企业税号对应的企业名称。

⑥受托企业代码：受托企业的十位海关代码，若不知道，可录入四位行政区划代码加六个"9"，如1101999999。

⑦项号：同一证明上的记录顺序标志，如01、02等。

⑧代理出口协议：受托方与委托方签订的代理出口协议的编号。

⑨出口报关单号：出口货物报关单的号码加"0"再加两位流水号。

⑩出口日期：报关单上的出口日期。

⑪出口商品代码：出口商品的海关商品码。

⑫出口商品名称：与出口商品代码对应的商品名称，由系统自动录入。

⑬币种代码：报关单上的出口商品的币别码。

⑭币种名称：与币种代码对应的币别名称。

⑮金额：报关单上的出口金额。

⑯税务机关名称：受托方的主管退税机关名称。

⑰备注：无须录入。

⑱申报标志、审核标志、标志、申报保留标识：无须录入，由系统自动生成。

5. 代理出口货物证明申请

代理出口货物证明申请是指企业受托代理其他企业出口货物时，向主管退税部门申请开具代理出口货物证明的操作过程。企业接受其他企业委托，代理其出口货物时，需自货物报关出口之日起至次年4月15日前，在出口退税申报系统中录入证明申请，然后持打印的纸质申请表和电子数据，以及委托方出具的委托出口货物证明等资料，向主管退税部门申请开具代理出口货物证明。证明开具后交由委托企业，委托企业凭其办理出口退免税。

代理出口货物证明申请的操作步骤如下。

第一步，在"向导"窗口，依次点击"单证申报向导"—"单证申报数据录入"—"代理出口货物证明申请"菜单，打开操作窗口，如图2-191所示。

第二步，在打开的窗口中，点击工具栏的"增加"或"修改"按钮，使窗口表格处于可编辑状态，以便对表格进行增加或修改操作。

第三步，根据委托出口货物协议、出口报关单等资料，对窗口各栏目进行录入，录入完毕，点击工具栏的"保存"按钮，完成操作。

第四步，点击工具栏的"设置标志"按钮，添加申报标志。此步骤一定要做，否则不能生成申报数据。如果录入的记录不止一条，最好点击工具栏的"序号重排"按钮，系统将对录入的所有记录进行排序，以免发生序号错误的情况。

下面详细介绍表格录入的方法。

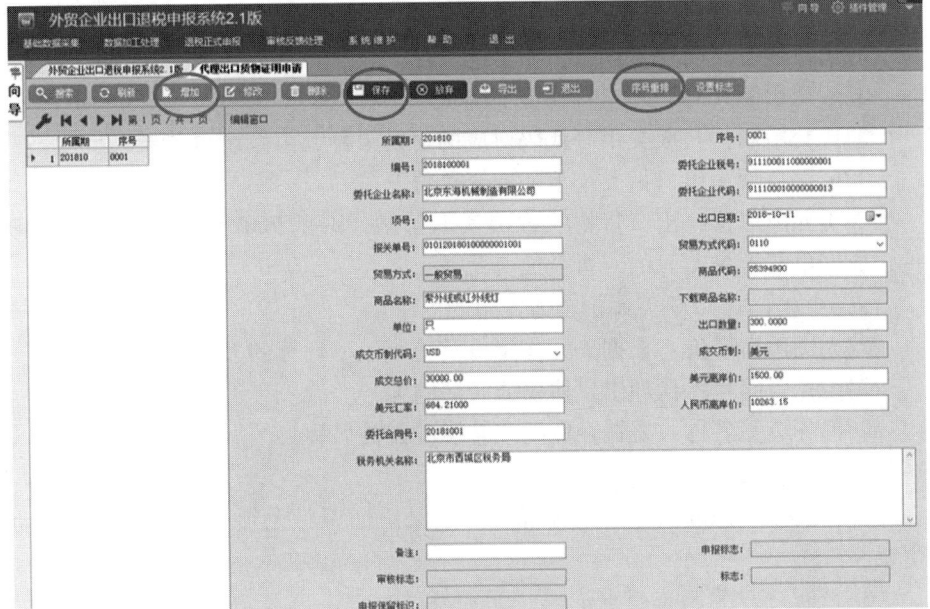

图 2-191

①所属期：申请证明的年月，由四位年份和两位月份组成，如 201811、201812 等。

②序号：申请证明的四位序号，如 0001、0002 等。

③编号：申请证明的编号，由所属期加四位流水号组成，如 2018110001、2018110002 等。

④委托企业税号：委托企业的纳税人识别号或社会信用代码。

⑤委托企业名称：与委托企业税号对应的企业名称。

⑥委托企业代码：委托企业的十位海关代码，若不知道，可录入四位行政区划代码加六个"9"，如 1101999999。

⑦项号：同一证明上的记录顺序标志，如 01、02 等。

⑧出口日期：出口报关单上的出口日期。

⑨报关单号：出口货物报关单的号码，由单号加"0"再加两位流水号组成，如 222222222333333333001。

⑩贸易方式代码：出口货物的贸易方式代码，在下拉菜单中选择。

⑪贸易方式：与贸易方式代码对应的贸易方式，由系统自动录入。

⑫商品代码：出口货物的海关商品码。

⑬商品名称：与商品代码对应的商品名称。

⑭下载商品名称：无须录入。

⑮单位：出口货物报关单上的计量单位。
⑯出口数量：出口货物报关单上的数量。
⑰成交币制代码：出口货物成交的货币币种代码。
⑱成交币制：与成交币制代码对应的交易币种，由系统自动录入。
⑲成交总价：出口报关单上的成交总价。
⑳美元离岸价：出口货物的 FOB 美元价格，不是 FOB 价的，折合成 FOB 价，成交币制不是美元的，折合成美元。
㉑美元汇率：100 美元折合人民币的汇率。
㉒人民币离岸价：根据美元离岸价及美元汇率计算的人民币价格。
㉓委托合同号：代理出口协议或合同的编号。
㉔税务机关名称：委托企业的主管税务机关名称。
㉕备注：无须录入。
㉖申报标志、审核标志、标志、申报保留标识：无须录入，由系统自动生成。

6. 代理进口货物证明申请

代理进口货物证明申请是指外贸企业受其他企业委托，为其代理进料加工业务时在出口退税申报系统办理代理进口货物证明的操作过程。外贸企业在为其他企业代理进料加工业务时，需要向其主管退税部门申请开具代理进口货物证明，并把该证明交给委托企业，委托企业可凭该证明到主管退税部门办理进料加工贸易免税证明。

代理进口货物证明申请菜单的操作步骤如下。

第一步，在"向导"窗口，依次点击"单证申报向导"—"单证申报数据录入"—"代理进口货物证明申请"菜单，打开操作窗口，如图 2-192 所示。

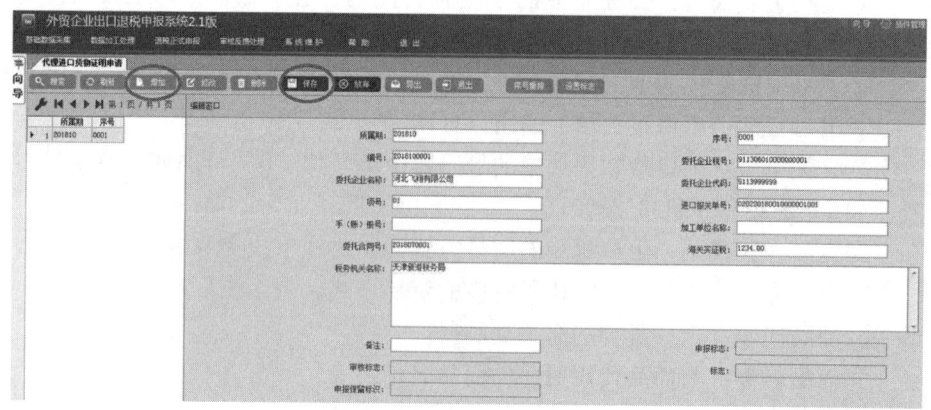

图 2-192

第二步，在打开的窗口中，点击工具栏的"增加"或"修改"按钮，使窗口表格处于可编辑状态，以便对表格进行增加或修改操作。

第三步，根据委托代理进口货物协议、进口报关单等资料，对窗口各栏目进行录入，录入完毕，点击工具栏的"保存"按钮，完成操作。

第四步，点击工具栏的"设置标志"按钮，添加申报标志。此步骤一定要做，否则不能生成申报数据。如果录入的记录不止一条，最好点击工具栏的"序号重排"按钮，系统将对录入的所有记录进行排序，以免发生序号错误的情况。

下面详细介绍表格录入方法。

①所属期：申请证明的年月，由四位年份和两位月份组成，如201811、201812等。

②序号：申请证明的四位序号，如0001、0002等。

③编号：申请证明的编号，由所属期加四位流水号组成，如2018110001、2018110002等。

④委托企业税号：进口委托企业的纳税人识别号或社会信用代码。

⑤委托企业名称：与委托企业税号对应的企业名称。

⑥委托企业代码：委托企业的十位海关代码，若不知道，可录入四位行政区划代码加六个"9"，如1101999999。

⑦项号：同一证明上的记录顺序标志，如01、02等。

⑧进口报关单号：进口货物报关单的号码，由单号加"0"再加两位流水号组成，如333333333444444444001。

⑨手（账）册号：进料加工的手册或账册号码。

⑩加工单位名称：进料加工手册上的加工单位名称。

⑪委托合同号：与委托进口单位签订的代理进口合同号码。

⑫海关实征税：进口料件一般免税，非免税的录入完税金额。

⑬税务机关名称：委托单位的主管税务机关名称。

⑭备注：无须录入。

⑮申报标志、审核标志、标志、申报保留标识：无须录入，由系统自动生成。

7. 出口货物转内销证明申请

出口货物转内销证明申请是指外贸企业出口货物因某些原因需转内销或视同内销征税时，在出口退税申报系统录入并申请出口货物转内销证明的操作过程。外贸企业发生转内销或视同内销征税时，因这些商品的进项税额已作退税或进项税额转出处理，企业不能再凭原进货发票的抵扣联做进项抵扣，所以出口企业需要办理出口货物转内销证明来抵扣销项税额。企业在取得证明的下一个增值税纳税申报期内申报纳税时，以此证明作为进项税额的抵扣凭证使用。

出口货物转内销证明申请菜单的操作步骤如下。

第一步，在"向导"窗口，依次点击"单证申报向导"—"单证申报数据录入"—"出口货物转内销证明申请"菜单，打开操作窗口，如图 2-193 所示。

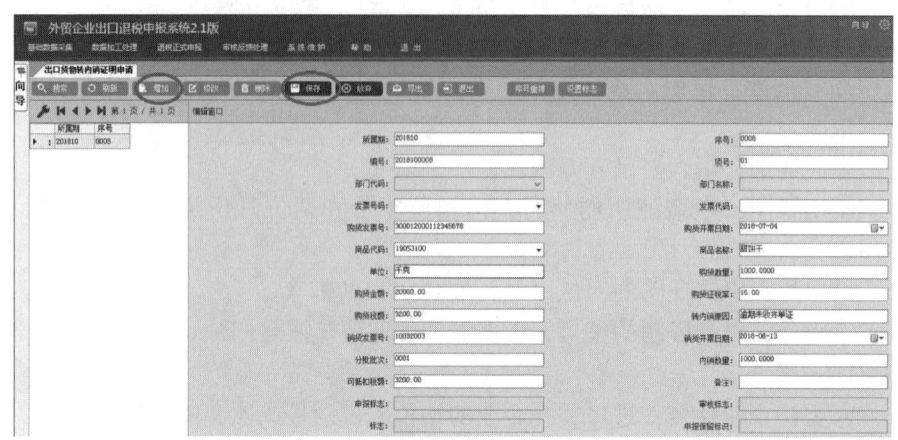

图 2-193

第二步，在打开的窗口中，点击工具栏的"增加"或"修改"按钮，使窗口表格处于可编辑状态，以便对表格进行增加或修改操作。

第三步，根据购货发票、出口专用发票等资料，对窗口各栏目进行录入，录入完毕，点击工具栏的"保存"按钮，完成录入操作。

第四步，点击工具栏的"设置标志"按钮，添加申报标志。此步骤一定要做，否则不能生成申报数据。如果录入的记录不止一条，最好点击工具栏的"序号重排"按钮，系统将对录入的所有记录进行排序，以免发生序号错误的情况。

下面详细介绍表格录入方法。

①所属期：申请证明的年月，由四位年份和两位月份组成，如 201811、201812 等。

②序号：申请证明的四位序号，如 0001、0002 等。

③编号：申请证明的编号，由所属期加四位流水号组成，如 2018110001、2018110002 等。

④项号：同一证明上的记录顺序标志，如 01、02 等。

⑤部门代码、部门名称：无须录入。如果在参数设置中做了设置，则参照参数设置进行录入。

⑥发票号码：购货增值税专用发票的八位号码。

⑦发票代码：购货增值税专用发票的十位代码。
⑧购货发票号：如果是增值税专用发票，填写十位发票代码加上八位发票号码，否则填写其他凭证上的号码。
⑨购货开票日期：购货发票上的开票日期。
⑩商品代码：出口货物的海关商品代码。如果购货发票与出口报关单不一致，以报关单上的为准。
⑪商品名称：与商品代码对应的商品名称。
⑫单位：购进货物的商品计量单位。
⑬购货数量：购货发票上的商品数量。
⑭购货金额：购货发票上的货物金额。
⑮购货征税率：购货发票上注明的税率。
⑯购货税额：购货发票上注明的税额
⑰转内销原因：出口货物转内销的原因。
⑱销货发票号：出口专用发票的八位号码。
⑲销货开票日期：出口专用发票上的开票日期。
⑳分批批次：因进货凭证的同一关联号内可分批申报，录入本批货物的申报批次。
㉑内销数量：出口转内销的货物数量。
㉒可抵扣税额：转内销货物可以做进项抵扣的税额。
㉓备注：无须录入。
㉔申报标志、审核标志、标志、申报保留标识：无须录入，由系统自动生成。

8. 准予免税购进卷烟证明申请表

准予免税购进卷烟证明申请表是指外贸企业从事卷烟出口业务时，在出口退税申报系统向主管退税部门申请开具准予免税购进出口卷烟证明的操作过程。根据国家对卷烟出口的有关规定，外贸企业通过指定口岸出口国家计划内的卷烟，免征增值税和消费税。非计划内出口卷烟以及通过非指定口岸出口卷烟，一律不予退免税。外贸企业出口免税卷烟后，可凭出口有关凭证向主管退税部门申请办理准予免税购进出口卷烟证明，然后把证明交给卷烟生产企业。卷烟生产企业收到证明后可向主管税务机关申请办理免税手续。

由于我国对烟草出口有着严格的规定，只有经过批准的少数企业才能从事烟草进出口业务，一般企业基本没有这样的资格，所以本书在这里就不再详细介绍其申报录入的过程了。

9. 出口卷烟免税核销申报表

出口卷烟免税核销申报表是指有资格的外贸企业出口卷烟后，在系统中向主管退税部门办理免税核销的操作过程。根据规定，企业出口卷烟后，自出口之日起到次年的 4 月 30 日之前的增值税纳税申报期内，可向主管退税部门申请办理出口卷烟免税核销手续。未按规定办理核销或核销申请未通过退税部门审核的，应补征税款。

因为只有少数企业才有烟草出口资格，具体录入操作过程，我们在这里也省略了。

10. 补办出口报关单证明申请

补办出口报关单证明申请是指企业丢失出口报关单后，在出口退税申报系统向主管退税部门申请补办的操作过程。如果企业不慎丢失出口报关单，首先应根据出口有关资料，通过出口退税申报系统录入补办申请，退税部门审核无误后为企业出具补办出口报关单证明，然后出口企业再持该证明向海关申请补办出口报关单。

需要说明的是，出口报关单一直是企业办理出口退税必须提供的单证之一。没有出口报关单，退税部门是不予办理退税的。但现在国家税务总局已经实行出口退税申报无纸化，其核心就是企业办理出口退税不再提供纸质申报资料，而是以海关等部门上传的电子数据作为企业办理退税的依据。因此出口企业申报出口退税时不再需要提供纸质报关单资料。但无纸化通关及退税并不是取消纸质报关单，而是为了加快企业报关和退税而采取的便民措施。纸质报关单依然是企业留存备查的资料之一，如果无纸化通关或退税出现问题时，企业需要拿纸质报关单去现场解释或办理。所以一旦纸质报关单遗失或毁损了，企业还是需要补办的。

补办出口报关单证明申请菜单录入操作步骤如下。

第一步，在"向导"窗口，依次点击"单证申报向导"—"单证申报数据录入"—"补办出口报关单证明申请"菜单，打开操作窗口，如图 2-194 所示。

图 2-194

第二步，在打开的窗口中，点击工具栏的"增加"或"修改"按钮，使窗口表格处于可编辑状态，以便对表格进行增加或修改操作。

第三步，根据购货发票、出口专用发票等资料，对窗口各栏目进行录入，录入完毕，点击工具栏的"保存"按钮，完成录入操作。

第四步，点击工具栏的"设置标志"按钮，添加申报标志。如果录入的记录不止一条，最好点击工具栏的"序号重排"按钮，系统将对录入的所有记录进行排序，以免发生序号错误的情况。

下面详细介绍表格录入方法。

①所属期：申请证明的年月，由四位年份和两位月份组成，如201811、201812等。

②序号：申请证明的四位序号，如0001、0002等。

③编号：申请证明的编号，由所属期加四位流水号组成，如2018110001、2018110002等。

④出口日期：丢失的出口报关单所列出口货物的出口日期。

⑤出口岸关别码：报关出口的口岸海关代码。

⑥海关关别名称：与出口岸关别码对应的海关名称，由系统根据出口岸关别码自动录入。

⑦原因：补办报关单原因。

⑧报关单号：丢失的报关单的单号。

⑨核销单号：不用录入。

⑩运单或提单号：出口货物运单或提单上的号码。

⑪出口发票号：出口专用发票的八位号码。

⑫贸易性质码：出口贸易性质代码，在下拉菜单中选择。

⑬贸易性质名称：与贸易性质码对应的贸易性质名称，由系统自动录入。

⑭项号：同一证明上的记录顺序标志，如01、02等。

⑮商品代码：丢失报关单上出口货物的海关商品代码。

⑯商品名称：与商品代码对应的商品名称，由系统自动录入。

⑰下载商品名称：无须录入。

⑱单位：出口货物的海关计量单位。

⑲出口数量：丢失报关单上的出口商品数量。

⑳美元离岸价：出口货物折合美元的离岸价格。

㉑备注：无须录入。

㉒申报标志、审核标志、标志、申报保留标识：无须录入，由系统自动生成。

11. 补办出口退税有关证明申请

补办出口退税有关证明申请是指出口企业丢失了退税部门为企业出具的出口退税有关证明后，通过出口退税申报系统向主管退税部门申请补办的操作过程。退税部门为企业出具的有关证明，因企业保存不善或其他原因而丢失，需要在出口退税申报系统录入补办申请，经退税部门审核无误后重新办理证明，并在证明上注明"补办"字样。这些证明包括：代理出口证明、代理进口证明、委托出口货物证明、出口转内销证明、退运补税证明、中标机电证明、来料加工免税证明、准予免税购进出口卷烟证明等。

补办出口退税有关证明申请菜单录入操作步骤如下。

第一步，在"向导"窗口，依次点击"单证申报向导"—"单证申报数据录入"—"补办出口退税有关证明申请"菜单，打开操作窗口，如图2－195所示。

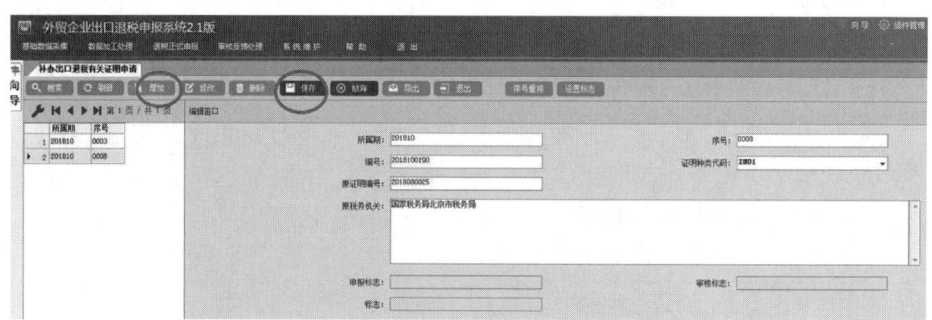

图2－195

第二步，在打开的窗口中，点击工具栏的"增加"或"修改"按钮，使窗口表格处于可编辑状态，以便对表格进行增加或修改操作。

第三步，根据原证明的有关资料，对窗口各栏目进行录入，录入完毕，点击工具栏的"保存"按钮，完成录入操作。

第四步，点击工具栏的"设置标志"按钮，添加申报标志。如果录入的记录不止一条，最好点击工具栏的"序号重排"按钮，系统将对录入的所有记录进行排序，以免发生序号错误的情况。

下面详细介绍表格录入方法。

①所属期：申请证明的年月，由四位年份和两位月份组成，如201811、201812等。

②序号：申请证明的四位序号，如0001、0002等。

③编号：申请证明的编号，由所属期加四位流水号组成，如2018110001、2018110002等。

④证明种类代码：补办的证明种类的代码，在下拉菜单中选择。
⑤原证明编号：丢失或损坏的原证明的编号。
⑥原税务机关：出具丢失或损坏的原证明的税务机关。
⑦申报标志、审核标志、标志：无须录入，由系统自动生成。

12. 中标证明通知书

中标证明通知书是指利用外国政府贷款或国际金融组织贷款建设的项目，招标机构须在招标完毕并待中标企业签订的供货合同生效后，向其所在地主管税务机关申请办理中标证明通知书的录入操作过程。根据国家有关规定，国内利用外国政府贷款或国际金融组织贷款建设的项目，其招标采购的机电产品可以享受退税优惠政策。招标机构办理中标证明通知书后，第一联交给中标单位，第二联由招标机构所在地主管退税部门直接寄给中标单位所在地主管退税部门。

中标证明通知书菜单录入操作步骤如下。

第一步，在"向导"窗口，依次点击"单证申报向导"—"单证申报数据录入"—"中标证明通知书"菜单，打开操作窗口，如图2-196所示。

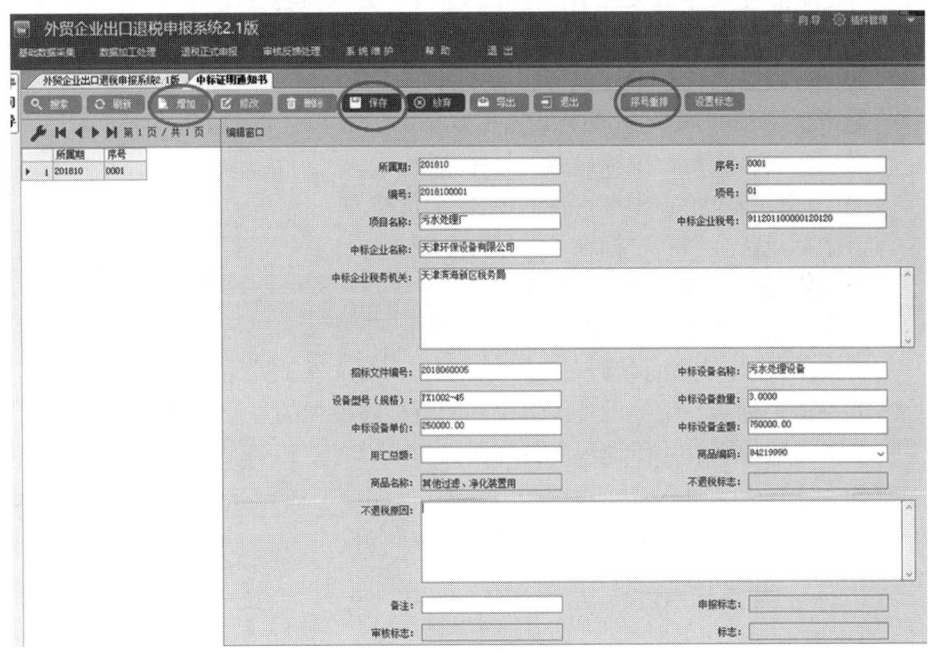

图2-196

第二步，在打开的窗口中，点击工具栏的"增加"或"修改"按钮，使窗口表格处于可编辑状态，以便对表格进行增加或修改操作。

第三步，根据招标项目的有关资料，对窗口各栏目进行录入，录入完毕，点击工具栏的"保存"按钮，完成录入操作。

第四步，点击工具栏的"设置标志"按钮，添加申报标志。如果录入的记录不止一条，最好点击工具栏的"序号重排"按钮，系统将对录入的所有记录进行排序，以免发生序号错误的情况。

下面详细介绍表格录入方法。

①所属期：申报所属的年月，由四位年份和两位月份组成，如201811、201812等。

②序号：通知书的四位序号，如0001、0002等。

③编号：通知书的编号，由所属期加四位流水号组成，如2018110001、2018110002等。

④项号：同一通知书上的记录顺序标志，如01、02等。

⑤项目名称：中标项目的名称。

⑥中标企业税号：中标企业的纳税识别号或统一社会信用代码。

⑦中标企业名称：中标企业的全称。

⑧中标企业税务机关：中标企业的主管税务机关名称。

⑨招标文件编号：招标机构发布的招标文件编号。

⑩中标设备名称：中标设备的具体名称。

⑪申报型号（规格）：中标设备的规格、型号。

⑫中标设备数量：中标设备的具体数量。

⑬中标设备单价：中标设备的单台/套价格。

⑭中标设备金额：中标设备的累计金额。

⑮用汇总额：进口设备的使用外汇总额。

⑯商品编码：中标设备的海关商品编码。

⑰商品名称：与商品编码对应的商品名称，由系统根据商品编码自动录入。

⑱不退税标志：中标设备经退税部门审核后添加的不予退税的标志。

⑲不退税原因：不予退税的具体原因。

⑳备注：无须录入。

㉑申报标志、审核标志、标志：无须录入。

（三）打印单证申请表

企业在出口退税申报系统录入完需要办理或补办的单证及证明后，需要携带电子申请表和纸质申请表及其他需要的资料（无纸化后不需提供的资料除外）去退税部门办理，所以需要企业把有关单证或证明申请表打印出来。打印过程是通过打印单证申请表菜单来完成的。打印的申报表必须是经过

第二章 外贸企业出口退税申报系统的操作经验与技巧

"设置标志"后的申报表，打印没有添加标志的申报表时系统会提示"当前没有可打印数据"。

单证打印的操作过程很简单，操作步骤如下。

第一步在，"向导"窗口，依次点击"单证申报向导"—"打印单证申请表"—"打印单证申报报表"菜单，打开单证列表窗口，如图2-197所示。

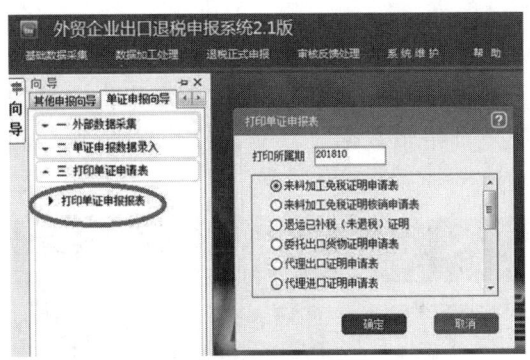

图2-197

第二步，选择需要打印的单证申请表，然后点击"确定"按钮，打开申请表打印预览窗口（这里以打印委托出口货物证明为例），如图2-198所示。

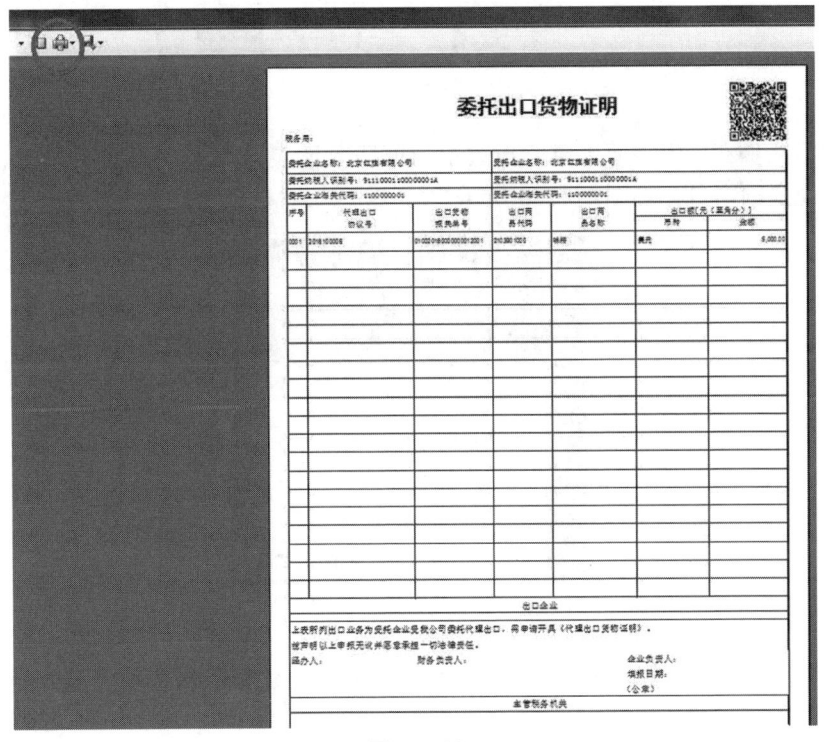

图2-198

第三步,点击预览窗口上面的打印机图标,完成打印。

(四)生成单证申报数据

企业在系统中录入完需要申报的单证申请表并打印出纸质表格后,还需要提供电子申请数据。生成单证申报数据就是把单证申请的电子数据保存到移动存储工具中的过程。

生成单证申报数据菜单操作步骤如下。

第一步,在"向导"窗口,依次点击"单证申报向导"—"生成单证申报数据"—"生成单证申报数据"菜单,打开单证列表窗口,如图 2-199 所示。

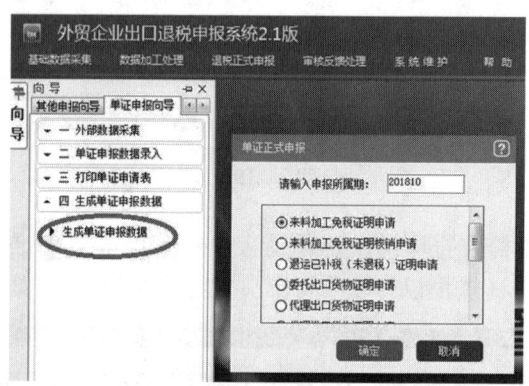

图 2-199

第二步,选中需要生成申报数据的单证申请表,点击"确定"按钮,系统出现提示窗口,如图 2-200 所示。

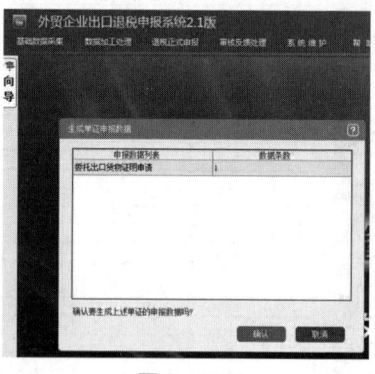

图 2-200

第三步,点击提示窗口的"确认"按钮,系统显示保存路径选择窗口,如图 2-201 所示。

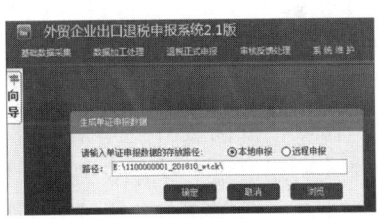

图 2-201

第四步，如果选择"本地申报"，点击"浏览"按钮，选择申报数据保存路径，然后点击"确定"按钮，最后生成申报数据，也可以选择"远程申报"，前提是在参数设置中设置了远程申报。选择"远程申报"后，在路径栏将显示已设置的远程申报网址，然后点击"确定"按钮，生成申报数据。

（五）审核反馈信息处理

审核反馈信息处理是指企业把录入出口退税申报系统的单证信息上报至退税部门审核后，对退税部门反馈的审核信息在系统中进行读入与处理的操作过程。企业录入系统的单证信息，与退税申报数据一样，需要先经退税部门审核，审核后再读入企业的出口退税申报系统进行反馈处理。如果有需要修改数据的疑点，则根据审核疑点对单证数据加以修改，无误后再次进行申报和反馈处理。

审核反馈信息处理菜单包括三个子菜单："读入税务机关反馈信息""单证疑点信息查询""单证申报反馈信息处理"，如图 2-202 所示。

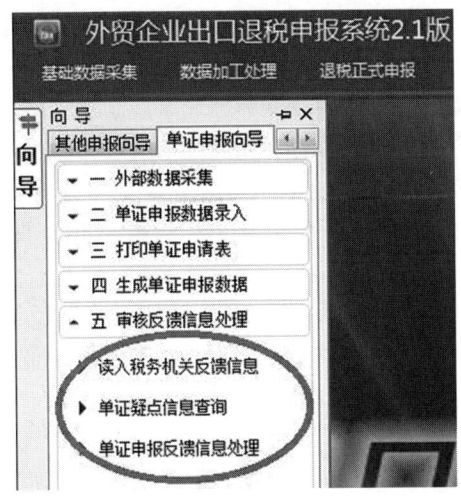

图 2-202

下面分别介绍三个子菜单的操作方法。

1. 读入税务机关反馈信息

读入税务机关反馈信息是指企业申报的单证信息经退税部门审核后读入企业出口退税申报系统的操作过程，操作步骤如下。

第一步，在"向导"窗口，依次点击"单证申报向导"—"审核反馈信息处理"—"读入税务机关反馈信息"菜单，打开操作窗口。

第二步，在打开的窗口中，根据税务机关审核反馈文件的存放路径，双击审核压缩文件夹，或选择审核压缩文件，然后点击"打开"按钮，预审信息将被读入出口退税申报系统中，如图2-203所示。

图2-203

2. 单证疑点信息查询

单证疑点信息查询是指企业把退税部门的审核信息读入出口退税申报系统后，以审核的申报数据替换原录入的申报数据后，对审核结果进行查询的过程。审核信息读入系统后，首先要查看和分析预审疑点，看申报信息是否有需要修改的地方。如果经分析认为疑点可以忽略，可直接进行审核信息处理，如果对审核疑点分析后认为需要对申报数据进行修改，则先修改申报数据，然后重新对申报数据进行申报审核。

单证疑点信息查询菜单的操作步骤如下。

第一步，在"向导"窗口，依次点击"单证申报向导"—"审核反馈信息处理"—"单证疑点信息查询"菜单，打开疑点查询窗口，如图2-204所示。

第二步，点击工具栏的"反馈处理"按钮，查看反馈疑点。如果窗口显示有疑点，需要分析疑点是否对申报有影响。如果企业认为对申报有影响，需要根据疑点提示的错误，回到单证录入窗口进行修改，然后再申报。

3. 单证申报反馈信息处理

单证申报反馈信息处理是指企业对退税部门审核后的申报单证在出口退税

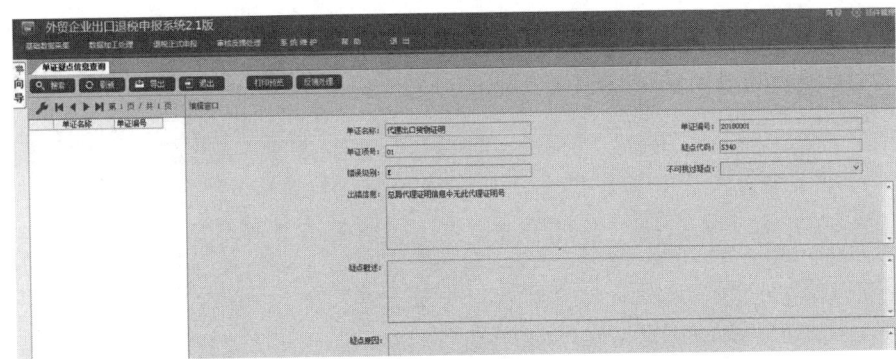

图 2-204

申报系统中进行处理的操作过程。企业进行单证申报并经退税部门审核无误后,通过单证申报反馈信息处理菜单进行处理,就完成了单证申报的全部过程。操作时直接点击菜单即可,无须进行其他操作,在这里就不多做说明了。

(六) 撤销单证申报数据

撤销单证申报数据是指企业对录入的单证进行申报后,因故需要在出口退税申报系统撤销申报的操作过程。撤销申报数据的目的一般都是因为企业在申报后发现数据录入错误,需要对数据进行修改,然后再重新申报。

需要说明的是,这里的"撤销"不是撤销已经录入的数据,而是撤销单证的申报标志。如果不撤销申报标志,已经申报的数据是不能修改的。一旦撤销了申报数据,则申报表就回到了未申报状态,也就是说回到了"单证申报数据录入"那一步。如果重新生成申报数据,需要在"单证申报数据录入"菜单里打开已经撤销申报的单证,里面的数据不用再录入,但需要点击窗口工具栏的"设置标志"按钮,然后再到"生成单证申报数据"菜单里,选择已经撤销的单证,重新生成单证申报数据,当然还需要再次进行单证申报。

撤销单证申报数据菜单的操作很简单,现在以撤销代理出口货物证明申请为例来说明操作步骤。

第一步,在"向导"窗口,依次点击"单证申报向导"—"撤销单证申报数据"—"代理出口货物证明申请"菜单,打开操作窗口,如图 2-205 所示。

第二步,在左侧的索引窗口选中需要撤销的单证,然后点击工具栏的"撤销申报"按钮,则窗口各栏的数据全部消失,完成申报撤销。

其他单证数据撤销的方法与代理出口货物证明申请的撤销申报方法完全一样,撤销时请参照撤销代理出口货物证明申请的操作步骤。

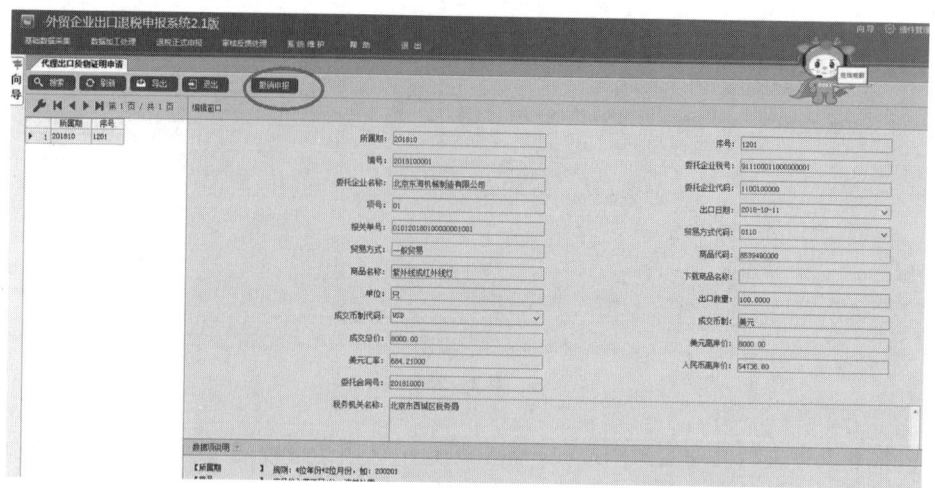

图 2-205

第三节 系统操作中经常遇到的问题

我们在使用出口退税申报系统的时候,会不可避免地遇到一些问题,尤其是外贸会计新手,往往会遇到许多想不到的问题。这些问题有些是我们操作过程中的问题,有些是因为系统升级造成的。遇到这些问题时,有些操作人员往往会不知所措。其实现在网络已经深入生活和工作的每一个角落,与会计同行的交流渠道变得越来越多,如网上查询、微信交流、微博交流、QQ交流等,只要虚心请教,一般问题都能够顺利得到解决。下面就列举一些我们在出口退税申报系统操作过程中经常遇到或应注意的问题及其解决办法。

问题一:系统遇到问题不能再使用,又没有做数据备份,如何在新系统中导入原系统的申报数据?

任何电子系统,都有可能遇到崩溃的情况,出口退税申报系统也是如此,所以企业及时做好数据备份是非常必要的。当然对于出口退税申报系统来说,即使企业没有做好数据备份,只要原来的系统没有被卸载,还是有办法解决问题的。首先,找到原出口退税申报系统的安装盘,打开系统文件后找到"Jsdotnet.db"文件并复制该文件,然后再找到新安装的出口退税申报系统的安装盘和系统文件,用复制的"Jsdotnet.db"文件覆盖新系统的同名文件,原系统的申报数据就被复制到了新系统中。如果原出口退税申报系统已经被卸载或删除,企业可以从退税部门拷贝数据后再读入企业的系统中。

问题二：报关单读入出口退税申报系统时，提示文件格式错误或出现乱码怎么办？

出现这种问题的原因一般是企业在电子口岸系统下载报关单文件过程中出现了错误，重新下载报关单文件一般可以解决问题。

问题三：一张报关单中有多条出口记录，在出口退税申报系统中如何录入？

在第二章我们已经详细介绍了录入步骤，就是在报关单号后面加上"0"再加项号后分别录入。例如，报关单中有三笔出口记录，录入时就在单号后面分别加上001、002、003。

问题四：一张报关单对应多张进货增值税发票，在出口退税申报系统中如何录入？

企业出口货物时，有时货物分批购进、分批开票，但出口时是以一张报关单报关出口。遇到这种情况，首先录入出口明细申报表，然后再录入进货明细申报表。录入进货明细申报表时，要保证同一关联号项下的出口数量与进货数量的一致性。

问题五：如果进货增值税发票与申报系统的计量单位不一致，进货明细申报表如何录入？

遇到两者不一致的情况，应以申报系统的计量单位为准。企业在出口货物报关时，报关单上一般都有第一和第二计量单位，按报关单上的计量单位折算方法把进货增值税发票的计量单位换算成申报系统的计量单位即可。

问题六：录入出口货物明细申报表后，为何退税率与退税额等都没有显示？

在录入出口货物明细申报表后，还需录入进货明细申报表，然后找到进货出口数量关联检查菜单并点击它，有关数据就会在相关报表中显示出来。

问题七：申报数据录入完毕生成申报数据时，为何系统提示没有需要申报的数据？

有关报表的申报数据录入完毕后，需要点击工具栏的"审核认可"按钮，才能生成申报数据。

问题八：生成申报数据后发现错误，如何撤销申报数据？

申报数据生成以后，是无法直接撤销的。如果发现数据录入错误想撤销申报数据并对其进行修改，需要先到审核反馈处理菜单下的已申报出口明细申报数据查询、已申报进货明细申报数据查询等子菜单中，点击工具栏的"转待申报"按钮，把申报数据转为待申报数据，然后再到申报录入窗口对申报数据进行修改。

问题九：申报数据审核后，根据审核反馈结果对申报数据进行了修改，是否需要重新进行申报？

如果确认修改无误，可以不进行再次申报，直接生成正式申报数据即可。但如果为了保证申报数据的正确性而再次进行申报，就需要先删除已生成的审核数据，再重新生成审核数据，否则审核时系统将提示错误。

问题十：退税部门审核反馈的汇总表中，为什么前期或本期收齐单证的销售额没有数据或与申报系统录入的销售额不一致？

这是因为企业所做收齐单证申报的出口货物销售额，在退税部门还没有电子信息，就是单证齐全但信息不齐。由于单证收齐的期限是次年的4月30日，企业可以等到出口单证信息齐全后，再进行申报。

问题十一：系统导入备份数据后，为何所有数据都是重复的？

这是导入时没有清空原有数据库文件造成的。在做备份数据导入时，一定要选择"导入前清空数据库"按钮。

问题十二：系统提示"找不到变量""找不到DLL文件""OLE错误"等问题，如何解决？

遇到这种情况，主要是系统缺少某些文件或系统某些文件损坏造成的。如果系统缺少某些文件，企业可以到退税咨询网上下载系统补丁。如果是系统文件损坏，可以从其他电脑的出口退税申报系统复制相同文件覆盖安装即可。最彻底的解决方法就是把原系统申报数据做好备份，然后重新下载最新系统，把备份数据导入新系统中，这样问题就彻底解决了。

问题十三：打印报表时为何系统提示所属期没有可打印数据？

出现这种情况，一种原因是因为当前所属期与申报日期不一致造成的。登录系统时以申报日期登录或在打印窗口把打印所属期修改为申报日期可解决问题。另一种原因是因为录入申报数据后，没有添加标志。在录入窗口点击"设置标志"后，即可打印。

问题十四：打印报表时系统提示"页标头过大，不能放入页中"是怎么回事？

这是因为打印时设置的纸张大小与打印机不匹配造成的。例如将只能打印A4纸的打印机设置成打印A3纸等，就会出现这样的提示。有以下两种解决方法：一是打印时选择EXCEL打印，把报表打印在A4纸上；二是如果退税部门要求将报表打印在更大的纸张上，只能把打印机换成宽行打印机。

第三章

电子口岸执法系统的操作经验与技巧

第一节　系统介绍

电子口岸执法系统是企业办理进出口业务所使用的一个电子系统，也是企业办理出口退税业务的一个网络平台。中国电子口岸执法系统是海关总署等国务院12个部委以互联网为平台联合共建的公共数据中心，它是运用现代信息技术，借助国家电信公网资源，将国家各行政管理机关分别管理的进出口业务信息流、资金流、货物流电子底账数据集中存放到公共数据中心，在统一、安全、高效的计算机物理平台上实现数据共享和数据交换。各国家行政管理部门可进行跨部门、跨行业的联网数据核查，企业可以在网上办理各种进出口业务。

电子口岸执法系统是1998年开始，在国家12个部委的共同努力下建设的工程，并自2003年开始在全国进出口企业间全面推广应用。电子口岸执法系统把政府有关部门与进出口企业通过互联网联系起来，对进出口业务的发展和进出口企业的壮大起到了极大的推动作用：一方面，电子口岸执法系统把海关、外汇管理局、外贸管理部门、银行、税务局等部门与进出口有关的数据集中起来，实行了跨部门的信息共享，加强了政府管理部门之间、政府部门与企业之间的互相监督，提高了政府部门的办事效率，对企业走私活动、偷税漏税、骗汇骗税等违法活动起到了彻底的抑制作用；另一方面，企业可以通过系统在互联网上办理单证申领和报送、数据查询等进出口业务，节省了时间，节约了成本，提高了效率，加快了企业办理出口退税业务的速度。

电子口岸执法系统自开始使用到现在，已经经历了十几年的发展历程。随着国家外贸政策的不断变化，电子口岸执法系统的功能也随之不断更新。

自2012年8月1日起，根据外汇制度改革的规定，国家税务总局废除了出口收汇核销单，取消了收汇核销制度，以新的货物贸易外汇监测系统代替原来的收汇核销系统。这一变化的结果，就是电子口岸的"出口收汇"子系统的菜单功能基本都失效了。它的一些功能转移到了货物贸易外汇监测系统中，而有些功能则被停用，自身只保留了很少的功能。这就大大降低了电子口岸的作用。

自2012年8月1日起，海关总署在部分地区试行无纸化报关政策，企业在出口货物时，不必再提供纸质报关单，这大大提高了企业的报关效率。自2013年5月1日起，无纸化报关试点工作进一步扩大，到2014年4月1日，已在全国各海关全面实现了出口业务无纸化报关。无纸化报关政策实行后，企业可以通过电子口岸查询出口货物的结关情况。由于企业没有了纸质报关单及出口退税专用联，企业可以在电子口岸执法系统里进行打印。

自 2015 年 5 月 1 日起，国家税务总局在企业出口退税工作中也开始实行无纸化试点工作。试点地区的出口企业在办理出口退税时，不用再提交出口报关单退税专用联。有关出口报关单的信息由海关直接传输至国家税务总局，不再需要出口企业在电子口岸执法系统提交。这一政策的实行，又为企业的出口退税工作简化了办理手续，加快了企业的退税进程。

从以上政策的变化可以看出，电子口岸执法系统的功能越来越少，其重要性也大不如前，但它还是企业办理出口退税业务不可缺少的电子系统之一。

第二节　系统的安装及系统功能介绍

一、系统安装前的准备工作

电子口岸执法系统的发展过程也是不断完善和更新的过程。电子口岸执法系统软件由最早的 1.1 版本发展到 2015 年的 4.3.5 版本。

企业要安装电子口岸执法系统，首先要在取得外贸进出口权后向海关申请购买电子口岸执法系统软件。企业付款并经省级电子口岸数据分中心批准之后，可以领购到两张安装光盘、数张操作电子口岸执法系统使用的 IC 卡、一个读卡器。两张光盘中的大光盘里是电子口岸客户端安装程序，小光盘里是读卡器控件驱动程序。这里所说的企业不包括 IKEY 用户。

读卡器是企业读 IC 卡的专用工具。早期的读卡器与电脑相连时，用的是串行接口。新的读卡器是通过 USB 接口与电脑连接，老的读卡器使用起来更方便。如果不使用光盘安装读卡器驱动程序，企业也可以到电子口岸主页上下载驱动程序。但 EP900 读卡器以后的型号都不再需要安装驱动了。

IC 卡包括法人卡和操作员卡。法人卡是操作一些管理功能时使用的，如用来给操作员卡授权、办理延期登记手续，以及通关无纸化签约等。虽然它的权限在操作员卡之上，却没有操作员卡的功能。操作员卡是办理电子口岸业务用的，诸如原来所做的核销单的申领、向外汇管理局报送核销单数据、向外汇管理局报送报关单数据、查询报关单数据等。当然以后这些大都不需要操作了，因为核销单已经取消了，出口通关也推行无纸化了，企业出口退税也实行无纸化操作，企业的出口报关单数据由海关直接传输至国家税务总局，企业也不再需要报送数据了。企业以后要做的就是报关单的查询与下载等工作。

每一个公司的法人卡只有一张，而操作员卡可以有多张，这是根据企业的业务量和工作需要决定的。如果企业业务种类较多，则可办理多种操作员卡，如进口业务操作员卡、出口业务操作员卡、收汇核销操作员卡等。如果企业业务量较大，每种IC卡也可以办理多张。当然如果企业只做一种业务，而且业务量较小，办理一张法人卡和一张出口业务操作员卡即可。

随着读卡器的更新，IC卡也在发生着变化。老式IC卡的卡号是以0开头的13位数字，现在的IC卡，卡号都是以8开头的13位数字。

电子口岸IC卡的数字证书有效期是2年，2年期满需要对IC卡数据证书进行更新，也就是我们通称的年检。如果IC卡的数字证书快要到期，系统会提示企业进行更新。在登录电子口岸执法系统后，系统将在证书到期之前的两个月开始，以文字的方式在操作窗口的下方提示用户证书的到期日。用户应在到期之前，持IC卡、持卡人身份证复印件及企业代码证等有关证明资料到主管海关（购卡时制卡的海关）的制卡数据分中心办理数字证书更新手续。可能各地更新证书所需要的资料不完全一样，具体要求请咨询本地的制卡数据中心。如果企业自己不知道如何办理证书更新或者因路途较远不想自己去，也可以委托报关代理企业代为有偿办理，委托其他企业代理办理需要支付代理企业一定的费用。

证书更新后的密码会恢复为初始密码，即八个"8"。用户回到本企业后，需要进入电子口岸执法系统中重新修改密码再使用。如果IC卡过期，企业登录后，系统会提示"验证用户证书出错"，企业将不能对系统进行任何操作，因此企业应该在数字证书到期前办理年检，以免影响正常的退税工作。

使用IC卡登录电子口岸执法系统时，如果连续三次或累计五次密码输入错误，IC卡会被锁定，用户需持被锁定的IC卡、操作员身份证和企业证明等到制卡海关的数据分中心办理解锁手续。解锁后登录密码也会恢复为初始密码，用户也需进入电子口岸系统将密码修改后，再次登录电子口岸系统才能进行业务操作。解锁也可以委托其他报关企业代为有偿办理。

有少数企业是IKEY用户，这些企业不使用IC卡和读卡器，只有一个类似U盘的东西，其功能与IC卡是相同的，直接插在电脑上就可使用。因大部分企业都使用IC卡，所以我们就以IC卡用户为例，来说明电子口岸执法系统的操作。

二、系统软件的安装

（一）安装盘的安装操作

把安装光盘放入电脑的光驱，运行 setup.exe 文件，系统开始初始化。初始化完成后，电脑开始安装系统。

系统的安装过程与其他软件的安装过程是一样的，非常简单，我们只需按提示操作即可。安装步骤在这里就不再做详细介绍，但在系统安装过程中有几点需要注意：

一是在"安装类型"窗口选择安装类型时，一般选择"完全"；

二是在"请选择用户类型"窗口，一般选择"IC 卡用户"，IKEY 用户企业除外；

三是在"根证书存储"窗口，选择"是"。

系统安装完成后，企业需重启电脑才能使系统生效。电脑重启后，电子口岸执法系统的快捷图标将显示在电脑桌面上，双击即可登录。

（二）读卡器控件及驱动程序的安装操作

系统安装完成后，老版本的读卡器还要安装读卡器控件和驱动程序，否则系统还是不能操作。只有 EP900 版本以后的读卡器才可以免安装。

安装时，关闭所有运行的程序，把读卡器自带的小光盘放入光驱，会显示两个文件，如图 3-1 所示。双击光盘驱动器上的"企业控件安装程序"，系统就会开始安装读卡器控件。

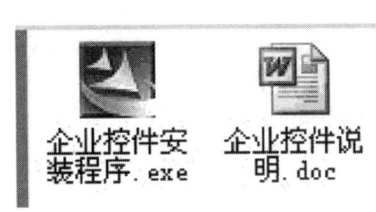

图 3-1

在"应用界面选择"窗口，选择"中国电子口岸—首页"，如图 3-2 所示。电脑提示控件安装完成后，会自动继续进行浏览器版程序的安装。浏览器版程序安装结束后，系统自动安装读卡器驱动程序。安装路径不要人为选择，默认即可。

系统提示安装完成后，点击"完成"，结束全部安装。

如果企业不想用光盘安装，也可以从电子口岸官方主页上下载读卡器

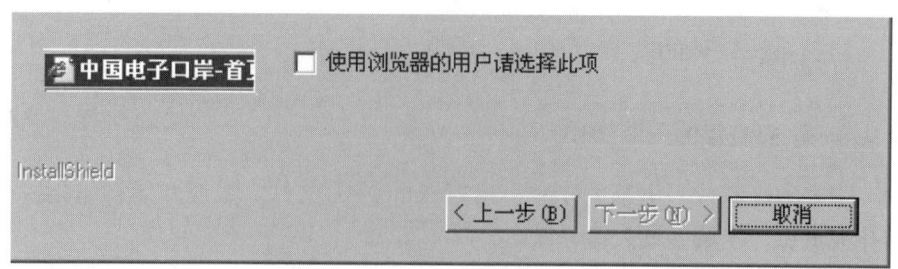

图 3-2

驱动程序。但网上下载驱动程序只限于 EP600 以后至 EP900 以前的型号。EP600 之前型号的读卡器只能用光盘安装驱动程序，而 EP900 以后型号的读卡器已不用安装驱动程序了。

下载读卡器驱动程序的步骤，在电子口岸主页窗口中间的位置，点击"下载中心"模块，然后在"程序下载"列表中找到需要的型号的驱动程序，如图 3-3 所示，下载安装即可。安装方法与光盘基本一样，这里不再重复叙述。

图 3-3

小贴士

在读卡器控件和驱动程序安装完成之前，不要把读卡器与电脑连接，安装完成后再连接。

(三) 读卡器测试

读卡器控件安装完成后，安装程序会在桌面自动生成测试工具的快捷方式—电子口岸卡测试工具。把读卡器与电脑连接好后，把 IC 卡插入读卡器，然后点击测试图标，启动电子口岸卡测试工具，如图 3-4 所示。在命令栏输入智能卡口令，默认口令为八个"8"，然后点击"开始测试"。

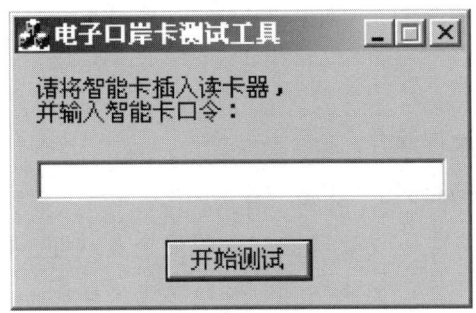

图 3-4

测试完成后，如果 IC 卡工作正常，系统会提示"测试完成，智能卡工作正常"，如图 3-5 所示，点击"确定"，结束测试。

图 3-5

如果测试失败，系统会显示相应的错误代码，用户需要卸载已安装的驱动程序后重新安装。

三、系统功能

电子口岸执法系统的早期版本包含二十多个子系统，随着国家对进出口政策的不断调整，电子口岸的功能也不断精简，现在只剩下十多个子系统在使用。原来进出口企业使用最多的，也是必须使用的是出口收汇和出口退税两个子系统，如今出口收汇子系统已被淘汰，现在企业离不开的子系统只有出口退税了。但出口退税子系统原来的许多功能也都消失了。2015年更新后的电子口岸出口退税子系统,变成了出口退税联网核查系统,其作用也只有报关单结关信息的查询和下载,而数据报送等功能也随出口退税无纸化而取消。

第三节　出口退税子系统的操作

一、系统操作流程简介

第一步,通关无纸化网上签约、解约。

虽然无纸化报关这一政策自推广后深受企业欢迎,但并不是所有企业都可以进行无纸化报关,企业只有与海关及电子口岸签约之后,才可以无纸化报关。通关无纸化网上签约就是完成这个协议的操作过程。

第二步,系统登录。

企业成功安装电子口岸执法系统后,需要用IC卡登录系统才能进行系统操作。

第三步,修改登录密码。

企业登录系统后,为了系统的安全,需要把系统默认的登录密码修改为操作员自己的登录密码。

第四步,进入出口退税子系统。

前文我们说过,现在电子口岸的作用,基本就是查询、下载出口报关单结关信息。只有进入出口退税子系统后,才能进行报关单的查询、下载操作。

第五步,查询、下载出口报关单。

进入出口退税子系统后,就可以根据录入的查询条件查询或下载出口报关单、启运港退税报关单等。

下面我们按上面的操作流程来详细介绍电子口岸执法系统的操作。

二、通关无纸化网上签约、解约

(一)通关无纸化网上签约

在电子口岸主页上,有专门的通关无纸化网上签约系统,如图3-6所示。企业可以通过此系统来完成通关无纸化网上签约的工作。

下面介绍签约的操作步骤。

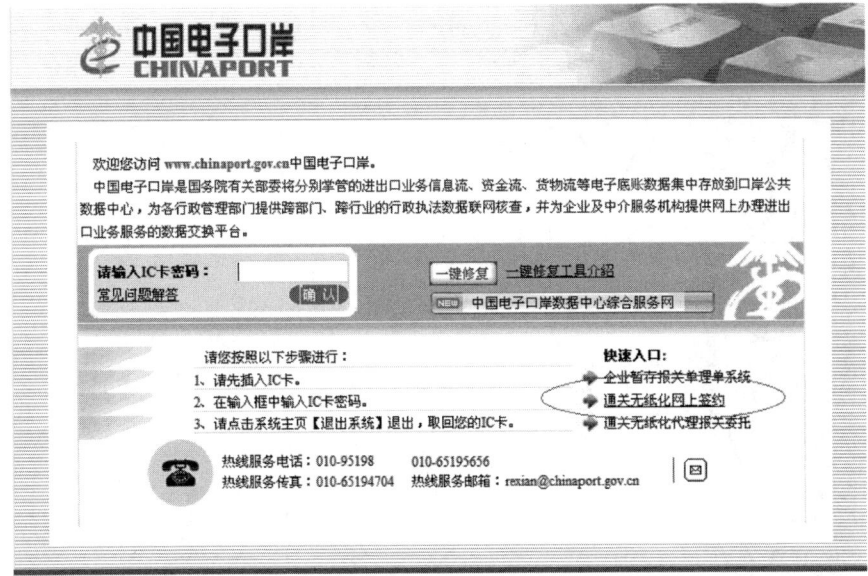

图 3-6

第一步，将读卡器与电脑主机连接，把法人 IC 卡插入读卡器中。必须使用法人卡登录，否则不能进行签约操作。

第二步，在电子口岸主页，点击"通关无纸化网上签约"按钮，进入签约登录窗口，如图 3-7 所示。

图 3-7

第三步,在密码框中输入 IC 卡密码,然后点击"确定",登录通关无纸化签约系统主窗口,如图 3-8 所示。

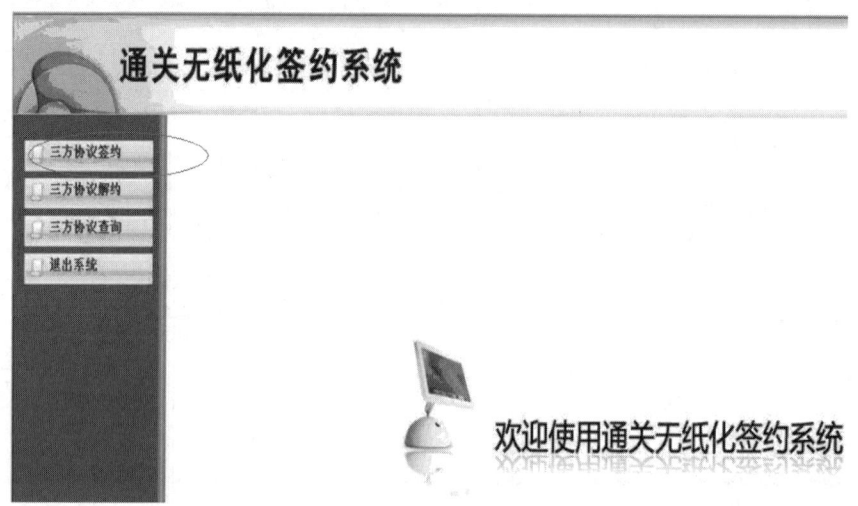

图 3-8

第四步,点击窗口左侧的"三方协议签约"菜单,然后点击"欢迎使用通关无纸化签约系统"按钮,进入"三方协议签约"窗口。

第五步,在窗口中勾选需要签约的海关,先阅读"海关无纸通关操作规程",然后点击窗口右下角的"同意"按钮,之后再点击窗口下方的"签约"按钮,如图 3-9 所示。

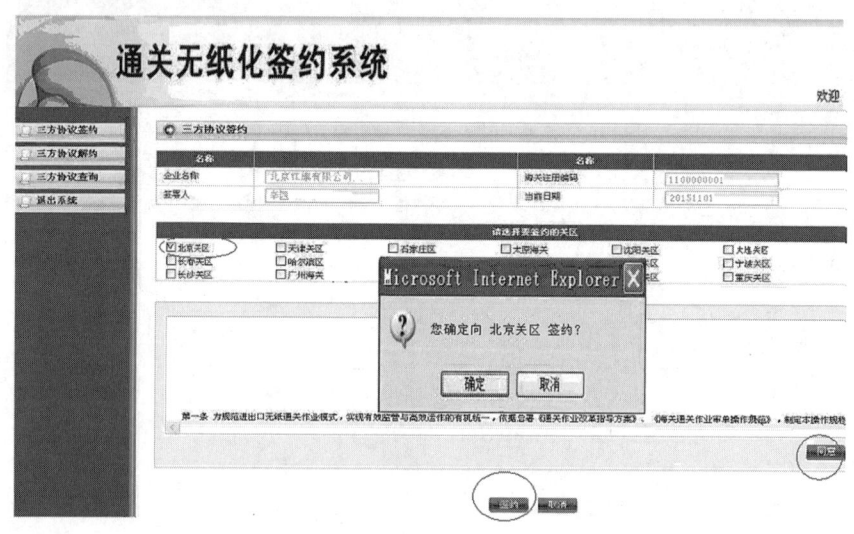

图 3-9

第六步，系统提示签约成功，如图 3-10 所示。等待海关审核通过后，三方协议才能生效。

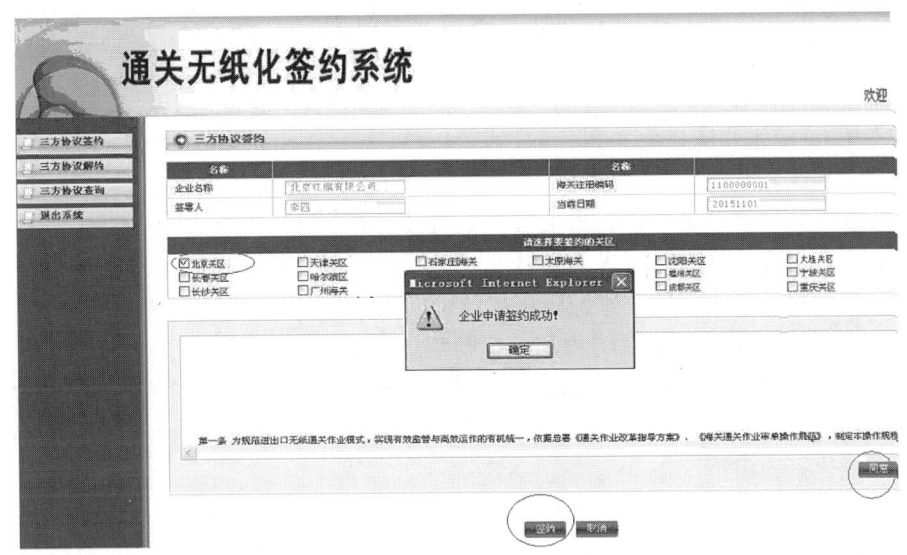

图 3-10

第七步，点击"通关无纸化签约系统"左侧窗口的"三方协议查询"菜单，可以查看签约状态，如图 3-11 所示。

图 3-11

（二）通关无纸化解约

企业与海关签订通关作业无纸化协议后，双方也可以解除签约。企业如果认为协议已经失去了作用，可以随时无条件解除协议，而海关则不能随便解除协议。只有符合下列条件时，海关才能取消企业适用通关无纸化模式的资格：

①构成走私犯罪或走私行为的；

②有罚款超过人民币 3 万元的违反海关监管规定行为的；

③企业管理类别向下调整后不符合海关要求的；

④进出口货物通关作业无纸化放行后,未按照海关规定提交报关单证或发送随附单证电子数据不及时、不完整的;

⑤未依法设置、编制、保存有关簿记、资料或者记录不真实、管理混乱的;

⑥内部管理混乱,致使报关专用 IC 卡被滥用、出借、冒用的,或遗失报关专用 IC 卡未立即向海关报告的;

⑦多次发生报关重大差错的;

⑧拖欠税款或者不履行海关行政处罚决定的;

⑨有警告或罚款在人民币 3 万元以下的违反海关监管规定行为的;

⑩有其他影响海关正常监管事项的。

对因以上前三项原因解约的,自解约之日起一年内,企业将没有资格再次提出通关作业无纸化的申请;对于因上述④—⑩项原因解除签约的,企业在海关规定的期限内完成整改并达到海关要求的,海关允许企业重新办理通关无纸化签约申请。

通关作业无纸化协议解除步骤如下。

第一步,像签约操作一样,以法人 IC 卡登录通关无纸化签约系统,窗口左侧索引窗口有"三方协议解约"菜单,如图 3-12 所示。

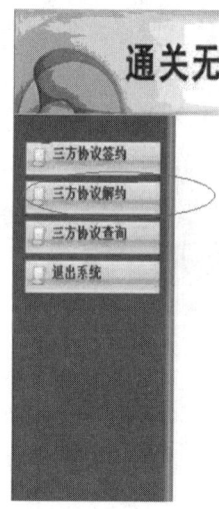

图 3-12

第二步,点击"三方协议解约"菜单,则已签订无纸化通关协议的海关显示在窗口中,如图 3-13 所示。

第三步,勾选需要解约的关区或海关,然后点击"解约"按钮,系统进入询问窗口,如图 3-14 所示。

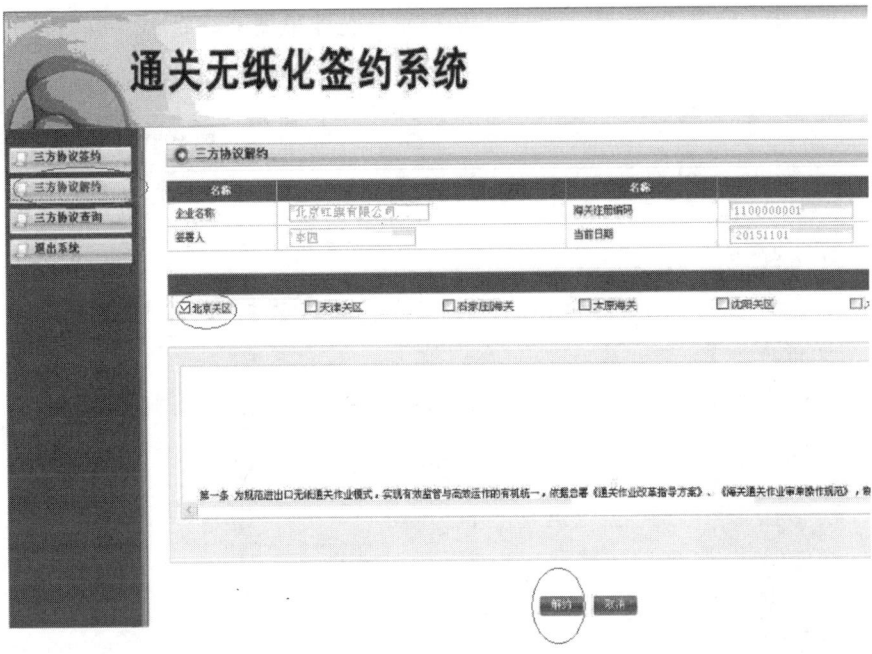

图 3-13

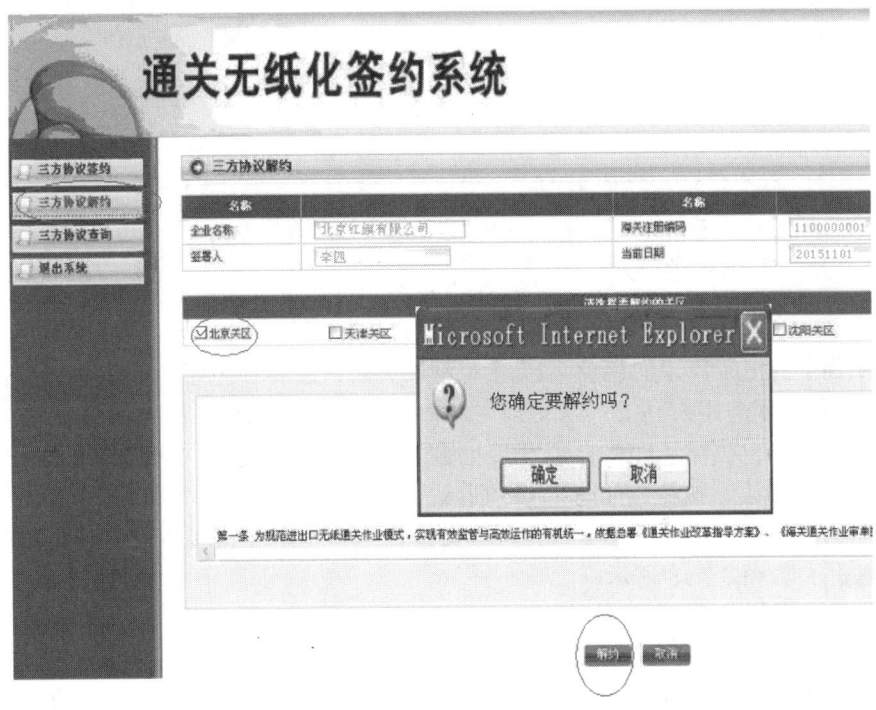

图 3-14

第四步，点击"确定"按钮，系统提示"企业申请解约成功"，如图 3 – 15 所示。

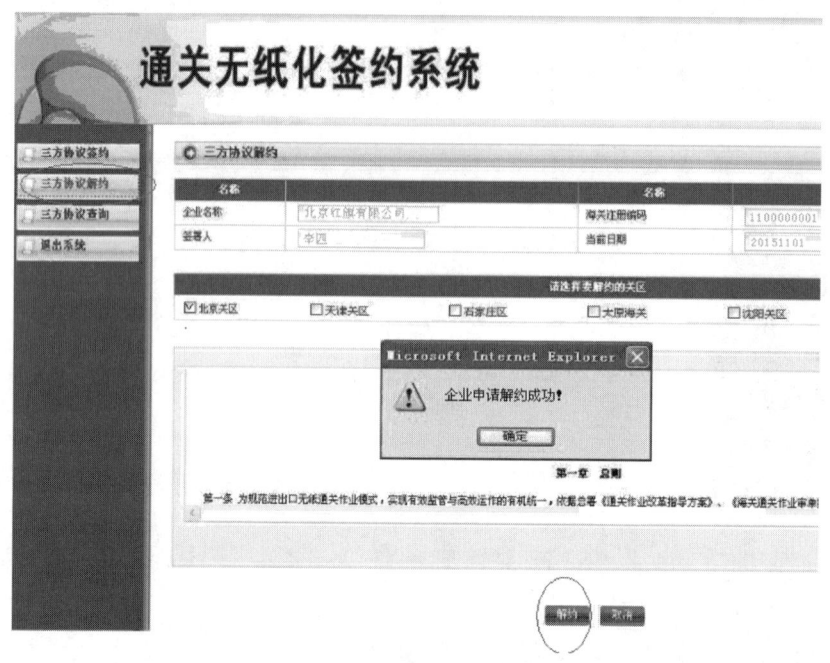

图 3 – 15

三、系统登录、密码修改

（一）系统登录

第一步，登录电子口岸执法系统很简单，把操作员 IC 卡插入读卡器，点击桌面上的电子口岸图标就可以进入登录页面，或者在电子口岸主页，点击"安全技术服务用户登录"，如图 3 – 16 所示，也可进入登录页面。

第二步，在登录页面的 IC 卡密码输入栏中输入系统默认的登录密码，然后点击"确认"按钮，如图 3 – 17 所示，即可进入系统操作窗口。

第三步，在系统操作窗口，可以修改口令，也可点击子系统按钮进行其他操作，如图 3 – 18 所示。

（二）密码修改

在系统的操作窗口的左侧，有修改密码的专用小窗口。在"输入旧口令"

第三章 电子口岸执法系统的操作经验与技巧

图 3-16

图 3-17

栏输入第一次进入系统时系统默认的登录密码，在两个"输入新口令"栏里连续输入修改后的登录密码，然后点击"确认"按钮，密码修改生效。密码修改后重新登录系统，即可进行系统操作。

图 3-18

四、出口退税子系统的操作

出口退税子系统即出口退税联网核查系统，是企业出口货物后使用的系统。企业操作人员修改密码并重新登录系统后，点击"出口退税"子系统，即进入"出口退税联网核查系统"窗口。如图3-19所示，窗口左上角有三个模块：主页、报关单查询下载、操作手册，企业根据需要点击相应模块即可。

图 3-19

主页就是图3-19所示的页面，报关单查询下载模块是最主要的模块。下面我们详细介绍报关单查询下载和操作手册这两个模块的具体操作。

(一)报关单查询下载

报关单查询下载是企业对出口货物报关单结关信息进行查询和下载的操作过程。企业发生出口业务后,如果想要了解出口货物的结关情况,可以通过电子口岸执法系统进行查询。如果需要保存报关单数据备查或者需要在出口退税申报系统里导入出口报关单数据,可以下载电子数据或打印纸质单证。

报关单查询包括结关报关单、启运港退税报关单、报关单退税联三个查询模块。由于自 2015 年 5 月 1 日后,我国对出口企业实行无纸化退税申报的新政策,企业在退税申报时不再需要提供出口报关单退税联,报关单退税联模块就失去了作用。启运港退税报关单是特殊地区的特殊企业用来查询、下载报关单的模块,一般企业不使用它。结关报关单的查询与下载才是大多数企业必须使用的。因此我们主要介绍结关报关单的查询与下载,对启运港退税报关单与报关单退税联两个模块,我们只做简单说明。

报关单下载有两种方式:一是在报关单查询窗口下载,这里下载的数据是符合下载条件的所有报关单的数据;二是在报关单明细内容窗口下载,这里下载的是打开的报关单的数据。企业可根据具体需要来决定采用哪种方式下载。

下面介绍报关单查询下载模块的操作方法。

1. 结关报关单查询下载

(1)结关报关单查询

第一步,在出口退税联网核查系统窗口,点击窗口左上角的"报关单查询下载"按钮,系统将显示查询窗口,如图 3-20 所示。

图 3-20

第二步,在窗口中有三个查询选项:结关报关单、启运港退税报关单、报关单退税联。查询时要先选中报关单选项，在查询条件栏录入需要查询的报关单号或查询日期，然后点击"查询"按钮，则符合条件的报关单记录将以列表形式显示在窗口中。我们以查询"结关报关单"为例来说明其查询的具体操作，如图 3-21 所示。

图 3-21

第三步，点击报关单号，可以打开报关单查看报关单的详细内容。点击"报关单表头详情"按钮，可以查看报关单表头的详细内容，如图 3-22 所示。

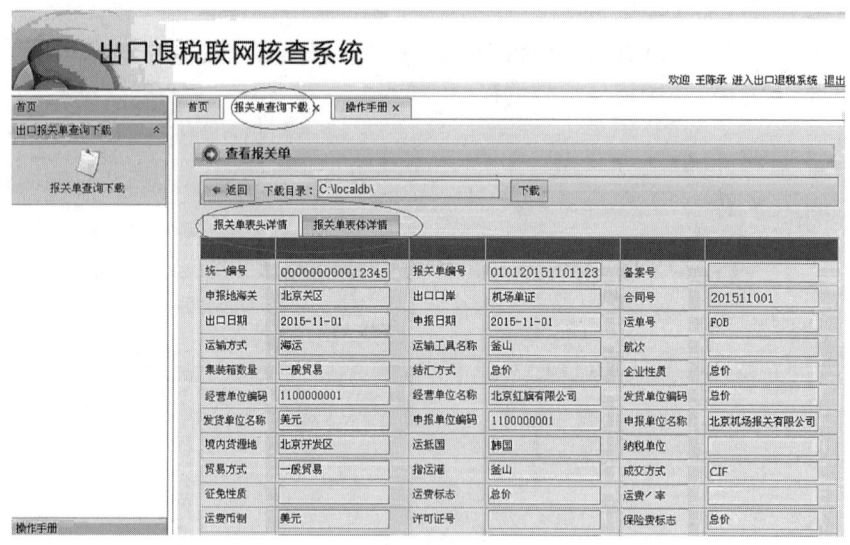

图 3-22

第四步，点击"报关单表体详情"，可以查看报关单表体的详细内容，如图 3-23 所示。

图 3–23

第五步,点击"返回"按钮,系统将返回报关单列表窗口。

(2) 结关报关单下载

①下载符合条件的所有报关单数据

第一步,在系统中录入查询条件,然后点击窗口右侧的"下载"按钮,系统将显示下载文件保存路径窗口,如图 3–24 所示。

图 3–24

第二步,点击"确定"按钮,所有符合下载条件的报关单数据都下载到电脑的"localdb"文件夹中,如图 3–25 所示。

第三步,双击打开文件夹"localdb",就可以看到下载的报关单数据文件,该文件就是企业用于在出口退税申报系统中导入报关单数据的文件,如图3-26所示。

图 3-25

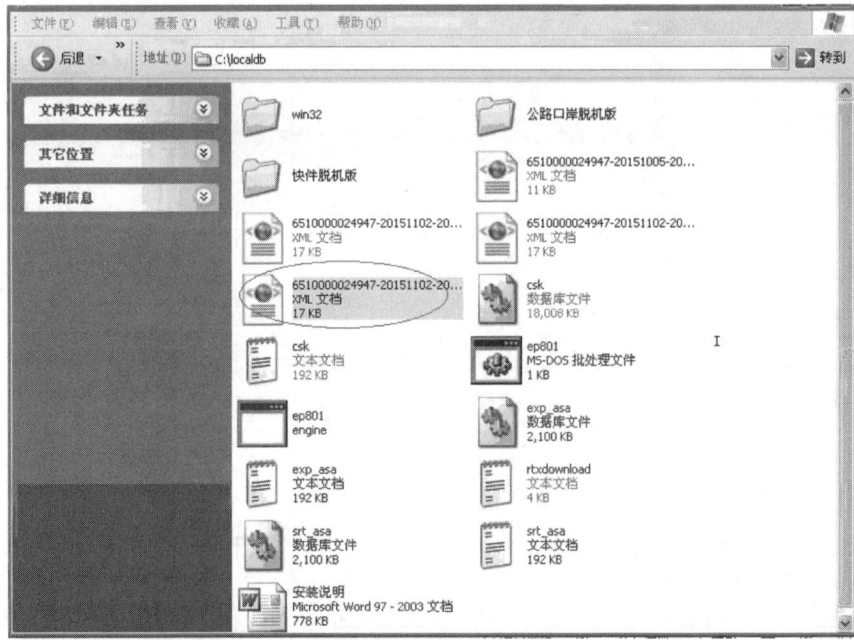

图 3-26

②下载单张报关单数据

第一步,在报关单明细数据查询窗口,点击"下载"按钮,如图3-27所示。

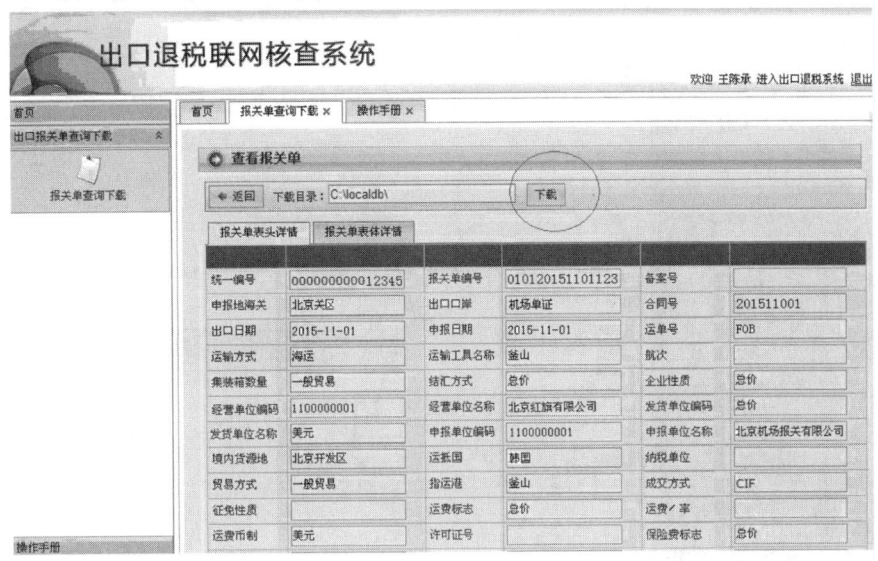

图 3-27

第二步,系统显示下载文件存放路径提示窗口,如图3-28所示,点击"确定"按钮,报关单数据同样也将保存到"localdb"文件夹中。

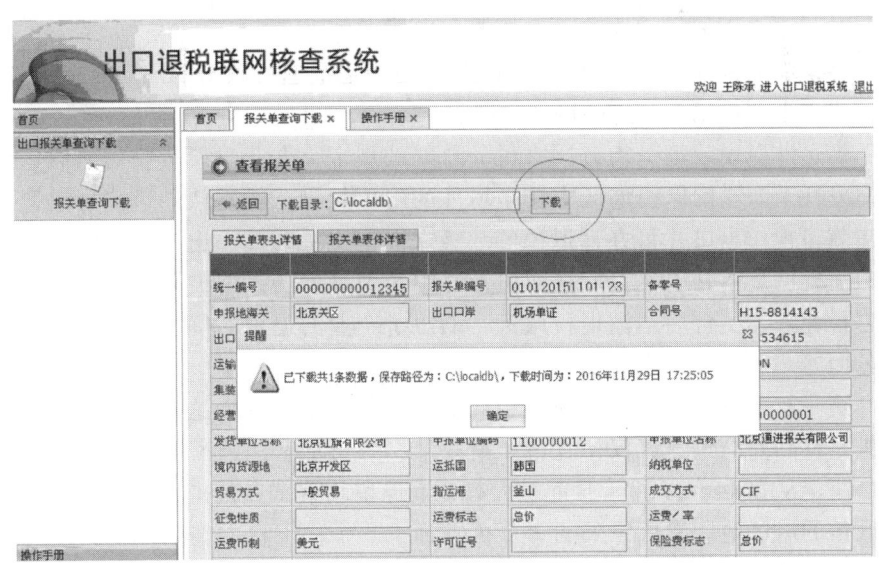

图 3-28

第三步,双击打开"localdb"文件夹,就可以看到下载的报关单文件,如图 3-29 所示。

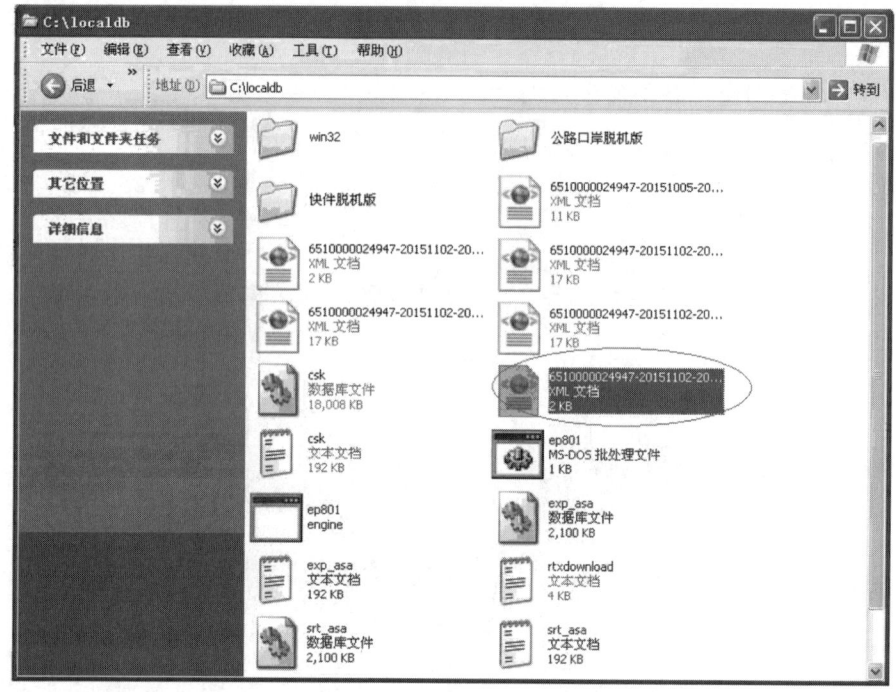

图 3-29

2. 启运港退税报关单查询与下载

启运港退税报关单查询与下载是指实行启运港退税政策的出口企业查询、下载出口报关单结关信息的操作过程。

启运港退税政策是指按国家税务总局的规定,企业出口货物时从启运地口岸发往上海洋山保税港区中转至境外的出口货物,经确认一旦离开启运地口岸就可视作出口并可办理退税的政策。根据这一政策,出口企业的出口货物只需确认是离开启运港发往洋山港并中转至境外的,即被视同出口并可办理退税业务。实行启运港退税政策,缩短了企业的退税时间,加快了企业资金的回笼,加速了企业资金的周转。

这一政策最早是在 2012 年 8 月 1 日执行的。最早享受这一优惠政策的启运港是青岛前湾港、武汉阳逻港。财政部、海关总署、国家税务总局联合发文,决定从 2014 年 9 月 1 日起扩大启运港退税政策试点范围,国家启运港退税政策的启运地口岸从原来的 2 个扩大到了 8 个,出口中转口岸仍为上海洋山保税港区,以水路为运输方式。符合适用启运港退税政策的运输企业和运输工具名单由国家税务总局发布，共涉及 24 家企业及这些企业所属的 107 个运输工具。而出口企业也并不是都可以享受这样的优惠政策，出口企业必须通过规定的货物运输企业和运输工具进行运输。即货物运输企业应在启运地与离境地之间设有直航航线，纳税信用级别被税务机关评为 B 级及以上，并且三年内无走私违规记录。同时运输工具应配备导航定位、全程视频监控设备，并且符合海关对承运海关监管货物的运输工具的相关要求。

启运港退税报关单查询与下载和结关报关单与下载的查询方法是一样的，请参照上文结关报关单的内容进行操作。

3. 报关单退税联查询与下载

因为企业出口退税不再需要提供报关单退税联，所以我们在这里就不再对报关单退税联模块的查询与下载做详细说明了。其查询、下载方法与结关报关单的查询、下载方法也很相似。录入查询条件可以查看符合条件的记录，点击单号可以查看明细内容，点击"下载"按钮可以将信息下载到操作电脑中，如图 3-30 所示。具体操作我们就不再详述了。

图 3-30

（二）操作手册

操作手册就是对电子口岸执法系统进行操作的帮助文件。它的操作很简单，具体步骤如下。

第一步，在出口退税联网核查系统窗口，点击窗口右上角的"操作手册"

按钮,系统将显示操作窗口,如图3-31所示。

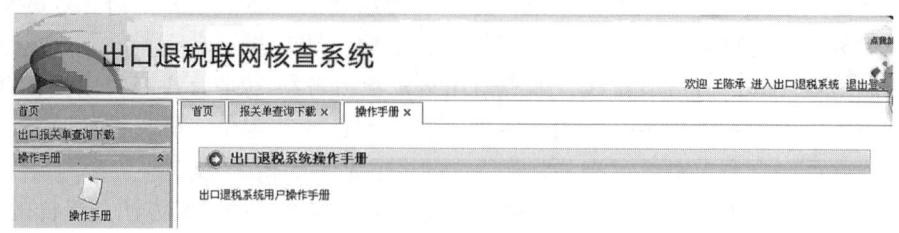

图3-31

第二步,点击窗口的"出口退税系统用户操作手册"按钮,系统进入下载提示窗口,如图3-32所示。选择下载文件存放的路径,点击"下载"按钮,即可将文件下载到电脑中,操作人员可以打开该文件阅读查看。

图3-32

第四节　系统操作中经常遇到的问题

电子口岸执法系统的安装和操作都很简单,但有时也会遇到一些问题,尤其对于刚刚接触这一系统的新手更是如此。下面我们把在安装和操作过程中经常遇到的问题简单介绍一下。

问题一:提示"失败"的错误,如"读卡器串口失败""复位读卡器失败"等,如何解决?

遇到这类问题的主要原因是企业未安装读卡器驱动，或者已安装的读卡器驱动程序出现错误。安装读卡器驱动，或者卸载已装的读卡器驱动后重新安装，即可解决问题。

问题二：遇到验证用户证书出错如何解决？

这是因为IC卡数字证书已过期，企业可持相关资料到发卡点办理数字证书更新。IC卡的数字证书有效期为2年，如果证书即将到期，系统将在有效期到期前2个月开始提醒用户。用户登录电子口岸执法系统时，系统将会显示"您的IC卡数字证书有效期截止到某年某月某日，请到海关的发卡部门办理数字证书更新手续"。需要注意的是，证书更新后，企业重新登录电子口岸执法系统主页时，密码将恢复为初始密码。企业在登录后应及时修改密码，修改后的密码长度仍为八位数。

问题三：输入口令时提示"密码已被锁定"怎么办？

用户连续输入错误密码5次后，IC卡将被锁定，用户需持被锁定的IC卡和企业证明到发卡海关的数据分中心办理解锁手续。解锁后密码恢复成初始密码，用户需要进入电子口岸执法系统修改密码。

问题四：登录或操作时系统提示网页上有错误怎么办？

解决方法一：右键点击桌面IE图标，打开"属性"—"常规"，选中"退出时删除浏览历史记录"，点击"删除"。

解决方法二：右键点击桌面IE图标，打开"属性"—"安全"—"受信任的站点"—"站点"，把"对该区域中的所有站点要求服务器验证"前面的钩取消，在"把该网站添加到区域中"下面录入电子口岸执法系统的网址，点击"确定"。

解决方法三：如果电子口岸执法系统安装软件是老版本而电脑操作系统是新版本，或是电子口岸执法系统安装软件是新版本而电脑操作系统是老版本，可能存在软件与操作系统不兼容的问题。请详细查看软件安装说明中对系统的要求，安装适合的电脑操作系统。

解决方法四：如果系统里安装有"东方快车""东方快译""联想幸福之家""联想满意办公"等软件，需要卸载。

解决方法五：可以尝试关闭杀毒软件和防火墙。

问题五：安全数据库在线注册工具停止工作时怎么办？

如果在系统安装过程中出现"安全数据库在线注册工具已停止工作"的提示，说明安装的电子口岸读卡器与电脑的操作系统不兼容。这种问题主要发生在WINDOWS7以上的操作系统。如果企业用的是WINDOWS7系统，需要安装电子口岸执法系统3.0以上的版本，读卡器需要EP900以上的型号，安装后企业还需到中国电子口岸的下载中心下载针对WINDOWS7的补丁后才能使用。如果操作系统是 WINDOWS7 以上的版本，暂时还没有办法解决两者的兼容问题，只能改在其他较低版本操作系统的电脑上安装。

问题六：IC 卡丢失怎么办？

如果法人 IC 卡不慎丢失，需要到原办卡的制卡中心挂失补办。如果是操作员卡丢失，可用法人卡登录系统，打开"制卡发卡"子系统，在"IC 卡管理"中挂失操作员卡，也可到制卡中心挂失。如果最终没有找到丢失的 IC 卡，企业可到制卡中心补办。

第四章

国际收支申报系统的操作经验和技巧

国家外汇管理局应用服务平台是由国家外汇管理局主持开发的，是可以供外汇管理部门、银行、海关、进出口企业等资源使用者进行信息共享的电子系统。它是外汇管理部门、海关等对企业进出口业务及收汇进行管理和监督的平台，也是从事国际收支业务的单位或个人向有关部门进行收支申报的平台。2012年8月1日外汇制度改革后，国家外汇管理局应用服务平台经过改版，新的平台把两个独立的系统合并到了一起，变成了平台的两个子系统——国际收支申报子系统和货物贸易业务子系统。两个子系统放在同一操作窗口，企业操作起来更加方便。但为了便于读者对两个系统的学习和了解，我们把两个子系统分两章分别介绍。本章介绍的是国际收支申报子系统的内容，在第五章再对货物贸易业务子系统的操作进行讲解。

第一节　系统简介

一、关于系统

国际收支是指国内经济体与境外其他经济体之间发生的一切经济交易，这种交易一般都是在中国居民与非中国居民之间进行的。

国家有关部门为了给国家制定宏观经济政策以及进出口政策提供依据，需要及时掌握和了解国际收支的规模、范围、收支平衡程度等指标，对国际收支的有关数据进行统计，因此要求所有发生国际收支业务的主体单位，都要就其交易内容直接向国家外汇管理局或通过银行间接向国家外汇管理局进行申报，这就是经济主体国际收支申报制度。这种申报制度是义务性的，每一个涉外经济主体都要按规定履行申报义务。对于申报逾期或虚报、谎报、误报、瞒报的单位或个人，外汇管理部门将会根据国家有关法规加以处罚。

国际收支申报主要是通过国家外汇管理局应用服务平台来实现的。国家外汇管理局应用服务平台是国家外汇管理局及银行对申报单位的国际收支业务进行管理和监督的工作平台，是发生国际收支业务的经济体向国家外汇管理局进行申报的电子系统。它是国家外汇管理局按照国家"金宏工程"对国际收支业务的要求开发的，包括外汇管理局、银行、企业三个系统。企业

第四章 国际收支申报系统的操作经验和技巧

系统原来是独立的，但随着国家外汇管理制度的改革，国家外汇管理部门把国际收支网上申报系统与货物贸易外汇监测系统集成到一个平台中，这样两个独立的系统就成了国家外汇管理局应用服务平台的两个子系统，而两个子系统的名称也变为了国际收支申报和货物贸易业务。

国际收支申报系统的使用，一方面简化了企业申报的过程，节约了申报的人力物力，降低了企业的申报成本；另一方面也使得申报数据更完整、更真实、更准确，使申报更快捷。同时，它也方便了外汇管理部门对企业发生的国际收支进行监督和管理。

企业在对发生的国际收支业务进行申报前，首先要去银行申请开通申报系统。在获取银行交付的系统登录名称和密码后，企业才能登录系统进行申报。国际收支申报遵循"一开全开、一关全关"的原则，即在一家银行开通申报系统后，其他银行的国际收支业务都可以通过系统进行申报；在一家银行关闭申报系统后，其他银行的申报业务全部关闭。

国际收支申报的范围为中国居民（含中国境内的企事业单位）与非中国居民发生的一切交易。中国居民和非中国居民的划分是根据其是否在我国居住一年（含）以上。居住一年（含）以上的视为中国居民，否则视为非中国居民。鉴于本书的使用对象为企业的会计人员，我们在这里只介绍进出口企业的国际收支申报，而不涉及其他中国居民的国际收支申报。

国际收支主要包括以下几方面：

①以信用证、托收、保函、回款（电汇、信汇、票汇）等结算方式办理的对外收付款，包括银行卡项下的对外收付款；

②通过境内银行对境外发出支付指令的涉外收付款，以及通过境外向境内银行发出支出指令的涉外收付款；

③通过记账方式办理对外援助的涉外收付款；

④与非货币黄金进出口相关的涉外收付款；

⑤人民币的跨境收支业务；

⑥境内居民与境内非居民通过境内银行发生的涉外收付款；

⑦境内居民与境外非居民通过境内银行发生的涉外收付款。

企业发生国际收支业务，不论是境内业务还是境外业务，也不论是外币收支业务还是人民币收支业务，收支一旦进入企业的银行账户，银行将把收支业务信息同步发送到企业的申报系统，企业可以通过系统的查询功能查询到银行所传信息。企业应该在银行解付之日起或结汇中转行结汇之日起的五个工作日内，通过系统向外汇管理部门及银行做国际收支申报。企业申报后，首先由银行对企业申报信息进行审核。如果审核无误，银行就会把企业的申报信息传送到外汇管理部门的系统上；如果审核有误，银行就会把企业的申报信息发回企业，同时注明申报有误，企业必须进行修改并重新申报。

二、系统功能

国际收支申报子系统包括申报单管理、基础档案管理、公共数据查询、工作日志查看四个模块。

申报单管理是指对企业发生的国际收支业务，包括境外收支业务和国内收支业务，进行录入、修改、申报和查询的操作过程。而申报单就是企业发生的国际收支业务进项申报的单证或表格信息。申报单管理模块是国际收支申报系统中最主要的模块，也是企业的主要操作模块，企业的国际收支申报主要是通过本模块来完成的。申报单管理模块包括涉外收入申报单和境内收入申报单两个菜单。涉外收入申报单又包括申报信息录入、申报信息修改、审核疑问反馈、申报单查询四个子菜单。境内收入申报单包括管理信息录入、管理信息修改、审核疑问反馈、申报单查询四个子菜单。上述两个菜单中的申报单查询子菜单又都分别包括已申报（待审核）信息查询、已申报（已审核）信息查询、已删除申报单查询三项内容。

基础档案管理是对企业保存在系统中的档案信息进行管理的模块。模块内容是企业有关的基本资料，企业通过本模块可以查看企业的资料，但不能修改资料。

公共数据查询是供企业查询一些国际收支申报常用的公共数据的模块。主要内容包括国家地区代码、结算方式代码、行政区划代码、行业属性代码、经济类型代码、涉外收支交易代码、货币代码、折算率、保税监管区场所代码、银行属性代码等。

工作日志查看模块用来查询日期，一般情况下用处不大。

三、系统登录

前文说过，国际收支申报与货物贸易业务两子系统已经集成到同一个平台，即国家外汇管理局应用服务平台，所以只要企业登录了该平台，就可以对两个系统分别进行操作，无须登录两次。

国家外汇管理局应用服务平台是一个网络电子系统，不需要企业下载，只要登录网上系统后，就可以直接进行操作。企业在银行申请了系统登录名称及登录密码后，就可以登录平台了。

登录前首先在网上通过百度等搜索引擎搜索国家外汇管理局应用服务平台，或输入网址"http：//asone.safesvc.gov.cn/asone/"，然后打开网页，就进入了平台登录页面，如图 4-1 所示。

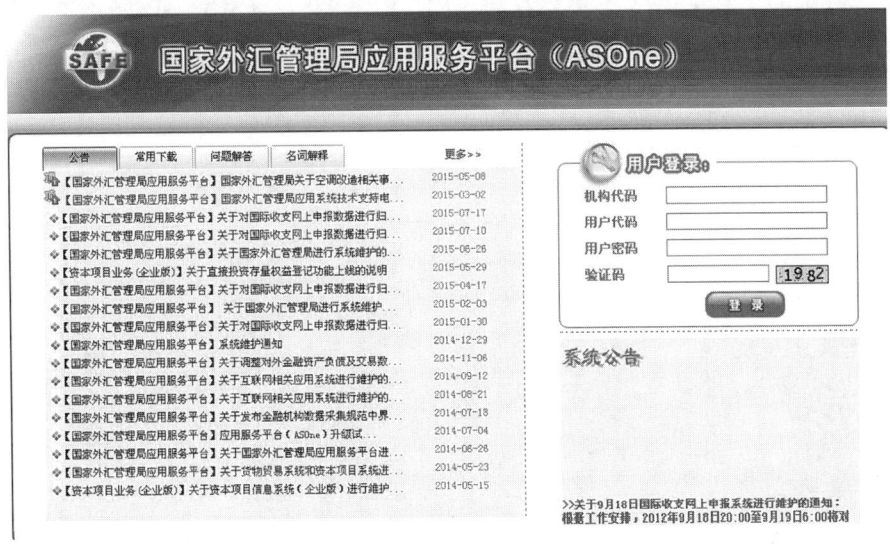

图 4-1

把企业的机构代码及在银行取得的用户代码和用户密码录入相关栏目，再录入系统给出的验证码，点击"登录"按钮，如图 4-2 所示。

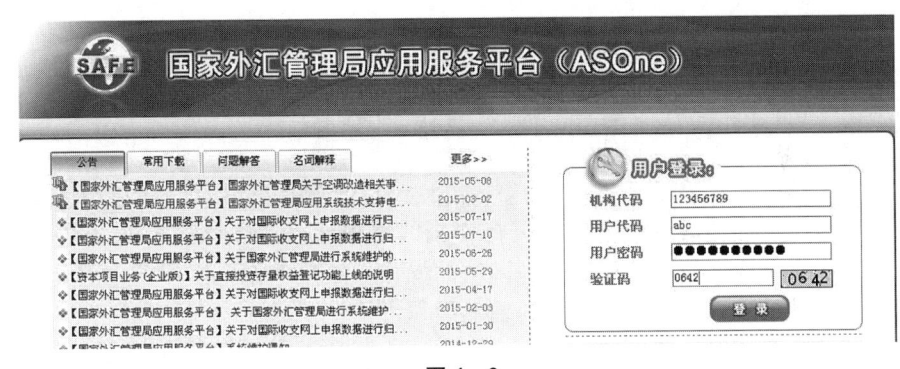

图 4-2

登录后，就进入了系统操作窗口，如图 4-3 所示。

在系统操作窗口，点击想要操作的模块，就会在窗口的下方显示相关菜单的具体内容。点击菜单后，就会在右边显示菜单的操作窗口。

下面详细介绍系统的操作方法。

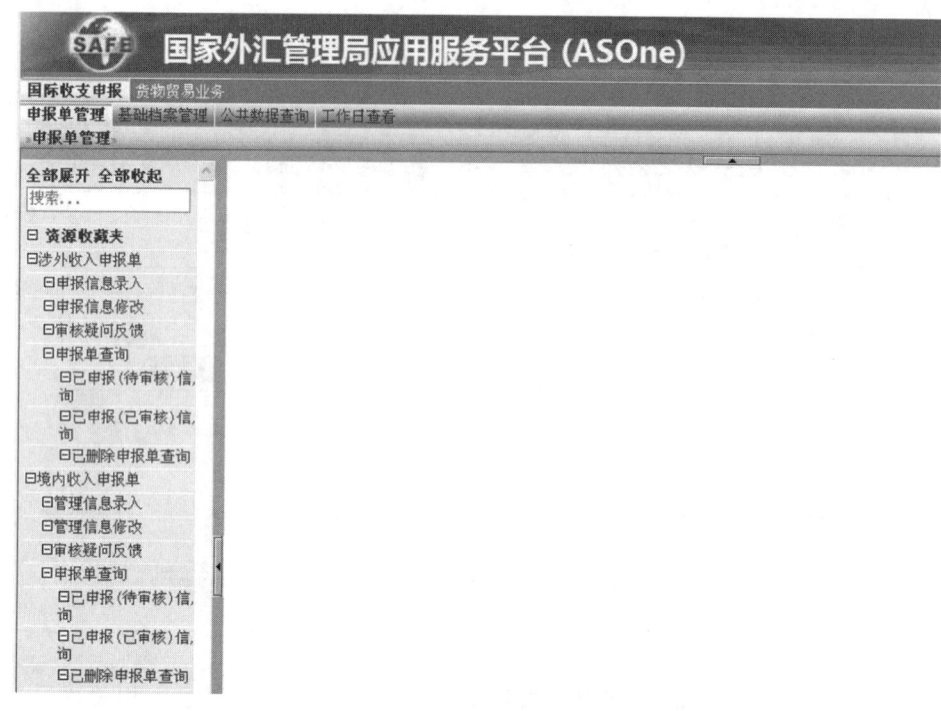

图4-3

第二节 申报单管理

申报单管理是指对国际收支进行申报的过程，包括涉外收入申报单和境内收入申报单两部分。申报单管理模块的操作，是整个系统操作的主要部分，其他模块都是进行国际收支申报的辅助内容。

涉外收入申报单是指境内企业通过境内银行收到境外收入时通过电子系统向国家外汇管理部门及银行进行收支申报的表格。这里的境外收入既包括外汇收入，也包括跨境人民币收入。涉外收入申报单包括申报信息录入、申报信息修改、审核疑问反馈、申报单查询四个子菜单。

境内收入申报单是指境内企业通过境内银行收到境内非居民收入时通过电子系统向国家外汇管理局及银行进行收支申报的表格。这里的收入同样包括外汇收入和人民币收入。境内收入申报单包括管理信息录入、管理信息修改、审核疑问反馈、申报单查询四个子菜单。

下面我们对出口企业涉外收入申报单和境内收入申报单分别进行说明。

一、涉外收入申报单

企业发生涉外收入后，银行将把企业的境外收入信息发送到国家外汇管理局应用服务平台上。出口企业可登录该平台，录入查询条件，对境外收入信息进行查询，根据查询的信息以及与之相关的出口货物报关的有关信息，把有关内容录入系统的申报表中，录入完毕后，企业向银行提交申报单。申报单的一部分内容是由银行上传的，出口企业只需对申报单补充录入即可。银行收到企业上传的涉外收入申报单后，将对申报单进行审核。如果申报单录入错误，银行审核就不能通过，银行将申报单发回企业，企业重新修改后再次进行申报；如果申报单通过了银行的审核，银行也会加以注明，申报过程完成。企业的申报单是否已通过银行审核，企业可以通过系统的审核疑问反馈菜单进行查询。对于已经申报过的境外收入信息，企业也可以通过申报单查询菜单进行查询，但对于这部分信息，企业只能查询，不能修改。

（一）申报信息录入

申报信息录入就是对企业收到的境外收入进行申报录入和上传的过程。企业查询到银行上传到平台的企业境外收入信息后，需要把与该信息有关的以及申报表要求录入的其他信息录入申报表并进行报送，以待银行进行审核。

申报信息录入菜单操作步骤如下。

第一步，登录平台后，依次打开"国际收支申报"—"申报单管理"—"涉外收入申报单"—"申报信息录入"菜单，如图4-4所示。

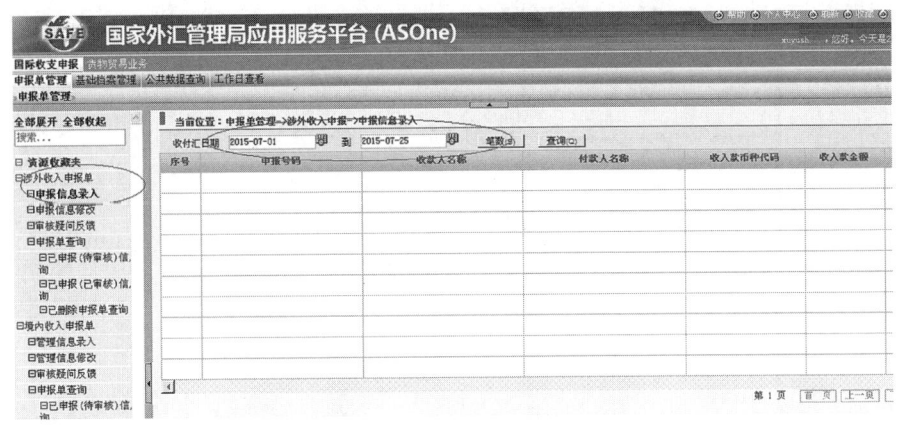

图4-4

第二步，在"申报信息录入"窗口右侧的"收付汇日期"栏录入查询的起止日期后，点击"查询"按钮，则符合查询条件的所有收付汇记录就会显示在窗口的查询日期栏下面，如图4-5所示。

图4-5

第三步，点击窗口某条记录的申报号码，打开该条记录，根据出口合同、出口报关单等有关资料对表中相关栏目进行编辑录入。录入完毕，点击窗口右上角的"保存"按钮，向银行提交申报单，如图4-6所示。

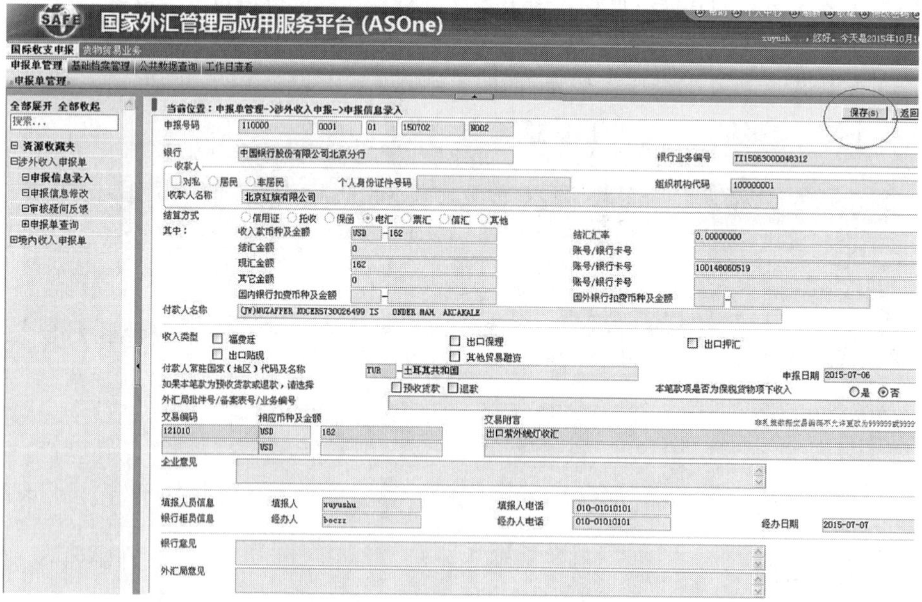

图4-6

第四章 国际收支申报系统的操作经验和技巧

小贴士

录入窗口的各栏目属性如下：蓝色栏目是必填项，绿色栏目是选填项，灰色栏目是只读项。企业只需录入蓝色栏目即可，绿色栏目可根据需要录入。

企业在录入申报信息时，窗口中有些栏目的内容是系统自带的，它们是由银行上传的数据，企业不需录入和修改，如窗口上半部分的企业信息、申报号码、收汇金额等。企业只需录入窗口下半部分的有关栏目即可。在录入"付款人常驻国家（地区）代码及名称"时，只需在代码栏中录入代码的第一个字母，所有以该字母开头的代码都将显示在下拉菜单中。在下拉菜单中选中需要录入的国家（地区）代码后，该国家（地区）的名称就会自动填充到国家名称栏目中。在录入"交易编码"时，只需录入编码的第一个数字，所有以此数字开头的交易编码都将显示在下拉菜单中，在下拉菜单中选中需要录入的编码即可。在"交易编码"录入完毕后，还需录入交易金额和附言。在录入"本笔款项是否为保税货物项下收入"栏时，根据该笔收入的实际情况录入。

（二）申报信息修改

企业在对境外收入进行申报后，如果发现录入数据有错误，可以通过申报信息修改菜单对错误的数据信息进行修改更正或删除。

申报信息修改菜单的操作步骤如下。

第一步，在"申报单管理"窗口，点击"涉外收入申报单"—"申报信息修改"菜单，打开编辑录入窗口，如图4-7所示。

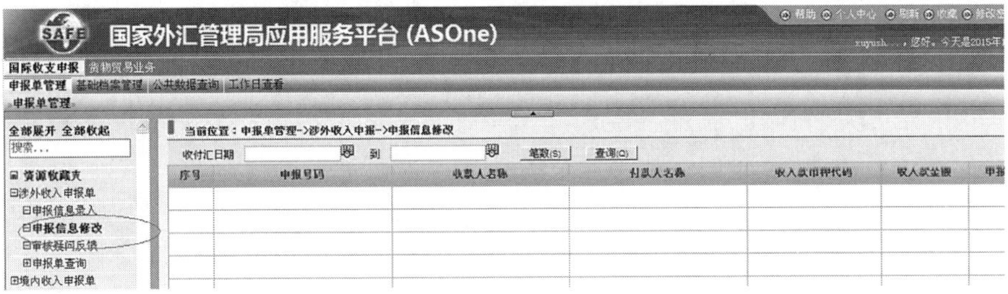

图4-7

第二步，在打开的窗口中的"收付汇日期"栏中，录入查询的起止日期，点击"查询"按钮，则符合查询条件的所有收付汇记录就会显示在查询日期栏的下面，如图4-8所示。

图 4-8

第三步，点击窗口某条记录的申报号码，打开该条记录，即可根据报关单等资料对该笔申报单的错误数据进行编辑修改，如图 4-9 所示。

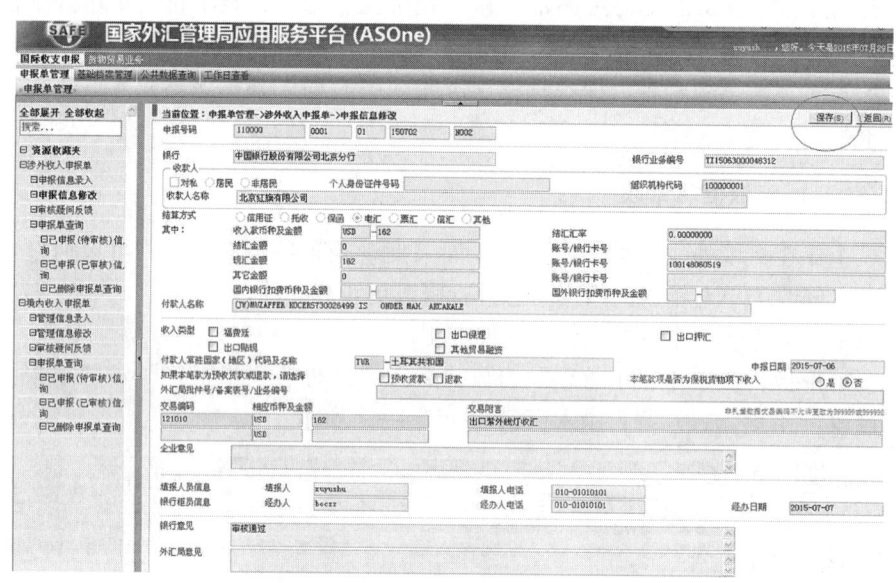

图 4-9

第四步，修改完毕后，点击右上角的"保存"按钮向银行提交修改后的申报单。

（三）审核疑问反馈

企业提交收汇申报单或修改后的申报单后，如果该申报单未通过银行审核，银行注明原因后将退回给企业进行修改或补充，企业可以通过审核疑问

第四章
国际收支申报系统的操作经验和技巧

反馈菜单修改录入的数据或完善申报单的内容，也可删除该申报单。

下面介绍审核疑问反馈菜单的操作步骤。

第一步，在"申报单管理"窗口，点击"涉外收入申报单"—"审核疑问反馈"菜单，打开编辑录入窗口，如图4-10所示。

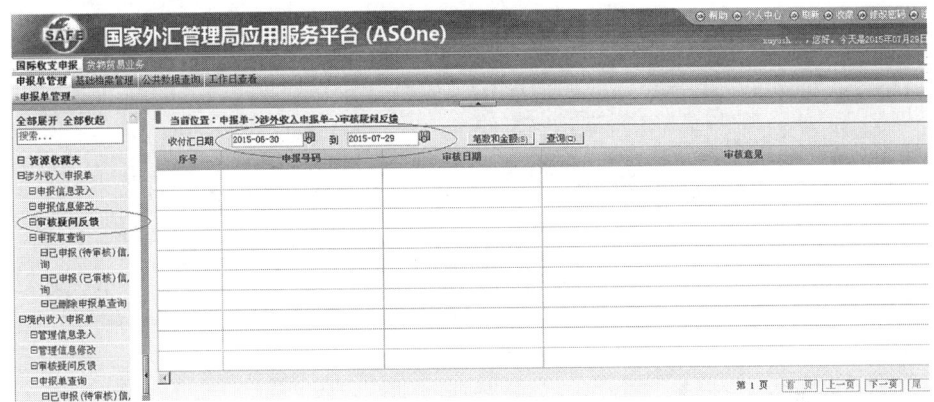

图 4-10

第二步，在打开的窗口中的"收付汇日期"栏，录入查询的起止日期，点击"查询"按钮，则符合查询条件的记录将显示在查询日期栏的下面，如图4-11所示。

图 4-11

第三步，点击涉外收入申报号码，打开该申报单，可以对有关错误数据进行修改，如图4-12所示。

第四步，修改完毕后，点击窗口右上角的"修改确认"按钮向银行提交修改后的申报单。

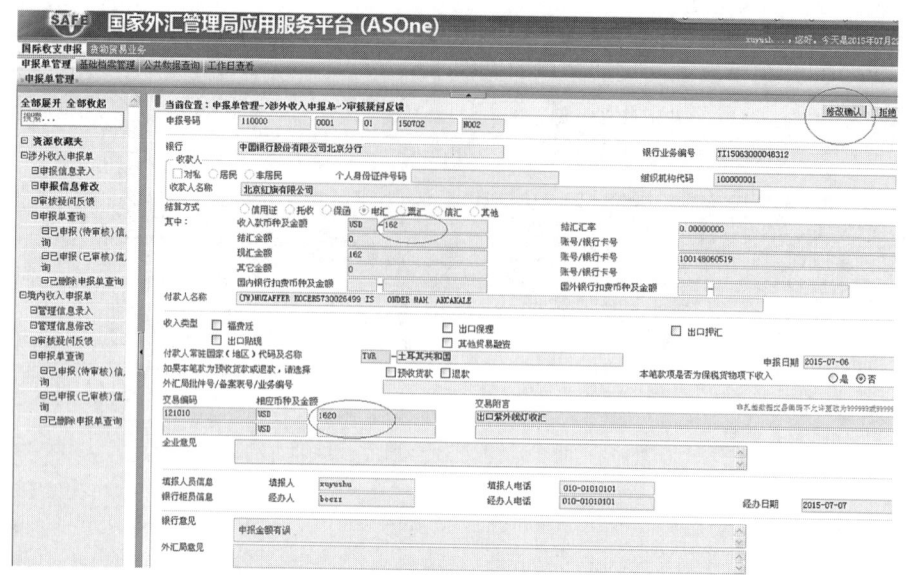

图 4-12

如果企业核实申报单后确认申报并无错误，可以点击窗口右上角的"拒绝"按钮，并在相关栏目填写企业意见、填表人、电话等内容，然后将申报单退回银行继续审核。

（四）申报单查询

申报单查询菜单包括已申报（待审核）信息查询、已申报（已审核）信息查询、已删除申报单查询三个子菜单。

1. 已申报（待审核）信息查询

已申报（待审核）信息查询是用来查询企业通过系统已经向银行提交，但银行尚未审核的境外收入申报单。申报单的栏目包括序号、申报号码、银行业务编号、申报日期、申报人名称、申报人代码、付款人名称、国别代码、结算方式、收入款币别代码、收入款金额、本笔款项是否为保税项下收入、交易编码1、交易金额1、交易附言1、交易编码2、交易金额2、交易附言2、申报来源等。由于该表格较长，这里只能显示表格截图的一部分。

下面介绍已申报（待审核）信息查询菜单的操作步骤。

第一步，在"申报单管理"窗口，点击"涉外收入申报单"—"申报单查询"—"已申报（待审核）信息查询"菜单，打开查询窗口，如图4-13所示。

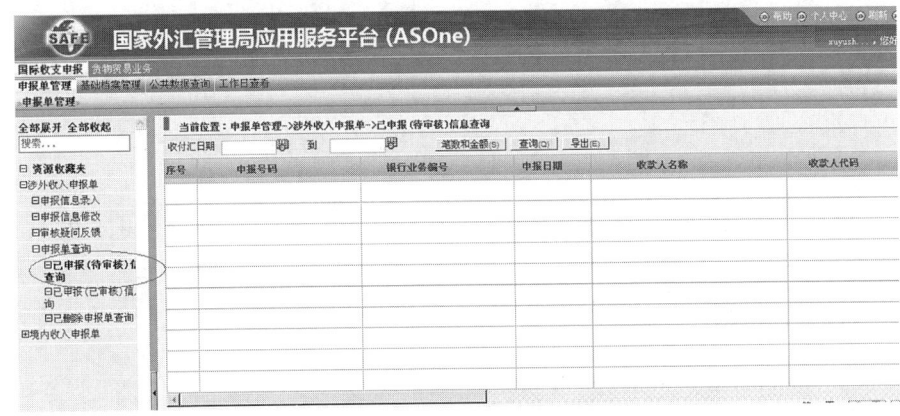

图4-13

第二步，在打开的窗口中的"收付汇日期"栏中，录入查询日期，然后点击"查询"按钮，则符合查询条件的记录将显示在查询日期栏的下面，如图4-14所示。

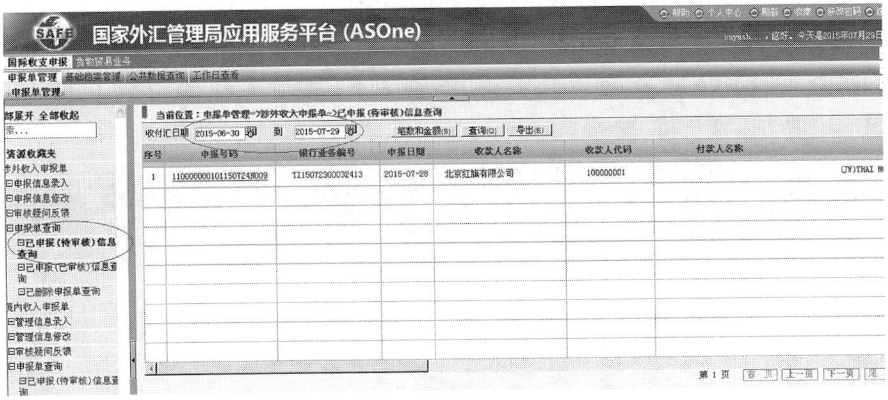

图4-14

第三步，点击已显示的查询记录的申报号码，即可查询该条记录的详细内容。如果该条记录的银行意见栏为空，表示银行尚未审核企业提交的申报单，如图4-15所示。

2. 已申报（已审核）信息查询

已申报（已审核）信息查询是用来查询企业通过系统已经向银行提交，且银行已经审核过的境外收入申报单。申报单的栏目名称与已申报（待审核）

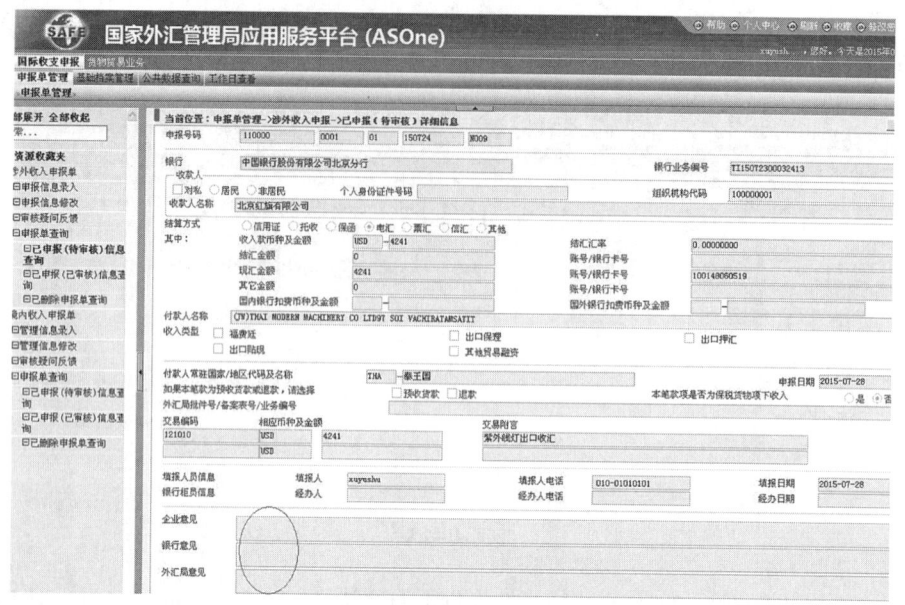

图 4-15

信息查询菜单的内容是完全一样的，此处就不再一一列举。

下面介绍已申报（已审核）信息查询菜单的操作步骤。

第一步，在"申报单管理"窗口，点击"涉外收入申报单"—"申报单查询"—"已申报（已审核）信息查询"菜单，打开查询窗口，如图4-16所示。

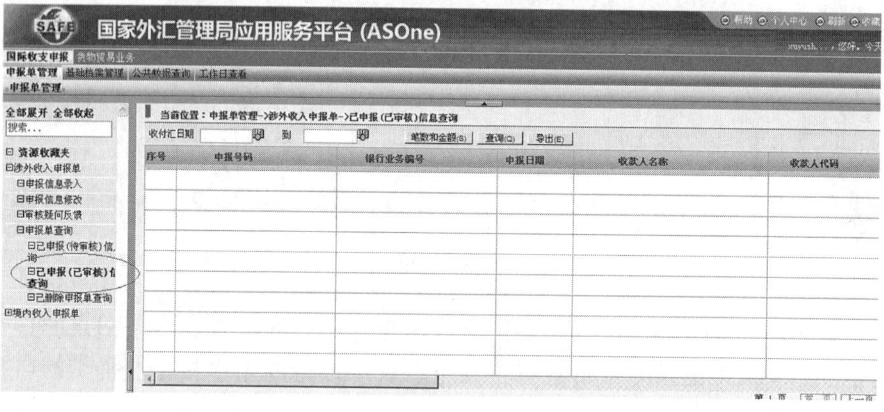

图 4-16

第二步，在打开的窗口中的"收付汇日期"栏中，录入查询日期，然后点击"查询"按钮，则符合查询条件的记录将显示在查询日期栏的下面，如图 4-17 所示。

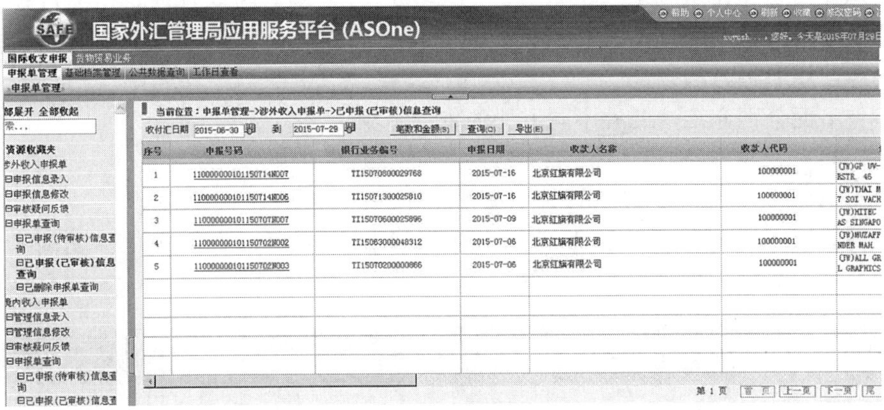

图 4-17

第三步,点击已显示的查询记录的申报号码,即可查询该条记录的详细内容。该条记录的银行意见栏为"审核通过",表示企业提交的申报单内容没有错误,已经顺利通过了银行的审核,如图 4-18 所示。

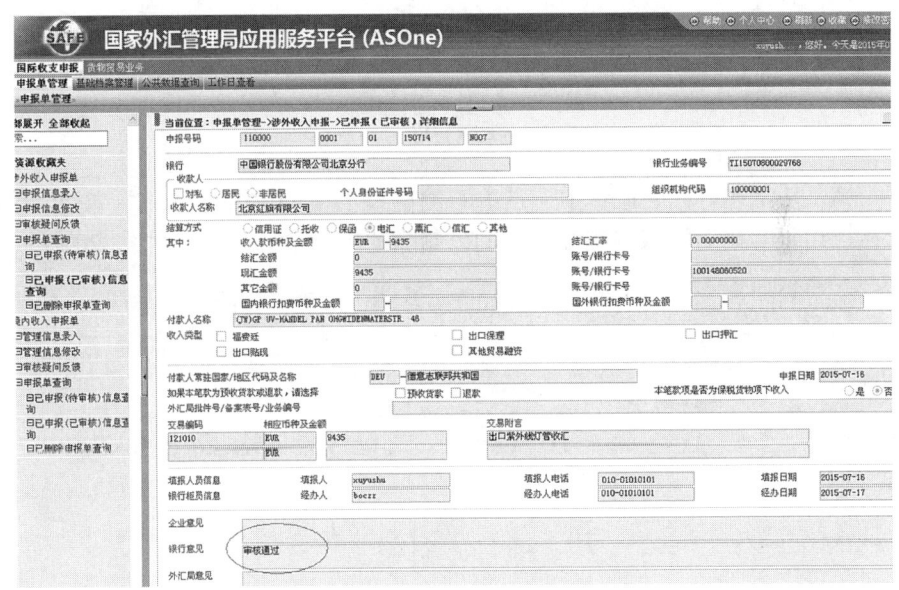

图 4-18

3. 已删除申报单查询

已删除申报单查询是用来查询企业通过系统已经向银行提交,但因申报错误而被银行删除的申报单。查询方法分为简单查询与高级查询两种。简单查询是指通过在系统录入申报号码的方法进行查询,高级查询是指通过在系统录入查询日期的方法进行查询。企业可以根据实际情况及手头的资料,来决定使用哪种方法查询。

下面分别介绍这两种不同方法的查询步骤。

(1) 简单查询

第一步,在"申报单管理"窗口,点击"涉外收入申报单"—"申报单查询"—"已删除申报单查询"菜单,打开申报单查询窗口,如图4-19所示。

图4-19

第二步,在打开的窗口中,点击右侧窗口上端的"简单查询"按钮,然后在"申报号码"栏录入需要查询的已删除的申报单号码,如图4-20所示。

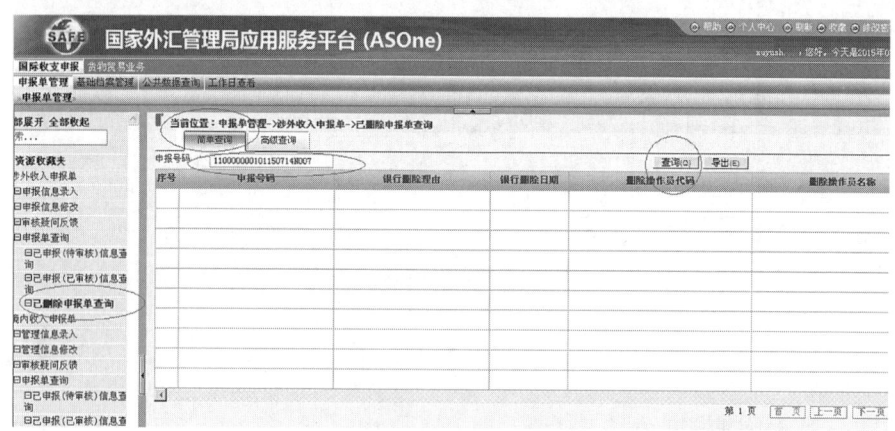

图4-20

第四章
国际收支申报系统的操作经验和技巧

第三步，点击"查询"按钮，则符合条件的已删除的申报单信息将显示在窗口下面，点击显示的申报号码，可以打开申报单，查看申报单的详细内容。如图4-21所示。

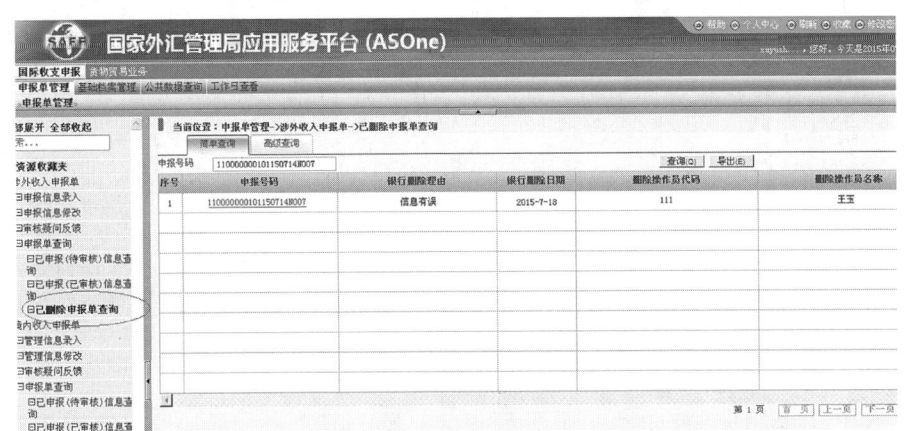

图 4-21

（2）高级查询

第一步，在"申报单管理"窗口，点击"涉外收入申报单"——"申报单查询"——"已删除申报单查询"菜单，打开查询窗口，如图4-22所示。

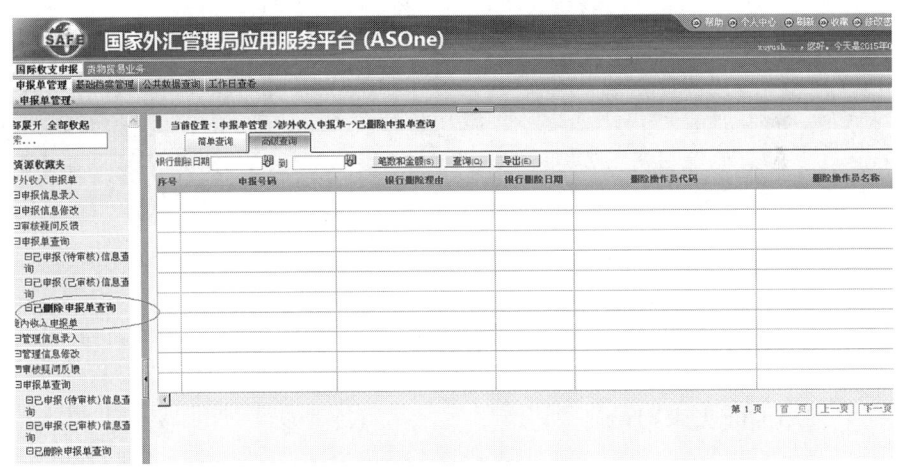

图 4-22

第二步，在打开的窗口中，点击"高级查询"按钮，在"银行删除日期"栏录入需要查询的起止日期，如图4-23所示。

第三步，点击"查询"按钮，则符合查询条件的已删除申报单记录将

· 209 ·

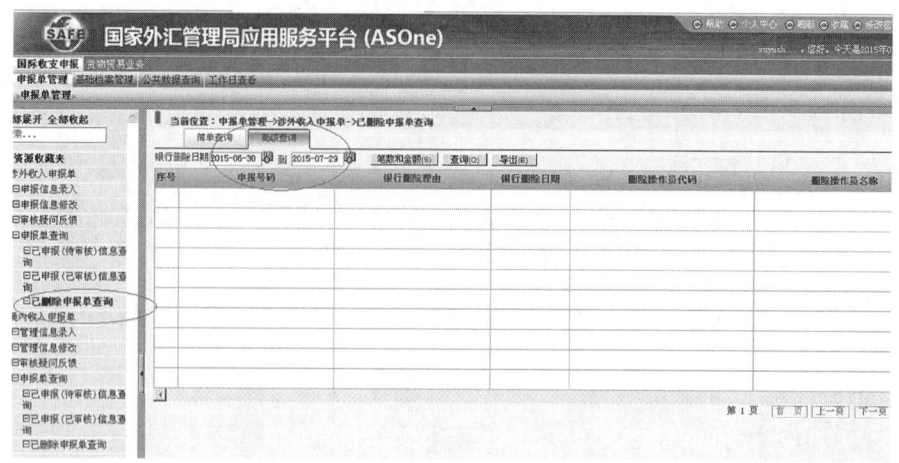

图4-23

显示在窗口下面,如图4-24所示。点击显示的申报号码,可以查看该申报单详细信息。

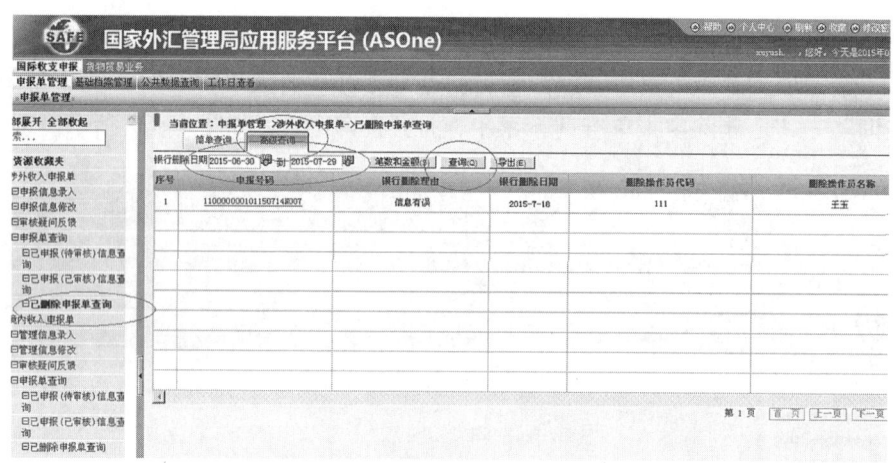

图4-24

二、境内收入申报单

前文说过,境内收入申报单是指境内企业通过境内银行收到境内非居民收入时通过电子系统向国家外汇管理局及银行进行收支申报的表格。境内收入主要是指进、来料加工国内深加工结转收入与保税区、出口加工区等国内特殊经济区域的业务收入。企业收到境内的非居民的收入时,不论是外币收入,还是人民币收入,也必须通过电子系统向银行申报。申报过程与涉外收

第四章
国际收支申报系统的操作经验和技巧

入申报单的申报方法基本相同,也是先登录平台,录入查询日期等,查询申报单,然后根据报关单等资料内容录入申报单并提交给银行。银行收到企业的申报单后,也要对该申报单进行审核。如果银行审核未通过,则会在申报单的"银行意见"栏里注明审核未通过原因,企业通过审核疑问反馈菜单可查询银行审核未通过的申报单,经修改后重新申报;如果审核已通过,也会在"银行意见"栏里加以注明,企业同样可以通过申报单查询菜单查询已经申报的申报单的审核状态。

下面介绍境内收入申报单的操作方法。

小贴士

请注意境内收入申报单涉及三个境内和一个非居民的概念:境内企业、境内银行、境内非居民。

(一) 管理信息录入

管理信息录入菜单是企业用来在平台上录入银行已经收到的境内非居民收入的工具菜单。企业收到款项时,银行将把收入信息发送到平台上,企业通过平台企业端登录后,可以通过查询功能查询到这些收入信息,然后根据报关单等资料完成申报单的录入。

下面详细介绍管理信息录入菜单的操作步骤。

第一步,在"申报单管理"窗口,点击"境内收入申报单"—"管理信息录入"菜单,打开查询窗口,如图4-25所示。

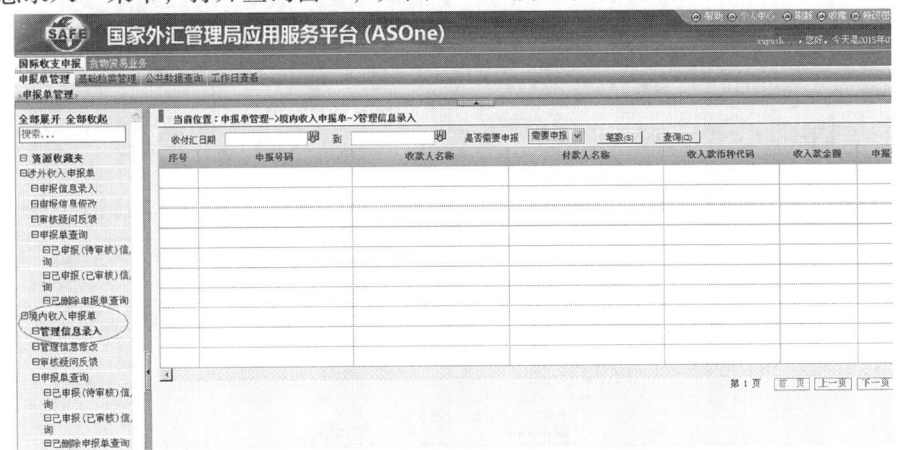

图4-25

第二步,在打开的窗口中的"收付汇日期"栏内,录入需要查询的收付汇日期,然后点击"查询"按钮,则符合条件的收付汇记录将显示在窗口下面,如图4-26所示。

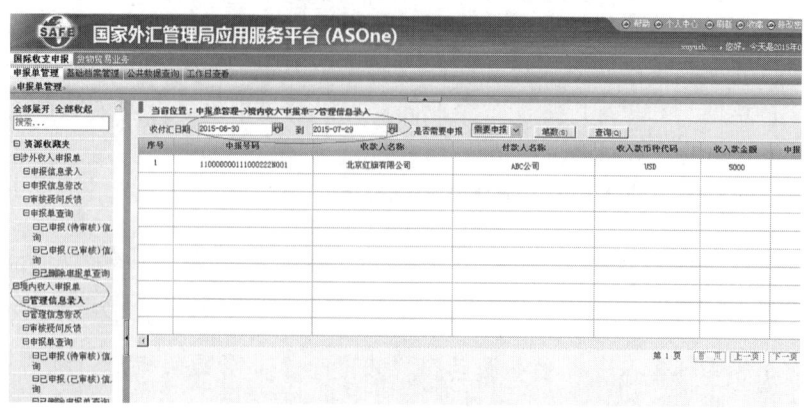

图 4-26

第三步,点击"申报号码"栏的申报单号码,打开查询到的申报单,企业根据报关单等资料,把有关数据录入申报单中。申报单中一部分栏目的数据是系统自带的,是由银行上传的数据,企业无须录入和修改。企业只需根据实际情况把其他剩余栏目录入即可。这些剩余栏目的绿色部分,企业可以录入,灰色部分不能录入也无须录入。交易编码、币种等栏目内容可以在下拉菜单中选择,如图4-27所示。录入完毕后,点击窗口右上方的"保存"按钮,系统会提示"管理信息录入成功"。

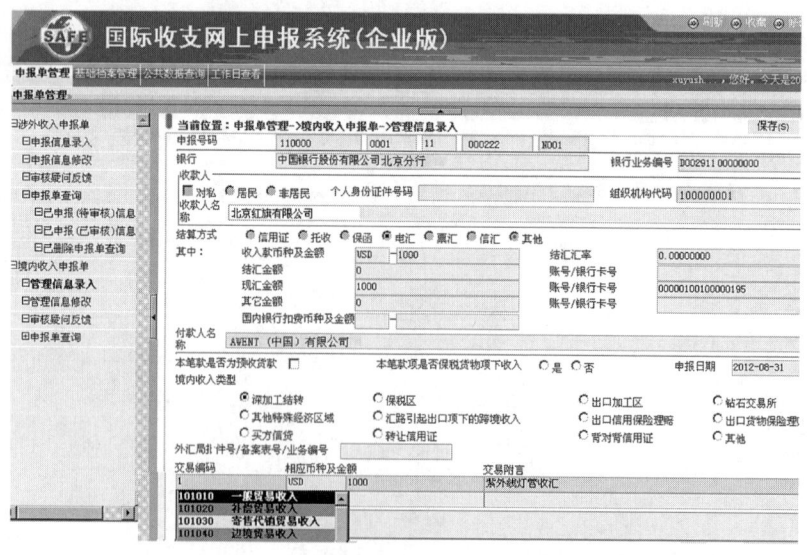

图 4-27

(二) 管理信息修改、审核疑问反馈、申报单查询

管理信息修改菜单是企业用来对已经向银行提交的申报单进行修改的工具菜单。企业完成管理信息录入菜单的录入并把申报信息提交给银行后，如果发现录入错误，可以通过管理信息修改菜单来进行更正修改，修改完毕后点击"保存"按钮，重新向银行提交，等待银行审核。

审核疑问反馈菜单是企业用来查询银行对企业提交的申报单审核结果的工具菜单。企业向银行提交申报单后，如果银行审核未通过，将签署审核意见，注明未通过原因后反馈给企业。企业可根据银行的反馈信息进行核实，如果确实存在错误，进行修改后再次向银行提交；如果经核实无误，可以点击窗口的"拒绝"按钮，并提交银行。

申报单查询菜单是用来查询企业向银行提交的申报单状态的菜单，也分为已申报（待审核）信息查询、已申报（已审核）信息查询、已删除申报单查询三个子菜单。

管理信息修改、审核疑问反馈、申报单查询的操作方法与涉外收入申报单的有关子菜单的操作方法基本一样，具体操作请参照涉外收入申报单的有关子菜单的操作方法，这里就不再详细说明了。

第三节 基础档案管理、公共数据查询、工作日志查看

国家外汇管理局应用服务平台的国际收支申报子系统的基础档案管理、公共数据查询、工作日志查看三个模块的内容都比较少，而且也比较简单，所以我们把这三个模块的内容放在同一节中加以介绍。

一、基础档案管理

基础档案管理是企业保存在外汇管理部门的关于企业基本信息的内容，主要包括企业组织机构代码、企业名称、营业场所、企业经济类型、所属行业、所属外汇管理局代码及名称、企业地址、邮编等。点击平台的"国际收支申报"—"基础档案管理"，即可打开"基础档案管理"的窗口，如图4-28所示。窗口内容只能查看，不能修改。如果企业需要修改有关内容，只能向外汇管理部门提出申请，由外汇管理部门进行修改。

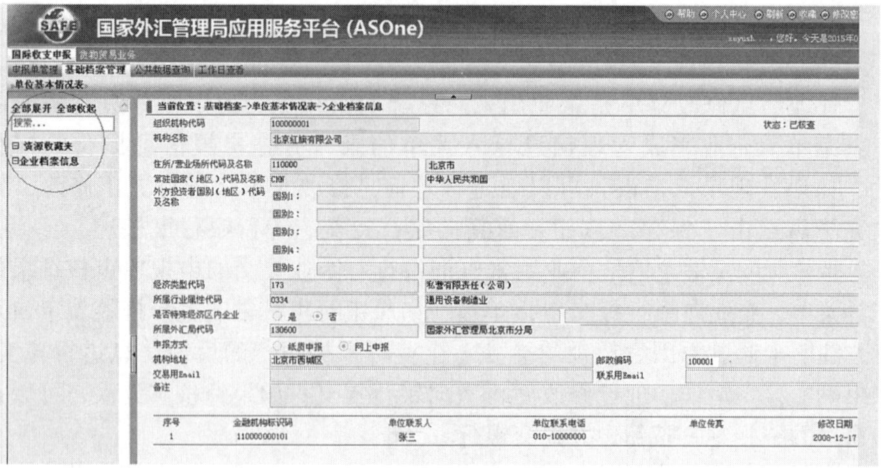

图 4-28

二、公共数据查询

公共数据查询是企业对在进行申报录入过程中经常遇到的一些公共数据进行查询的模块。这些数据包括国家地区代码、结算方式代码、行政区划代码、行业属性代码、经济类型代码、涉外收支交易代码、货币代码、折算率、保税监管区场所代码、银行属性代码等内容,如图 4-29 所示。

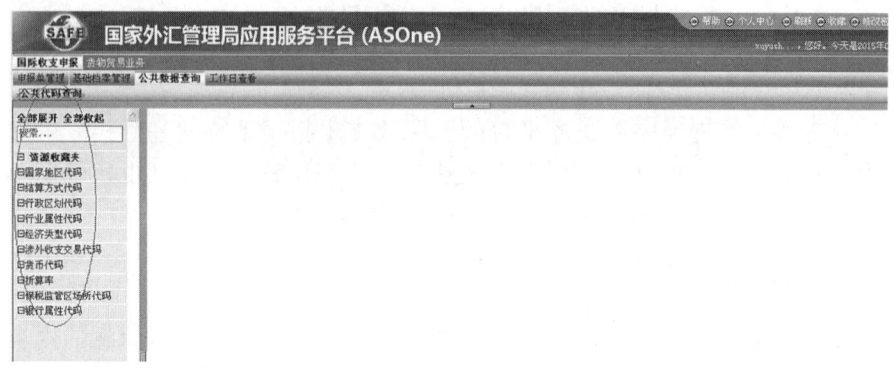

图 4-29

(一) 国家地区代码

国家地区代码子菜单用来查询企业收付汇时的对方企业所在的国家或地区的代码。查询方法可分为按照国际/地区代码、中文名称、数字代码、SWIFT 交换码等。企业查询时,在有关栏目录入查询方式后,点击"查询"

按钮即可,如图 4-30 所示。

图 4-30

(二) 结算方式代码

结算方式代码子菜单用来查询企业进出口货物时与客户或供货商的结算方式的代码。查询方法分为按照结算方式代码、结算方式名称两种。企业查询时,在有关栏目录入查询信息后,点击"查询"按钮即可,如图 4-31 所示。

图 4-31

(三) 行政区划代码

行政区划代码子菜单用来查询进出口企业所在地区的行政区划的代码。查询方法分为按照行政区划代码、行政区划名称、所属外汇局代码三种。企业查询时,在有关栏目录入查询信息后,点击"查询"按钮即可,如图 4-

32 所示。

图 4-32

（四）行业属性代码

行业属性代码子菜单用来查询进出口企业所属行业的属性代码。查询方法分为按照行业属性代码、行业属性名称两种。企业查询时，在有关栏目录入查询方式后，点击"查询"按钮即可，如图 4-33 所示。

图 4-33

（五）经济类型代码

经济类型代码子菜单用来查询进出口企业的经济类型的代码。查询方法分为按照经济类型代码、经济类型名称两种。企业查询时，在有关栏目录入查询信息后，点击"查询"按钮即可，如图 4-34 所示。

第四章
国际收支申报系统的操作经验和技巧

图 4-34

（六）涉外收支交易代码

涉外收支交易代码子菜单用来查询企业进出口业务的交易性质的代码。查询方法分为按照交易编码、交易编码描述两种。企业查询时，在有关栏目录入查询信息后，点击"查询"按钮即可，如图 4-35 所示。

图 4-35

（七）货币代码

货币代码子菜单用来查询企业进出口业务中实现交易的结算货币代码。查询方法分为按照货币代码、货币名称、数字代码、Swift 代码等。企业查询时，在有关栏目录入查询信息后，点击"查询"按钮即可，如图 4-36 所示。

· 217 ·

图 4-36

(八) 折算率

折算率子菜单用来查询企业收付汇时外币与人民币的折算率。企业可以通过货币代码或生效日进行查询。企业发生收付汇业务时,在有关栏目内录入查询信息后,点击"查询"按钮即可,如图 4-37 所示。

图 4-37

(九) 保税监管区场所代码

保税监管区场所代码子菜单用来查询企业在保税监管区内发生收付汇业务时,该保税监管区的场所的类型代码。企业可以通过保税监管区场所类型代码或保税监管区场所类型描述进行查询。查询时需要在有关栏目录入查询信息,然后点击"查询"按钮即可,如图 4-38 所示。

第四章
国际收支申报系统的操作经验和技巧

图 4-38

（十）银行属性代码

银行属性代码子菜单用来查询企业发生收付汇业务时的结算银行的属性代码。企业可以通过金融机构类型代码或金融机构类型名称进行查询。查询时，企业在有关栏目中录入查询信息后，点击"查询"按钮即可，如图4-39所示。

图 4-39

三、工作日志查看

因为此菜单企业不用操作，这里就不再说明了。

· 219 ·

第四节　系统操作中经常遇到的问题

国际收支网上申报系统的操作比较简单，但在使用和操作过程中有时也会遇到一些问题。下面列举了一些经常遇到的问题，供读者在使用系统过程中参考。

问题一：企业如何开通国际收支网上申报系统？

外贸企业只要有进出口业务，就需要使用国际收支网上申报系统。企业在使用系统前，需持企业组织机构代码证等资料（具体资料参照当地银行要求），到为企业办理国际收支业务的开户银行申请系统开通手续。银行审核后，给企业提供一张有用户信息的表格，表格内容包括登录用户名称、登录密码等，企业可以根据这些信息登录系统。

问题二：忘记登录密码怎么办？

系统的使用人员有两类：一是业务管理员，二是业务操作员。如果业务管理员忘记了登录密码，需要到系统开通银行进行登录密码重置，然后用新密码登录系统。如果是业务操作员忘记了登录密码就简单多了，系统使用人员可以以业务管理员的身份登录系统，对业务操作员的登录密码进行重置。

问题三：登录系统后，为何不能对系统内容进行操作？

系统使用者包括业务管理员和业务操作员，但能在系统中进行申报操作的只有业务操作员。系统管理员虽然有更高的权限，但不能录入申报内容。如果登录后不能对系统进行操作，很可能是因为系统使用人员是以业务管理员身份登录系统的。遇到这种情况，系统使用人员可以退出系统，并重新以业务操作员的身份登录后对系统进行操作。

问题四：录入申报内容时，有关代码和编码如何录入？

在录入申报内容时，有一些代码、编码的栏目需要手工录入，如国家/地区代码、交易编码等。录入这些栏目内容，一种方法是到系统的公共数据查询模块中去查询后录入，另一种方法是在录入栏中录入一个字母或一个数字，回车后以该字母和数字开头的编码或代码将显示在下拉菜单中，操作人员从下拉菜单中选择录入即可。

问题五：如果一笔收汇包括多种贸易方式，如何在系统中录入？

国际收支申报系统的交易方式只能录入两行，但企业在出口业务中有时对一个客户就有多种交易方式，而客户付汇金额可能是几种交易方式的合计数。针对这种情况，根据国家外汇管理局的有关规定，应该遵循"贸易对非贸易时贸易优先，均为贸易或均为非贸易时金额为大"的原则，就是说，如果企业申报金额包括一笔贸易收汇和一笔非贸易收汇，则第一栏录入贸易收汇金额，第二栏录入非贸易收汇金额。如果申报金额包括一笔贸易收汇和多笔非贸易收汇，则第一栏录入贸易收汇金额，第二栏录入较大的非贸易交易方式，金额录入非贸易方式的合计金额，同时在交易附言栏加以说明。如果申报金额是多笔贸易收汇金额和多笔非贸易收汇金额，则第一栏录入最大的贸易收汇金额，第二栏录入次大者贸易编码，金额录入除第一栏已录入金额后的金额合计，同时在交易附言栏加以说明。如果申报金额都是贸易收汇，则第一栏录入最大贸易收汇金额，第二栏录入次大者交易方式，金额录入申报金额减去第一栏金额后的余额，并在交易附言栏加以说明。如果申报金额均为非贸易收汇金额，则第一栏录入最大非贸易收汇金额，第二笔录入次大者交易方式，金额则录入申报金额减去第一栏录入金额后的余额，并在交易附言栏加以说明。虽然交易方式只能录入两行，但两行录入的金额必须与申报金额相等，其他内容只能在交易附言栏里进行说明。

问题六：如果国际收支业务为其他收入类型或退款，如何录入？

企业的收汇不一定是客户直接汇入的，有时是通过其他融资方式如押汇、福费廷等收到的款项或境外企业退回的款项。遇到这种情况，在系统录入时，需要在"收入类型"行勾选相应的收入类型或勾选"退款"。

问题七：从境内特殊区域收到款项是否需要申报？

企业从境内特殊监管区域如保税区、出口加工区等区域收到的款项，需要在系统的境内收入申报单中录入申报。其申报方式与境外收汇申报相同。

问题八：以人民币结算的国际收支是否需要申报？

企业发生的国际收支，不论是以人民币结算，还是以外币结算，都需要在申报系统进行申报。

问题九：企业国际收支中包含预收货款的如何申报？

企业的收款中如果既有贸易结算货款，也包括预收货款，若交易方式相同，收款金额录在同一栏中即可，但需要在交易附言栏中说明企业收款包括预收货款金额。若交易方式不同，则分别进行录入申报，在申报预收货款时勾选"预收货款"。

问题十：登录系统后，如何知道哪些栏目可以录入，哪些栏目不需要录入？

企业在录入申报单时，可以看到录入窗口的栏目颜色是不一样的。其中，蓝色栏目是必填项，企业必须在这些栏目中录入数据；绿色栏目是选填项，企业可以根据实际情况选择录入；灰色栏目是只读项，企业可以查看这些栏目中的数据，但不能修改。

第五章

货物贸易业务系统的操作经验和技巧

第一节 系统简介

一、关于系统

中华人民共和国成立后,由于西方国家对我国实行封锁政策,导致我国的外汇储备在较长一段时间内非常短缺,因此我国对进出口贸易收付汇一直实行比较严格的管理制度。国家实行改革开放政策以后,我国的国际贸易有了突飞猛进的发展,收付汇业务也随之大量增加。于是自1991年年初开始,我国开始实行出口收付汇核销制度,对于每一笔报关单对应的进出口业务的收付汇,都要通过外汇管理局的业务部门进行核销,作为对收付汇进行跟踪监管的进出口收付汇核销单也就应运而生。最早的收付汇核销方法是企业的办事人员凭收付汇核销单到外汇管理局进行人工现场核销,后来随着互联网的普及,国家有关部门开发了通过互联网进行核销的电子系统,使企业的出口收汇核销方法发生了彻底的改变。企业通过互联网进行收付汇核销,既省时又省力,大大提高了企业的工作效率。随着我国改革开放的进一步发展,尤其是我国加入世界贸易组织以后,外汇收入迅速增加,很快成为世界最大外汇储备国家。巨额的外汇储备,意味着我国之前对进出口贸易收付汇实行的严格管理制度已经过时,已经不能适应进出口贸易的现状了,外汇管理政策的改革也就成为必然。2012年8月1日起,在我国实行了二十多年的收汇核销制度被废止,与每笔进出口业务挂钩的收付汇核销单也被取消。原来执行的"一一对应、逐笔核销、联网核查"的微观管理方式,改为"总量核查、分类管理、重点监测、信息共享"的宏观管理方式。原来使用的与收付汇核销有关的电子系统如出口收汇核销网上报审系统、贸易信贷登记管理系统等也停止使用,取而代之的是货物贸易业务系统[原名称为"货物贸易外汇监测系统(企业版)"]。

所谓"总量核查",是指外汇管理部门不对企业的每笔贸易及外汇收支进行核实,但会定期或不定期地对企业在一段时间内发生的进出口数据和外汇收支数据进行总量对比,核查企业贸易外汇收支的真实性与货物进出口的一致性。

所谓"分类管理",是指外汇管理部门根据对进出口企业非现场或现场核查结果,结合企业遵守外汇管理规定的情况,对企业进行分类,将企业分成A、B、C三类。外汇管理部门对A类企业实行总量核查管理,对B类企业的贸易外汇收支实施电子数据核查管理，对C类企业的贸易外汇收支业务以及外汇管理部门认定的其他业务实施事前逐笔登记管理。

所谓"重点监测"，是指外汇管理部门不再对企业的出口收汇进行逐笔核实，而只是对监测系统显示存在异常或有可疑情况的企业实行现场核查。企业则根据贸易方式、结算方式、资金来源或流向等，按规定向外汇管理部门进行贸易外汇收支申报。这样一来，外汇管理部门对企业出口收汇的监管就变得非常宽松了。

所谓"信息共享"，就是将企业的出口、通关、收汇等信息上传到国家外汇管理局应用服务平台后，可以供外汇管理局、开户银行、海关、企业等信息资源使用者或监督者共享。

货物贸易业务系统是国家外汇管理部门对企业进出口收汇业务进行监管的电子系统。外汇管理部门通过本系统平台，及时把企业的出口及收汇信息上传，企业则根据实际进出口情况进行申报。通过本系统，外汇管理部门可以及时掌握企业的应收货款、预收货款、应付货款、预付货款等债权、债务方面的信息，一方面便于外汇管理部门全面了解和掌握全国范围内的进出口业务的债权、债务以及收支平衡，另一方面可以发现进出口企业在出口货物及收汇方面存在的问题，并要求存在问题的企业对有关问题作出说明，同时对利用进出口业务从事违法行为的企业进行监督并作出处罚。

外汇管理部门通过货物贸易业务系统将企业的进出口报关的"货物流"与进出口收汇的"资金流"进行比对，可以发现企业的出口与收汇存在的问题。在系统显示的提示信息里，如果资金与货物的比率不显示颜色，说明企业的出口与收汇是正常的；如果资金与货物的比率显示为绿色，说明低于应收汇下限，即企业报关出口货物太多而收汇太少；如果资金与货物的比率显示为红色，说明高于应收汇上限，即企业收汇太多而出口报关货物太少。资金与货物的比率显示为绿色和红色都是不正常的，企业需要就有关问题向外汇管理局报告并说明原因。如果外汇管理部门认为问题比较严重或企业的报告不真实，可能就会对企业进行现场核查。

企业需要向外汇管理局报告或可能导致外汇管理局进行现场核查的情况主要有以下几个方面：

①转口贸易收支差额占支出比率大于20%；
②有单笔退汇金额超过等值50万美元，且退汇笔数大于12次；
③在来料加工中工缴费率大于30%；
④系统中任一总量核查指标和本地区指标阈值偏离程度在50%以上；
⑤系统中任一总量核查指标连续四个核查期超过本地区指标阈值；

⑥预收货款余额比率、预付货款余额比率、延期收款余额比率或延期付款余额比率大于25%；

⑦其他外汇局认定的需要现场核查的情况。

货物贸易业务系统是企业向外汇管理部门进行报告的平台，企业的报告按报告的内容来说可分为义务性报告和主动性报告。

义务性报告是指企业根据进出口业务和收汇情况存在的问题，有义务向外汇管理部门提供报告进行说明。义务性报告主要包括贸易信贷业务报告、贸易融资业务报告、出口收入存放境外业务报告、辅导期业务报告等。

主动性报告是指企业根据货物进出口与贸易收汇情况是否匹配或匹配结果是否对自身产生不良影响，来自主决定是否向外汇管理部门进行报告。主动性报告由企业根据存在的情况作出判断，企业如果认为虽然存在问题但问题对自身没有什么影响，就可以作出不报告的决定。主动性报告主要包括贸易主体不一致业务报告、差额业务报告、非义务性报告范围的贸易信贷报告或转手买卖收支时间差业务报告，以及其他特殊业务报告。

二、系统功能

货物贸易业务系统包括企业网上报告管理和企业信息管理两个子系统。

企业网上报告管理子系统是货物贸易业务系统最主要的部分，也是进出口企业进行报告操作的主要途径，企业的进出口业务以及贸易收汇业务中需要报告的内容，都是通过这个子系统来完成的。企业网上报告管理子系统又包括贸易信贷与融资报告、转手买卖收支时间差报告、出口收入存放境外报告、其他报告四个模块，每个模块中又包括许多下拉菜单。

企业信息管理子系统则包括企业管理状态查询、登记表签发情况查询、现场核查信息接收与反馈、外汇局公告信息查询、企业留言等内容。

系统的结构如图5-1所示。

下面就两个子系统的使用及操作方法分别加以介绍。

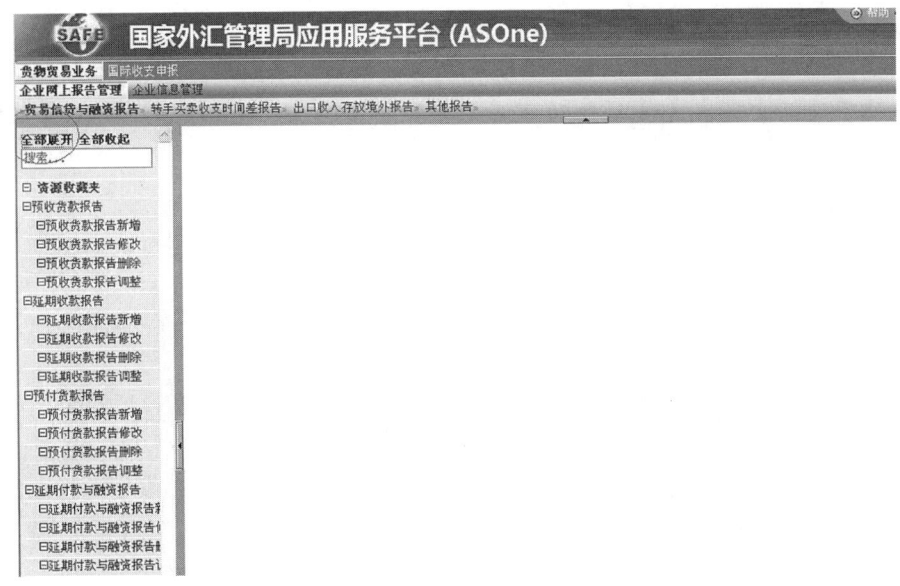

图 5-1

第二节 企业网上报告管理

企业网上报告管理系统是进出口企业对贸易信贷、贸易融资、转手买卖、收款存放境外等有关事项向外汇管理部门进行申报的主要工具。企业对符合申报条件的有关事项，必须通过系统如实向外汇管理部门、收付汇银行进行报告。

2012年8月1日起实行的《国家外汇管理局关于印发货物贸易外汇管理法规有关问题的通知》附件2《货物贸易外汇管理指引实施细则》，对企业申报条件做了如下规定。

第三十七条 符合下列情况之一的业务，企业应当在货物进出口或收付汇业务实际发生之日起30天内，通过监测系统向所在地外汇局报送对应的预计收付汇或进出口日期等信息：

（一）30天以上（不含）的预收货款、预付货款；

（二）90天以上（不含）的延期收款、延期付款；

（三）90天以上（不含）的远期信用证（含展期）、海外代付等进口贸易融资；

（四）B、C类企业在分类监管有效期内发生的预收货款、预付货款，以及30天以上（不含）的延期收款、延期付款；

（五）同一合同项下转口贸易收支日期间隔超过90天（不含）且先收后支项下收汇金额或先支后收项下付汇金额超过等值50万美元（不含）的业务；

（六）其他应当报告的事项。

符合以上报告条件的进出口业务，企业应该在规定的期限之内，向外汇管理部门及银行提供报告。

上面第四项规定中提到的"B、C类企业"，是国家外汇管理部门根据非现场或现场核查的结果，结合企业遵守外汇管理规定等情况，对企业进行的一种监管程度的分类。关于分类的方法，《货物贸易外汇管理指引实施细则》规定如下：

第五十二条 核查期内企业遵守外汇管理相关规定，且贸易外汇收支经外汇局非现场或现场核查情况正常的，可被列为A类企业。

第五十三条 存在下列情况之一的企业，外汇局可将其列为B类企业：

（一）存在本细则第四十六条规定情况之一且经现场核查企业无合理解释；

（二）未按规定履行报告义务；

（三）未按规定办理贸易外汇业务登记；

（四）外汇局实施现场核查时，未按规定的时间和方式向外汇局报告或提供资料；

（五）应国家相关主管部门要求实施联合监管的；

（六）外汇局认定的其他情况。

第五十四条 存在下列情况之一的企业，外汇局可将其列为C类企业：

（一）最近12个月内因严重违反外汇管理规定受到外汇局处罚或被司法机关立案调查；

（二）阻挠或拒不接受外汇局现场核查，或向外汇局提供虚假资料；

（三）B类企业在分类监管有效期届满经外汇局综合评估，相关情况仍符合列入B类企业标准；

（四）因存在与外汇管理相关的严重违规行为被国家相关主管部门处罚；

（五）外汇局认定的其他情况。

对企业进行A、B、C类的划分，一方面方便了外汇管理部门对进出口企业进行监管，使它们可以把主要精力放在B类和C类企业上；另一方面也对进出口企业起到了警示作用，使企业更加严格地遵守国家有关外汇管理制度，避免被外汇管理部门列为重点监管的企业。

下面根据企业发生的贸易业务的具体内容详细介绍企业网上报告管理子

系统的操作过程。

一、贸易信贷与融资报告

贸易信贷与融资报告是企业在从事进出口业务时，对发生的贸易信贷及贸易融资行为向外汇管理部门所做的报告。

所谓"贸易信贷"是指进出口企业在交易过程中发生的、超过外汇管理部门规定时间的预收货款、预付货款、延期收款、延期付款行为。也就是说并非所有贸易信贷业务都需要向外汇管理局申报，只有超过外汇管理部门规定时间的贸易信贷业务才需要报告。贸易信贷业务是进出口企业经常发生的业务，因为几乎所有的进出口业务都不可能同时钱货两清，要么先付款后发货，要么先发货后付款。不论哪一种情况，都是贸易信贷行为。如果付款或发货的时间超出了有关的规定，企业就需要向外汇管理部门进行报告。

所谓"贸易融资"是指在进出口贸易过程中，金融企业为进出口企业提供的与贸易收支有关的短期融资活动。进出口企业通过贸易融资，可以解决进出口业务中面临的资金短缺问题。贸易融资主要业务包括远期信用证、海外代付、福费廷、进出口押汇等。

贸易信贷与融资报告包括"预收货款报告""延期收款报告""预付货款报告""延期付款与融资报告"四项内容，如图5-2所示。

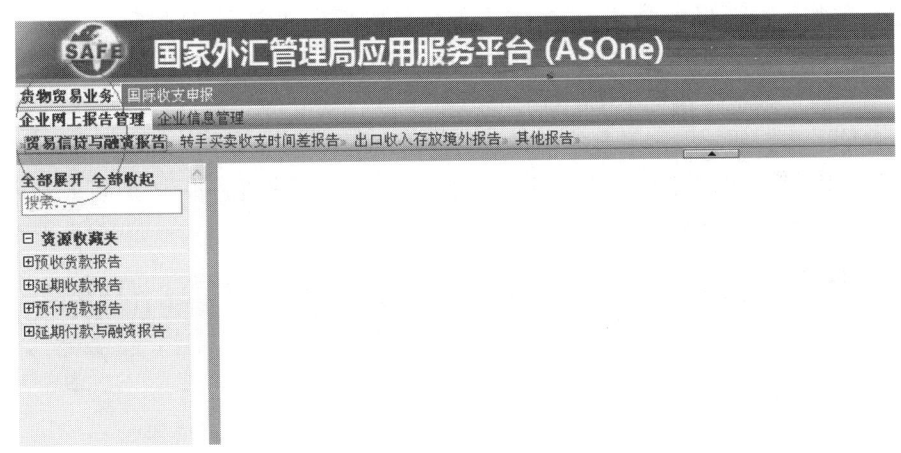

图5-2

下面我们就以上内容进行详细介绍。

（一）预收货款报告

预收货款报告是指企业因出口货物的收款日期早于预计货物的出口日期

而向外汇管理部门所做的报告。但并不是所有的收款早于出口的业务都需要报告，国家外汇管理局在这方面有着详细且明确的规定：A 类企业的收款日期超过预计出口日期 30 日以上的；B 类企业和 C 类企业在监管期内的预售货款。也就是说，A 类企业的预收货款有时限规定，B 类企业和 C 类企业的预收货款没有时限规定，只要发生了预收货款，就需要报告。出口企业的报告时间是在收到货款之日的 30 日之内。如果企业未在 30 日之内提供报告，需要提供未按时提交报告的说明材料，并到外汇管理局做现场报告。所以企业发生了需要报告的出口收汇业务，一定要按时向外汇管理部门提供报告，否则企业需要到外汇管理局做现场报告，这样做一方面给企业增加了工作负担，另一方面企业也容易引起外汇管理局的怀疑而被列为重点监管对象。

预收货款报告菜单分为预收货款报告新增、预收货款报告修改、预收货款报告删除、预收货款报告调整四个子菜单。企业的预收货款报告就是通过这四个子菜单来完成的，这四个子菜单包括了预收货款报告操作的全部内容。

下面我们详细介绍预收货款报告的操作步骤。

1. 预收货款报告新增

预收货款报告新增是企业发生需要报告的预收货款时，在规定的时间内向外汇管理部门提供报告的菜单。企业发生需要报告的预收货款后，需要在系统中查询收款记录，然后在系统中录入预计出口日期、关联关系类型、预收币种、报告金额等内容，录入完毕后向外汇管理局及银行提供报告。

预收货款报告新增菜单的操作步骤如下。

第一步，依次点击平台的"货物贸易业务"—"企业网上报告管理"—"贸易信贷与融资报告"—"预收货款报告"—"预收货款报告新增"菜单，打开报告新增操作窗口，如图 5-3 所示。

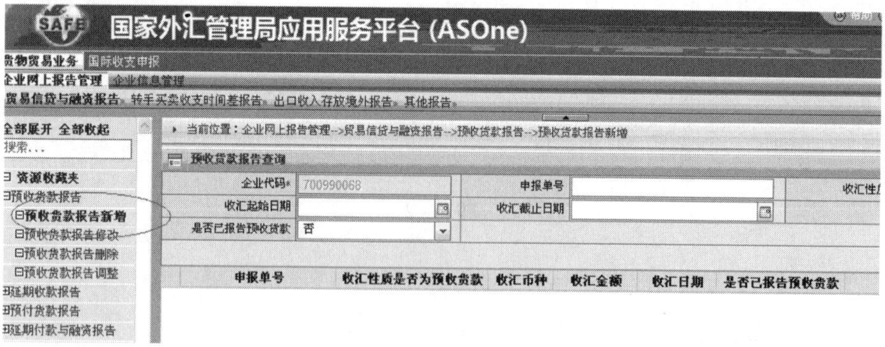

图 5-3

第二步，在打开的窗口中，企业可以通过申报单号和收汇日期等来查询收汇信息。在"收汇起始日期"和"收汇截止日期"栏里录入查询日期或在"申报单号"栏里录入申报单号码，然后点击"查询"按钮，则符合查询条件的收汇记录将显示在窗口下面，如图5-4所示。如果想重新录入查询条件，可以点击"重置"按钮，系统将撤销已录入的查询条件，企业可以重新录入查询条件。

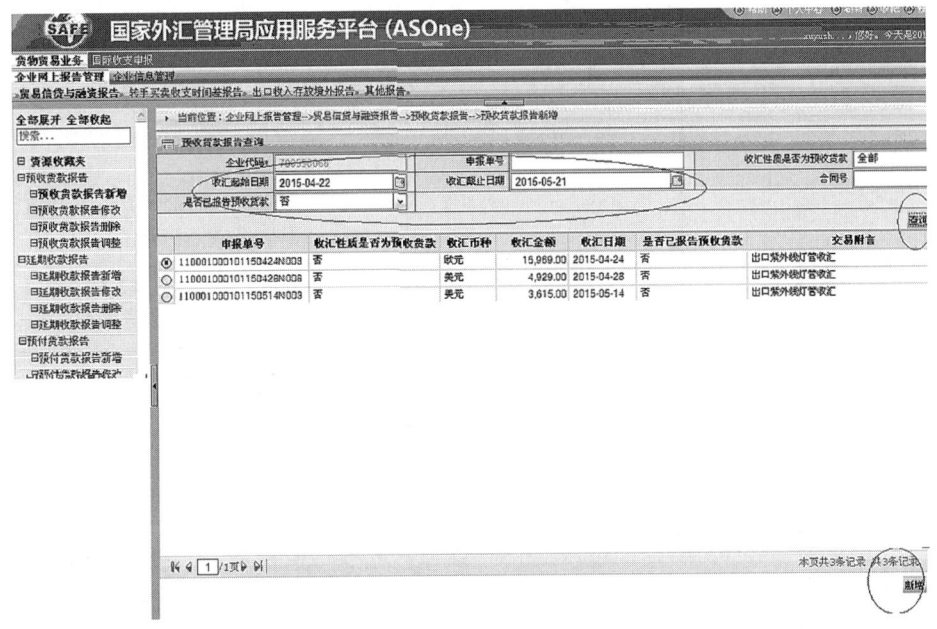

图 5-4

第三步，选中需要报告的申报单号前面的小圆圈，然后点击窗口右下角的"新增"按钮，可进入申报单新增窗口，如图5-5所示。

第四步，在新增小窗口中同样点击右下角的"新增"按钮，则会在窗口的下面增加一行录入栏。企业可根据出口合同等资料在"预计出口日期""关联关系类型""预收币种""报告金额"等栏目中录入有关信息，如图5-6所示。"关联关系类型"可在下拉菜单中选择。如果需要录入多条数据，可以继续点击右下角的"新增"按钮，系统将会在下面添加一行，以此类推，可以添加多行。如果发现录入的某行数据资料等存在错误，可以点击窗口右下角的"删除"按钮，删除该行并重新录入。如果不想申报已经录入的数据，也可以把数据删除后关闭窗口。各栏的资料录入完毕后，点击右下角的"提交"按钮，完成录入申报。

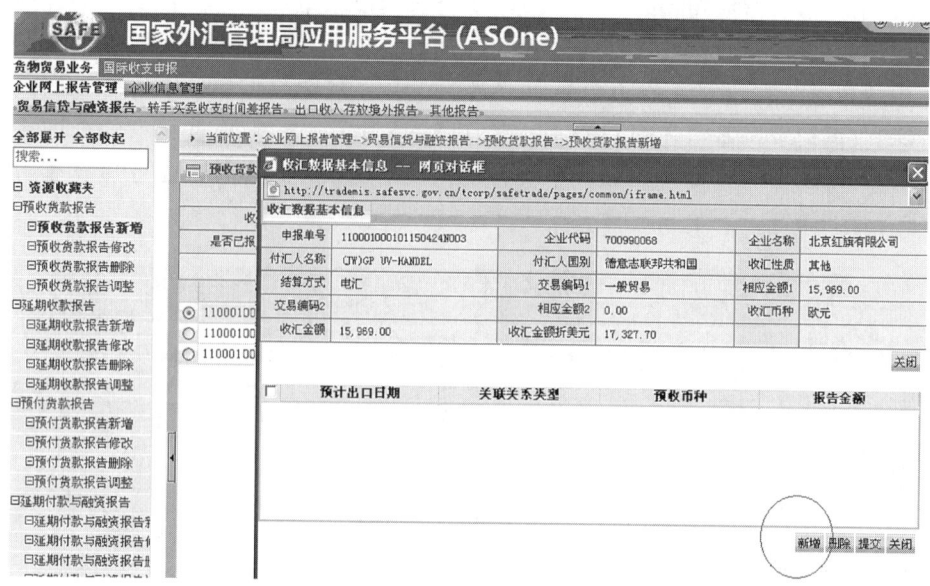

图 5-5

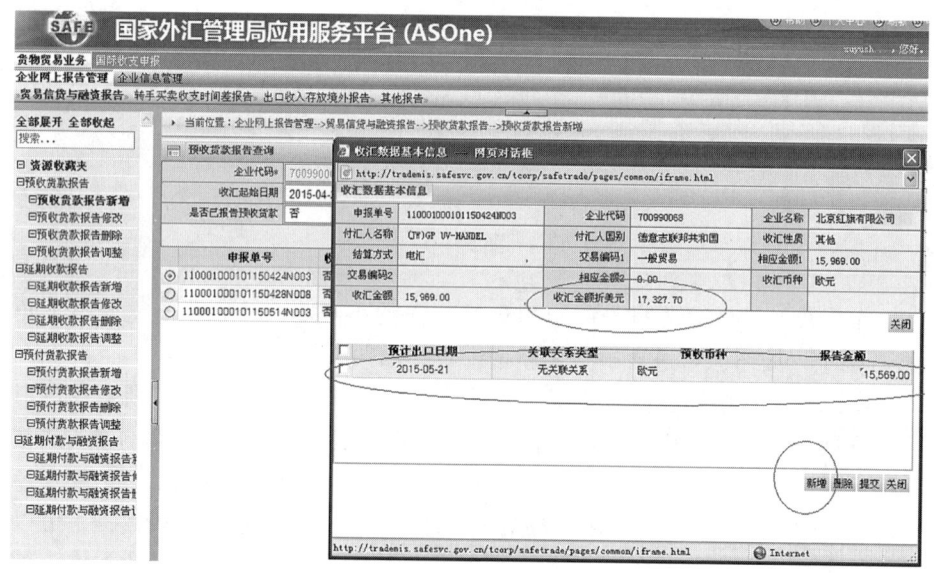

图 5-6

2. 预收货款报告修改

预收货款报告修改就是企业如果发现已经提交给外汇管理部门的报告中的数据等存在错误,可以在收款业务实际发生后的 30 日内,通过本菜单对已提交的报告数据进行修改。

预收货款报告修改菜单的操作步骤如下。

第一步，依次点击平台的"货物贸易业务"—"企业网上报告管理"—"贸易信贷与融资报告"—"预收货款报告"—"预收货款报告修改"菜单，打开报告修改操作窗口，如图5-7所示。

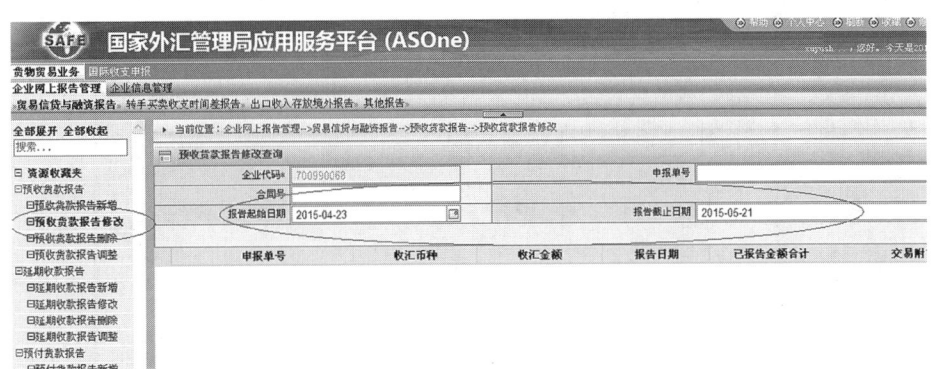

图5-7

第二步，在打开的窗口，录入申报单号或报告起止日期等查询条件，然后点击"查询"按钮，则符合条件的记录将显示在窗口中，如图5-8所示。

图5-8

第三步，选中需要修改的申报记录的申报单号，点击右下角的"修改"按钮，打开预收货款报告修改窗口，如图5-9所示。

第四步，根据正确的资料，对报告中错误的数据进行修改。如果需要添加新的记录，点击小窗口右下角的"新增"按钮。如果需要取消已经申报的记录，点击小窗口右下角的"删除"按钮。操作结束后点击小窗口右下角的"提交"按钮，向外汇管理局提交修改后的报告。

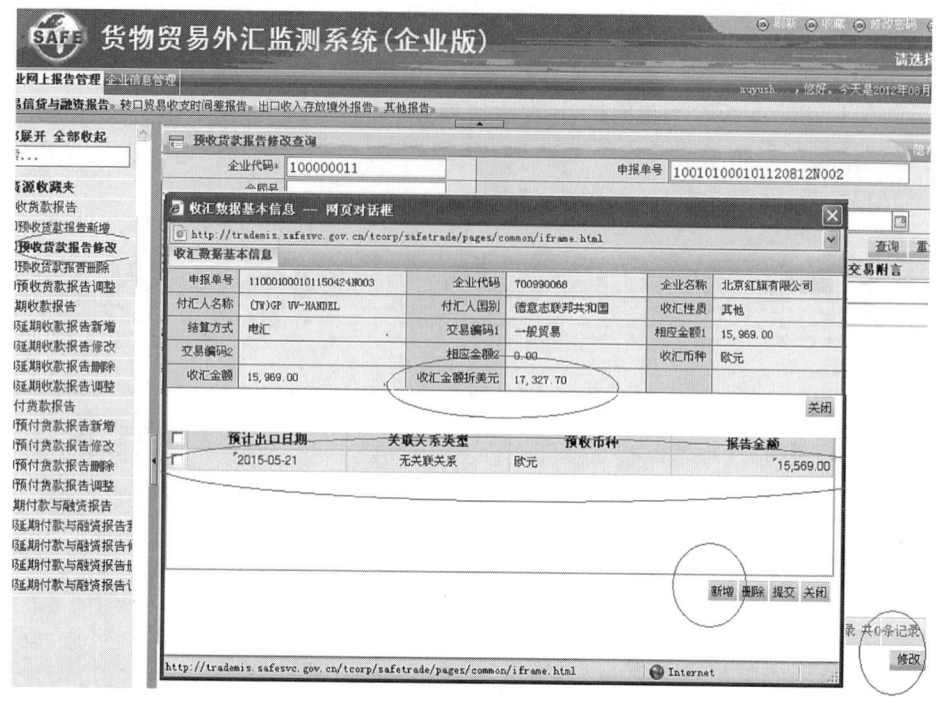

图 5-9

3. 预收货款报告删除

预收货款报告删除就是对已经提交给外汇管理部门的报告,可以在收款业务实际发生后的 30 日内,通过本菜单进行删除。

预收货款报告删除菜单的操作步骤如下。

第一步,依次点击平台的"货物贸易业务"—"企业网上报告管理"—"贸易信贷与融资报告"—"预收货款报告"—"预收货款报告删除"菜单,打开报告删除操作窗口,如图 5-10 所示。

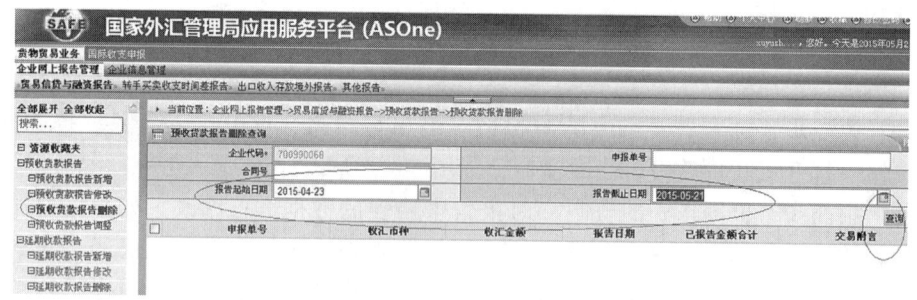

图 5-10

第二步，在打开的窗口，企业可根据需要录入申报单号或报告起止日期等查询条件，然后点击"查询"按钮，则符合查询条件的申报记录将显示在窗口中，如图 5－11 所示。

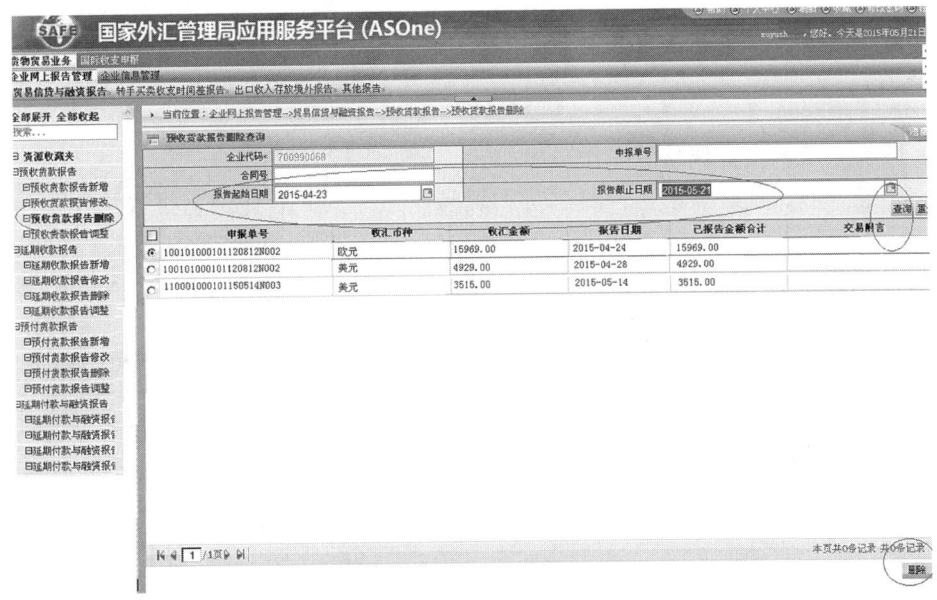

图 5－11

第三步，选中需要删除的记录，然后点击窗口右下角的"删除"按钮，完成删除操作。

注意预收货款报告删除与预收货款报告新增和预收货款报告修改里的删除方法的区别：预收货款报告新增和预收货款报告修改里的删除是删除录入的报告数据，预收货款报告删除则是删除整个报告。一个是在打开报告记录前的窗口操作，一个是在打开报告后的窗口操作。

4. 预收货款报告调整

预收货款报告调整就是对企业已经提交给外汇管理局的报告，在收款业务实际发生之日起 30 日（不含）后，可以通过本菜单对已申报的数据进行调整。

注意预收货款报告调整与预收货款报告修改两个菜单的操作时限：一个是收款业务实际发生之日起的 30 日内，一个是收款业务实际发生之日起的 30 日后。

预收货款报告调整的操作步骤如下。

第一步，依次点击平台的"货物贸易业务"—"企业网上报告管理"—"贸易信贷与融资报告"—"预收货款报告"—"预收货款报告调整"菜单，打开报告调整操作窗口，如图 5-12 所示。

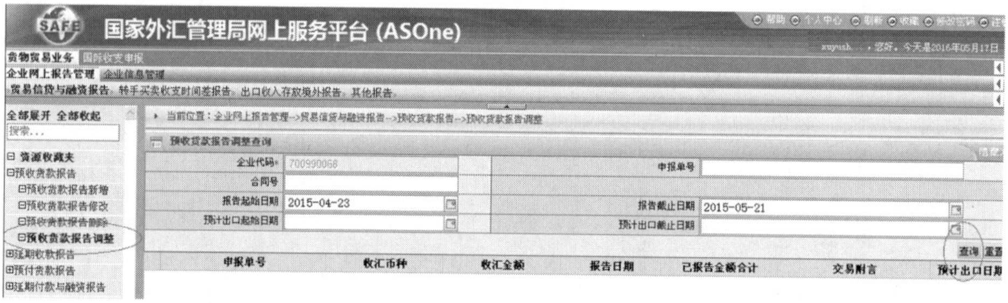

图 5-12

第二步，在打开的窗口，根据需要录入申报单号或报告起止日期等查询条件，然后点击"查询"按钮，则符合查询条件的申报记录将显示在窗口中，如图 5-13 所示。

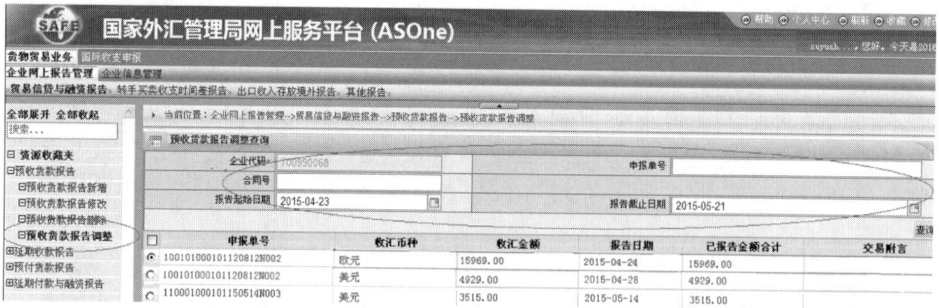

图 5-13

第三步，选中需要调整的申报记录，然后点击窗口右下角的"调整"按钮，对需要调整的数据进行修改。如果需要增加记录，点击小窗口右下角的

"新增"按钮;如果需要删除已经录入的记录,点击小窗口右下角的"删除"按钮,如图 5-14 所示。

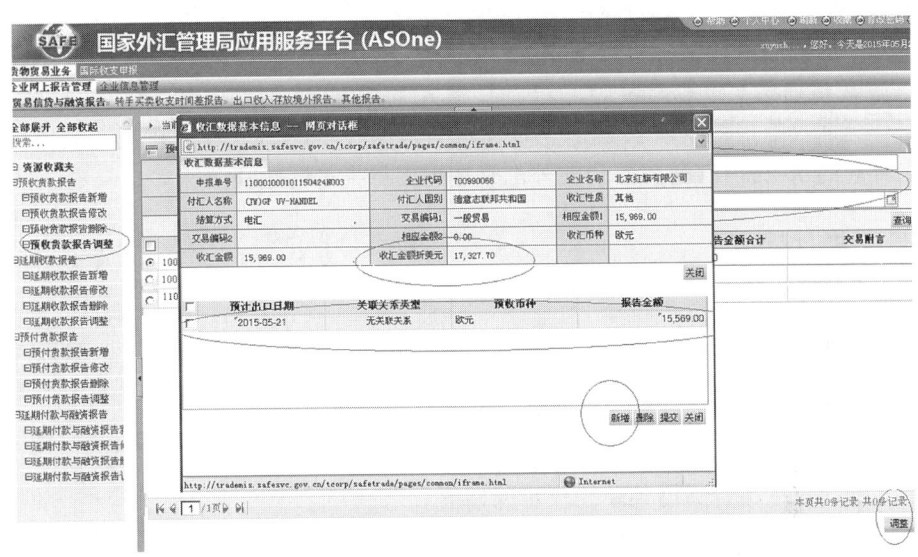

图 5-14

第四步,修改结束后,点击小窗口右下角的"提交"按钮,向外汇管理局提交调整后的报告。

(二) 延期收款报告

延期收款报告是指企业因实际出口收汇日期晚于出口报关单上的出口日期而向外汇管理局所做的报告。当然并不是所有收汇日期晚于报关单出口日期的业务都要向外汇管理局报告,只有符合报告条件的收汇业务才需要报告。报告条件为:A 类企业实际出口收汇日期超过报关单日期 90 天以上的延期收款;B 类、C 类企业在监管期内的实际收汇日期超过报关单日期 30 天以上的延期收款。符合以上条件的企业需要在货物出口之日起 30 天内通过外汇管理局应用服务平台向外汇管理局及银行提供延期收款报告。报告的内容包括预计收款日期、收款金额、关联关系等内容。

企业发生了延期收款出口业务,一定要掌握该延期收款业务是否符合报告条件,符合报告条件的业务要及时报告。如果出口企业发生了需要报告的延期收款业务而没有在规定的时间内向外汇管理局等部门提供报告,则企业收汇管理人员需要到外汇管理局做现场报告,现场报告要提交情况说明等资料。

延期收款报告的内容与预收货款报告的内容基本一样,包括延期收款报告新增、延期收款报告修改、延期收款报告删除、延期收款报告调整四项内容。

下面我们就详细介绍延期收款报告菜单的操作步骤。

1. 延期收款报告新增

延期收款报告新增就是企业对发生的延期收款出口业务,在规定的出口之日起的 30 日内,通过平台向外汇管理局提供报告的过程。

 小贴士

企业提供延期收款报告后,如果实际收款在规定的 90 天(A 类企业)或 30 天(B 类、C 类企业)之前实现,报告并不会对企业造成任何影响,企业也可以通过延期收款报告删除菜单将报告删除。

延期收款报告新增菜单操作步骤如下。

第一步,依次点击平台的"货物贸易业务"—"企业网上报告管理"—"贸易信贷与融资报告"—"延期收款报告"—"延期收款报告新增"菜单,打开报告新增操作窗口,如图 5-15 所示。

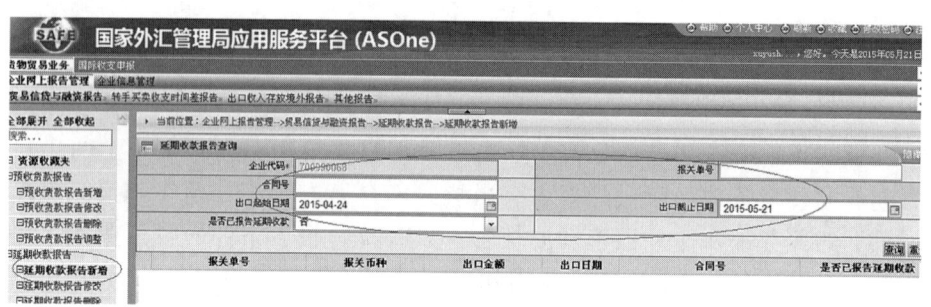

图 5-15

第二步,在打开的窗口中,在查询条件栏目录入"报关单号""合同号""出口起始日期"等查询条件,然后点击"查询"按钮,则符合条件的记录将显示在窗口下面,如图 5-16 所示。

第三步,选中需要报告的报关单号,点击窗口右下角的"新增"按钮,进入新增报告窗口,如图 5-17 所示。

第四步,在新增报告窗口,点击窗口右下角的"新增"按钮,则会在窗口下面增加一行录入栏。录入栏包括"预计收款日期""关联关系类型"

第五章
货物贸易业务系统的操作经验和技巧

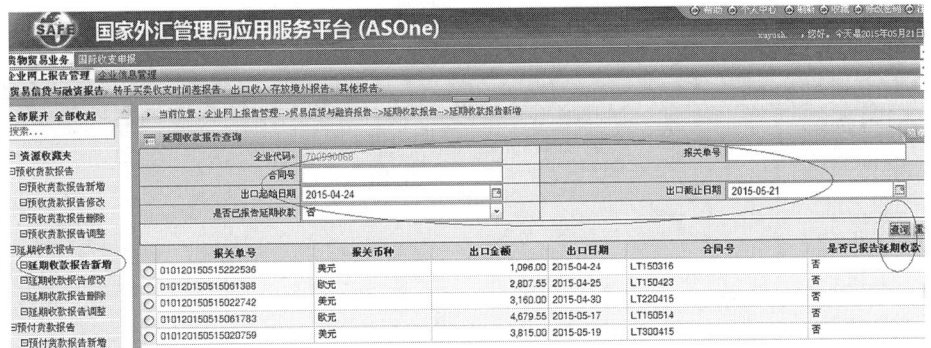

图 5-16

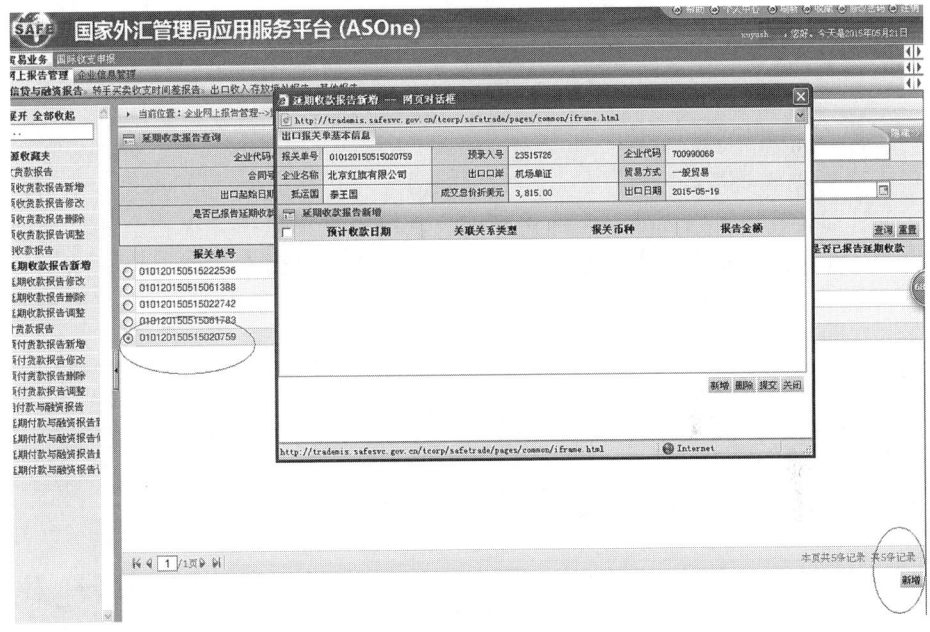

图 5-17

"报关币种""报告金额"四栏，企业可根据实际情况录入各栏的数据。如果该笔出口记录分多笔收款而需要录入多条数据，企业可以在录入完一行后，继续点击"新增"按钮，再增加一行，以此类推。企业录入操作后，如果需要删除已经录入的数据，可点击窗口右下角的"删除"按钮，如图5-18所示。

第五步，所有数据录入完毕后，点击窗口右下角的"提交"按钮，向外汇管理局提交新增的报告。

· 239 ·

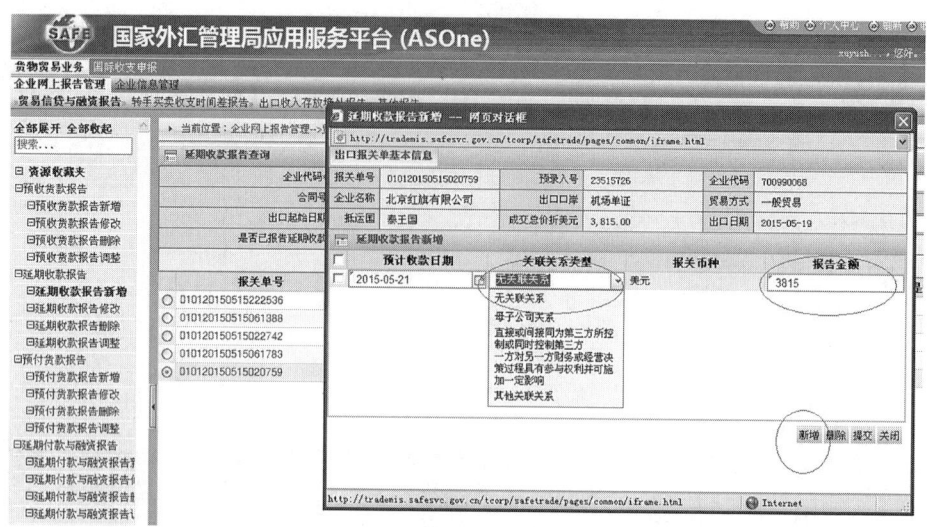

图 5-18

2. 延期收款报告修改

延期收款报告修改就是企业将延期收款报告录入完毕并提交给外汇管理局后，如果需要对数据进行修改或增加新的数据，可以在实际出口日期之后的 30 天之内，对已录入数据进行修改，但如果超过了实际出口日 30 天，则修改数据只能通过延期收款报告修改菜单来完成了。

延期收款报告修改菜单操作步骤如下。

第一步，依次点击平台的"货物贸易业务"—"企业网上报告管理"—"贸易信贷与融资报告"—"延期收款报告"—"延期收款报告修改"菜单，打开报告修改操作窗口，如图 5-19 所示。

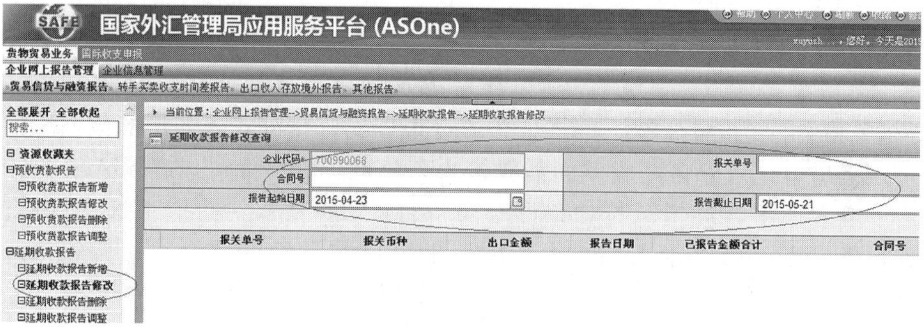

图 5-19

第二步，在打开的修改窗口，同样是在查询栏目中录入查询条件，然后点击"查询"按钮,则符合查询条件的已经提交的报告记录将显示在窗口中,如图 5-20 所示。

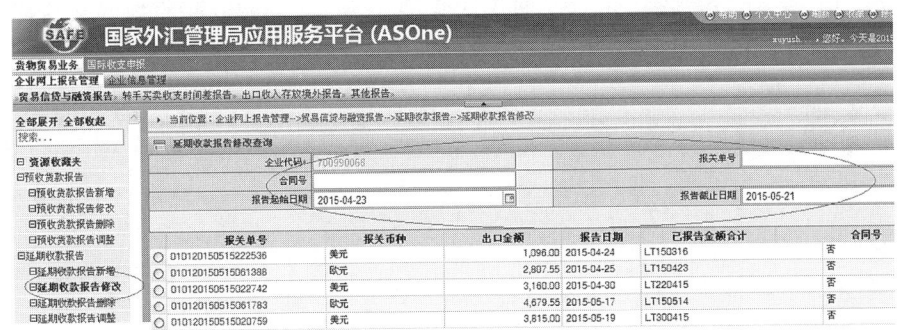

图 5-20

第三步,选中需要修改的记录,然后点击窗口右下角的"修改"按钮,打开该条记录,如图 5-21 所示。

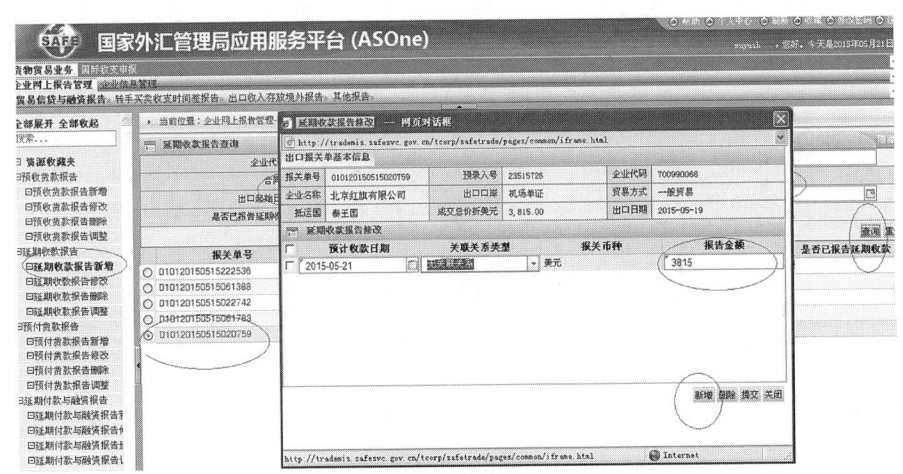

图 5-21

第四步,企业可以在窗口中对已录入数据进行修改。如果需要增加数据,可点击窗口右下角的"新增"按钮,继续追加报告记录。如果需要删除已录入数据,则点击窗口右下角的"删除"按钮。数据修改完毕后,点击窗口右下角的"提交"按钮,再次向外汇管理局提交修改后的报告。

3. 延期收款报告删除

延期收款报告删除是指出口企业如果需要删除已经向外汇管理局提交的延期收款报告,可在实际出口之日起 30 日内通过本菜单来操作。

延期收款报告删除菜单的操作步骤如下。

第一步,依次点击平台的"货物贸易业务"—"企业网上报告管理"—"贸易信贷与融资报告"—"延期收款报告"—"延期收款报告删除"菜单,打开报告删除操作窗口,如图 5-22 所示。

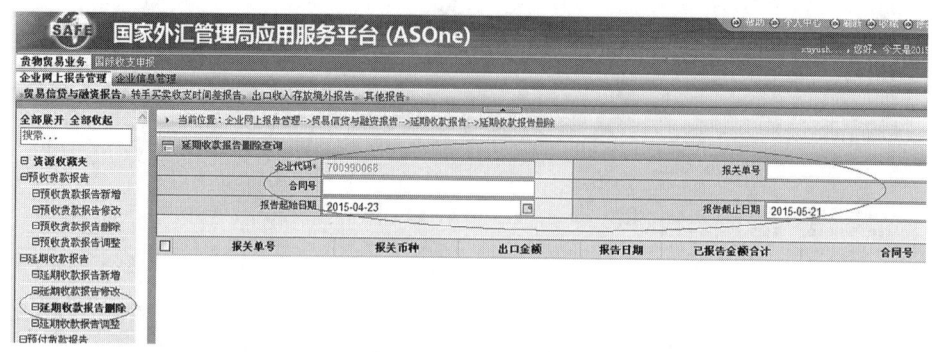

图 5-22

第二步,在打开的窗口中,在查询条件栏中录入查询条件,然后点击"查询"按钮,则符合查询条件的记录将显示在窗口下面,如图 5-23 所示。

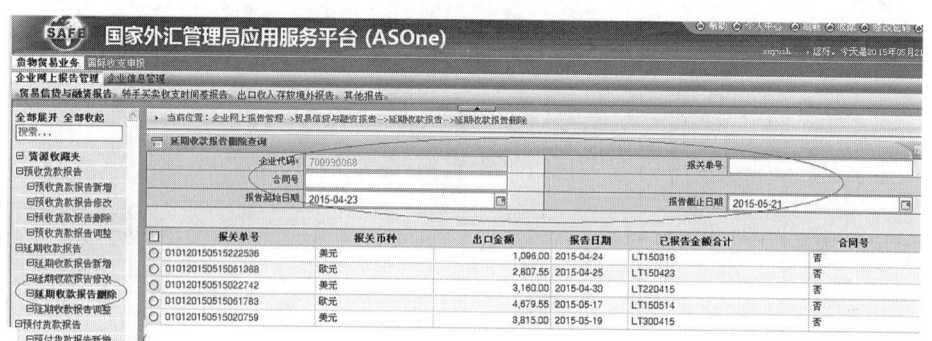

图 5-23

第三步,选中需要删除的一条或多条记录,然后点击窗口右下角的"删除"按钮,则选中的记录都会被删除,如图 5-24 所示。

 小贴士

延期收款报告删除是删除整个报告,延期收款报告新增与延期收款报告修改里的"删除"是删除报告的某条数据,要注意二者的区别。

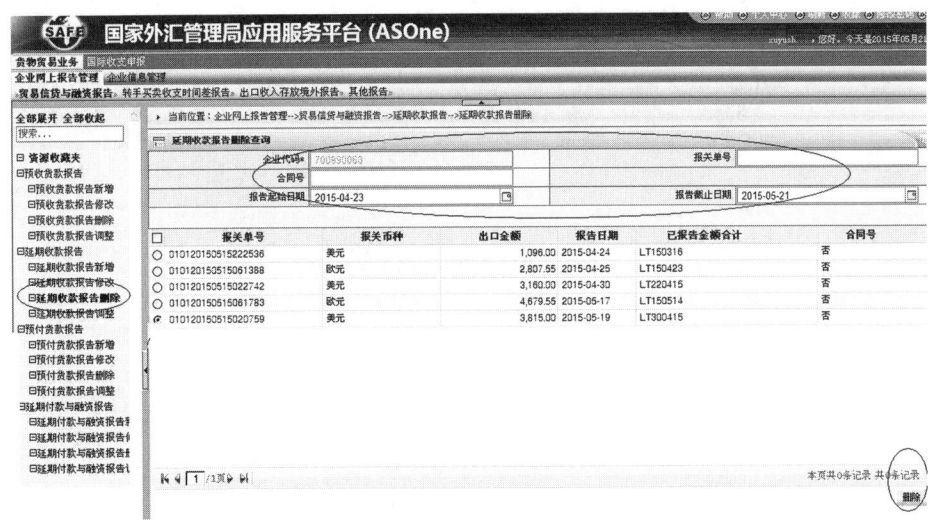

图 5-24

4. 延期收款报告调整

延期收款报告调整是企业向外汇管理局提交了延期收款报告后，如果超过了实际出口日期的 30 天还需要对报告进行修改，则通过本菜单进行操作。

延期收款报告调整操作步骤如下：

第一步，依次点击平台的"货物贸易业务"—"企业网上报告管理"—"贸易信贷与融资报告"—"延期收款报告"—"延期收款报告调整"菜单，打开报告调整操作窗口，如图 5-25 所示。

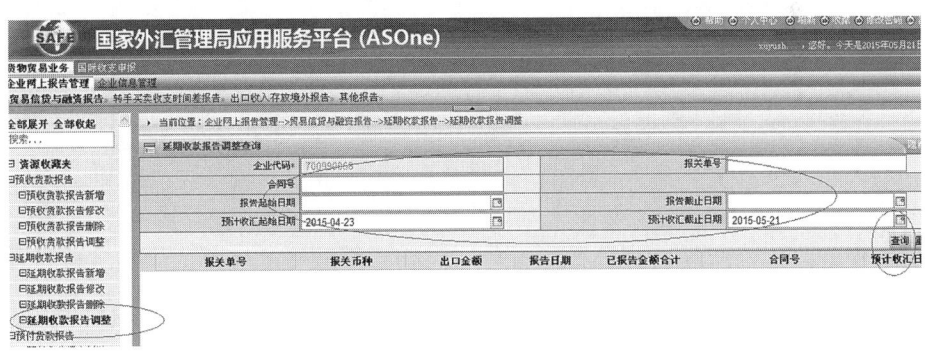

图 5-25

第二步，在打开的窗口中，在查询条件栏中录入查询条件，然后点击窗口的"查询"按钮，则符合条件的记录将显示在窗口中，如图 5-26 所示。

第三步，选中窗口中需要调整的记录，然后点击窗口右下角的"调整"

· 243 ·

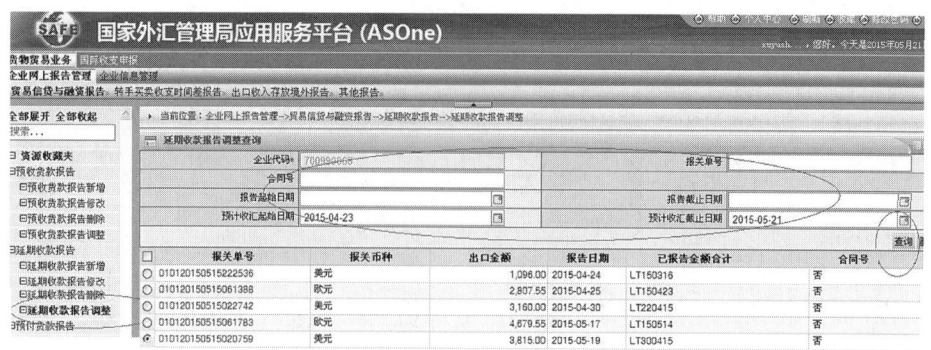

图 5-26

按钮,则可以对该条记录进行修改。如果需要增加报告记录,可点击窗口右下角的"新增"按钮;如果需要删除已报告记录,点击窗口右下角的"删除"按钮,如图 5-27 所示。

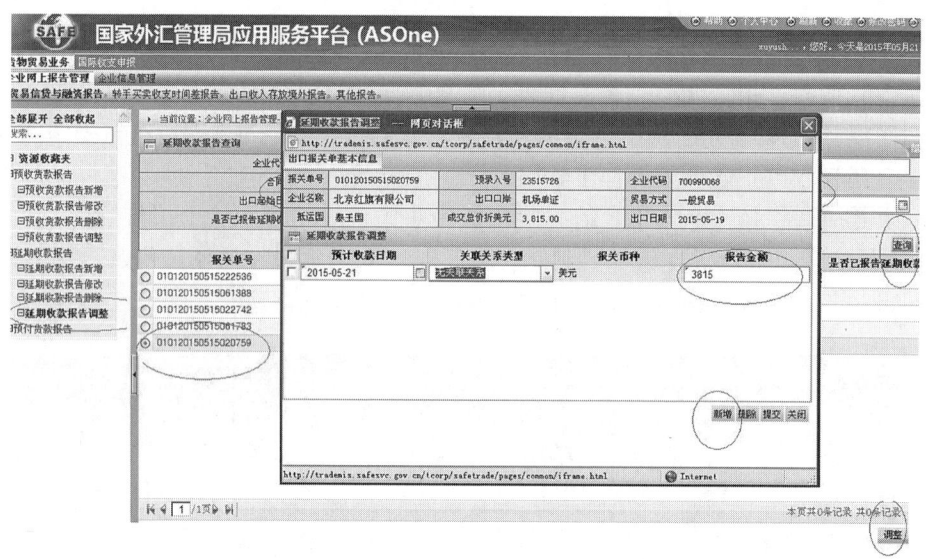

图 5-27

第四步,修改完毕,重新点击窗口右下角的"提交"按钮,向外汇管理局提交调整后的报告。

(三)预付货款报告

预付货款报告是指企业进口货物因实际付款日期早于进口货物预计进口日期而需要向外汇管理局提供的报告。预付货款报告也是有条件的,并非所有的预付货款都要向外汇管理局报告。预付货款报告的条件是：A 类企业发生的 30 天以上的预付货款，B 类企业和 C 类企业在监管期内发生的所有预付货款。符合报告条件的预付货款，企业应该在实际付汇之日起的 30 天内，根据进口合同等资料，通过平台向外汇管理局提交报告。报告内容包括付款日期、付款金额、关联关系类型等信息。

企业如果发生了需要报告的预付货款业务而没有在规定时间内向外汇管理局提交报告，则应派人持说明材料等资料到外汇管理局做现场报告。

预付货款报告菜单也包括预付货款报告新增、预付货款报告修改、预付货款报告删除、预付货款报告调整四项内容。

下面详细介绍预付货款报告菜单的具体操作步骤。

1. 预付货款报告新增

预付货款报告新增是指企业对于发生的符合报告条件的预付货款业务，在平台上进行有关数据信息录入并向外汇管理局提交报告的过程。

预付货款报告新增菜单的具体操作步骤如下。

第一步，依次点击平台的"货物贸易业务"—"企业网上报告管理"—"贸易信贷与融资报告"—"预付货款报告"—"预付货款报告新增"菜单，打开报告新增操作窗口，如图 5 – 28 所示。

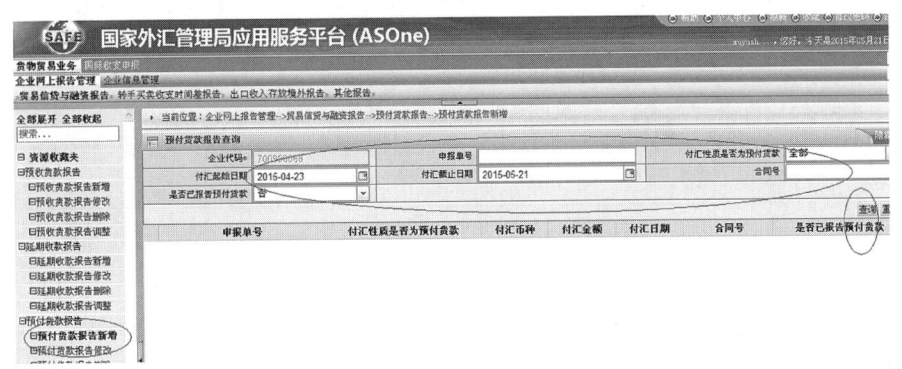

图 5 – 28

第二步，在打开的窗口中，在查询条件栏中录入查询条件，然后点击窗口的"查询"按钮，则符合条件的记录将显示在窗口中，如图 5 – 29 所示。

第三步，选中需要报告的记录，然后点击窗口右下角的"新增"按钮，打开预付货款新增窗口，窗口显示的是该条记录的详细内容，如图 5 – 30 所示。

第四步，在打开的新增小窗口中，继续点击小窗口右下角的"新增"按钮，系统将在预付货款记录的下面增加一行录入栏。录入栏包括"预计进口

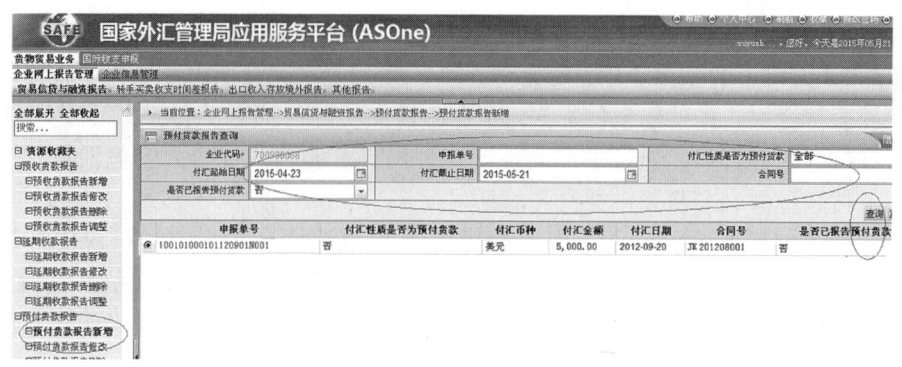

图 5-29

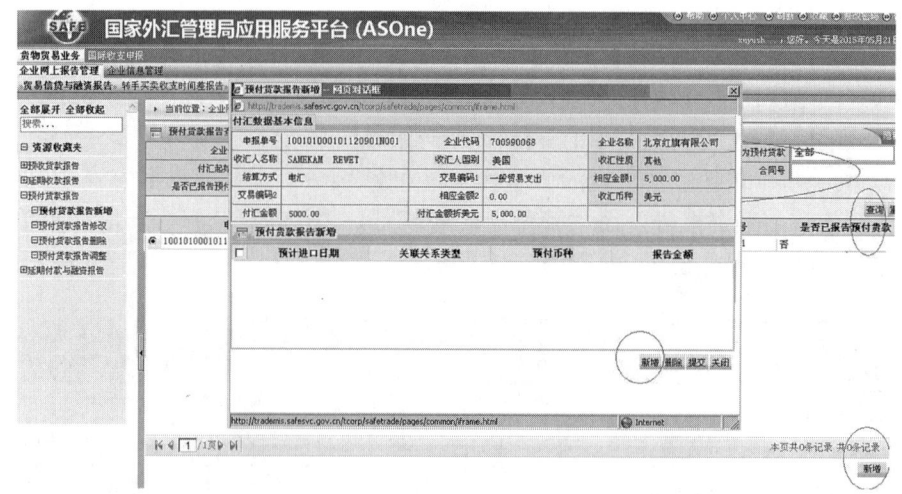

图 5-30

日期""关联关系类型""预付币种""报告金额"等内容,进口企业可根据进口合同等依次录入各栏目。录入完一行后,如果需要录入多笔内容,可继续点击"新增"按钮;如果需要取消已经录入的内容,可选中该条记录,然后点击窗口右下角的"删除"按钮,系统将删除该行记录,如图 5-31 所示。

第五步,录入完毕后,点击小窗口右下角的"提交"按钮,向外汇管理局提交报告。

2. 预付货款报告修改

预付货款报告修改是指企业向外汇管理局提交预付货款报告后,如果发现报告存在错误,可以在付款日期之后的 30 日内对报告进行修改,然后重新提交给外汇管理局。

预付货款报告修改菜单的操作步骤如下。

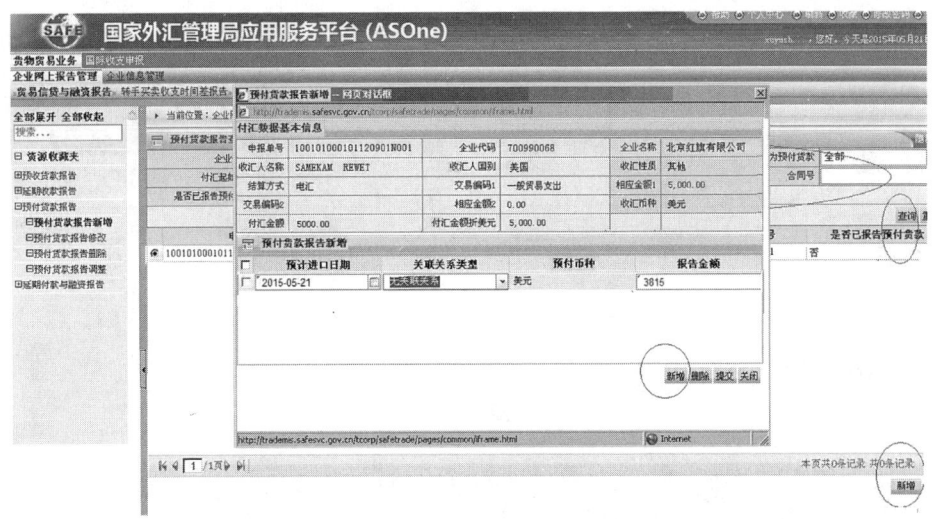

图 5-31

第一步,依次点击平台的"货物贸易业务"—"企业网上报告管理"—"贸易信贷与融资报告"—"预付货款报告"—"预付货款报告修改"菜单,打开报告修改操作窗口,如图 5-32 所示。

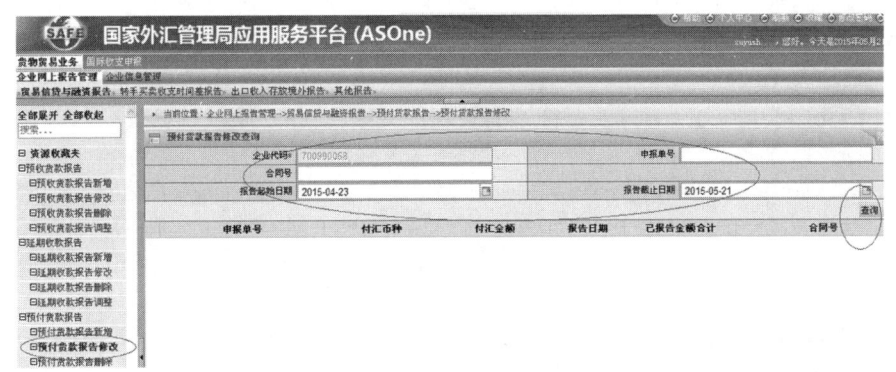

图 5-32

第二步,在打开的窗口中,在查询条件栏中录入查询条件,然后点击窗口的"查询"按钮,则符合查询条件的已经向外汇管理局提交过的记录将显示在窗口中,如图 5-33 所示。

第三步,选中需要修改的记录,然后点击窗口右下角的"修改"按钮,打开该条记录,如图 5-34 所示。

第四步,在打开的窗口中,可以对记录内容进行修改。如果要新增记录,点

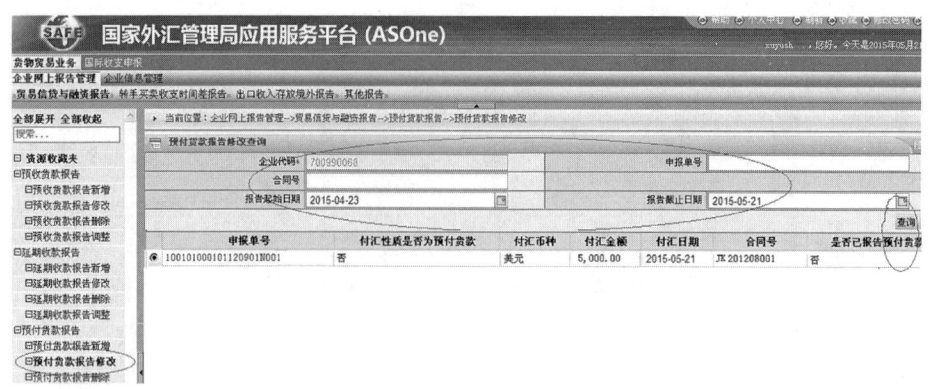

图 5 - 33

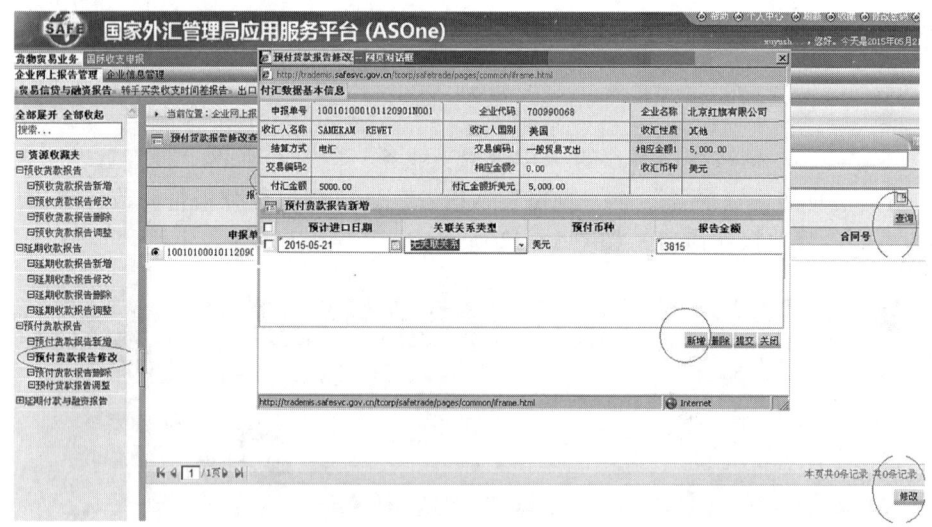

图 5 - 34

击右下角的"新增"按钮；如果要取消已报告记录，点击右下角的"删除"按钮。修改完毕后，点击右下角的"提交"按钮，向外汇管理局提交修改后的报告。

3. 预付货款报告删除

预付货款报告删除是指企业向外汇管理局提交预付货款报告后，因某种原因（例如进口货物提前到货等）需要取消该报告，可以通过本菜单来完成。

预付货款报告删除菜单的操作步骤如下。

第一步，依次点击平台的"货物贸易业务"—"企业网上报告管理"—"贸易信贷与融资报告"—"预付货款报告"—"预付货款报告删除"菜单，打开报告删除操作窗口，如图 5 - 35 所示。

第二步，在打开的窗口中，在查询条件栏中录入查询条件，然后点击窗

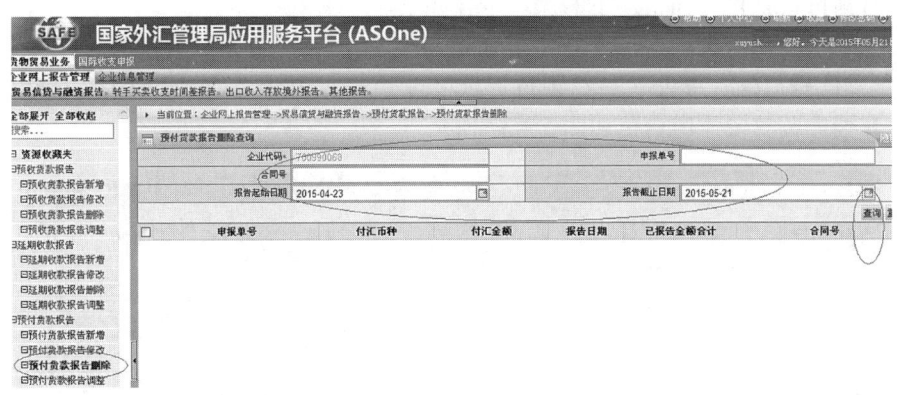

图 5-35

口的"查询"按钮,则符合查询条件的已经向外汇管理局提交过的记录将显示在窗口中,如图 5-36 所示。

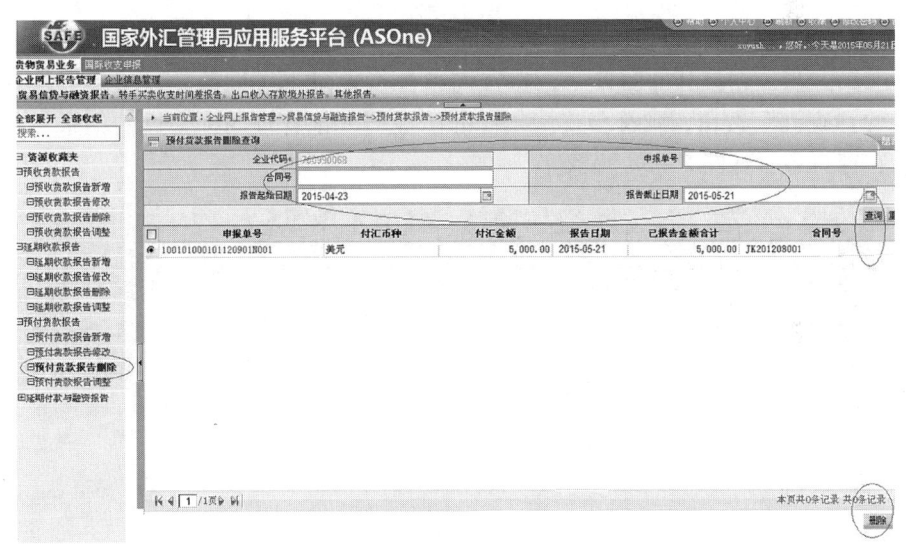

图 5-36

第三步,选中需要删除的记录,然后点击窗口右下角的"删除"按钮,系统将删除该条记录。

4. 预付货款报告调整

进口企业向外汇管理局提交预付货款报告后,如果在超过了实际付款日的 30 天(不含)后发现报告存在错误,就不能通过预付货款报告修改菜单对报告进行修改了,只能通过预付货款报告调整菜单来操作。

预付货款报告调整菜单的操作步骤如下。

第一步，依次点击平台的"货物贸易业务"—"企业网上报告管理"—"贸易信贷与融资报告"—"预付货款报告"—"预付货款报告调整"菜单，打开报告调整操作窗口，如图 5-37 所示。

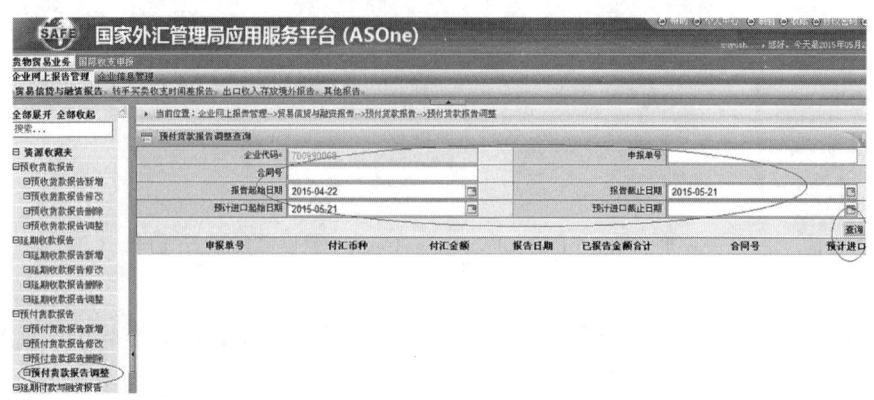

图 5-37

第二步，在打开的窗口中，在查询条件栏中录入查询条件，然后点击窗口的"查询"按钮，则符合查询条件的已经向外汇管理局提交过的记录将显示在窗口中，如图 5-38 所示。

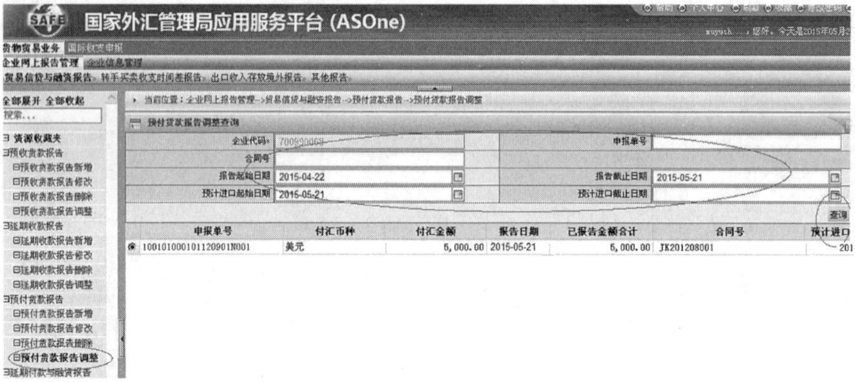

图 5-38

第三步，选中需要调整的记录，然后点击窗口右下角的"调整"按钮，打开该条记录，如图 5-39 所示。

第四步，在打开的窗口中，企业可以对该条记录进行修改。如果要增加记录，可点击窗口右下角的"新增"按钮；如果要删除记录，可先选中需要删除的记录，然后点击窗口右下角的"删除"按钮。修改完毕后，点击窗口

第五章 货物贸易业务系统的操作经验和技巧

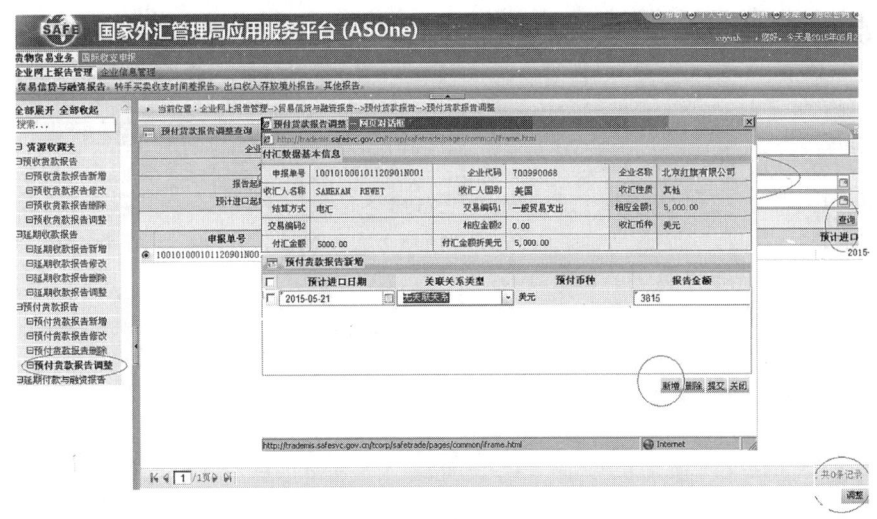

图 5-39

右下角的"提交"按钮,向外汇管理局提交调整后的报告。

(四) 延期付款与融资报告

延期付款与融资报告就是将延期付款报告和贸易融资报告这两个报告合并在一起的菜单。因这两个报告的性质相似,所以系统把二者放在了同一菜单之下。

延期付款是指企业货物的实际进口日期(报关单日期)早于预计付款日期。如果企业付款日期超过了外汇管理局规定的时限,企业就需要在实际进口之日起的 30 日内,向外汇管理局提交报告。外汇管理局规定的时限是:A 类企业延期付款日期在 90 天以上的,B 类和 C 类企业在监管期内发生的 30 天以上的延期付款。

延期付款与融资报告同样包括延期付款与融资报告新增、延期付款与融资报告修改、延期付款与融资报告删除、延期付款与融资报告调整四项内容。

下面详细介绍延期付款与融资报告菜单的操作方法。

1. 延期付款与融资报告新增

延期付款与融资报告新增是指企业发生的实际付款日期超过外汇管理局规定日期的进口业务,需要在系统中录入有关资料并向外汇管理局提交报告。

延期付款与融资报告新增的操作步骤如下。

第一步,依次点击平台的"货物贸易业务"—"企业网上报告管理"—"贸易信贷与融资报告"—"延期付款与融资报告"—"延期付款与融资报告新增"菜单,打开报告新增操作窗口,如图 5-40 所示。

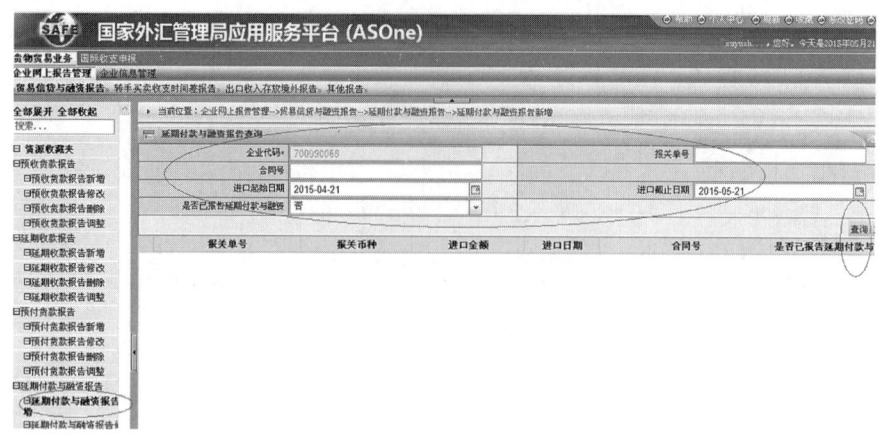

图 5-40

第二步，在打开的窗口中，在查询条件栏中录入查询条件，然后点击窗口的"查询"按钮，则符合查询条件的记录将显示在窗口中，如图 5-41 所示。

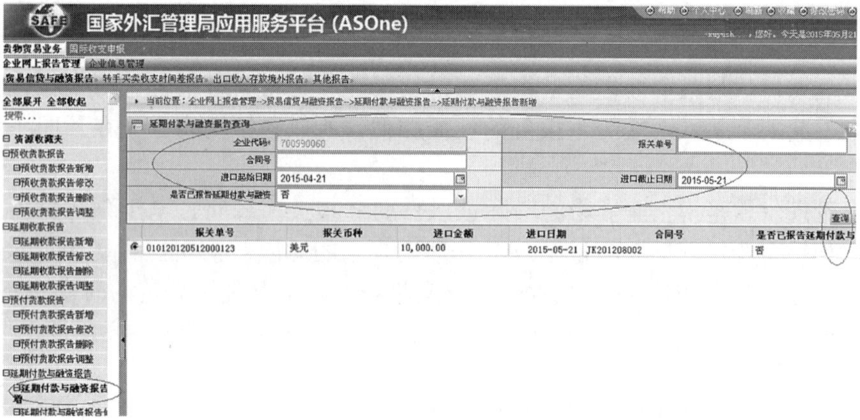

图 5-41

第三步，选中需要报告的记录，然后点击窗口右下角的"新增"按钮，打开该记录，如图 5-42 所示。

第四步，在打开的小窗口中，点击小窗口右下角的"新增"按钮，窗口中将增加一行录入栏。企业可根据进口合同等在录入栏中录入有关数据。如果需要录入的内容不止一行，可继续点击"新增"按钮；如果需要取消已经录入的内容，可点击窗口右下角的"删除"按钮，删除该行资料，如图 5-43 所示。

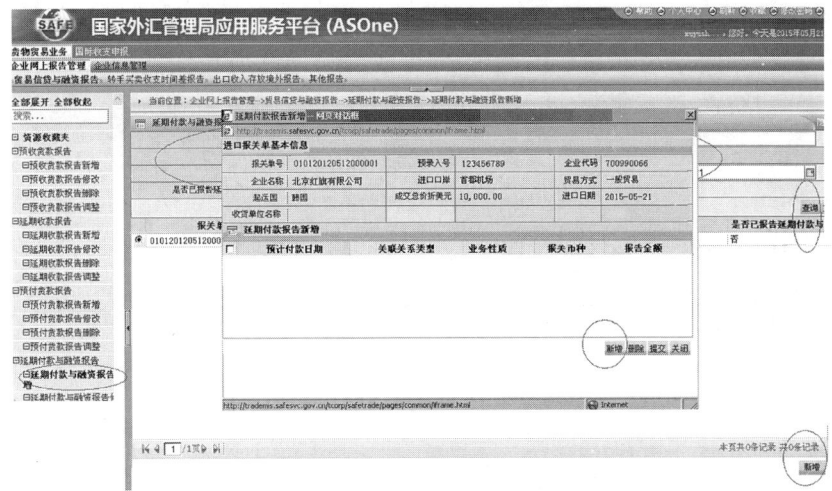

图 5-42

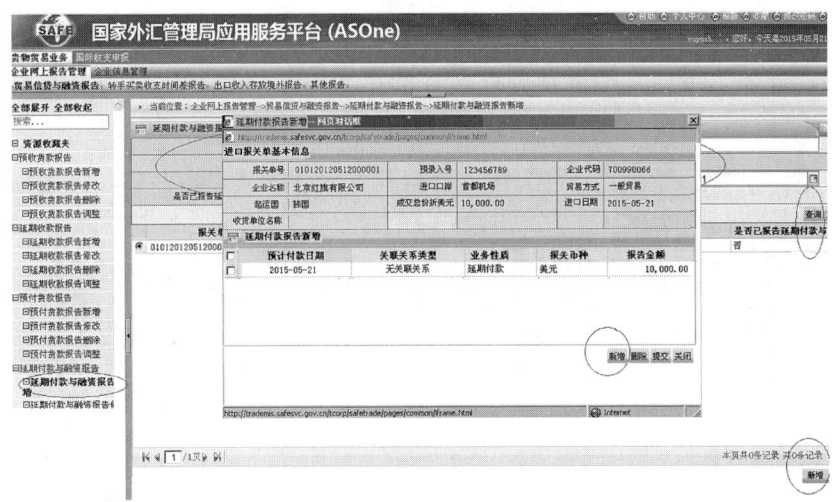

图 5-43

第五步,录入完毕后,点击窗口右下角的"提交"按钮,向外汇管理局提交报告。

2. 延期付款与融资报告修改

延期付款与融资报告修改是指企业向外汇管理局提交延期付款与融资报告后,发现录入内容错误,可以通过本菜单对报告进行修改。

延期付款与融资报告修改菜单的操作步骤如下。

第一步,依次点击平台的"货物贸易业务"—"企业网上报告管理"—

"贸易信贷与融资报告"—"延期付款与融资报告"—"延期付款与融资报告修改"菜单,打开报告修改操作窗口,如图 5-44 所示。

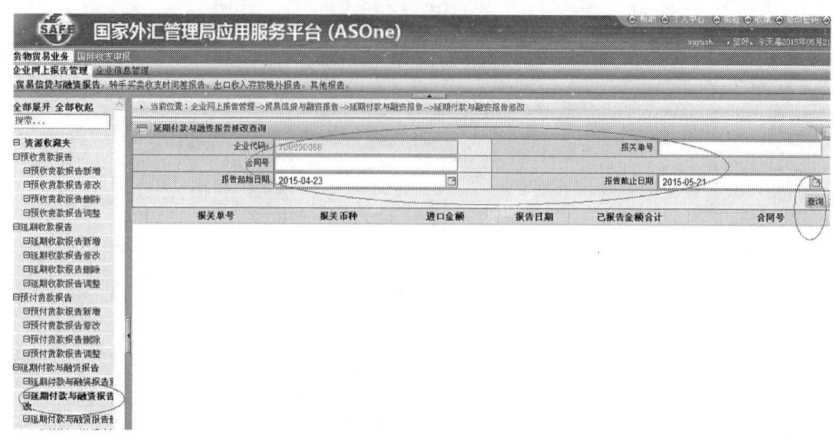

图 5-44

第二步,在打开的窗口中,在查询条件栏中录入查询条件,然后点击窗口的"查询"按钮,则符合查询条件的记录将显示在窗口中,如图 5-45 所示。

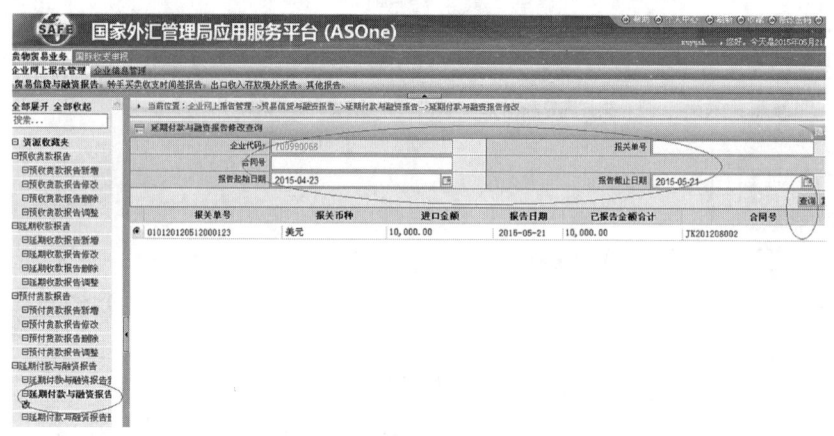

图 5-45

第三步,选中需要修改的记录,然后点击窗口右下角的"修改"按钮,打开该条记录,如图 5-46 所示。

第四步,在打开的窗口中可对报告记录进行修改。如果需要添加新的记录,可继续点击窗口右下角的"新增"按钮;如果需要删除已经录入的记录,可以点击窗口右下角的"删除"按钮。修改完毕后,点击"提交"按钮,向

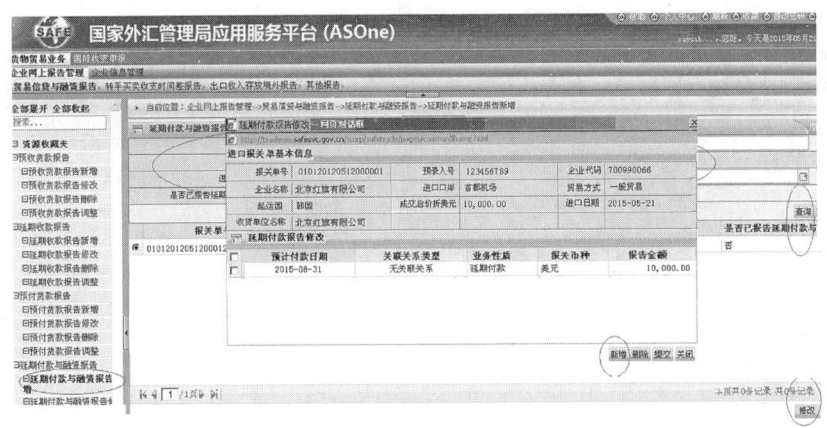

图 5-46

外汇管理局提交修改后的报告。

3. 延期付款与融资报告删除

延期付款与融资报告删除是指企业向外汇管理局提交延期付款与融资报告后,如果因某种原因(例如提前付款)需要取消报告,可通过本菜单来操作。

延期付款与融资报告删除菜单的操作步骤如下。

第一步,依次点击平台的"货物贸易业务"—"企业网上报告管理"—"贸易信贷与融资报告"—"延期付款与融资报告"—"延期付款与融资报告删除"菜单,打开报告删除操作窗口,如图 5-47 所示。

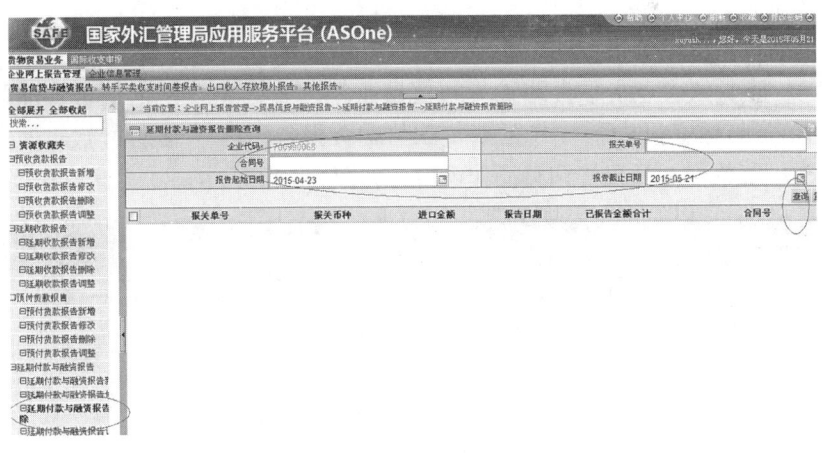

图 5-47

第二步,在打开的窗口中,在查询条件栏中录入查询条件,然后点击窗口的"查询"按钮,则符合查询条件的记录将显示在窗口中,如图 5-48

所示。

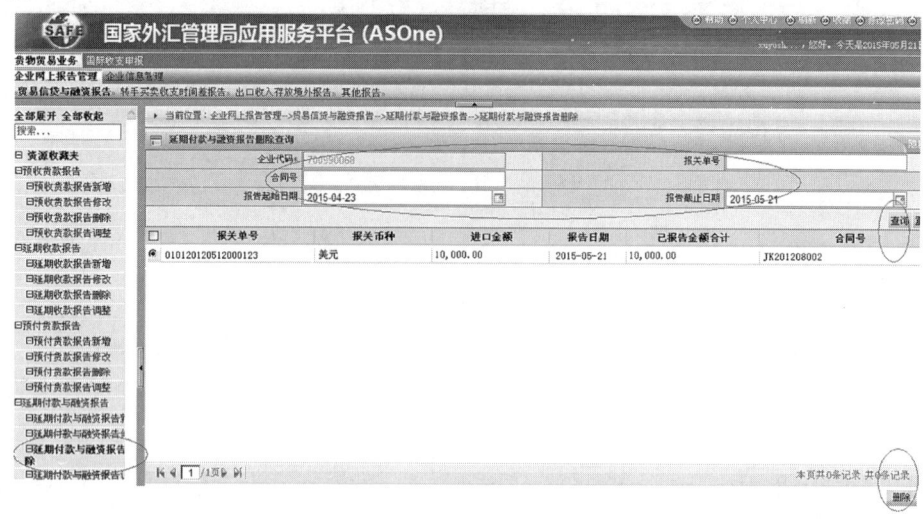

图 5-48

第三步,选中需要删除的记录,然后点击窗口右下角的"删除"按钮,系统将删除该条记录。

4. 延期付款与融资报告调整

延期付款与融资报告调整是指企业向外汇管理局提交延期付款与融资报告超过实际进口日期 30 天以后,因发现错误需要对报告进行修改,可通过本菜单来完成。

延期付款与融资报告调整菜单的操作步骤如下。

第一步,依次点击平台的"货物贸易业务"—"企业网上报告管理"—"贸易信贷与融资报告"—"延期付款与融资报告"—"延期付款与融资报告调整"菜单,打开报告调整操作窗口,如图 5-49 所示。

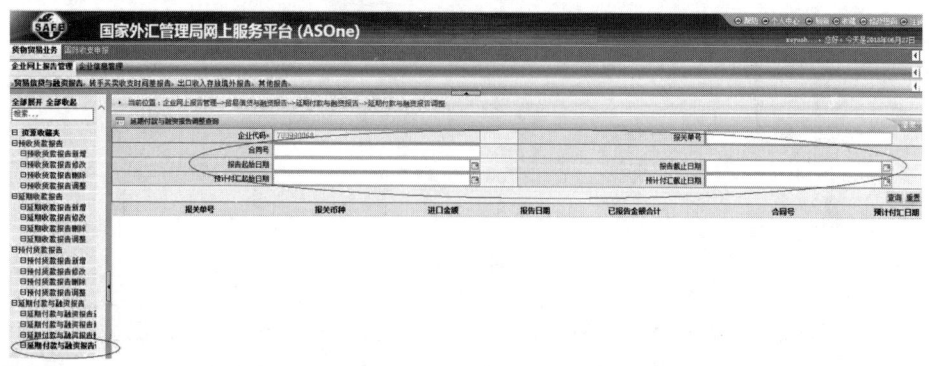

图 5-49

第五章 货物贸易业务系统的操作经验和技巧

第二步，在打开的窗口中，在查询条件栏中录入查询条件，然后点击窗口的"查询"按钮，则符合查询条件的记录将显示在窗口中，如图 5 - 50 所示。

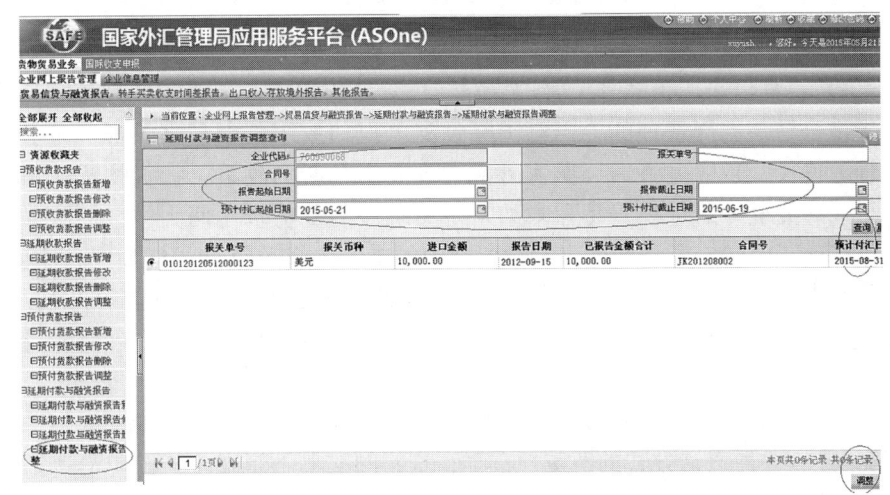

图 5 - 50

第三步，选中需要调整的记录，然后点击窗口右下角的"调整"按钮，打开该条记录，如图 5 - 51 所示。

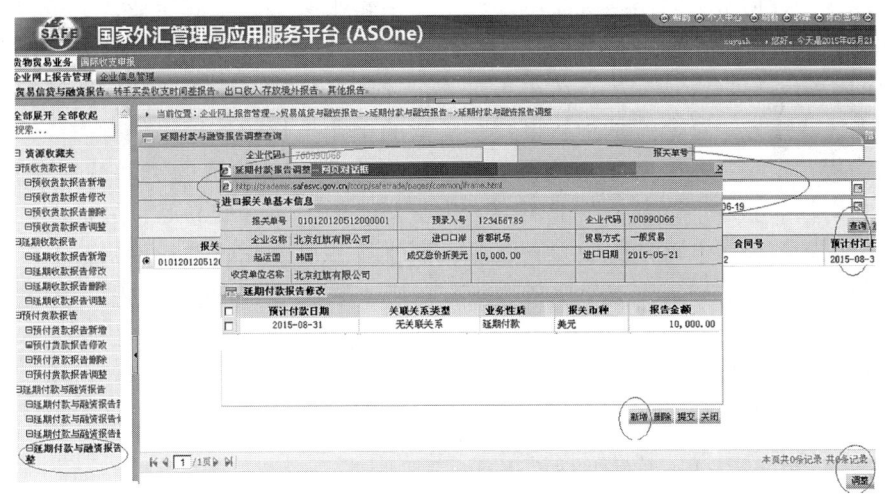

图 5 - 51

第四步，在打开的窗口中可对报告记录进行修改。如果需要添加新的记录，可继续点击窗口右下角的"新增"按钮；如果需要删除已经录入的记录，

· 257 ·

可以点击窗口右下角的"删除"按钮。修改完毕后,点击"提交"按钮,向外汇管理局提交修改调整后的报告。

二、转手买卖收支时间差报告

转手买卖收支时间差报告在老版本的平台上叫作"转口贸易收支时间差报告"。一直以来,国家外汇管理局对转口贸易的进口付汇管理、分类等都是按货物贸易来进行管理的,但对国际收支申报却按服务贸易来管理。为了统一管理口径,2014年5月,国家外汇管理局出台新的政策,将货物贸易划分为纳入海关统计的货物贸易和未纳入海关统计的货物贸易两大类。把原来服务贸易项下的转口贸易均列入货物贸易中的未纳入海关统计的货物贸易项下,名称改为"离岸转手买卖"。平台上的转口贸易收支时间差报告也就随之改为转手买卖收支时间差报告。名称虽然根据政策发生了改变,但平台上的操作内容和操作方法基本未变。

离岸转手买卖即原来的转口贸易或中转贸易,通俗讲就是在国际上"倒买倒卖"。这种贸易方式的特殊性在于,货物的交易不是在生产国与消费国的企业之间进行的,而是通过第三国企业的转手交易。第三国的企业通过转手货物,赚取购销差价。这种贸易方式对于第三国的企业来说就是转口贸易,亦即现在的离岸转手买卖。

离岸转手买卖的特点就是三点一线,三个点就是贸易涉及的三方企业,一线就是货物所走的路线。其中心就是从事转手买卖的中间企业,它是三点的轴,供货方和采购方都是围绕它来转动的。其交易过程分为货物流和资金流两条线。货物流是指从事转手买卖的企业先从供货方购买货物,然后把货物发往购货方。资金流是指从事转手买卖的企业把货款支付给供货方,然后向购货方收取货款。在整个交易过程中,资金流和货物流的流动目的相同,但它们基本上是平行的,一般不会发生交集。因为实际交易时,购货方可能先付款后收货,也可能先收货再付款;而供货方可能先收款后发货,也可能先给货后收款。如果先支付供货方货款,后收取购货方货款,叫作"先支后收";如果先收取购货方货款,再支付供货方货款,叫作"先收后支"。不论哪种情况,在收款和付款时都会产生时间差,同时收付款的可能性极小。我国从事转手买卖的企业,如果这个时间差超过了外汇管理局规定的时限,就需要通过平台向外汇管理局提供报告。

国家外汇管理局对转手买卖收支的时间差规定如下。

①先收后支业务:对于同一合同项下的转口贸易收支时间间隔超过90天(不含),且先收后支项下收汇金额超过等值50万美元(不含)的业务,企业应在收款之日起30日内,通过监测系统向银行及外汇管理局报告该笔交易的

预计付款日期、付款金额等信息。

②先支后收业务：对于同一合同项下的转口贸易收支时间间隔超过90天（不含），且先支后收项下付汇金额超过等值50万美元（不含）的业务，企业应在付款之日起30日内，通过监测系统向银行及外汇局报告该笔交易的预计收款日期、收款金额等信息。

如果企业未在规定日期内对符合报告条件的转手买卖提供报告，应该派人持未及时在平台提交报告的情况说明等资料到外汇管理局做现场报告。

转手买卖收支时间差报告包括转手买卖先收后支时间差报告和转手买卖先支后收时间差报告两个菜单。这两个菜单又各自包括四个子菜单，其内容我们将在下面详细说明。转手买卖收支时间差报告的结构见图5-52。

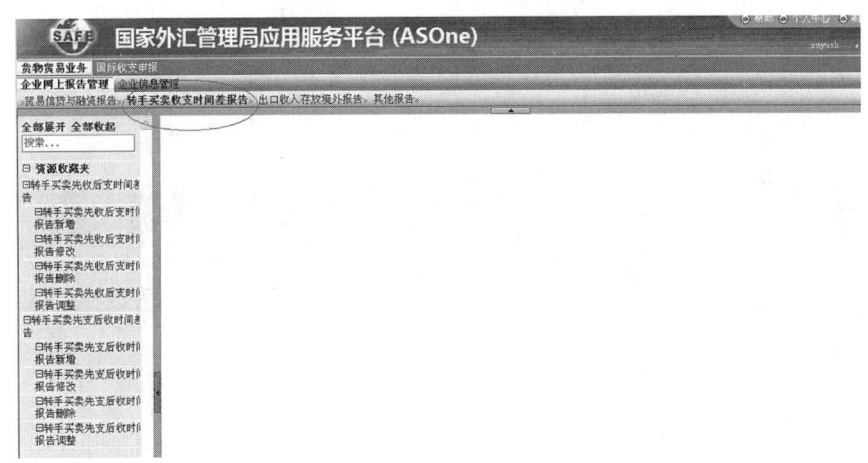

图 5-52

下面分别介绍转手买卖先收后支时间差报告和转手买卖先支后收时间差报告两个菜单的具体操作方法。

（一）转手买卖先收后支时间差报告

转手买卖先收后支是指企业在从事离岸转手买卖时，先收取购货商的货款，然后再支付供货商的货款的交易行为。在交易过程中，如果收支时间差超过外汇管理局规定的时限，企业需要通过平台，在收款之日起的30日内向外汇管理局提供报告。

转手买卖先收后支时间差报告菜单又包括转手买卖先收后支时间差报告新增、转手买卖先收后支时间差报告修改、转手买卖先收后支时间差报告删除、转手买卖先收后支时间差报告调整四个子菜单。

下面详细介绍各个子菜单的操作方法。

小贴士

先收后支有两种情况：一是先收取购货方预付款，然后正常支付供货方货款；二是正常收取购货方货款，但延期支付供货方货款。

1. 转手买卖先收后支时间差报告新增

转手买卖先收后支时间差报告新增是指企业发生符合报告条件的转手买卖先收后支交易后，可以通过本菜单查询交易记录并录入需要报告的数据资料，然后向外汇管理局提交报告。

转手买卖先收后支时间差报告新增菜单的具体操作步骤如下。

第一步，在系统平台依次点击"货物贸易业务"—"企业网上报告管理"—"转手买卖收支时间差报告"—"转手买卖先收后支时间差报告"—"转手买卖先收后支时间差报告新增"菜单，打开新增窗口，如图5-53所示。

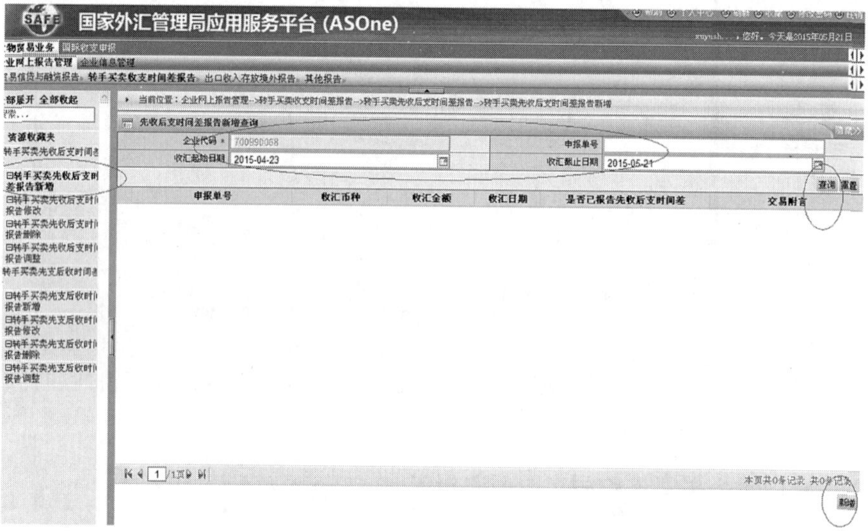

图 5-53

第二步，在打开的窗口中，在查询条件栏目中录入查询条件，然后点击"查询"按钮，则符合条件的记录将显示在窗口中，如图5-54所示。

第三步，选中需要报告的记录，然后点击窗口右下角的"新增"按钮，则该记录的详细内容将显示在新增小窗口中，如图5-55所示。

第四步，点击小窗口右下角的"新增"按钮，系统将在小窗口中添加一行录入栏，企业可以根据出口合同等资料录入有关数据。如果需要录入多条

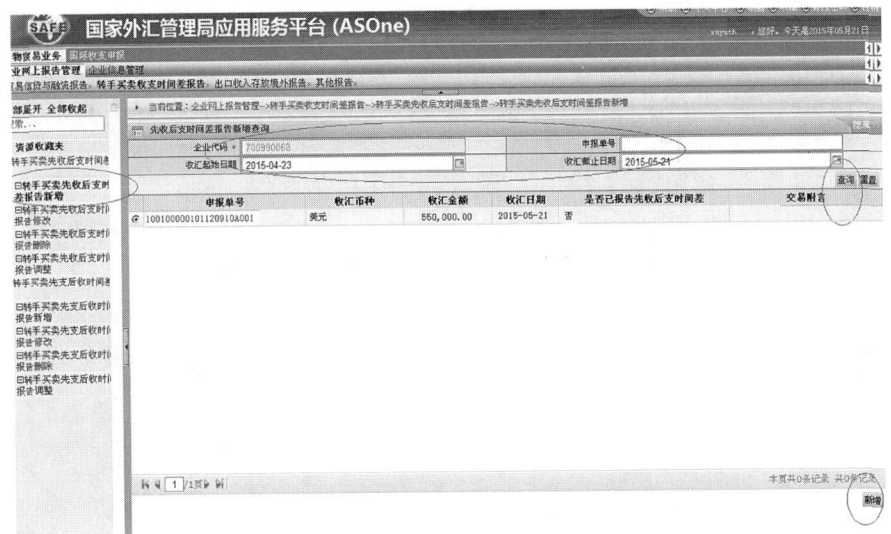

图 5-54

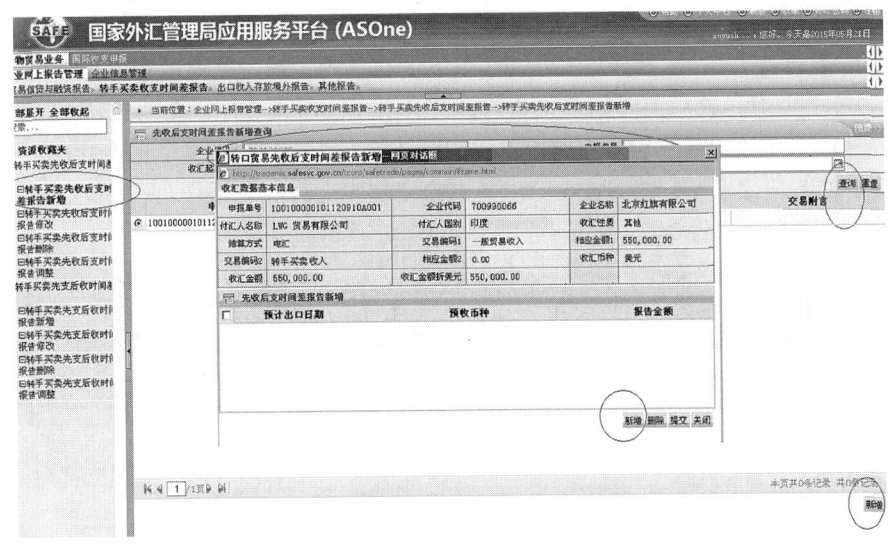

图 5-55

数据,可以继续点击小窗口的"新增"按钮;如果需要取消已经录入的数据,可以选中该数据,然后点击小窗口的"删除"按钮,如图 5-56 所示。

第五步,录入完毕后,点击小窗口的"提交"按钮,向外汇管理局提交报告。

2. 转手买卖先收后支时间差报告修改

转手买卖先收后支时间差报告修改是指企业向外汇管理局提交报告后,发

· 261 ·

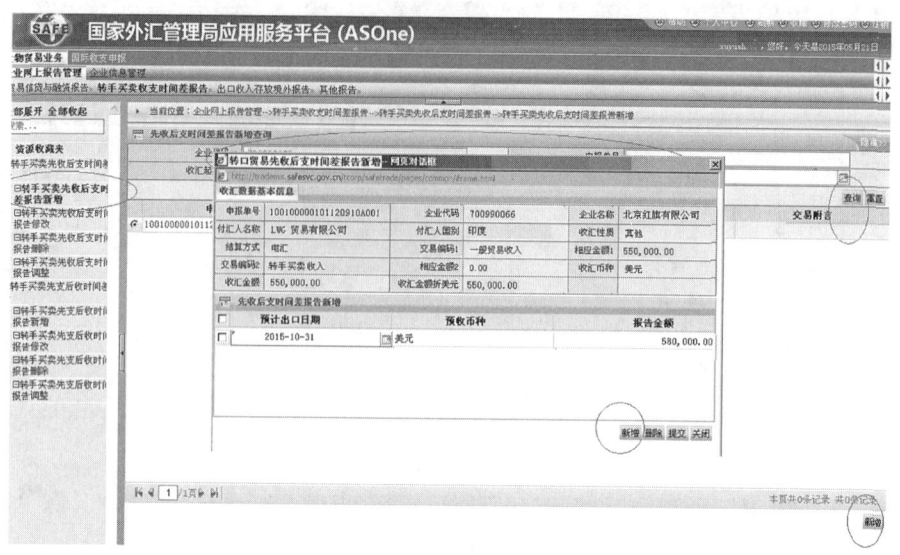

图 5-56

现报告数据存在错误,可以在实际收款后的 30 日内,通过本菜单进行修改。

转手买卖先收后支时间差报告修改操作步骤如下。

第一步,在系统平台依次点击"货物贸易业务"—"企业网上报告管理"—"转手买卖收支时间差报告"—"转手买卖先收后支时间差报告"—"转手买卖先收后支时间差报告修改"菜单,打开修改窗口,如图 5-57 所示。

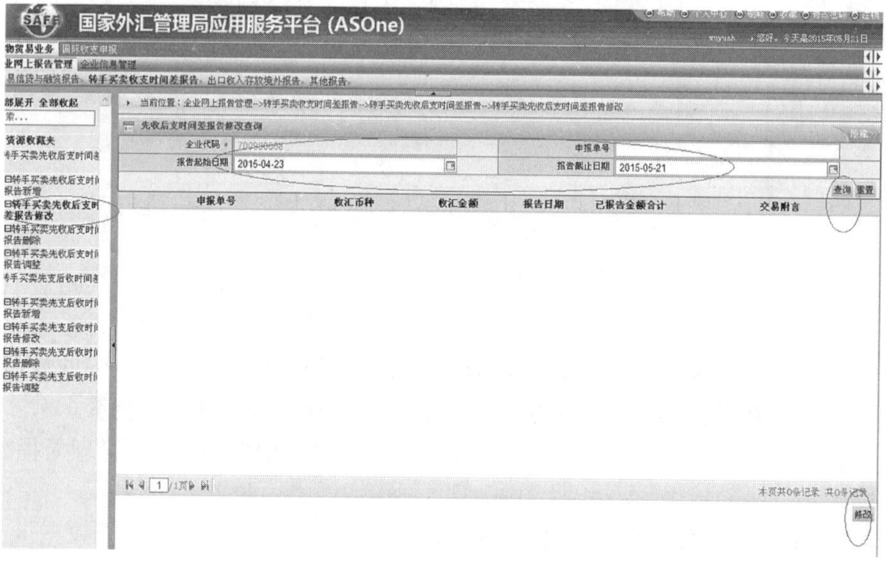

图 5-57

第二步，在打开的窗口中，在查询条件栏录入查询条件，然后点击窗口中的"查询"按钮，则符合条件的记录将显示在窗口中，如图 5-58 所示。

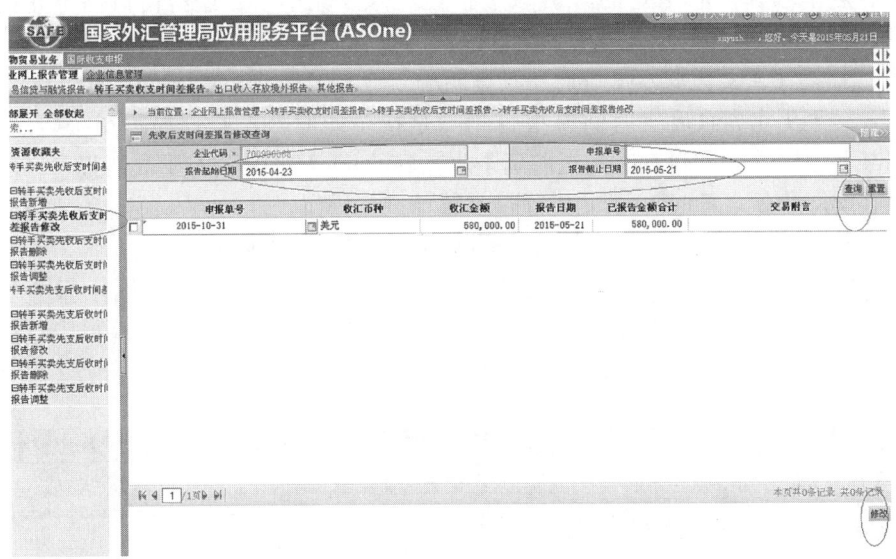

图 5-58

第三步，选中需要修改的记录，然后点击窗口右下角的"修改"按钮，打开该条记录，如图 5-59 所示。

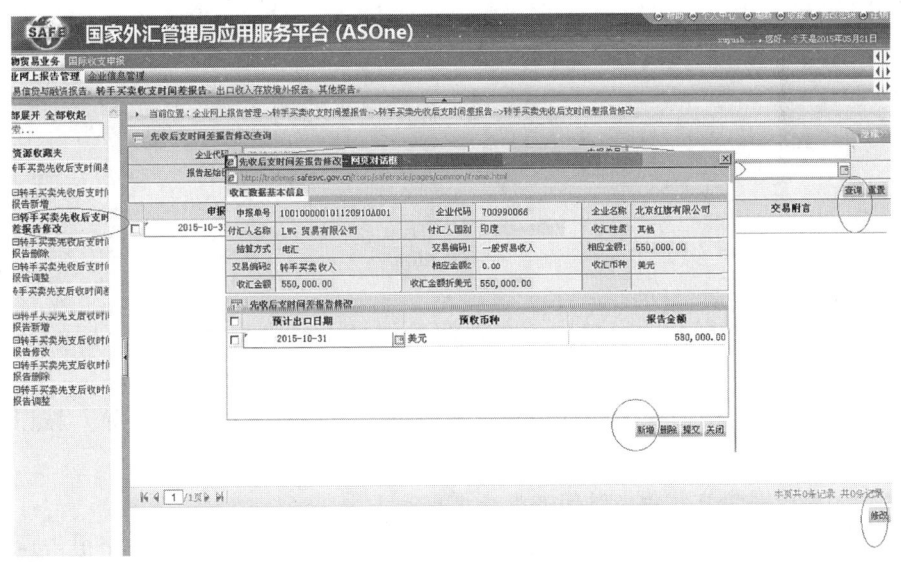

图 5-59

第四步，企业可以对打开的记录进行修改。如果需要增加记录，点击小窗口右下角的"新增"按钮；如果需要取消已经录入的某条记录，选中该记录后点击小窗口右下角的"删除"按钮。修改完毕后，点击窗口右下角的"提交"按钮，向外汇管理局提交修改后的报告。

3. 转手买卖先收后支时间差报告删除

转手买卖先收后支时间差报告删除是指企业向外汇管理局提交报告后，因某些原因（例如付款时间提前到了收款后的90天之内）需要取消报告，可以在实际收款之日起30天之内通过本菜单进行操作。

转手买卖先收后支时间差报告删除菜单的操作步骤如下。

第一步，在系统平台依次点击"货物贸易业务"—"企业网上报告管理"—"转手买卖收支时间差报告"—"转手买卖先收后支时间差报告"—"转手买卖先收后支时间差报告删除"菜单，打开删除窗口，如图5-60所示。

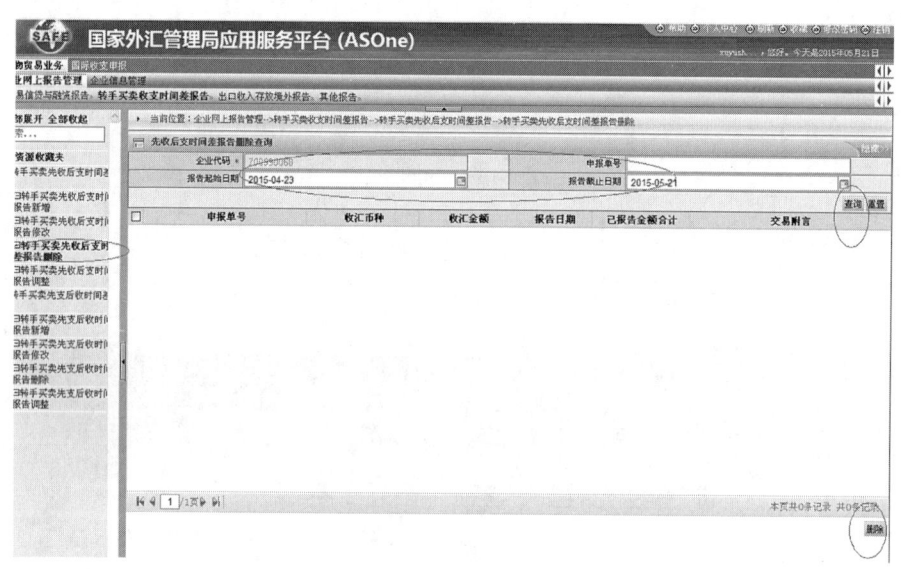

图5-60

第二步，在打开的窗口中，在查询条件栏中录入查询条件，然后点击"查询"按钮，则符合条件的记录将显示在窗口中，如图5-61所示。

第三步，选中需要删除的记录，然后点击窗口右下角的"删除"按钮，完成操作。

4. 转手买卖先收后支时间差报告调整

转手买卖先收后支时间差报告调整是指企业向外汇管理局提交报告后，如果发现错误需要修改报告，但日期已经超过了收款日期30天，可以通过本

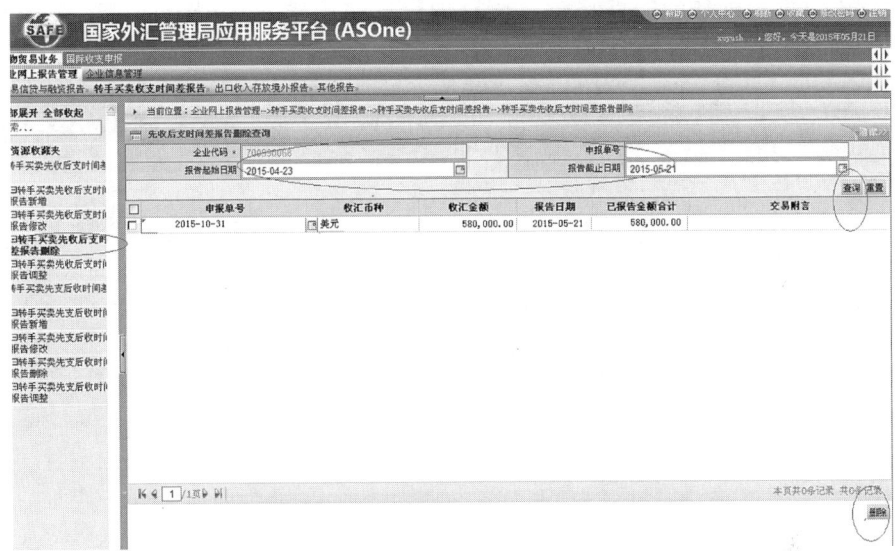

图 5-61

菜单进行操作。

转手买卖先收后支时间差报告调整菜单的操作步骤如下。

第一步,在系统平台依次点击"货物贸易业务"—"企业网上报告管理"—"转手买卖收支时间差报告"—"转手买卖先收后支时间差报告"—"转手买卖先收后支时间差报告调整"菜单,打开调整窗口,如图5-62所示。

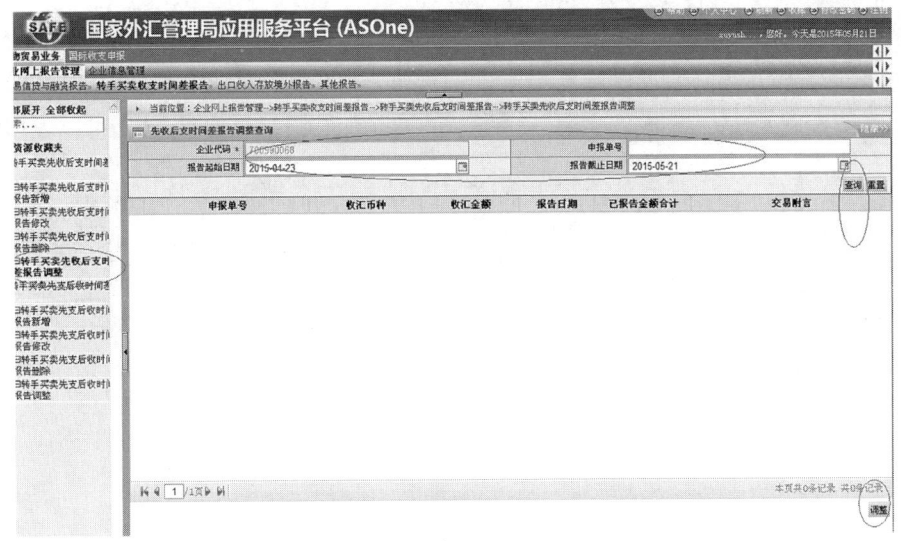

图 5-62

第二步,在打开的窗口中,在查询条件栏中录入查询条件,然后点击"查询"按钮,则符合条件的记录将显示在窗口中,如图5-63所示。

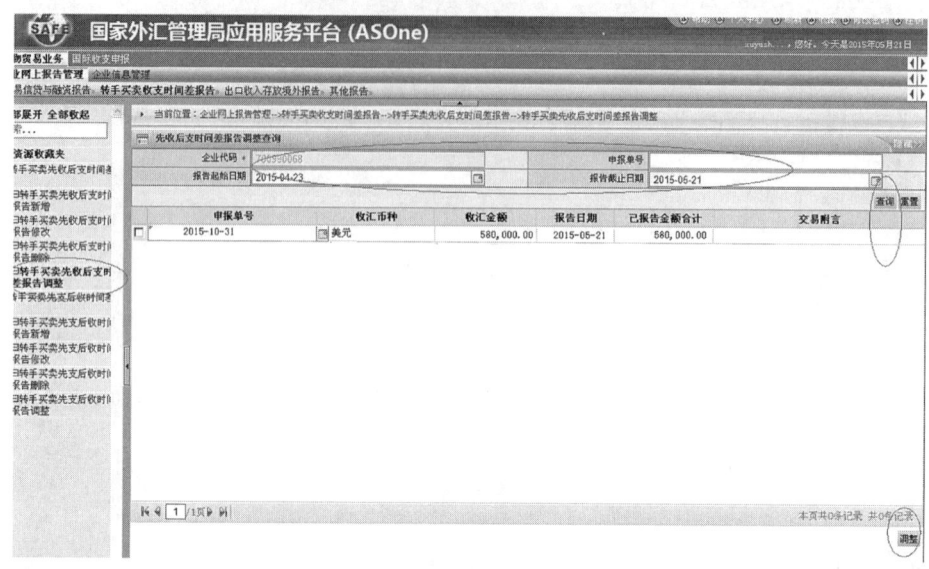

图5-63

第三步,选中需要调整的记录,然后点击窗口右下角的"调整"按钮,打开记录明细数据,如图5-64所示。

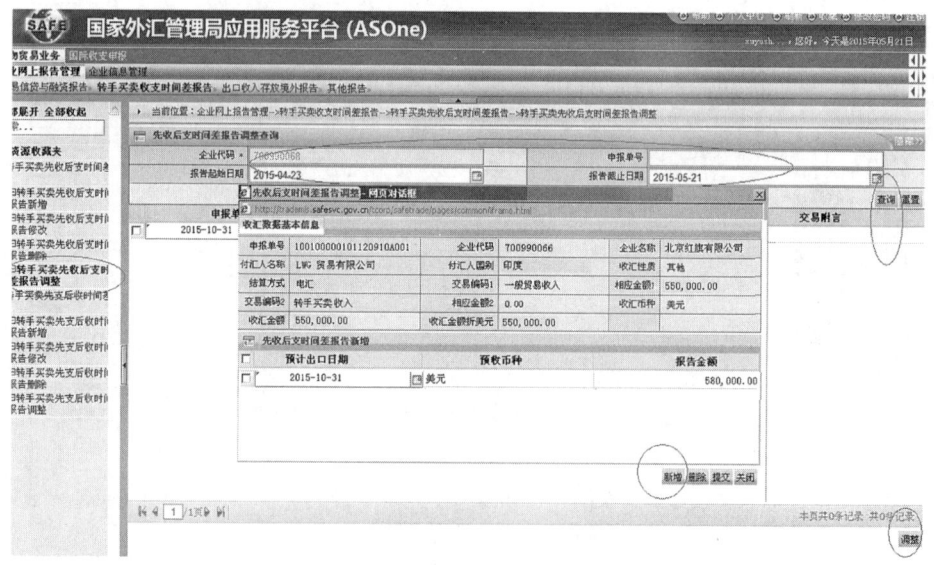

图5-64

第四步，企业可以对打开的记录进行修改。如果需要增加记录，点击小窗口右下角的"新增"按钮；如果需要取消已申报记录，选中该记录后点击小窗口的"删除"按钮。修改完毕后，点击小窗口右下角的"提交"按钮，向外汇管理局提交调整后的报告。

（二）转手买卖先支后收时间差报告

转手买卖先支后收是指企业在从事转手买卖时，先支付供货方货款，然后再收取购货方货款的交易行为。在交易过程中，如果收支时间差超过国家外汇管理局规定的时限，企业需要在实际支付货款后的30日内，向外汇管理局提交转手买卖先支后收时间差报告。

转手买卖先支后收时间差报告也包括转手买卖先支后收时间差报告新增、转手买卖先支后收时间差报告修改、转手买卖先支后收时间差报告删除、转手买卖先支后收时间差报告调整四个子菜单。

下面详细介绍各个子菜单的操作方法。

小贴士

先支后收也是有两种情况：一是先预付给供货方货款，然后正常收取购货方货款；二是正常支付供货方货款，正常或延期收取购货方货款。

1. 转手买卖先支后收时间差报告新增

转手买卖先支后收时间差报告新增是指企业发生转手买卖先支后收交易后，如果符合向外汇管理局报告的条件，企业可以通过本菜单查询交易记录并录入报告数据后向外汇管理局提交报告。

转手买卖先支后收时间差报告新增菜单的具体操作步骤如下。

第一步，在系统平台依次点击"货物贸易业务"—"企业网上报告管理"—"转手买卖收支时间差报告"—"转手买卖先支后收时间差报告"—"转手买卖先支后收时间差报告新增"菜单，打开新增窗口，如图5-65所示。

第二步，在打开的窗口中，在查询条件栏录入查询条件，然后点击窗口中的"查询"按钮，则符合查询条件的记录将显示在窗口中，如图5-66所示。

第三步，选中需要新增的记录，然后点击窗口右下角的"新增"按钮，打开该条记录新增窗口，如图5-67所示。

第四步，在打开的小窗口中，点击小窗口右下角的"新增"按钮，系统将在窗口中增加一条录入栏。企业可根据进出口合同、报关单等资料录入有

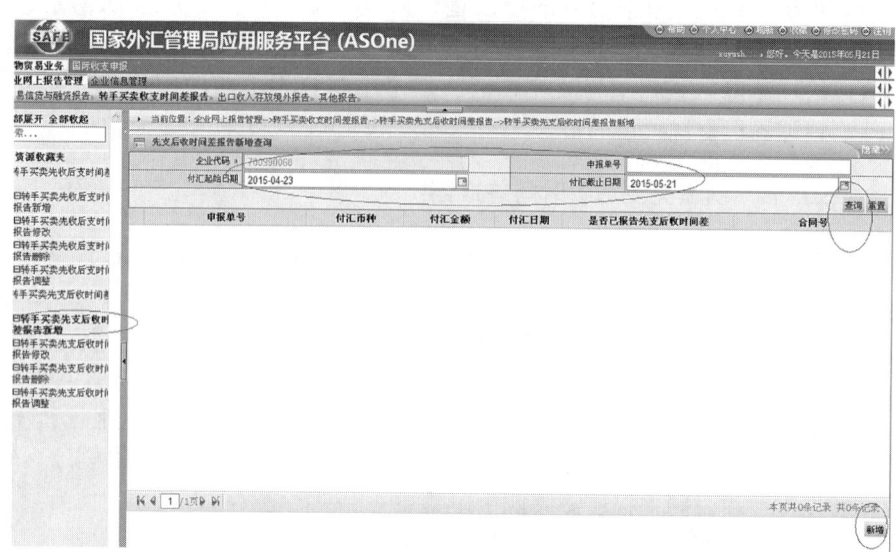

图 5 - 65

图 5 - 66

关数据。如果需要增加录入数据,继续点击"新增"按钮;如果需要取消已经录入的数据,选中该记录后点击"删除"按钮,如图 5 - 68 所示。

第五步,数据录入完毕后,点击小窗口右下角的"提交"按钮,向外汇管理局提交报告。

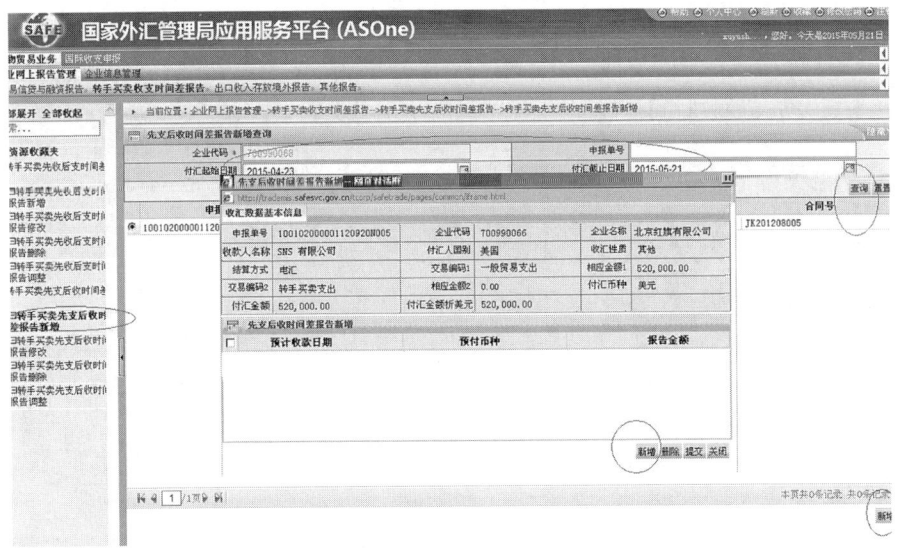

图 5-67

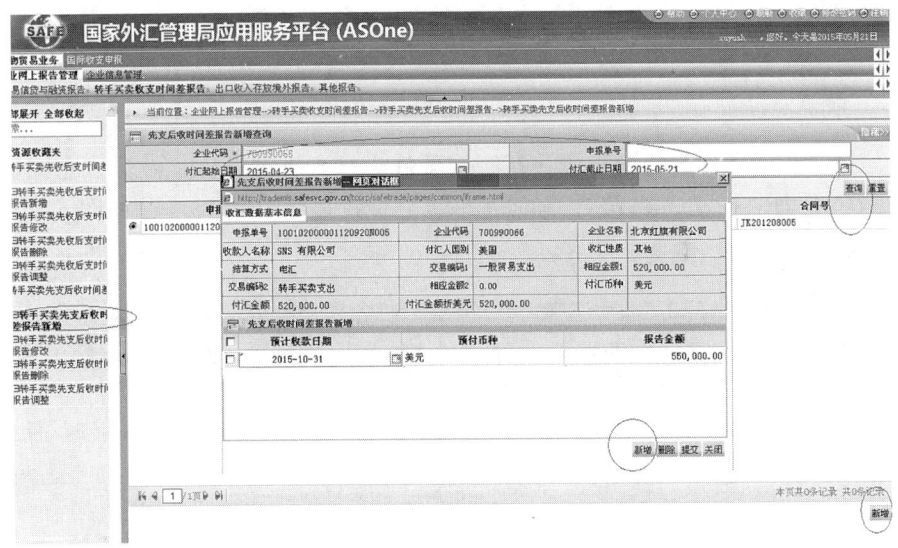

图 5-68

2. 转手买卖先支后收时间差报告修改

转手买卖先支后收时间差报告修改是指企业发生转手买卖先支后收交易并向外汇管理局提交报告后,发现报告存在错误等原因需要对报告进行修改时,通过本菜单进行操作。

转手买卖先支后收时间差报告修改菜单的具体操作步骤如下:

第一步,在系统平台依次点击"货物贸易业务"—"企业网上报告管理"—"转手买卖收支时间差报告"—"转手买卖先支后收时间差报告"—"转手买卖先支后收时间差报告修改"菜单,打开修改窗口,如图5-69所示。

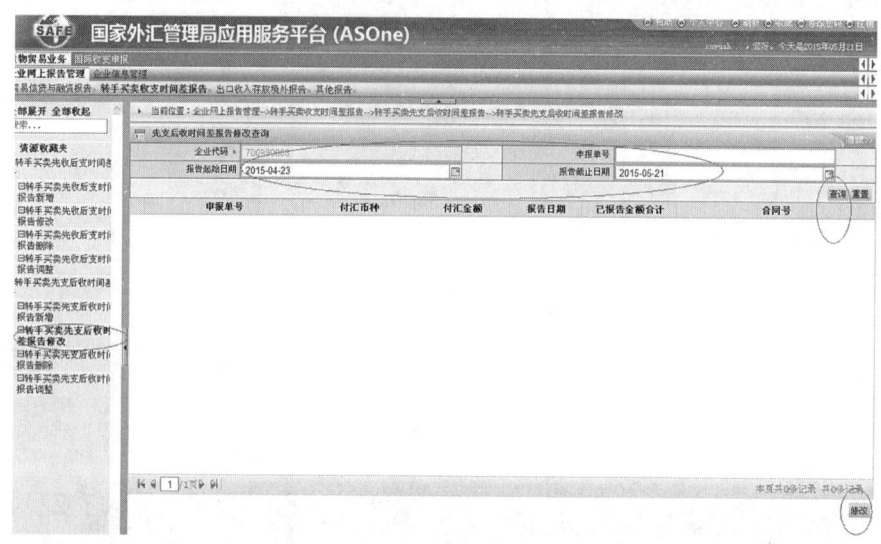

图 5-69

第二步,在打开的窗口中,在查询条件栏录入查询条件,然后点击窗口中的"查询"按钮,则符合查询条件的记录将显示在窗口中,如图5-70所示。

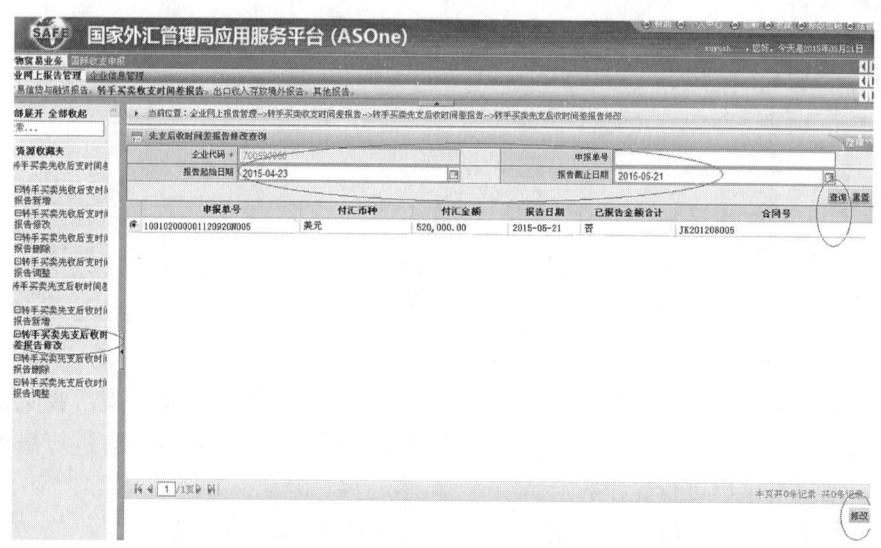

图 5-70

第三步，选中需要修改的记录，然后点击窗口右下角的"修改"按钮，打开该条记录，如图 5-71 所示。

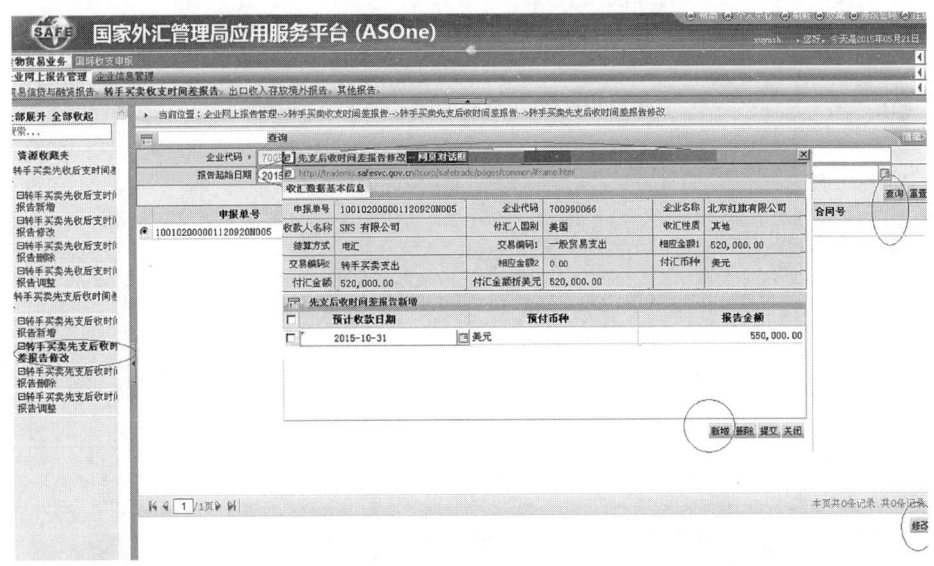

图 5-71

第四步，企业可根据实际情况对报告进行修改。如果需要添加记录，点击小窗口右下角的"新增"按钮；如果需要取消已录入记录，选中该记录后点击小窗口右下角的"删除"按钮。修改完毕后，点击小窗口右下角的"提交"按钮，向外汇管理局提交修改后的报告。

3. 转手买卖先支后收时间差报告删除

转手买卖先支后收时间差报告删除是指企业已经向外汇管理局提交了报告以后，因某种原因需要删除部分或全部提交记录时，可通过本菜单进行操作。

转手买卖先支后收时间差报告删除菜单操作步骤如下。

第一步，在系统平台依次点击"货物贸易业务"—"企业网上报告管理"—"转手买卖收支时间差报告"—"转手买卖先支后收时间差报告"—"转手买卖先支后收时间差报告删除"菜单，打开删除窗口，如图 5-72 所示。

第二步，在打开的窗口中，在查询条件录入栏录入查询条件，然后点击"查询"按钮，则符合条件的记录将显示在窗口中，如图 5-73 所示。

第三步，选中需要删除的记录，然后点击窗口右下角的"删除"按钮，完成删除操作。

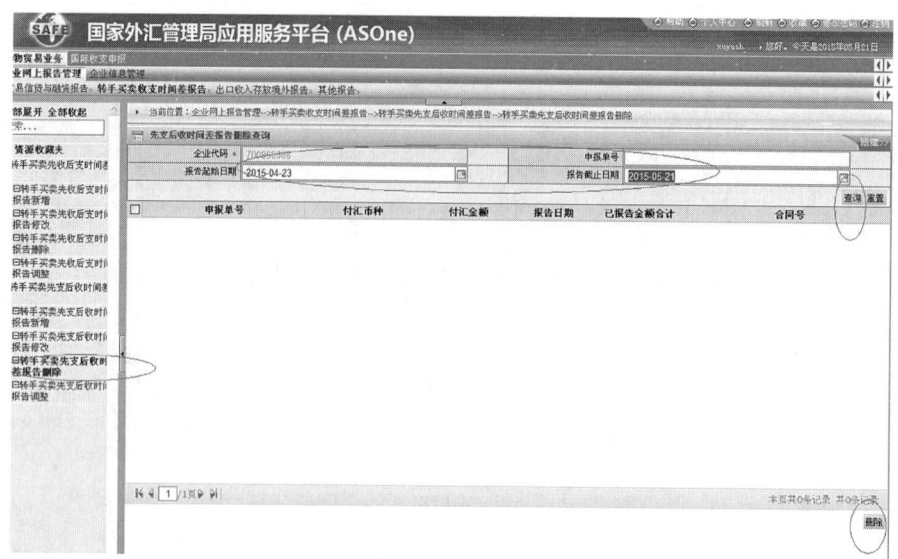

图 5-72

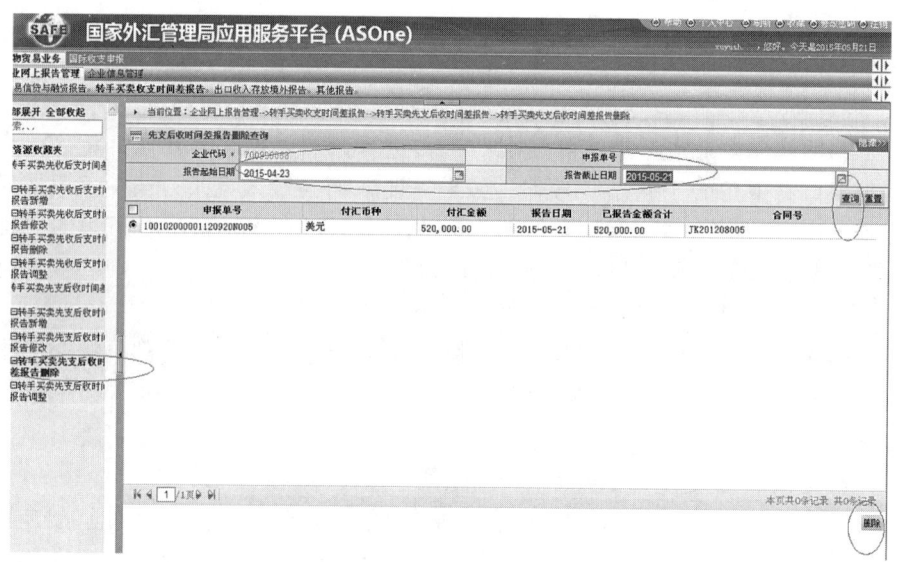

图 5-73

4. 转手买卖先支后收时间差报告调整

转手买卖先支后收时间差报告调整是指企业向外汇管理局提交报告后，如果需要修改已提交报告，且修改时间已经超过实际付款日的 30 天以后，则只能通过本菜单来进行操作。

转手买卖先支后收时间差报告调整菜单的操作步骤如下。

第一步,在系统平台依次点击"货物贸易业务"—"企业网上报告管理"—"转手买卖收支时间差报告"—"转手买卖先支后收时间差报告"—"转手买卖先支后收时间差报告调整"菜单,打开调整窗口,如图5-74所示。

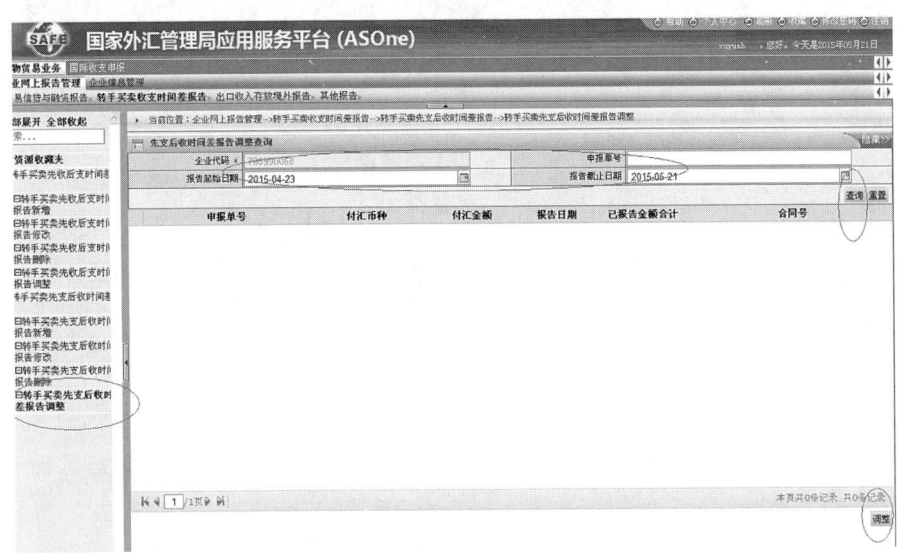

图 5-74

第二步,在打开的窗口中,在查询条件栏录入查询条件,然后点击"查询"按钮,则符合条件的记录将显示在窗口中,如图5-75所示。

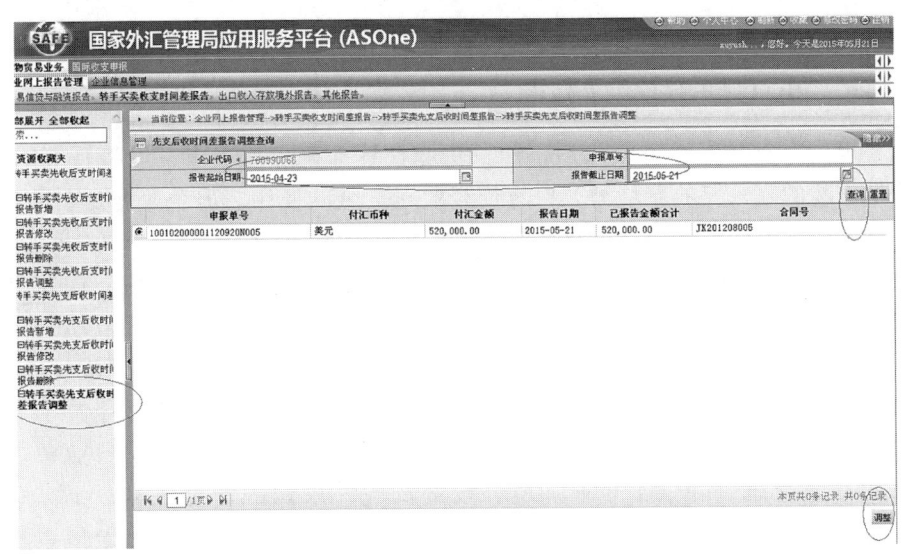

图 5-75

第三步,选中需要调整的记录,然后点击窗口右下角的"调整"按钮,打开该条记录,如图5-76所示。

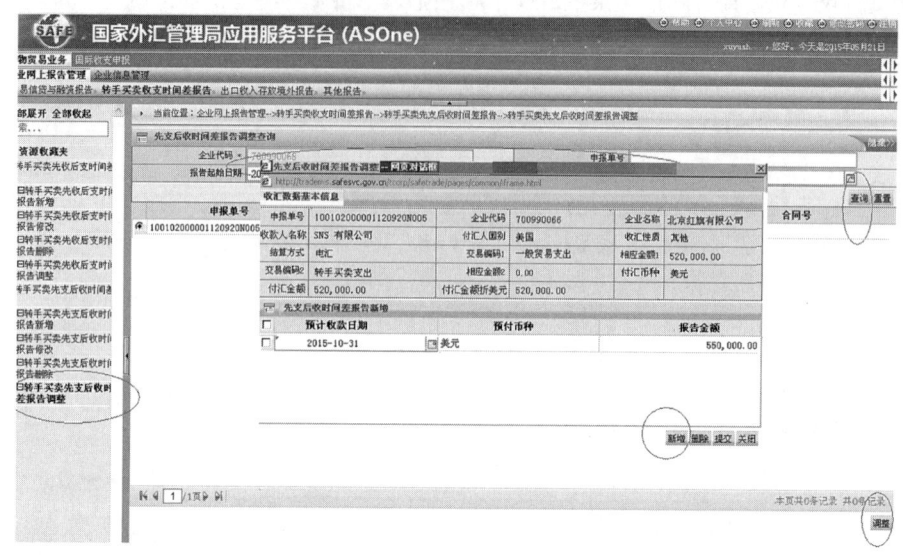

图 5-76

第四步,在打开的小窗口中,可以对记录进行修改。如果需要添加新的记录,点击小窗口右下角的"新增"按钮;如果需要取消原有记录,选中该记录后点击窗口右下角的"删除"按钮。修改完毕后,点击小窗口右下角的"提交"按钮,向外汇管理局提交修改后的报告。

三、出口收入存放境外报告

境内企业发生出口收入后,如果企业在境外有支付需求,可将真实的、合法交易的收入存放到境外,以方便企业对资金的使用。但企业需要在平台上将其境外的账户开户信息及收支情况向外汇管理局进行报告。

为了提高境内企业资金使用效率,进一步促进贸易便利化,国家外汇管理局于2010年10月1日开始施行《货物贸易出口收入存放境外管理试点办法》,对企业发生的货物贸易存放境外的资格条件、存放规模、期限及调回要求等做了明确规定,同时在平台上也对申报内容做了调整。允许企业的外汇收入存放境外,极大地方便了企业在进出口业务方面的资金运作,降低了企业在境外投资及境外采购的资金成本,提高了资金的使用效率,增强了企业在国际市场上的竞争力,为企业走出去提供了法律保障。

企业存放境外的资金，虽然可以自由支配，但企业的境外账户开户信息、资金的收支等必须接受国家外汇管理局的监管。国家外汇管理局对企业境外资金的监管措施主要有三方面：一是对企业出口收入存放境外实行开户登记制度。企业如果把出口收入存放到境外，首先要向外汇管理局提出申请，经外汇管理局审核，符合开户条件并经批准后方可在境外开户。境外账户信息发生变更后，企业须在10个工作日内将变更信息报送到外汇管理局备案。二是对企业出口收入存放境外资金实行规模管理。企业出口收入存放境外的资金规模，需根据实际需求向外汇管理局备案。企业可以提前备案，也可以事后报告备案。如果企业向外汇管理局备案资金规模后，想继续扩大资金规模，也须到外汇管理局做变更登记。三是外汇管理局对企业存放境外账户的收支业务实行非现场监测。企业境外账户的收支情况，要在每月月末前通过平台向外汇管理局及时报告。境外存款如果发生重大损失，也要及时向外汇管理局报告。对企业发生的异常收支，外汇管理局要实行现场核查。经核查，若发现企业未及时报告其境外账户收支情况或报告内容不准确，外汇管理局可降低企业类别。如果企业被降为B类，可以保留境外账户，但在监管期内，将不能把境外出口收入存入境外账户，也不能使用境外账户进行资金支付。如果企业被降为C类，则需要在降级后的30日内转回境外账户资金，关闭境外账户。

平台中的出口收入存放境外报告就是国家外汇管理局针对企业的境外存款为其提供报告的渠道。境外账户发生收支业务，企业必须在每月结束后的10个工作日内通过平台系统向外汇管理局报告收入、支出、余额等内容。如果企业没及时提交报告，需要派人持未及时报告说明等资料到外汇管理局做现场报告。

出口收入存放境外报告包括境外开户报告和境外账户收支报告两个子菜单。

下面详细介绍出口收入存放境外报告的操作方法。

(一) 境外开户报告

境外开户报告是指企业因进出口业务需要，向企业所在地的外汇管理局申请开立境外账户的报告。企业经批准在境外开立账户后，通过本菜单向外汇管理局提供本企业的账户开户信息。

境外开户报告菜单的操作步骤如下。

第一步，在系统平台依次点击"货物贸易业务"—"企业网上报告管理"—"出口收入存放境外报告"—"境外开户报告"菜单，打开报告窗口,如图 5-77 所示。

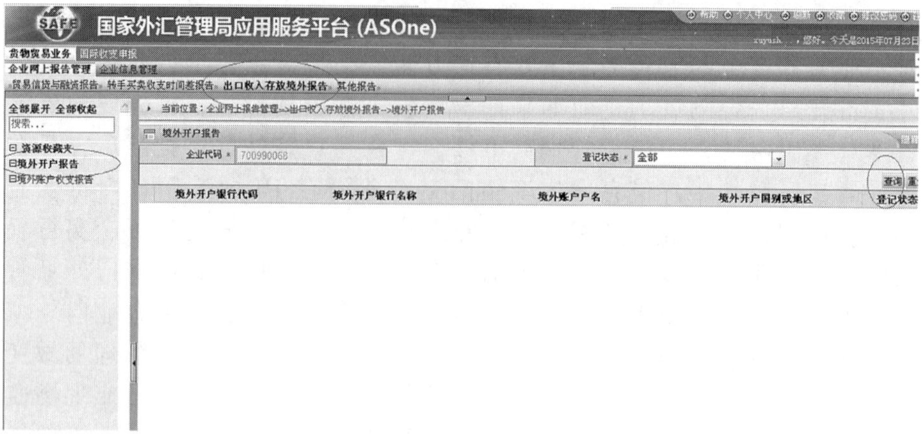

图 5-77

第二步,在打开的窗口中,在查询条件录入窗口中录入查询条件,然后点击"查询"按钮,则符合条件的记录将显示在窗口中,如图 5-78 所示。

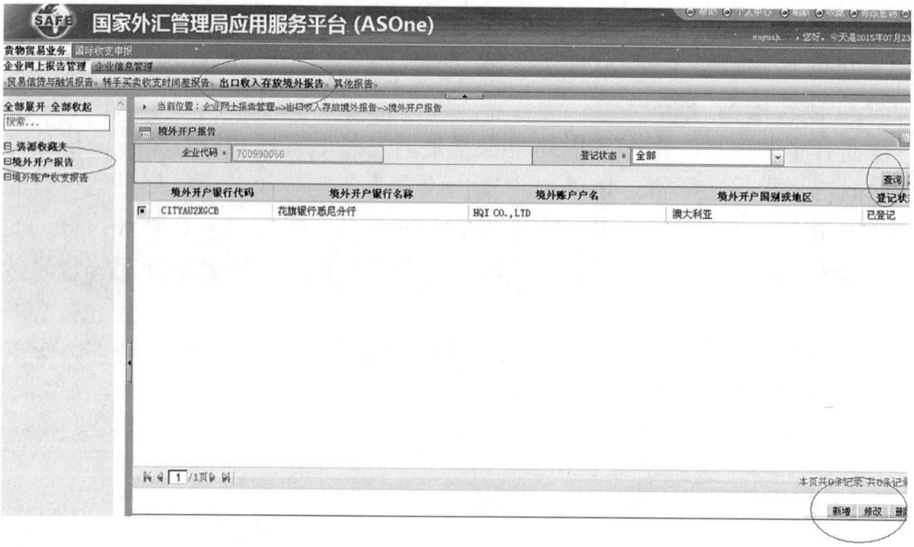

图 5-78

第三步,选中打开的记录,然后可根据实际情况分别点击窗口右下角的"新增""修改""删除"按钮,对该记录进行操作。点击"新增"按钮,可以添加新的账户内容;选中窗口的账户记录,然后点击"删除"按钮,可直接删除该条记录;如果需要修改账户内容,则选中需要修改的记录,然后点击"修改"按钮,打开该条记录,如图 5-79 所示。

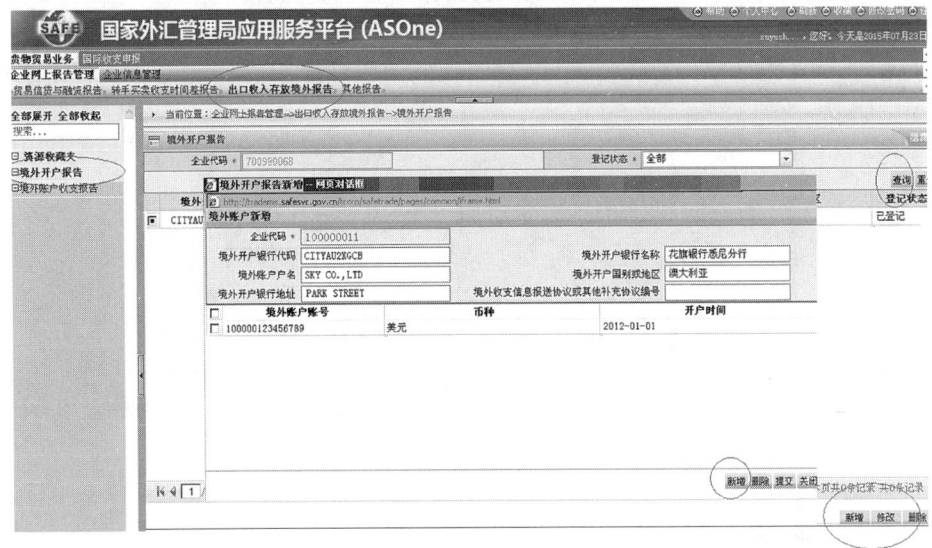

图 5-79

第四步,修改完毕后,点击小窗口的"提交"按钮,向外汇管理局提交修改后的报告。

注意查询窗口和修改小窗口中"新增"和"删除"的区别。查询窗口的"新增"和"删除"是增加或删除整个账户,修改小窗口的"新增"和"删除"是增加或删除账户的申报内容。

(二)境外账户收支报告

境外账户收支报告是在境外开立账户的企业,就境外账户的收支和结余情况,通过平台向外汇管理局提供报告的过程。

境外账户收支报告菜单操作步骤如下。

第一步,在系统平台依次点击"货物贸易业务"—"企业网上报告管理"—"出口收入存放境外报告"—"境外账户收支报告"菜单,打开报告窗口,如图 5-80 所示。

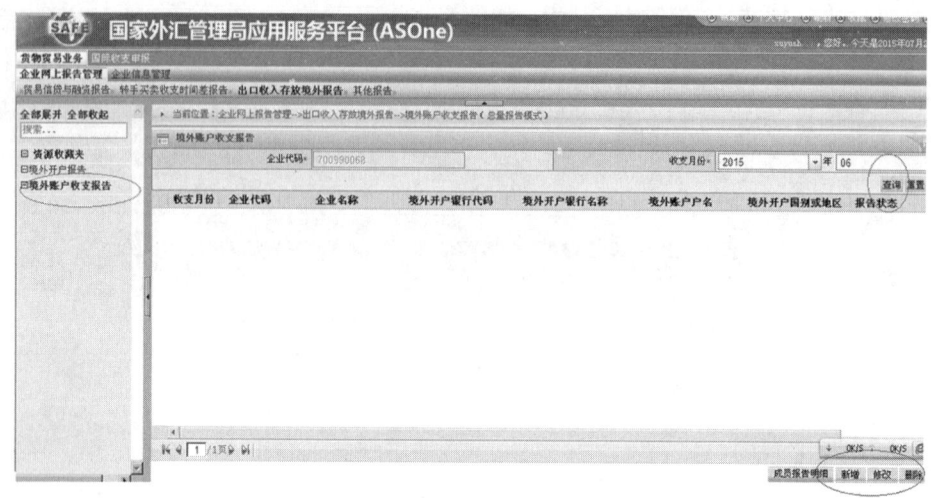

图 5-80

第二步,在打开的窗口中,在查询条件栏录入查询条件,然后点击"查询"按钮,则符合条件的记录将显示在窗口中,如图 5-81 所示。

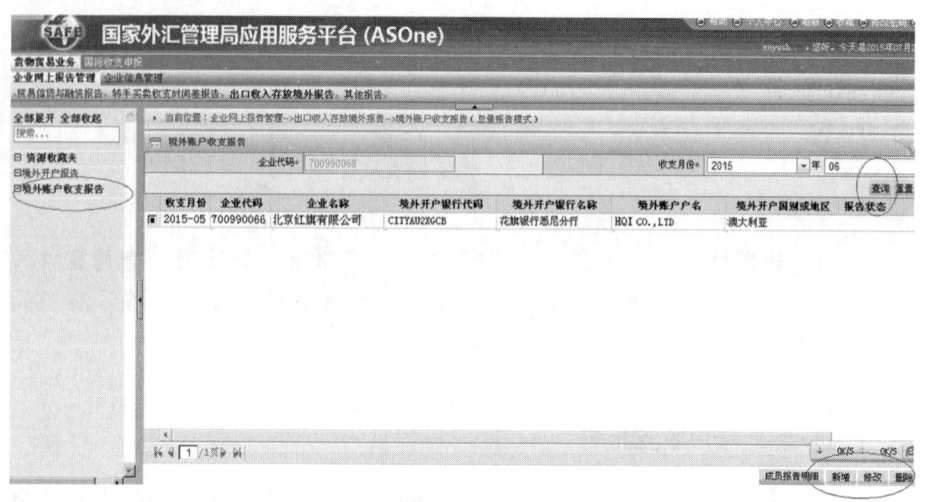

图 5-81

第三步,在打开的查询窗口中,点击窗口右下角的"成员报告明细"按钮,可以查看境外账户的明细内容。点击境外账户明细内容窗口右下角的"导出"按钮,可以把记录导出为 EXCEL 表格,如图 5-82 所示。

第四步,在打开的查询窗口中,点击右下角的"新增"或"修改"按钮,系统将打开报告窗口,如图 5-83 所示。

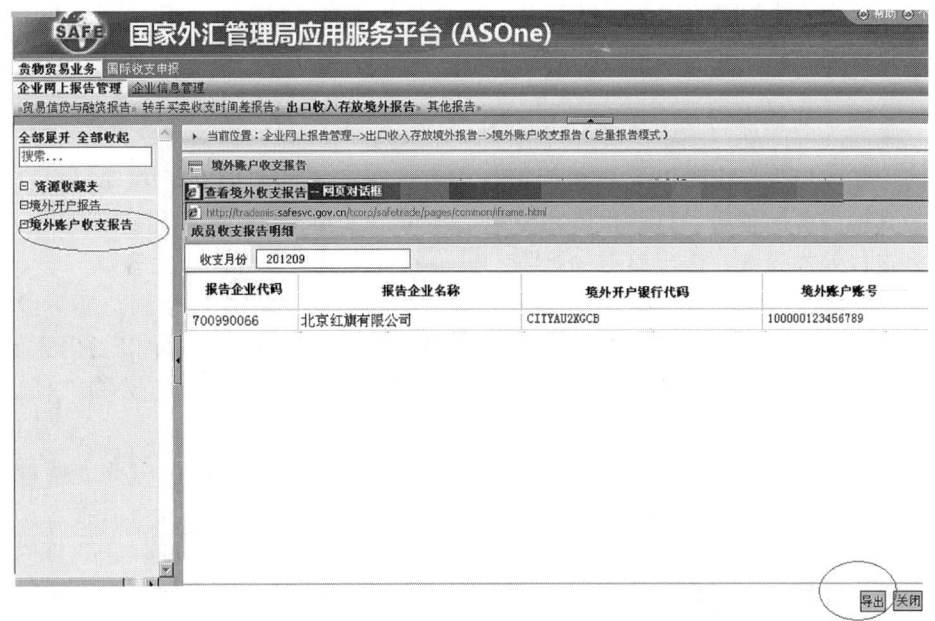

图 5-82

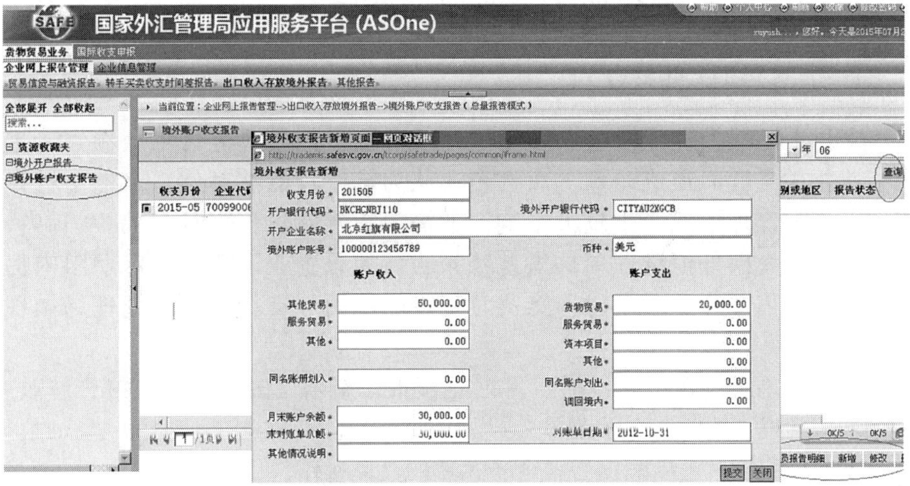

图 5-83

第五步，在打开的窗口中，企业可以根据实际情况录入新的资料或修改已经录入的资料。录入或修改完毕后，点击窗口右下角的"提交"按钮，向外汇管理局提交报告。

第六步，如果企业因某种原因想要取消已经提交的报告，可以在查询窗口中选中需要删除的记录,然后点击窗口右下角的"删除"按钮,则该条记录将被删除。

四、其他报告

其他报告是指除以上介绍的报告内容之外,还需要向外汇管理局提交的其他内容的报告。这些报告主要包括多付汇差额报告、多收汇差额报告、多进口差额报告、多出口差额报告、其他特殊交易报告五部分内容。

企业发生的进出口业务,因各种原因,经常会出现报关金额与实际收付款金额存在一定差额的情况。形成差额的原因主要包括国际市场因素、商品质量问题、境外客商的变动、不可抗力因素、实物投资、实物外债、运保费等。

一旦出现进出口差额,企业可根据差额对国际收支及进出口业务匹配情况的影响程度,来自主决定是否就差额的金额及形成原因向外汇管理局进行报告。如果认为需要进行报告,则企业要在业务发生之日起的30日内向外汇管理局提交报告。如果未能在规定时间内提交报告,企业需要派人在30日后持未及时提交报告的原因等说明资料,到外汇管理局做现场报告。

下面详细介绍其他报告各项内容操作方法。

(一) 多付汇差额报告

多付汇差额报告是指企业发生进口业务后,如果单笔付汇金额大于进口货物报关金额而形成差额,而且企业认为该差额能够对付汇金额与进口报关金额的匹配情况产生较大影响,就需要在实际付汇之日起的30日内,通过平台系统向外汇管理局提供差额报告。如果企业未能在规定期限内提供报告,则需要企业派人持未能及时报告的说明等资料到外汇管理局做现场报告。

多付汇差额报告菜单包括多付汇差额报告新增、多付汇差额报告修改、多付汇差额报告删除三个子菜单。

下面介绍多付汇差额报告各个子菜单的具体操作。

1. 多付汇差额报告新增

多付汇差额报告新增是指企业发生了需要向外汇管理局报告的进口付汇差额时,可于实际付汇之日起的30日内,通过本菜单向外汇管理局提供差额报告。多付汇差额报告新增的操作步骤如下。

第一步,在系统平台依次点击"货物贸易业务"—"企业网上报告管理"—"其他报告"—"多付汇差额报告"—"多付汇差额报告新增"菜单,打开报告窗口,如图5-84所示。

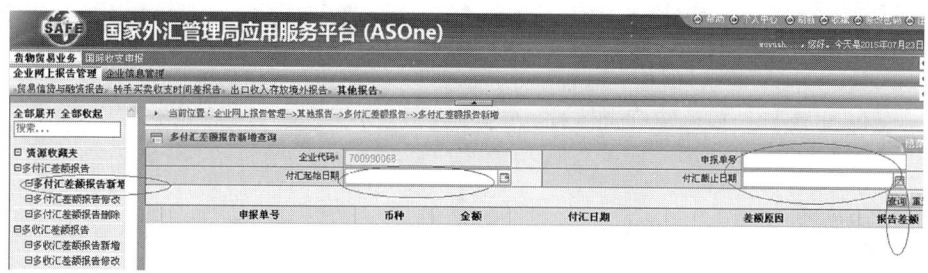

图5-84

第二步,在打开的窗口中,在查询条件栏录入查询条件,然后点击"查询"按钮,则符合条件的记录将显示在窗口中,如图5-85所示。

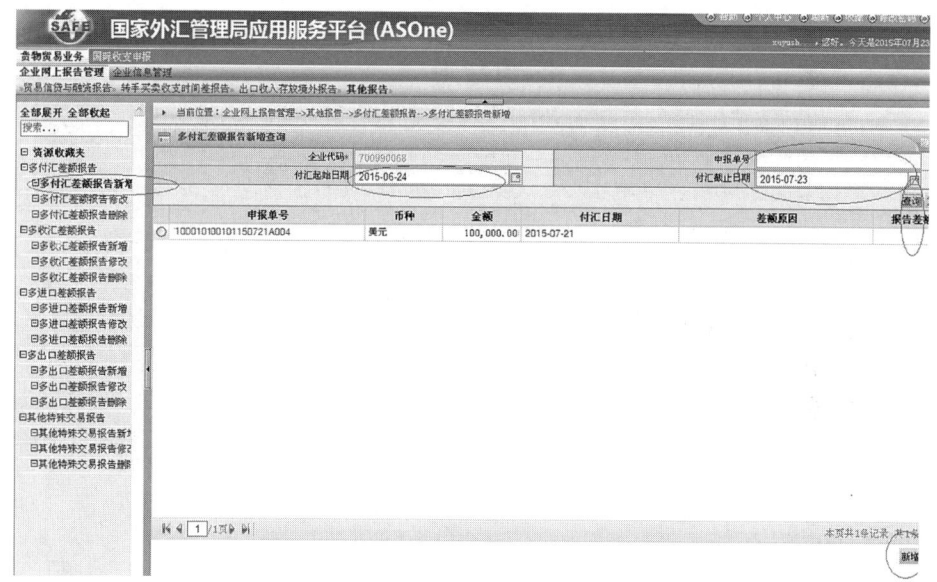

图5-85

第三步,点击窗口右下角的"新增"按钮,使查询的记录处于可编辑状态,如图5-86所示。

第四步,在"差额原因"与"报告差额"栏中录入差额形成原因及差额,然后点击窗口右下角的"提交"按钮,向外汇管理局提交新增报告,如图5-87所示。

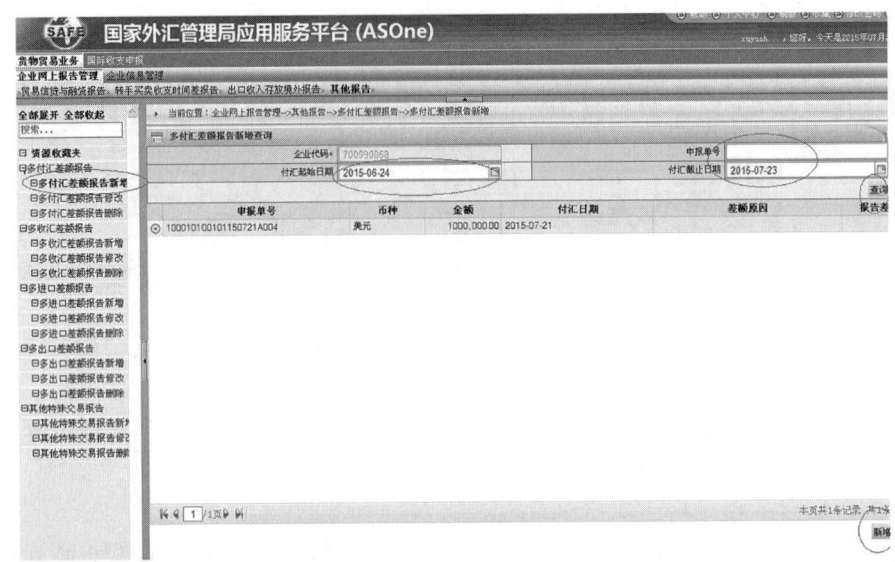

图 5-86

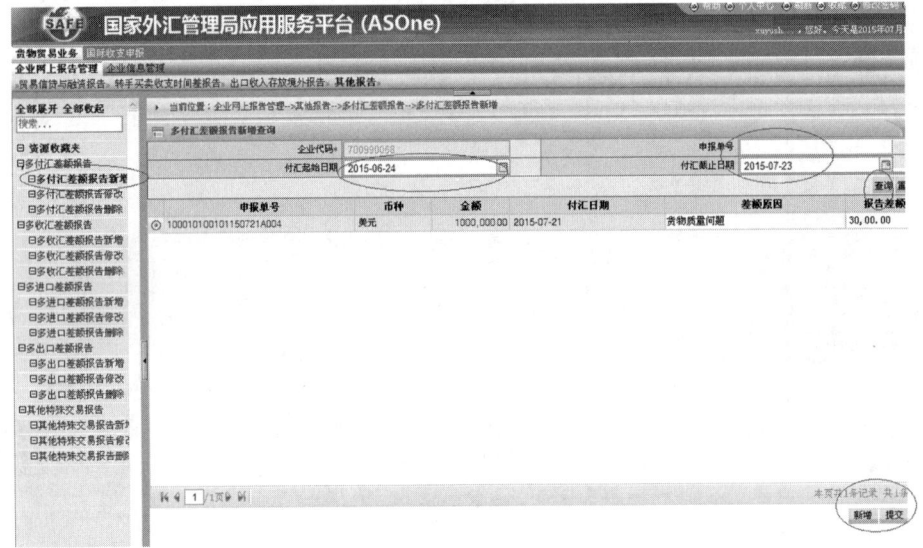

图 5-87

2. 多付汇差额报告修改

多付汇差额报告修改是指企业向外汇管理局提交了多付汇差额报告后，如果发现错误需要对报告进行修改，可通过本菜单进行操作。

多付汇差额报告修改的操作步骤如下。

第一步，在系统平台依次点击"货物贸易业务"—"企业网上报告管理"—"其他报告"—"多付汇差额报告"—"多付汇差额报告修改"菜单，打开报告窗口，如图 5-88 所示。

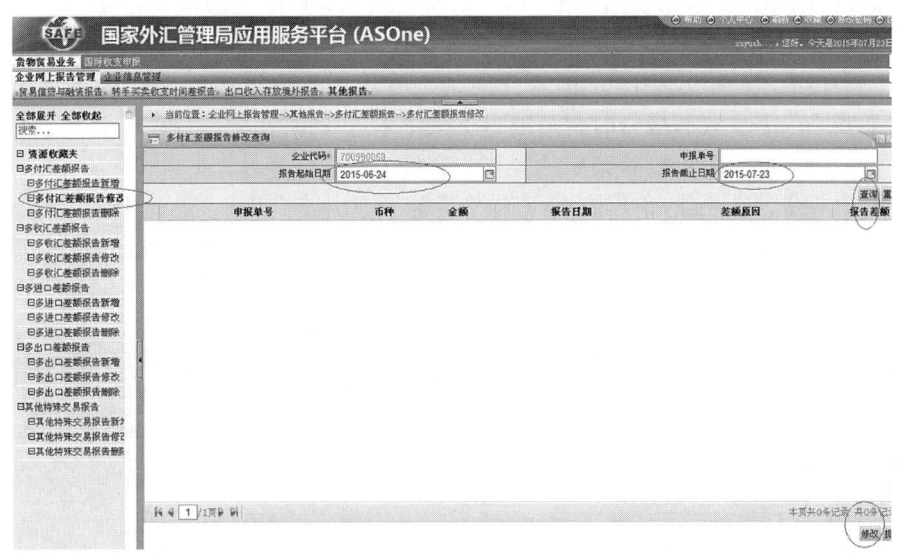

图 5-88

第二步，在打开的窗口中，在查询条件录入栏录入查询条件，然后点击"查询"按钮，则符合条件的记录将显示在窗口中，如图 5-89 所示。

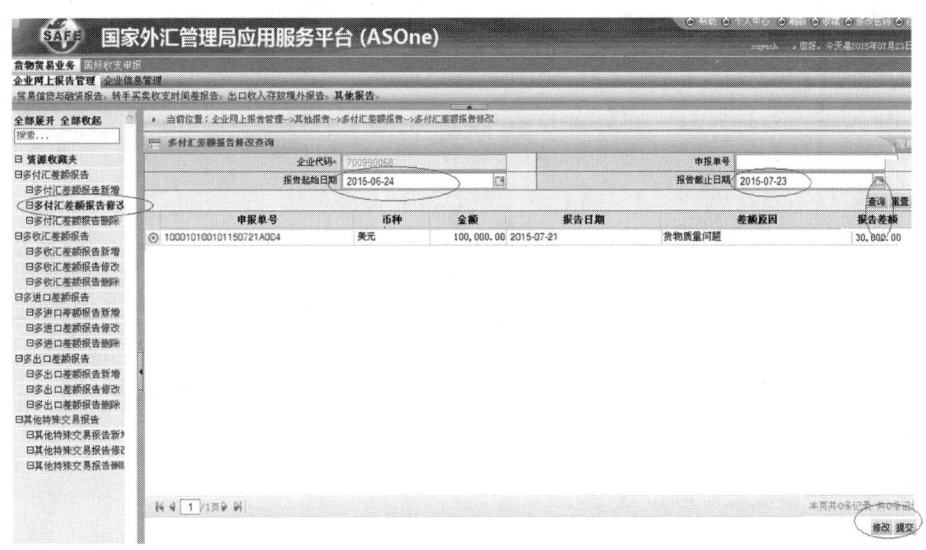

图 5-89

第三步，选中需要修改的记录，点击窗口右下角的"修改"按钮，使该条记录处于可编辑状态，然后根据需要对该记录进行修改。修改完毕后，点击窗口右下角的"提交"按钮，向外汇管理局提交修改后的报告。

3. 多付汇差额报告删除

多付汇差额报告删除是指企业向外汇管理局提交了多付汇差额报告后，因某些原因需要取消报告时，可通过本菜单来进行操作。

多付汇差额报告删除菜单的操作步骤如下。

第一步，在系统平台依次点击"货物贸易业务"—"企业网上报告管理"—"其他报告"—"多付汇差额报告"—"多付汇差额报告删除"菜单，打开报告窗口，如图5-90所示。

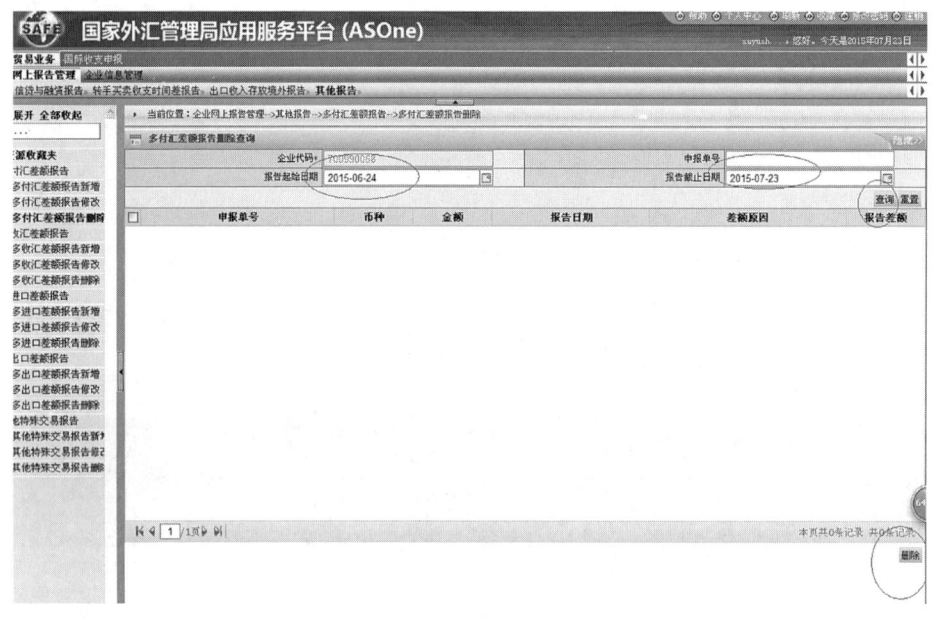

图5-90

第二步，在打开的窗口中，在查询条件栏录入查询条件，然后点击"查询"按钮，符合条件的记录将显示在窗口中，如图5-91所示。

第三步，选中需要删除的记录，然后点击窗口右下角的"删除"按钮，完成删除操作。

（二）多收汇差额报告

多收汇差额报告是指企业出口货物后，如果单笔收汇金额大于出口货物报关金额而形成差额，而且出口企业认为该笔差额对企业收汇与出口货

第五章
货物贸易业务系统的操作经验和技巧

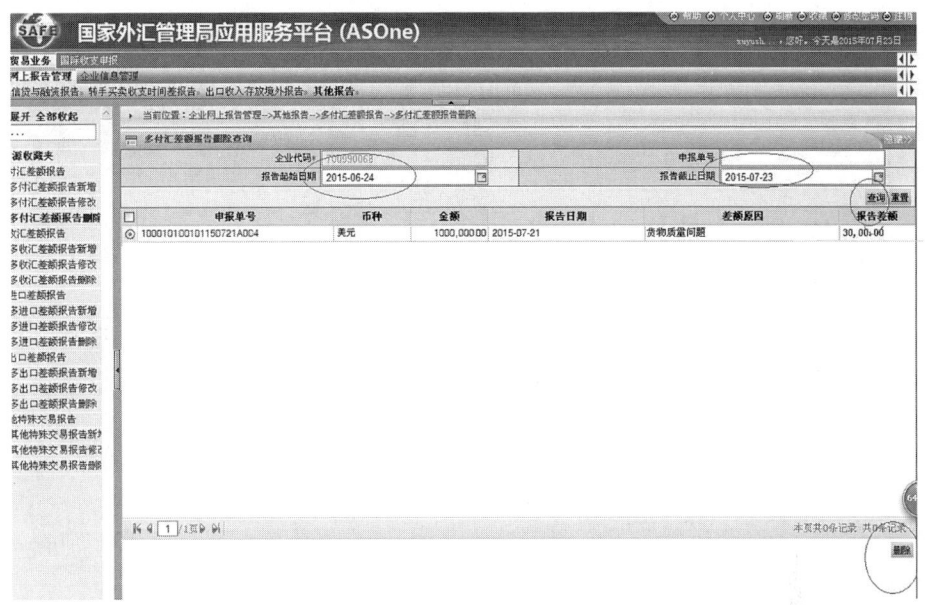

图 5-91

物的报关金额的匹配情况产生了较大影响而向外汇管理局提交的报告。

如果出口企业确认需要就差额进行报告，则需要在收汇之日起的 30 天内通过平台完成。如果未在 30 日内报告，企业应派人持未及时报告的原因说明等资料到外汇管理局做现场报告。

多收汇差额报告菜单包括多收汇差额报告新增、多收汇差额报告修改、多收汇差额报告删除三个子菜单。

下面详细介绍多收汇差额报告三个子菜单的操作方法。

1. 多收汇差额报告新增

多收汇差额报告新增是指企业出口货物发生多收汇差额时，如果企业认为需要向外汇管理局报告，可以通过本菜单来操作。

多收汇差额报告新增的操作步骤如下。

第一步，在系统平台依次点击"货物贸易业务"—"企业网上报告管理"—"其他报告"—"多收汇差额报告"—"多收汇差额报告新增"菜单，打开报告窗口，如图 5-92 所示。

第二步，在打开的窗口中，在查询条件栏录入查询条件，然后点击"查询"按钮，则符合条件的记录将显示在窗口中，如图 5-93 所示。

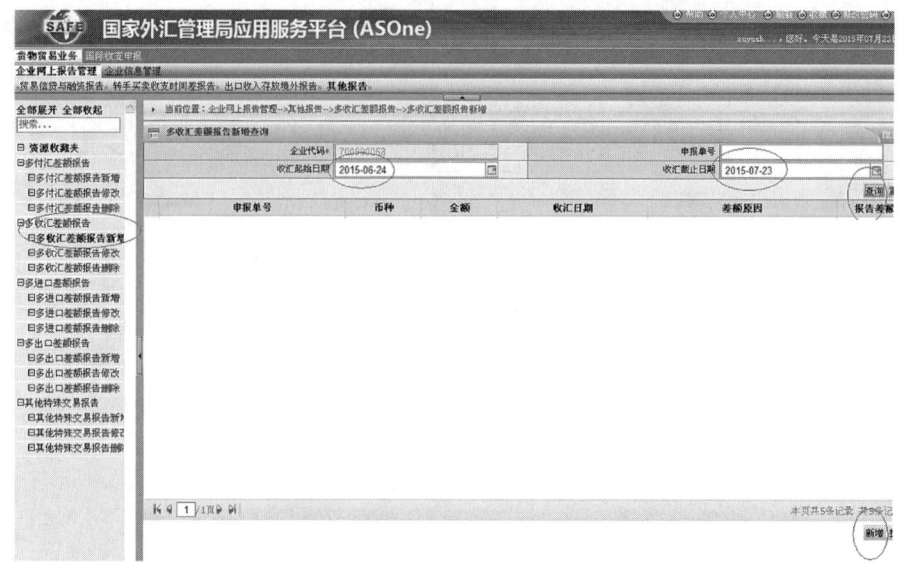

图 5-92

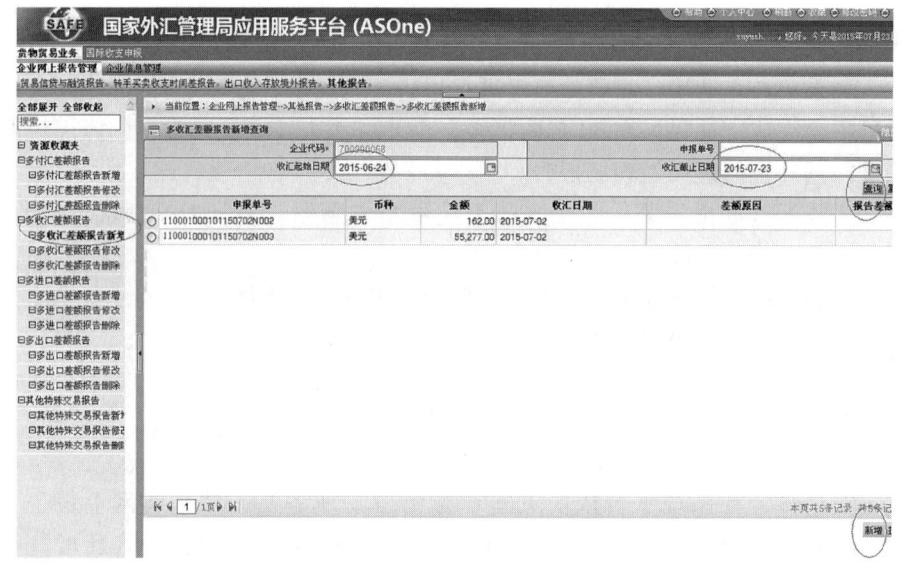

图 5-93

第三步,选中需要申报的记录,然后点击窗口右下角的"新增"按钮,使该记录处于可编辑状态,然后根据实际情况在"差额原因"与"报告差额"栏中录入数据。录入完成后,点击窗口右下角的"提交"按钮,向外汇局提交新增的报告,如图 5-94 所示。

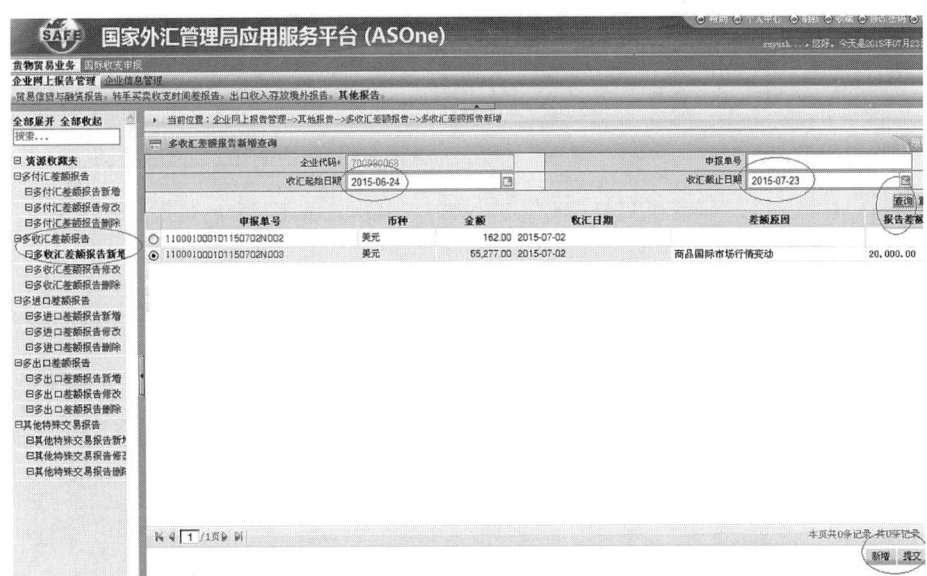

图 5-94

2. 多收汇差额报告修改

多收汇差额报告修改是指企业向外汇管理局提交多收汇差额报告后，因某些原因需要对已提交的报告加以修改时，可通过本菜单进行操作。

多收汇差额报告修改菜单的操作步骤如下。

第一步，在系统平台依次点击"货物贸易业务"—"企业网上报告管理"—"其他报告"—"多收汇差额报告"—"多收汇差额报告修改"菜单，打开报告窗口，如图 5-95 所示。

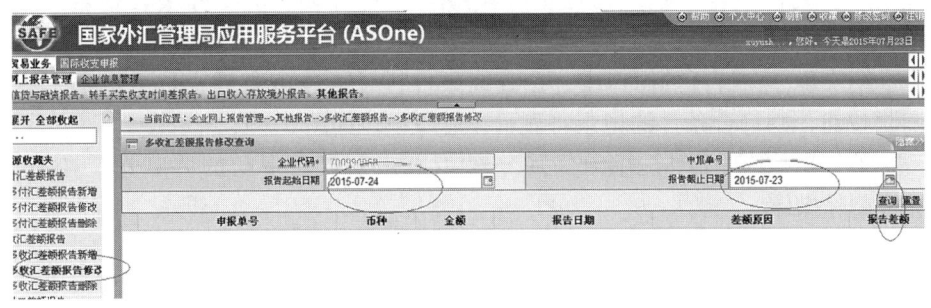

图 5-95

第二步，在打开的窗口中，在查询条件栏录入查询条件，然后点击"查询"按钮，则符合条件的记录将显示在窗口中，如图 5-96 所示。

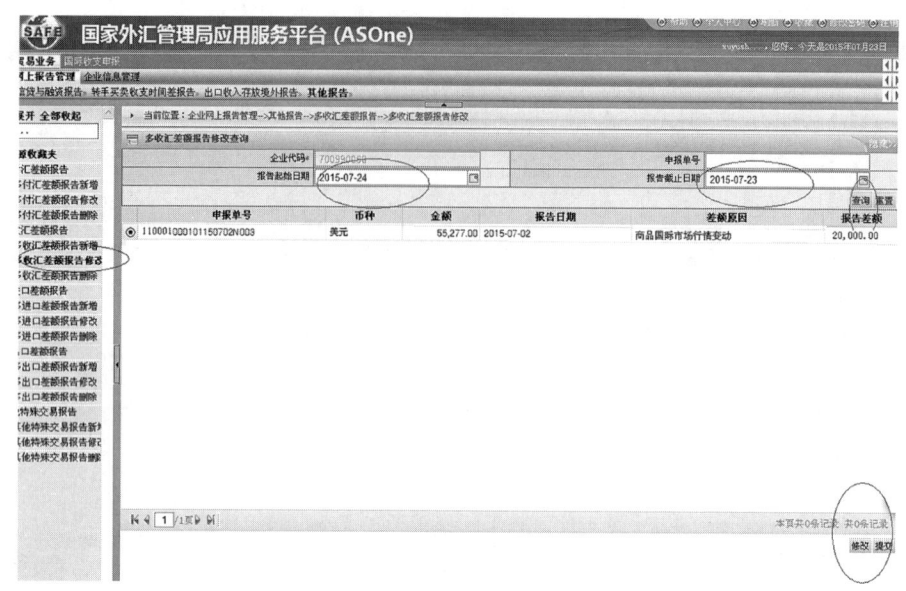

图 5-96

第三步,企业可根据实际情况对报告进行修改。修改完毕后,点击窗口右下角的"提交"按钮,向外汇管理局提交修改后的报告。

3. 多收汇差额报告删除

多收汇差额报告删除是指企业向外汇管理局提交了出口货物多收汇差额报告后,因某种原因需要删除该报告,可以通过本菜单进行操作。

多收汇差额报告删除菜单的操作步骤如下。

第一步,在系统平台依次点击"货物贸易业务"—"企业网上报告管理"—"其他报告"—"多收汇差额报告"—"多收汇差额报告删除"菜单,打开报告窗口,如图5-97所示。

第二步,在打开的窗口中,在查询条件栏录入查询条件,然后点击"查询"按钮,则符合条件的记录将显示在窗口中,如图5-98所示。

第三步,选中需要删除的记录,然后点击窗口右下角的"删除"按钮,完成删除操作。

(三)多进口差额报告

多进口差额报告是指当企业进口货物的进口报关金额大于进口或付汇金额而形成差额时,如果企业认为该笔差额对付汇金额与进口报关金额的匹配情况产生较大影响时,应该在货物进口报关之日起的30日内向外汇管理局提交的报告。

第五章
货物贸易业务系统的操作经验和技巧

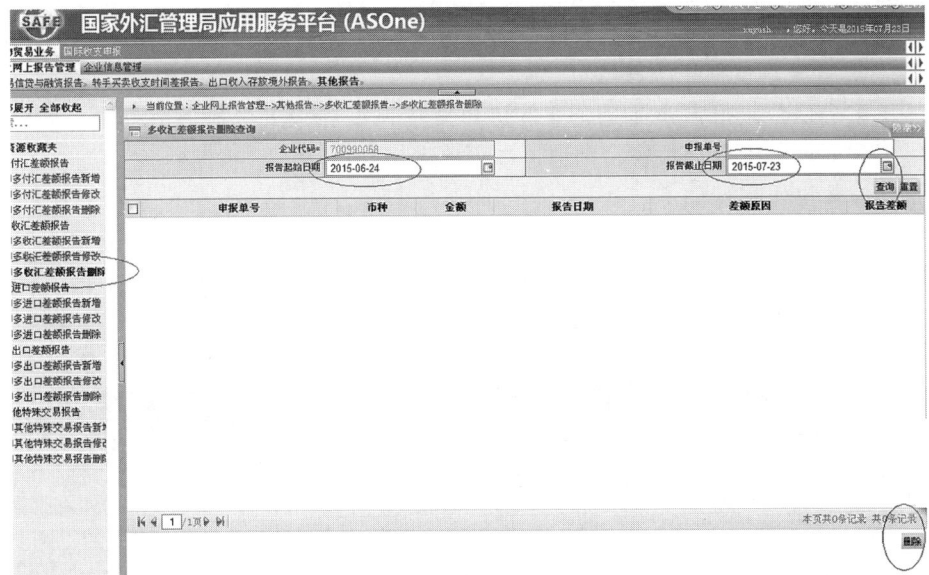

图 5-97

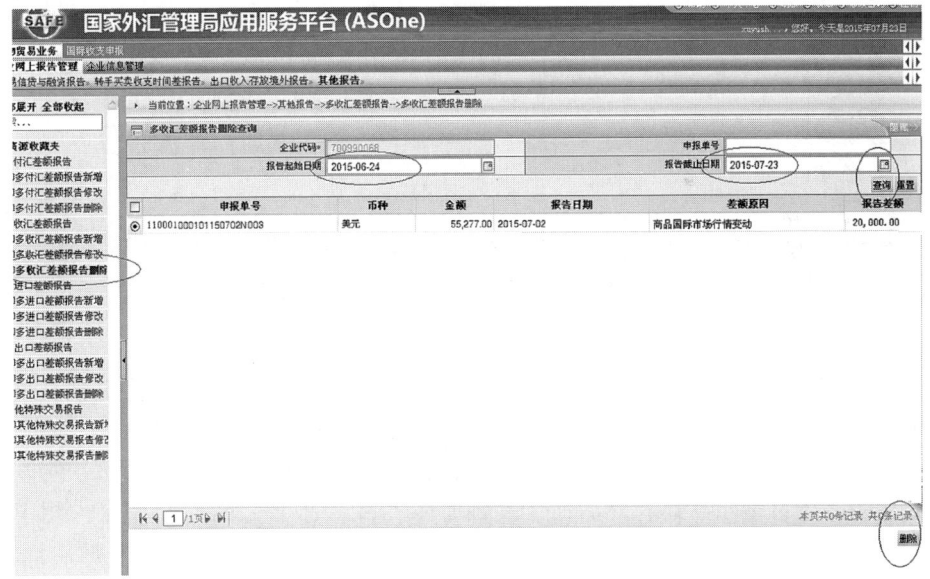

图 5-98

如果企业不能在规定时间内向外汇管理局提交报告，则需要派人持未能及时提交报告的说明等资料到外汇管理局做现场报告。

多进口差额报告菜单也包括多进口差额报告新增、多进口差额报告修改、

· 289 ·

多进口差额报告删除三个子菜单。

下面详细介绍多进口差额报告三个子菜单的操作方法。

1. 多进口差额报告新增

多进口差额报告新增是企业的进口货物付汇与报关金额形成差额,如果需要先向外汇管理局报告,则通过本菜单进行操作。

具体操作步骤如下。

第一步,在系统平台依次点击"货物贸易业务"—"企业网上报告管理"—"其他报告"—"多进口差额报告"—"多进口差额报告新增"菜单,打开报告窗口,如图5-99所示。

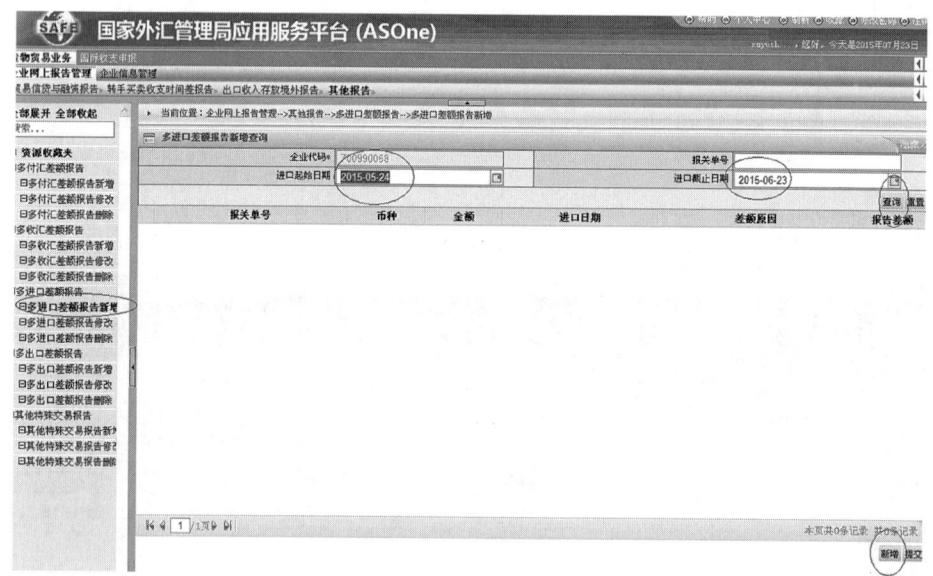

图 5-99

第二步,在打开的窗口中,在查询条件栏录入查询条件,然后点击"查询"按钮,则符合条件的记录将显示在窗口中,如图5-100所示。

第三步,选中需要报告的记录,点击窗口右下角的"新增"按钮,使该条记录处于可编辑状态;然后在"差额原因"和"报告差额"栏中录入相应的数据,差额原因可点击栏目右边的下拉菜单进行选择,如图5-101所示。

第四步,录入完毕后,点击窗口右下角的"提交"按钮,向外汇管理局提交报告。

2. 多进口差额报告修改

多进口差额报告修改是指企业向外汇管理局提交了报告后,因某些原因需要对已提交的报告加以修改时,可通过本菜单进行操作。

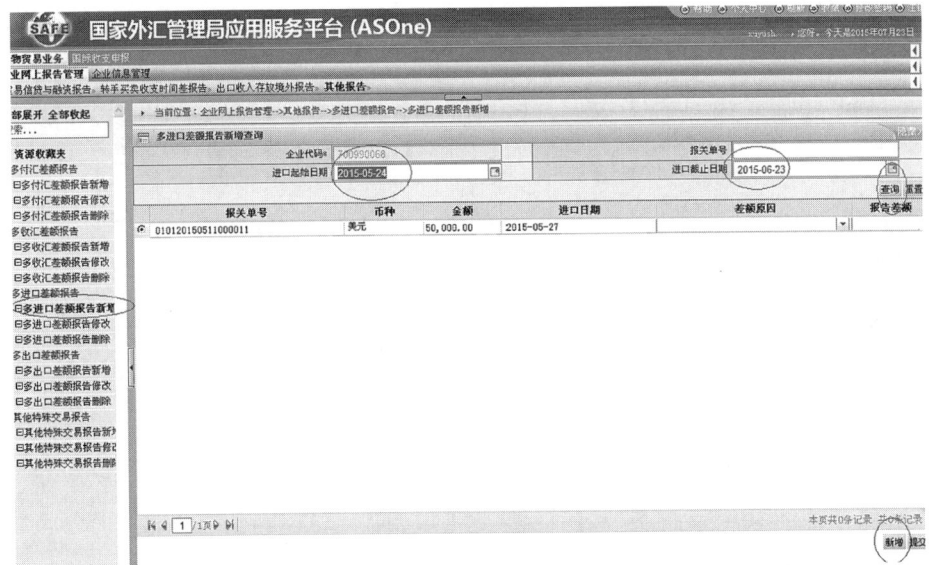

图 5-100

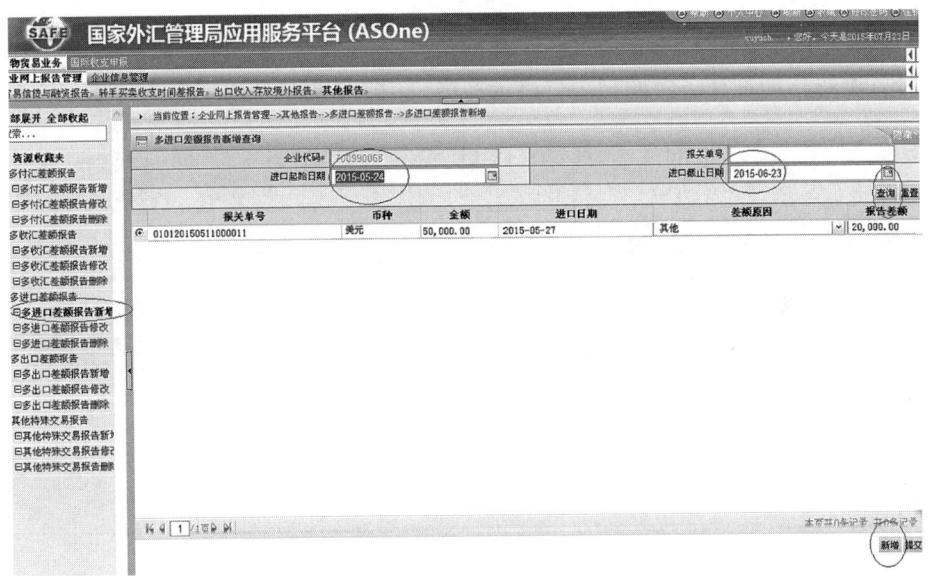

图 5-101

多进口差额报告修改的操作步骤如下。

第一步,在系统平台依次点击"货物贸易业务"—"企业网上报告管理"—"其他报告"—"多进口差额报告"—"多进口差额报告修改"菜单,打开报告窗口,如图5-102所示。

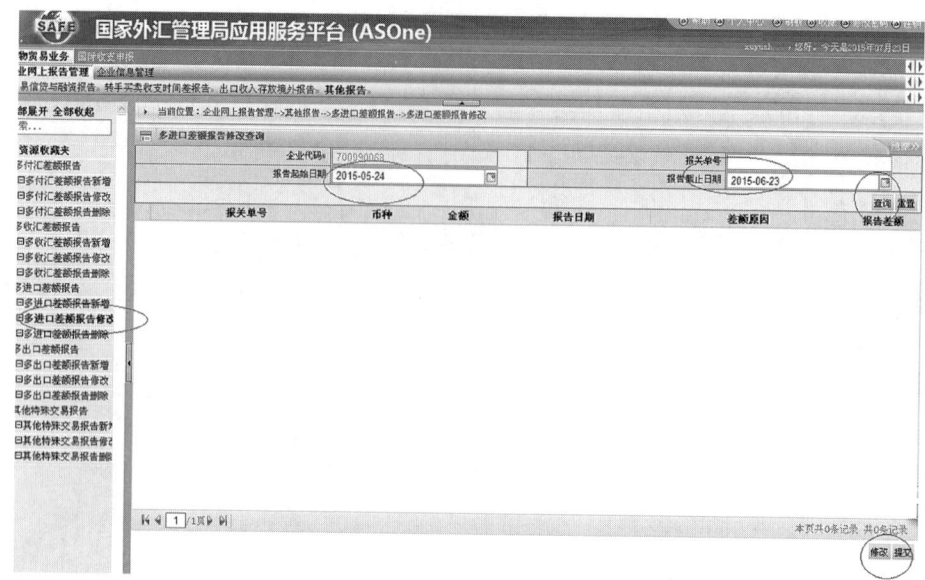

图 5-102

第二步，在打开的窗口中，在查询条件栏录入查询条件，然后点击"查询"按钮，则符合条件的记录将显示在窗口中，如图 5-103 所示。

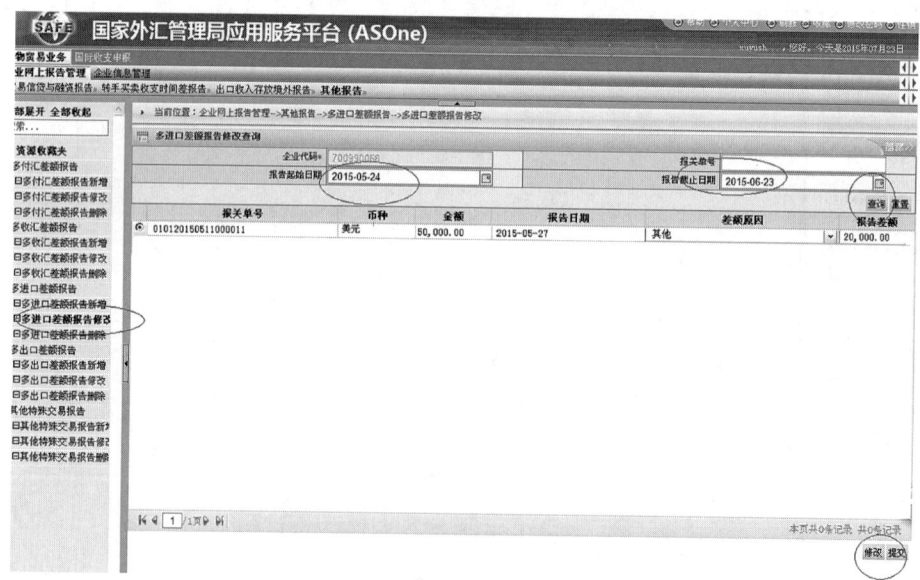

图 5-103

第三步，选中需要修改的记录，点击窗口右下角的"修改"按钮，使该条记录处于可编辑状态,然后企业可根据实际情况对记录的内容进行修改。修改完毕后点击窗口右下角的"提交"按钮,向外汇管理局提交修改后的报告。

3. 多进口差额报告删除

多进口差额报告删除是指企业向外汇管理局提交了报告后,由于某种原因需要删除已提交的报告,可以通过本菜单进行操作。

删除操作步骤如下。

第一步,在系统平台依次点击"货物贸易业务"—"企业网上报告管理"—"其他报告"—"多进口差额报告"—"多进口差额报告删除"菜单,打开报告窗口,如图 5-104 所示。

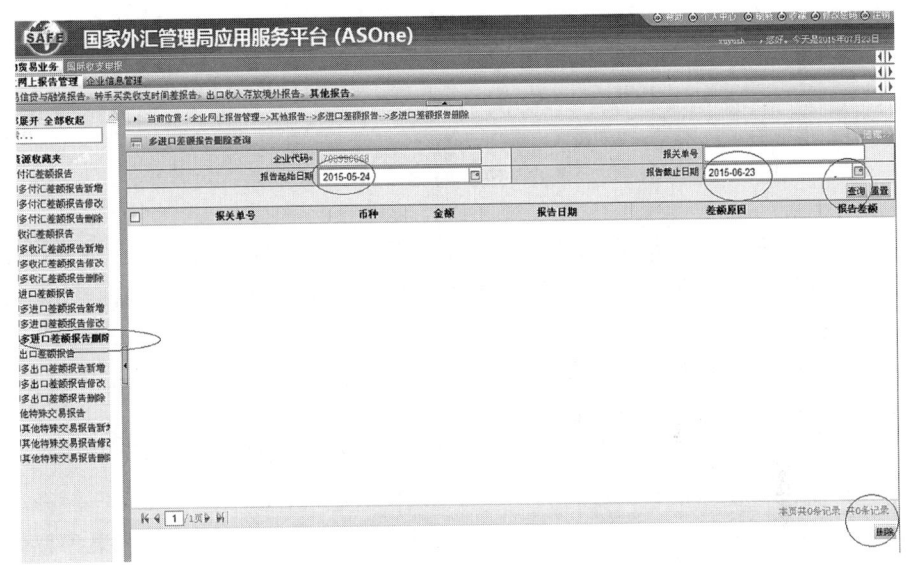

图 5-104

第二步,在打开的窗口中,在查询条件栏录入查询条件,然后点击"查询"按钮,则符合条件的记录将显示在窗口中,如图 5-105 所示。

第三步,选中需要删除的记录,然后点击窗口右下角的"删除"按钮,完成删除操作。

(四) 多出口差额报告

多出口差额报告是指企业出口货物的出口报关金额大于出口收汇金额而形成差额时,如果企业认为该笔差额对报关金额与收汇金额的匹配情况产生较大影响时,应向外汇管理局提交的报告。

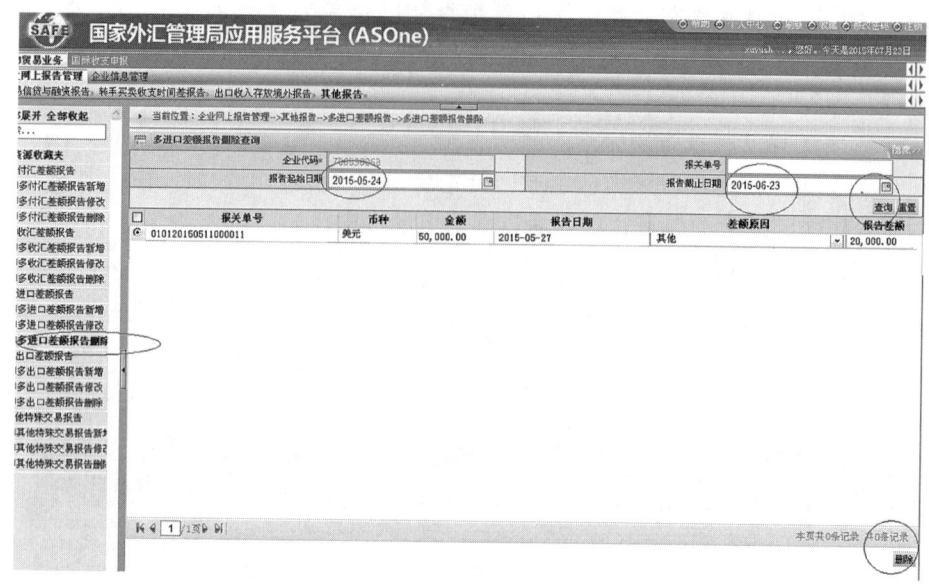

图 5-105

企业应该在货物出口之日起的 30 日内向外汇管理局提交报告，如果超过 30 日的期限未及时报告，企业需要派人持未及时报告的说明等资料到外汇管理局做现场报告。

多出口差额报告菜单包括多出口差额报告新增、多出口差额报告修改、多出口差额报告删除三个子菜单。

下面详细介绍多出口差额报告三个子菜单的操作方法。

1. 多出口差额报告新增

多出口差额报告新增是指企业出口货物产生多出口差额后，如果需要向外汇管理局提供报告，可通过本菜单进行操作。

多出口差额报告新增菜单的操作步骤如下。

第一步，在系统平台依次点击"货物贸易业务"—"企业网上报告管理"—"其他报告"—"多出口差额报告"—"多出口差额报告新增"菜单，打开报告窗口，如图 5-106 所示。

第二步，在打开的窗口中，在查询条件栏录入查询条件，然后点击"查询"按钮，则符合条件的记录将显示在窗口中，如图 5-107 所示。

第三步，选中需要报告的记录，点击窗口右下角的"新增"按钮，使该条记录处于可编辑状态，然后在"差额原因"和"报告差额"栏中录入相应数据。录入完毕后，点击窗口右下角的"提交"按钮，向外汇管理局提交新增的报告，如图 5-108 所示。

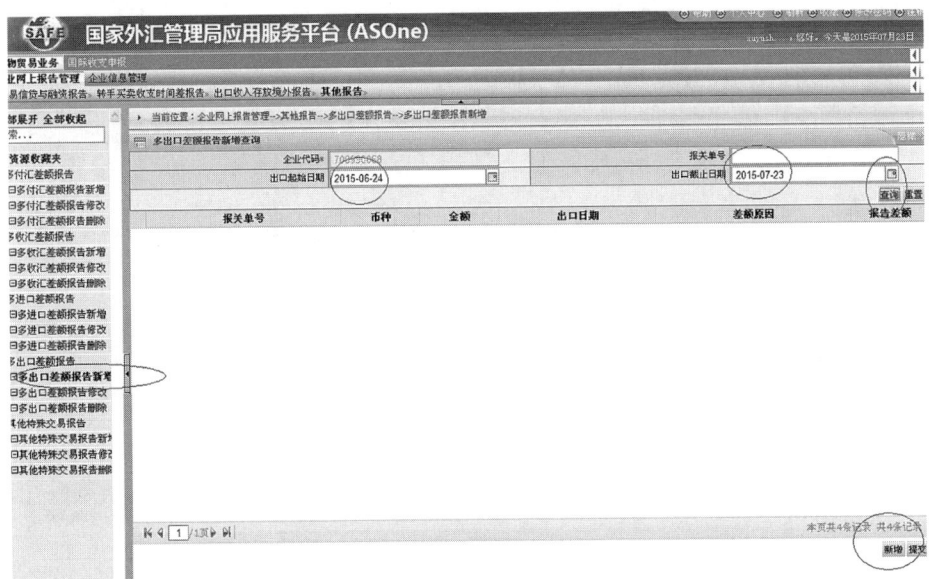

图 5 – 106

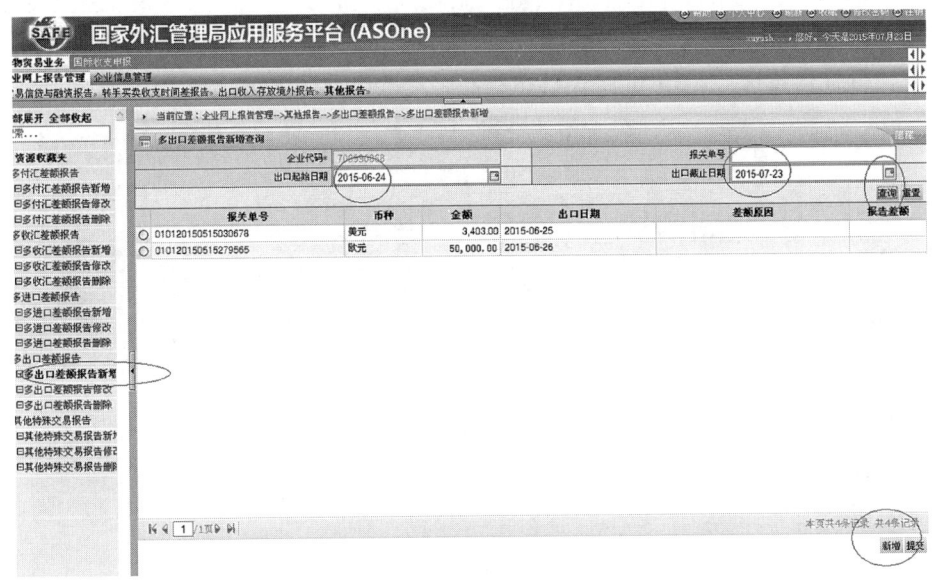

图 5 – 107

2. 多出口差额报告修改

多出口差额报告修改是指企业向外汇管理局报告多出口差额后，因某些原因需要对已提交的报告进行修改时，通过本菜单进行操作。

多出口差额报告修改的操作步骤如下。

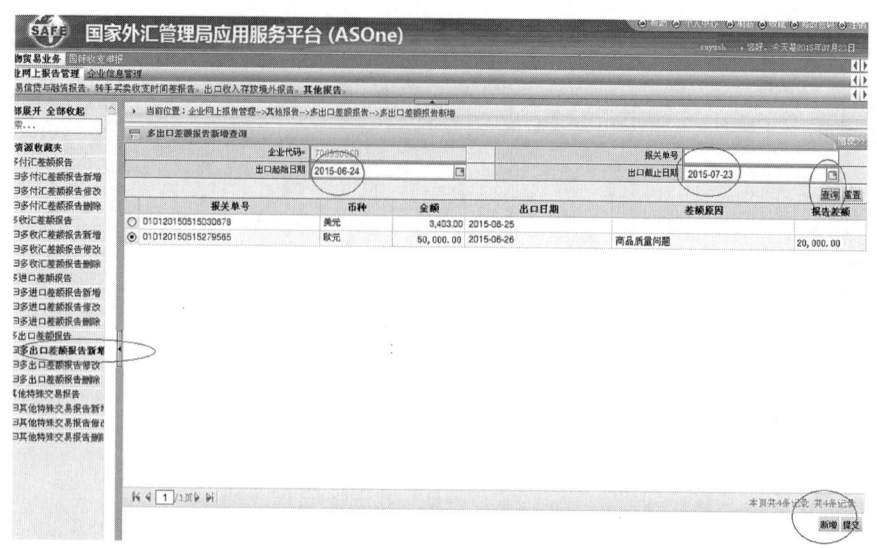

图 5-108

第一步，在系统平台依次点击"货物贸易业务"—"企业网上报告管理"—"其他报告"—"多出口差额报告"—"多出口差额报告修改"菜单，打开报告窗口，如图 5-109 所示。

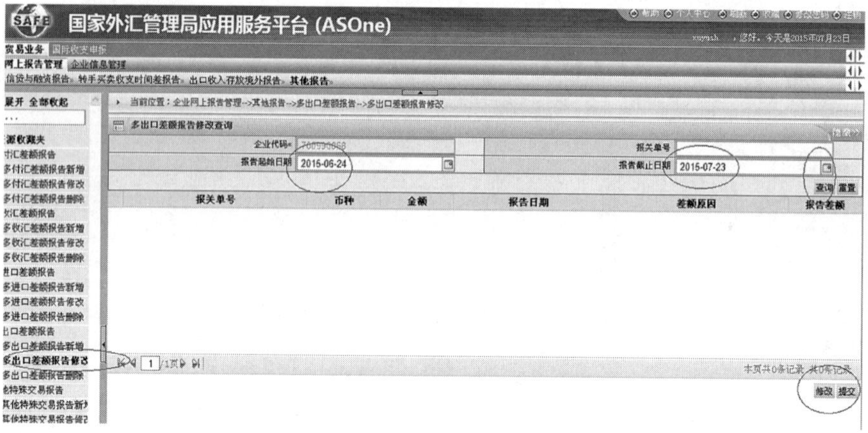

图 5-109

第二步，在打开的窗口中，在查询条件栏录入查询条件，然后点击"查询"按钮，则符合条件的记录将显示在窗口中，如图 5-110 所示。

第三步，选中需要修改的记录，点击窗口右下角的"修改"按钮，使该条记录处于可编辑状态，然后根据实际情况对记录进行修改。修改完毕后，点击窗口右下角的"提交"按钮，向外汇管理局提交修改后的报告。

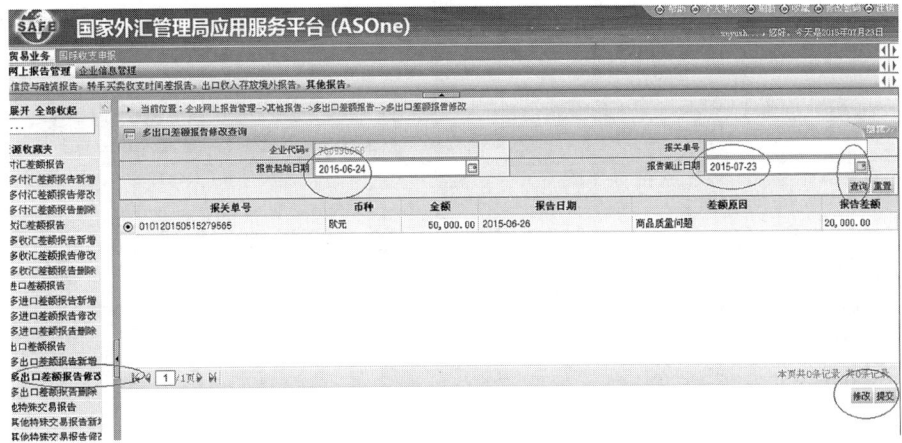

图 5-110

3. 多出口差额报告删除

多出口差额报告删除是指企业向外汇管理局提交了报告后，因某种原因需要删除该报告时，可通过本菜单进行操作。

多出口差额报告删除菜单的操作步骤如下。

第一步，在系统平台依次点击"货物贸易业务"—"企业网上报告管理"—"其他报告"—"多出口差额报告"—"多出口差额报告删除"菜单，打开报告窗口，如图 5-111 所示。

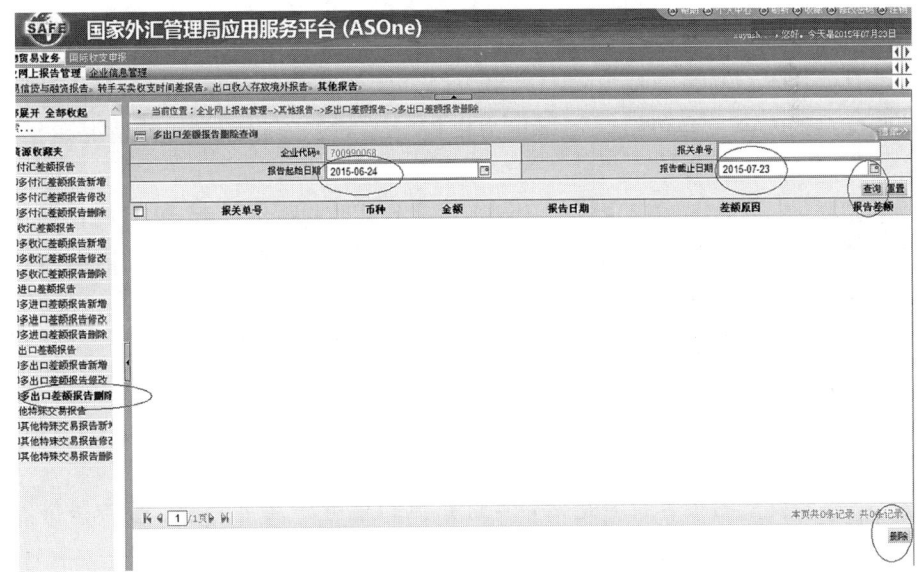

图 5-111

第二步,在打开的窗口中,在查询条件栏录入查询条件,然后点击"查询"按钮,则符合条件的记录将显示在窗口中,如图5-112所示。

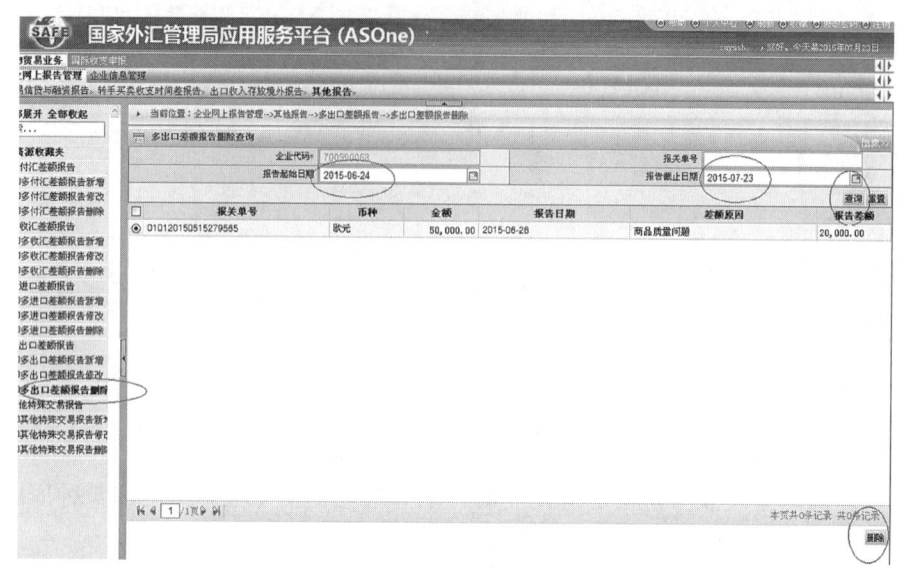

图5-112

第三步,选中需要删除的记录,然后点击窗口右下角的"删除"按钮,完成删除操作。

(五)其他特殊交易报告

其他特殊交易报告是指除上述报告以外的外贸收付汇业务的报告。这些特殊交易的内容主要包括因不可抗力因素导致的不能收汇、特殊情况退汇、货物不能正常退回等。

在发生特殊交易后,企业应在进出口之日或收付汇之日起30日内,通过平台向外汇管理局提供报告。如果未在规定期限内提供报告,企业需派人持未能及时报告的说明等资料到外汇管理局做现场报告。

其他特殊交易报告菜单也包括其他特殊交易报告新增、其他特殊交易报告修改、其他特殊交易报告删除三个子菜单。

下面详细介绍其他特殊交易报告三个子菜单的操作方法。

1. 其他特殊交易报告新增

其他特殊交易报告新增是指企业在进出口业务中发生了符合报告条件的特殊交易后,可通过本菜单向外汇管理局提交报告。

其他特殊交易报告新增菜单的操作步骤如下。

第五章 货物贸易业务系统的操作经验和技巧

第一步，在系统平台依次点击"货物贸易业务"—"企业网上报告管理"—"其他报告"—"其他特殊交易报告"—"其他特殊交易报告新增"菜单，打开报告窗口，如图5-113所示。

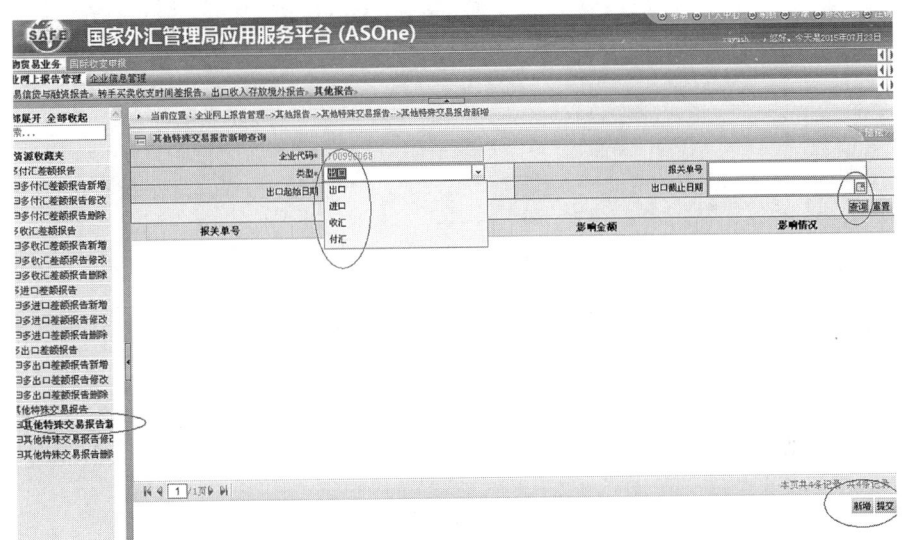

图 5-113

第二步，在打开的窗口中，在查询条件栏录入查询条件，然后点击"查询"按钮，则符合条件的记录将显示在窗口中，如图5-114所示。

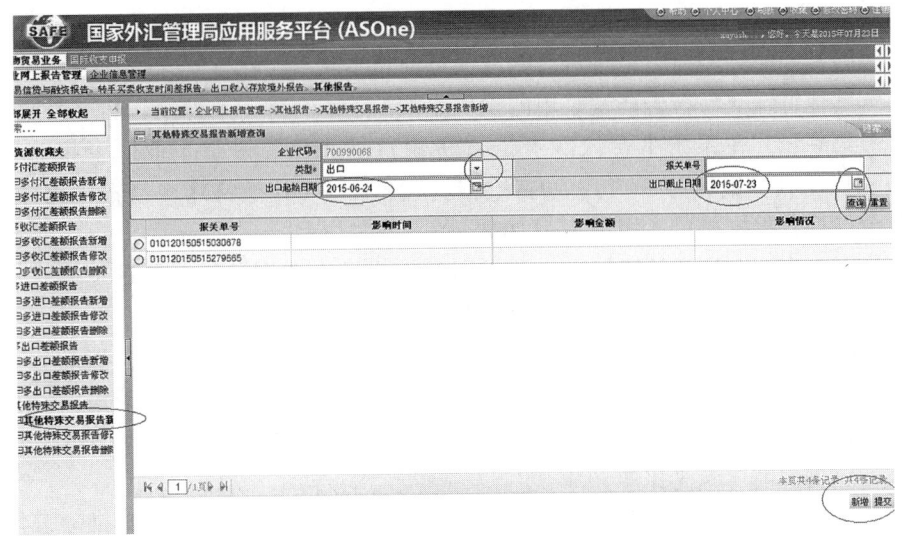

图 5-114

· 299 ·

第三步，选中需要报告的业务记录，然后点击窗口右下角的"新增"按钮，使该条记录处于可编辑状态，如图5－115所示。

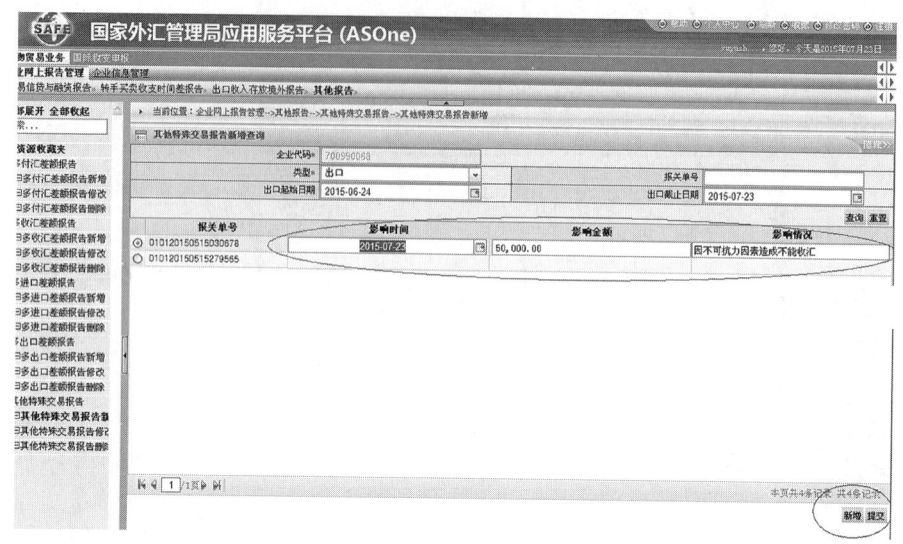

图5－115

第四步，企业根据实际情况，在"影响时间""影响金额""影响情况"栏中录入相应数据。录入完毕后，点击窗口右下角的"提交"按钮，向外汇管理局提交增加的报告。

2. 其他特殊交易报告修改

其他特殊交易报告修改是指企业向国家外汇管理局提交了特殊交易报告后，因某种原因需要对报告进行修改，可通过本菜单操作。

其他特殊交易报告修改菜单的操作步骤如下。

第一步，在系统平台依次点击"货物贸易业务"—"企业网上报告管理"—"其他报告"—"其他特殊交易报告"—"其他特殊交易报告修改"菜单，打开报告窗口，如图5－116所示。

第二步，在打开的窗口中，在查询条件栏录入查询条件，然后点击"查询"按钮，则符合条件的记录将显示在窗口中，如图5－117所示。

第三步，选中需要修改的记录，使该条记录处于可编辑状态，然后根据实际情况对原来录入的内容进行修改。修改完毕后，点击窗口右下角的"提交"按钮，向外汇管理局提交修改后的报告。

3. 其他特殊交易报告删除

其他特殊交易报告删除是指企业向外汇管理局提交的进出口特殊交易报告，因故需要删除时，通过本菜单进行操作。

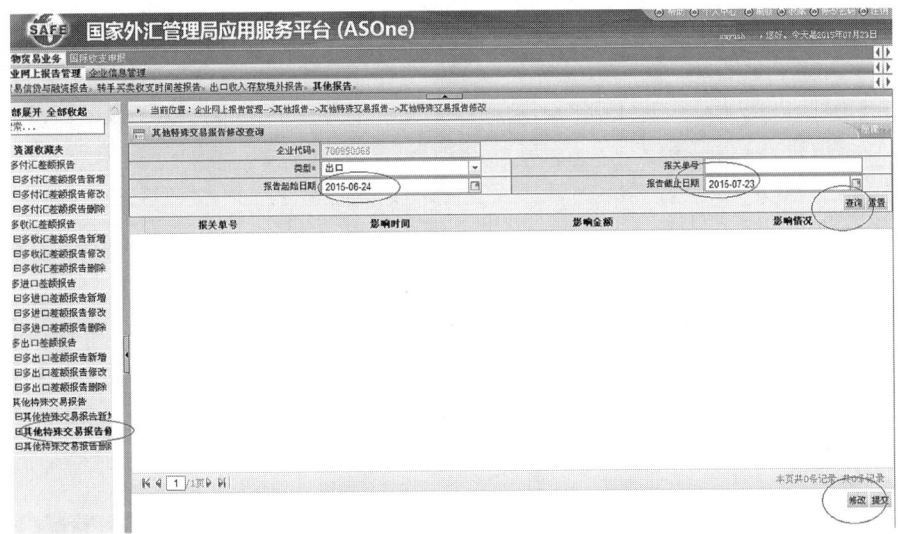

图 5-116

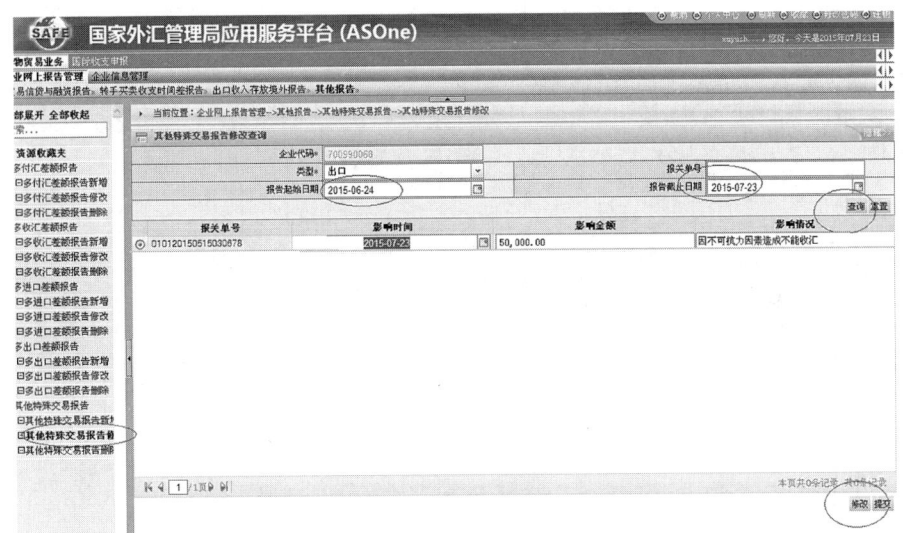

图 5-117

其他特殊交易报告删除菜单的操作步骤如下。

第一步，在系统平台依次点击"货物贸易业务"—"企业网上报告管理"—"其他报告"—"其他特殊交易报告"—"其他特殊交易报告删除"菜单，打开报告窗口，如图 5-118 所示。

第二步，在打开的窗口中，在查询条件栏录入查询条件，然后点击"查询"按钮，则符合条件的记录将显示在窗口中，如图 5-119 所示。

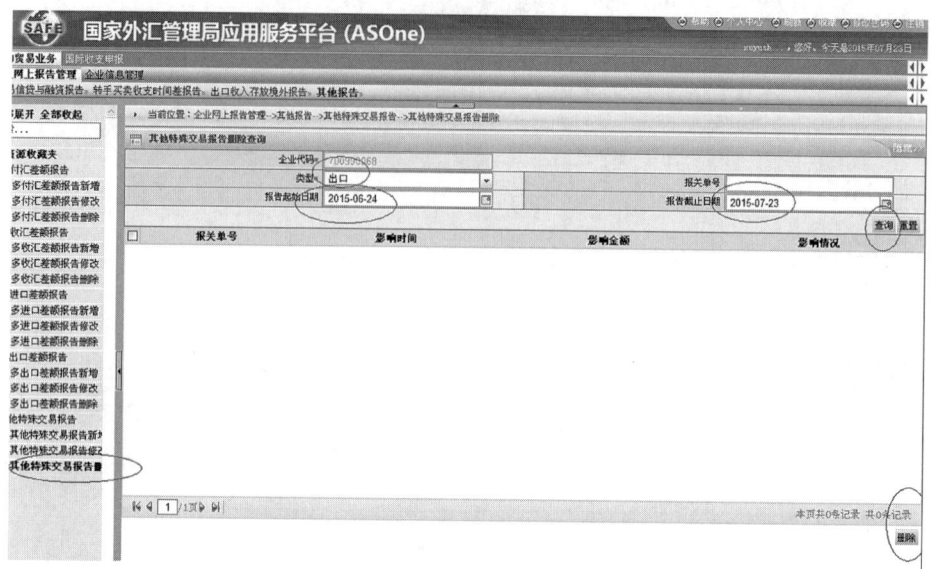

图 5-118

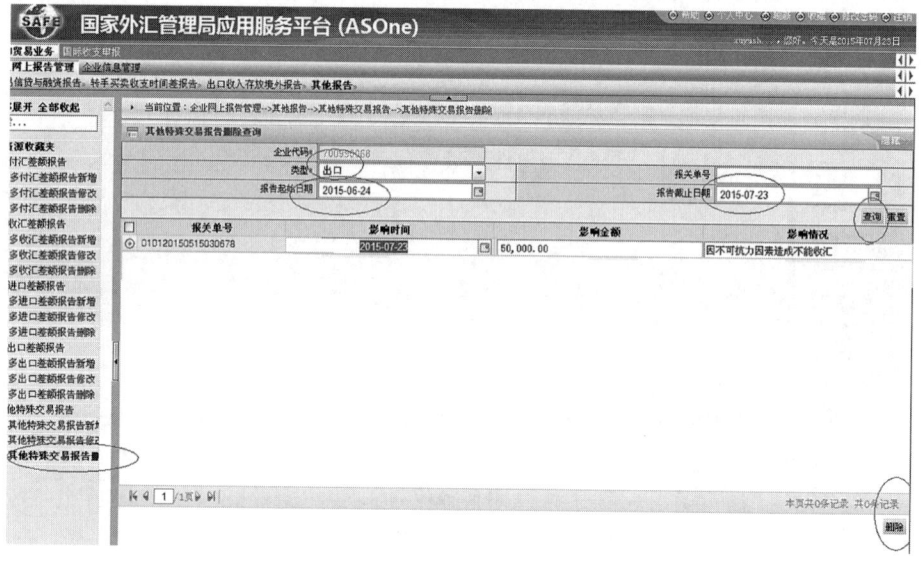

图 5-119

第三步,选中需要删除的记录,然后点击窗口右下角的"删除"按钮,完成删除操作。

第三节 企业信息管理

企业信息管理是企业用来查询关于进出口业务及收付汇等信息的工具模块。企业通过本模块可以查询企业在外汇管理局的档案信息、备案信息、各种指标数据信息、外汇管理局对企业的监管信息及各种公共信息等。通过对这些信息的查询，企业可以及时了解本企业的备案信息和数据信息的变化及外汇管理局的监管情况。通过了解这些信息，企业可以发现问题，同时经过对发现问题的分析，可以评估是否需要向外汇管理局作出说明或进行报告。

企业信息管理包括企业管理状态查询、登记表签发情况查询、现场核查信息接收与反馈、外汇局公告信息查询、企业留言等内容。

下面分别介绍企业信息管理各子菜单的操作方法。

一、企业管理状态查询

企业管理状态查询是指用来查询企业档案信息、登记信息、外汇管理局对企业的总量核查信息以及企业最近 12 个月的进出口基础数据信息的工具菜单。

本菜单包括企业管理信息查询、业务指标情况、基础业务数据三个子菜单。

（一）企业管理信息查询

企业管理信息查询是用来查询企业档案信息资料和登记表信息资料的菜单。菜单的查询操作步骤如下。

第一步，在系统平台依次点击"货物贸易业务"—"企业信息管理"—"企业管理状态查询"—"企业管理信息查询"菜单，如图5－120所示。

第二步，点击窗口的"详细档案信息"，可以查看企业档案信息的详细资料，如图 5－121 所示。

第三步，点击窗口的"登记表信息"，可以查企业尚未到期的登记表信息和过期尚未超过一个月的登记表记录，如图 5－122 所示。点击"登记表编号"，可以查看登记表的详细内容。

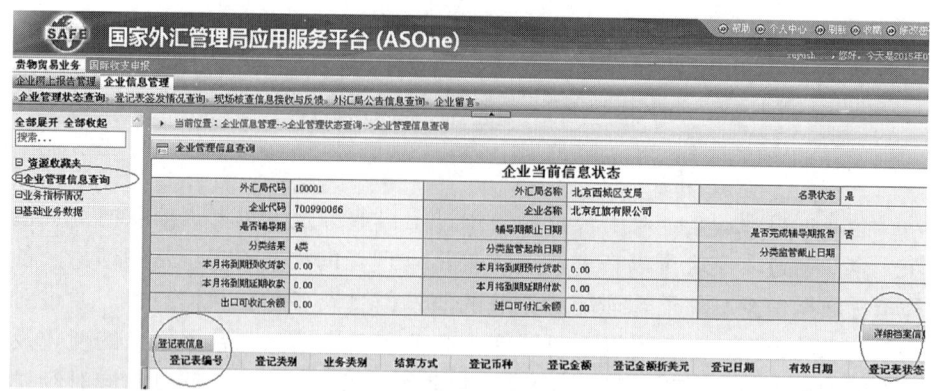

图 5-120

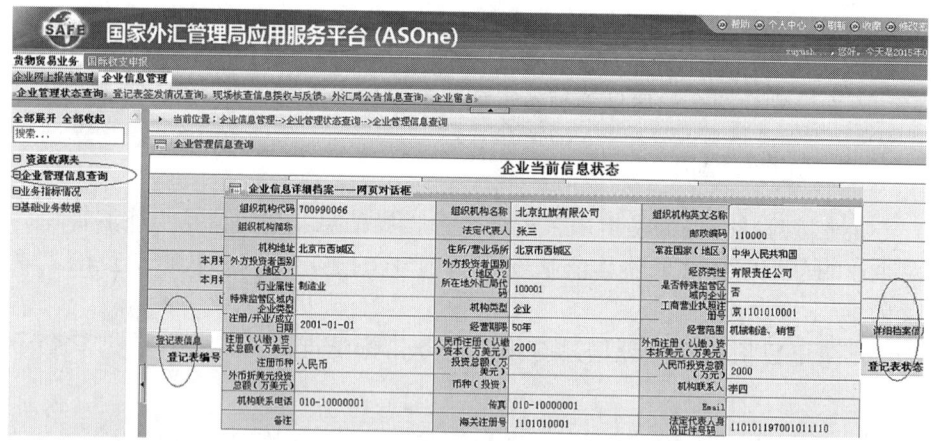

图 5-121

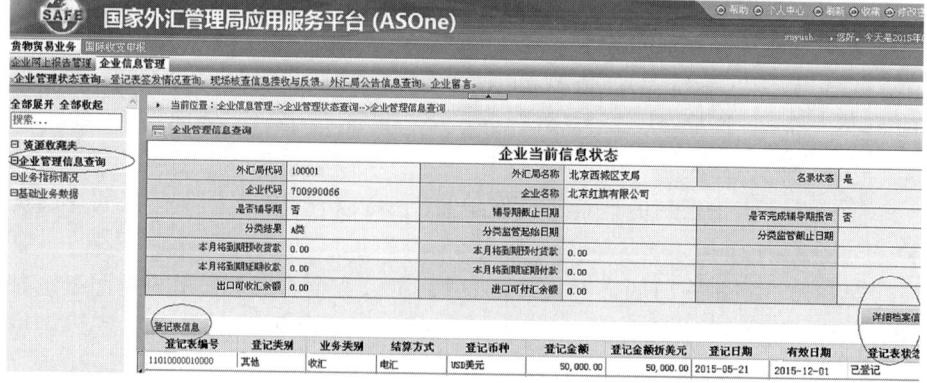

图 5-122

(二) 业务指标情况

业务指标情况可以用来查询企业最近月份的外汇管理局非现场监测与核查的指标情况。企业通过查询，可以了解外汇管理局对企业非现场监测与核查的实时结果。如果发现监测与核查结果异常，企业应该仔细查找原因，并及时向外汇管理局作出说明，否则外汇管理局就可能针对异常情况对企业实行现场核查。

业务指标情况菜单的操作步骤如下。

第一步，在系统平台依次点击"货物贸易业务"—"企业信息管理"—"企业管理状态查询"—"业务指标情况"菜单。在打开的窗口中将显示企业业务情况表，如图5-123所示。表格分为三部分：上部分为"总量核查信息"，中间部分为"分项及报告业务监测信息"，下部分为"企业报告基本信息"。

图 5 – 123

第二步，企业可以对表中的数据进行分析，以便发现企业在进出口业务及收付汇过程中存在的问题及解决方法。大家请注意，在表格上部分与中间部分之间,有一个"注"字,在"注"字后面有两个分别用绿色和红色表示"低于下限"和"高于上限"的提示,这是平台监测系统对企业进出口及收付汇进行监测结果的警示。如果表中的指标出现绿色或红色,说明这些指标数据异常,企业应该对这些指标进行关注,并找出存在异常的原因。

(三) 基础业务数据

基础业务数据可以用来查询平台系统统计出来的企业最近 12 个月的进出口业务数据。平台系统的监测范围就是企业最近 12 个月的进出口数据,所谓的总量核查就是核查这 12 个月的数据,而监测结果也必然是对企业这 12 个月出口数据的反映。

基础业务数据菜单的操作很简单,在系统平台依次点击"货物贸易业务"—"企业信息管理"—"企业管理状态查询"—"基础业务数据"菜单,打开菜单就可以查看数据,如图 5-124 所示。

图 5-124

二、登记表签发情况查询

登记表签发情况查询是企业用来查询外汇管理局为企业签发的货物贸易外汇业务登记表的工具菜单。通过本菜单,企业可以查询登记表的签发和使用情况。

货物贸易外汇业务登记表是部分企业对发生的全部或部分外贸进出口业务在办理外汇收支前,在外汇管理局办理登记备案手续时填写的表格。外汇管理局为企业签发了货物贸易外汇业务登记表后,企业才可以凭此表到银行办理这些外汇收支业务。也就是说,办理这张登记表是企业办理某些外汇收支业务的前提。

需要办理登记业务的范围：一是 C 类企业全部外汇收支业务；二是 B 类企业超过额度的外汇收支业务，转手贸易收入超过支出 20% 以上的外汇收支业务，退汇日期与原收、付款日期间隔时间在 180 天以上以及无法办理退汇的业务等。

登记表签发情况查询菜单的操作步骤如下。

第一步，在系统平台依次点击"货物贸易业务"—"企业信息管理"—"登记表签发情况查询"菜单，打开查询窗口，如图 5 – 125 所示。

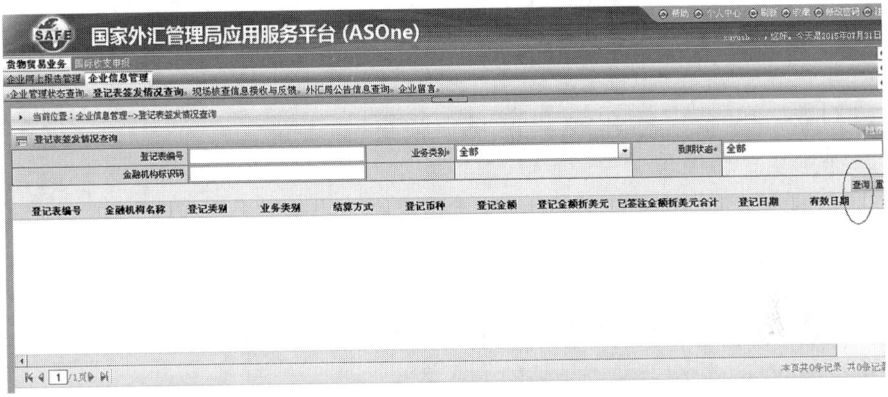

图 5 – 125

第二步，在打开的窗口中，在查询条件栏录入查询条件，然后点击图 5 – 125 中的"查询"按钮，则符合条件的记录将显示在窗口中，如图 5 – 126 所示。

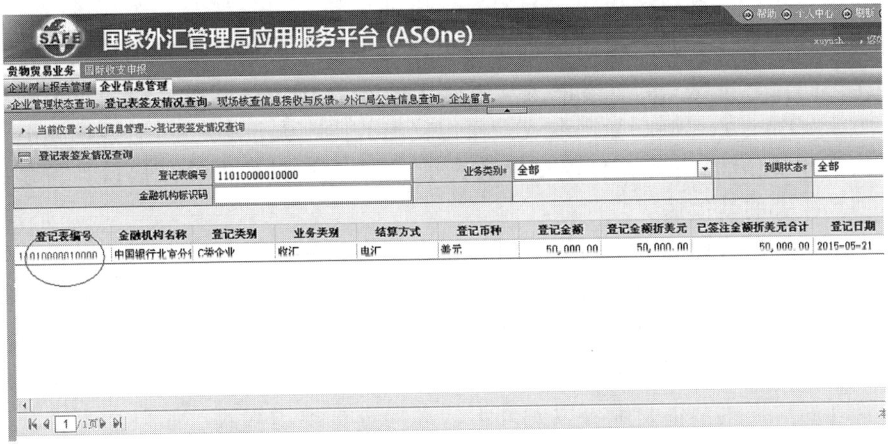

图 5 – 126

第三步，点击"登记表编号"可打开登记表，查看该登记表的详细内容，如图 5 – 127 所示。

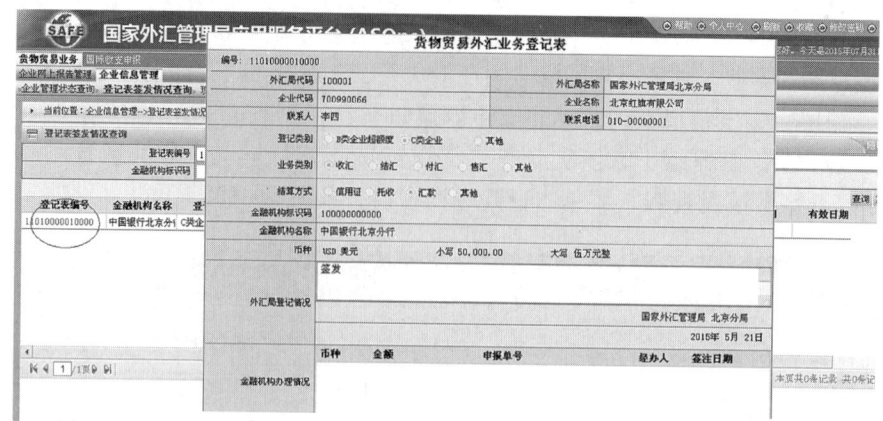

图 5 – 127

三、现场核查信息接收与反馈

现场核查信息接收与反馈是企业用来查询外汇管理局对企业的进出口数据进行现场核查情况及核查结果的工具菜单。

在本章的开头我们介绍过，现在外汇管理局对进出口企业实行的是对企业最近 12 个月的进出口数据进行总量核查的办法。但如果总量核查指标出现异常或因其他原因，致使外汇管理局认为需要对企业进行现场核查时，就会采用现场核查办法。

外汇管理局对企业进行现场核查的条件主要有以下几个：一是任意一个总量核查指标与本地区指标范围的差额超过 50%；二是任意一个总量核查指标在连续四个核查期内均超过本地区指标范围；三是贸易信贷余额比率超过 25%；四是一年以上的贸易信贷发生额比率大于 10%；五是来料加工工缴费率大于 30%；六是转口贸易收支差额占支出的比率大于 20%；七是单笔退汇金额大于等值 50 万美元且退汇笔数大于 12 次；八是外汇管理局认为需要进行现场核查的其他情况。

一旦外汇管理局决定对企业进行现场核查，就会通过平台系统对企业发送现场核查通知书。现场核查结束后，外汇管理局将综合各方面的情况对企业进行分类，确定企业属于 A 或 B 或 C 类，并把分类结论告知书上传到系统。通过系统，企业可对现场核查通知书和分类结论告知书进行签收并反馈给外汇管理局。当然，企业也可以到外汇管理局进行现场签收。如果企业通过系统签收，反馈信息需要在发放之日起的 3 个工作日内完成，否则只能到外汇管理局进行现场签收。

需要说明的是，现场核查通知书与分类结论告知书的签收是有所区别的。

企业在签收现场核查通知书时,直接点击系统窗口的"签收"按钮即可。但企业在签收分类结论告知书时,分为"签收(有异议)"和"签收(无异议)"两种:如果企业对外汇管理局的分类没有异议,点击窗口的"签收(无异议)"按钮;如果企业对外汇管理局的分类有异议,应该选择"签收(有异议)"按钮,系统将打开企业留言窗口,企业可以在"企业留言"栏里给外汇管理局做有异议留言,并在签收后的7个工作日内到外汇管理局进行现场申述。

现场核查信息接收与反馈菜单的操作步骤如下。

第一步,在系统平台依次点击"货物贸易业务"—"企业信息管理"—"现场核查信息接收与反馈"菜单,打开操作窗口,如图5-128所示。

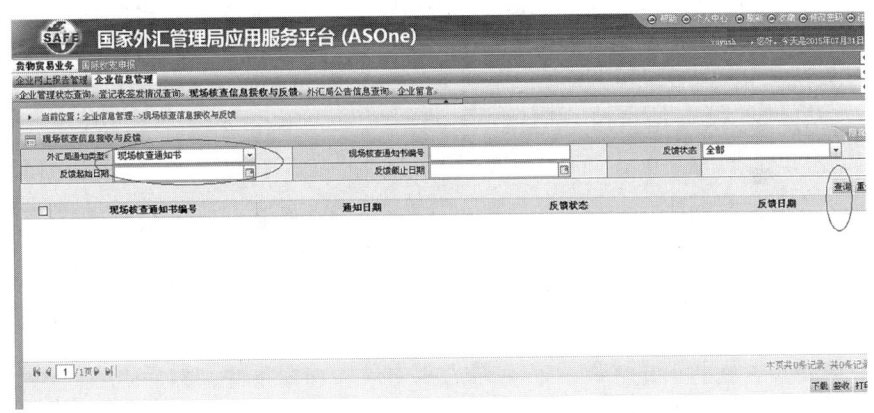

图 5-128

第二步,在打开的窗口中,在查询条件栏录入查询条件,然后点击"查询"按钮,则符合条件的记录将显示在窗口中,如图5-129所示。

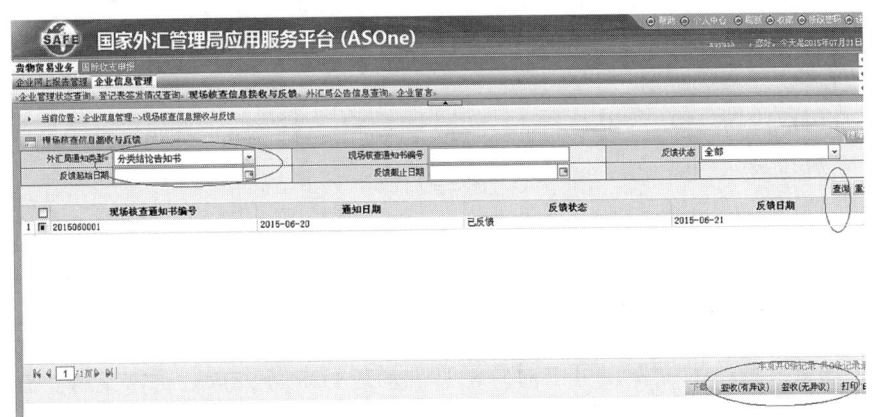

图 5-129

第三步，选中需要签收的记录，然后根据企业的具体情况点击窗口右下角的"签收（有异议）"或"签收（无异议）"按钮，平台系统将把企业签收结果反馈给外汇管理局。

四、外汇局公告信息查询

外汇局公告信息查询是企业用来查询外汇管理局公告等信息的工具菜单。企业通过本菜单，可以实时查询和了解外汇管理局在平台系统发布的公告、政策、通知等信息。

外汇局公告信息查询菜单的操作步骤如下。

第一步，在系统平台依次点击"货物贸易业务"—"企业信息管理"—"外汇局公告信息查询"菜单，打开查询窗口，如图5-130所示。

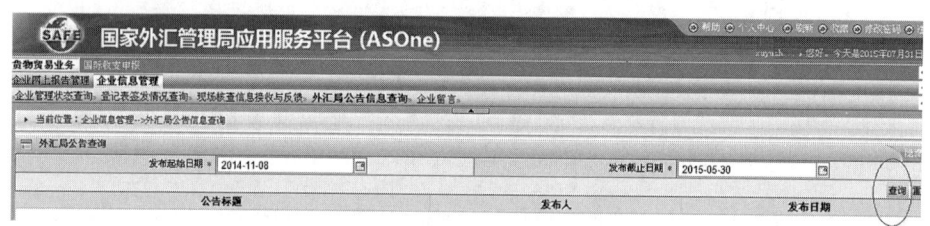

图 5-130

第二步，在打开的窗口中，在录入栏中录入查询条件，然后点击"查询"按钮，则符合条件的记录将显示在窗口中，如图5-131所示。点击公告标题可以查看公告的详细内容。

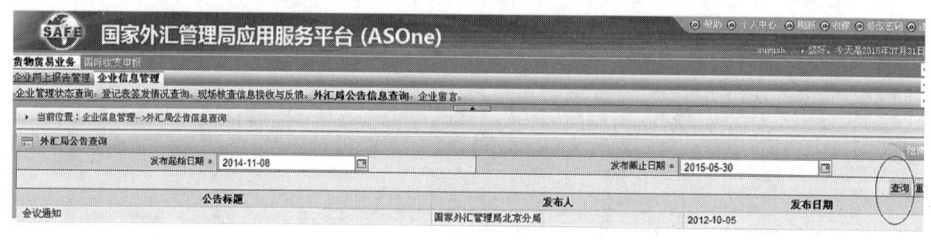

图 5-131

五、企业留言

企业留言是进出口企业与外汇管理局进行双向交流的工具菜单。企业通过企业留言菜单的操作，可以对外汇管理局进行业务咨询、正常了解、意见反馈等。

企业留言菜单包括新建留言和留言查询两个子菜单。新建留言用于企业向外汇管理局提交新的留言，留言查询用来查询企业已经向外汇管理局提交的留言。

两个子菜单的操作步骤如下。

（一）新建留言

在系统平台依次点击"货物贸易业务"—"企业信息管理"—"企业留言"—"新建留言"菜单，打开新建留言窗口。在留言栏留言后点击窗口右下角的"发送"按钮，把留言提交给外汇管理局，如图5-132所示。

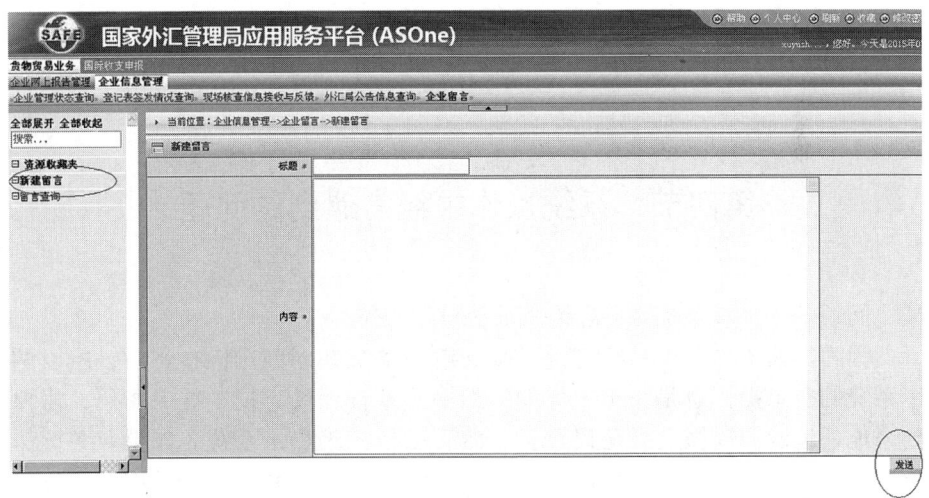

图5-132

（二）留言查询

第一步，在系统平台依次点击"货物贸易业务"—"企业信息管理"—"企业留言"—"留言查询"菜单，打开查询窗口。

第二步，在打开的窗口中录入查询日期，点击"查询"按钮，则符合条件的记录将显示在窗口中，如图5-133所示。点击留言标题打开该留言，可以查询留言的详细内容。

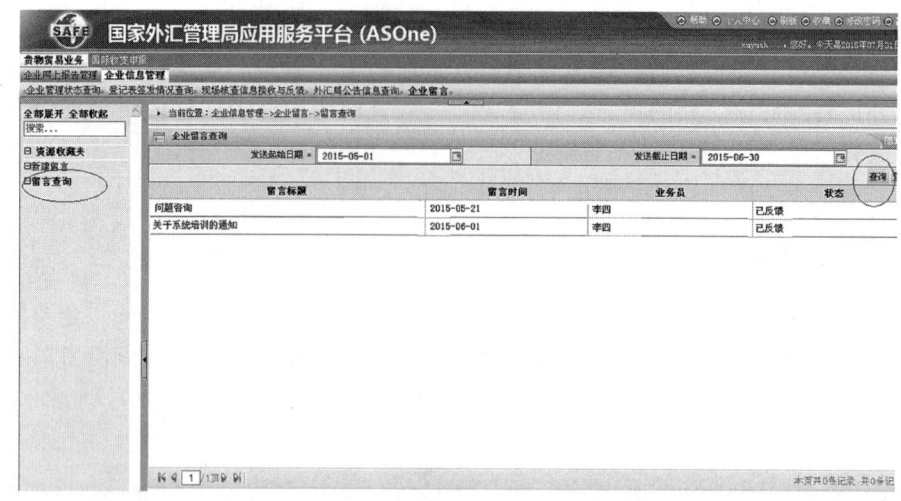

图 5-133

第四节 系统操作中经常遇到的问题

问题一：登录系统时，忘记登录密码怎么办？

因为货物贸易业务系统与国际收支申报系统共同使用同一平台，所以两个系统的登录操作也是完全一样的。如果业务管理员忘记了登录密码，需要到当地外汇管理局做登录密码重置，然后用新密码登录系统。如果业务操作员忘记了登录密码，可以先以业务管理员的身份登录系统，然后再对业务操作员的登录密码进行重置。

问题二：登录系统后，为何不能对系统内容进行操作？

货物贸易业务系统与国际收支申报系统的操作相似，只有业务操作员才能对系统进行录入操作，业务管理员不能在系统中录入申报内容。如果登录后不能对系统进行操作，应先检查自己是否是以业务管理员身份登录的。如果是的话，请退出系统，重新以业务操作员的身份登录后再操作。

问题三：企业如何查看所属分类情况及当前业务指标情况？

企业登录系统后，可打开企业信息管理模块的企业管理状态查询菜单，在有关子菜单中查询企业所属分类和有关业务指标。

问题四：企业在货物贸易业务系统中进行操作时，有没有时间限制？

企业在货物贸易业务系统中进行贸易信贷业务操作时，一般都要在业务发生后的30天之内进行申报。超过30天未申报的，企业需要持未能及时申报的相关说明材料等资料到外汇管理局做现场申报。

问题五：企业就贸易信贷等业务向外汇管理局报告后，在哪里查看审核结果？

企业向外汇管理局上传的报告，外汇管理局是没有审核结果反馈的。外汇管理局系统端通过对企业的报告及其他有关数据进行总量指标计算，并把指标计算结果发送到系统的客户端，供企业查看和分析。企业可以通过企业信息管理模块的有关菜单，查看有关指标是否超出规定范围。

问题六：以人民币结算的贸易信贷业务，是否需要通过系统进行报告？

企业发生的贸易信贷业务，不论是以外币结算，还是以人民币结算，都要通过系统向外汇管理局进行报告。

问题七：企业发生的贸易信贷业务，是否可以重复报告？

企业发生的贸易信贷业务，有的可能需要同时录入多个报告中，有的则不能。各报告表的兼容关系如下：其他特殊贸易报告可以兼容其他所有报告；贸易信贷报告与转手买卖收支时间差报告互相兼容，同时共同兼容其他特殊贸易报告；进出口与售付汇差额报告是兼容性最差的，它们只与其他特殊贸易报告兼容。

第六章
外贸企业出口退免税业务的账务处理

关于外贸企业的退税政策、退税方法、退税税种、退税范围、退税计算等有关内容，我们在第一章中已经做了说明，在本章中就不再重复介绍。本章内容的重点就是把第一章的有关理论与实际结合起来，详细介绍外贸企业出口退税业务的账务处理。

外贸企业的出口业务的贸易方式既有一般贸易，也有加工贸易。外贸企业的出口方式既有自营出口，也有委托代理出口，还有代理出口。外贸企业的贸易范围既有国际贸易，也有国内贸易。外贸企业的退税税种既有增值税，也有消费税。这些都决定了相对于生产企业而言，外贸企业的账务处理要麻烦很多。因此我们要根据外贸企业的贸易方式和出口方式分别介绍其账务处理方法，国内贸易就不再涉及。

第一节 外贸企业自营出口业务的账务处理

一、自营出口货物退税的条件

外贸企业自营出口业务，包括一般贸易出口业务和加工贸易出口业务。本节我们只介绍外贸企业一般贸易出口业务的账务处理，加工贸易的账务处理，我们放在后面章节单独介绍。

自营出口业务就是具有进出口经营权的外贸企业从其他企业购入货物后，自己办理出口并申报退税的出口业务。也就是说，企业只要具有进出口经营权就可以自营出口货物并申报退税。相对于委托代理出口业务，自营出口是企业出口最简捷、最方便的方式。外贸企业的自营出口业务一方面省略了委托出口的一些中间环节，另一方面出口企业可以早日申报出口退税，缩短企业收到退税款的时间。另外，出口企业还可以直接收汇、结汇，这就加快了货款的回收，加速了企业的资金周转。

自营出口货物出口退税需具备以下条件：
一是出口企业必须是具有进出口经营权的外贸企业；
二是出口商品是增值税、消费税的应税货物；
三是取得出口商品的进项发票，并在规定期限内通过税务机关认证；
四是取得出口货物报关单（无纸化退税申报推广之前适用）；

五是退税申报要按时完成，不能逾期；

六是退税申报要通过税务机关审核才能退税。

二、自营出口业务退税申报需提供的资料

外贸企业自营出口业务退税申报需要向税务机关提供以下电子申报资料，纸质申报资料由企业打印后留存备查：

一是出口货物明细申报表、购进货物明细申报表、退税申报汇总表等；

二是受托方提供的出口货物报关单出口退税联（实行无纸化退税申报的地区除外）；

三是税务部门要求提供的其他资料。

三、外贸企业自营出口业务涉及的主要会计科目

（一）银行存款

核算出口企业采购商品支付的货款或企业出口货物收到的货款、出口货物退税款等。

（二）应付账款

核算企业采购商品过程中应付但未付的货款。

（三）库存商品

核算企业已经验收入库的外购商品的实际成本。

（四）应收账款

核算企业发生出口业务后应收未收的货款。

（五）主营业务收入

核算企业出口业务的销售收入。

（六）主营业务成本

核算企业出口业务的销售成本。

（七）应交税费

核算企业进项发票的进项税额、出口货物进项税额转出额、出口业务应退税额等。

(八) 其他应收款

核算企业出口业务的应退税额。

(九) 财务费用

核算企业收到的出口业务款项的汇兑损益。

四、外贸企业自营出口业务的账务处理

①根据企业采购货物增值税专用发票、银行付款单据、货物入库单等，结转采购货物的成本。

借：库存商品——××商品
　　应交税费——应交增值税——进项税
　　　　　　——应交消费税
　　贷：银行存款——人民币账户

②根据企业出口货物销售专用发票等，结转出口货物的销售收入。

借：应收账款——××公司
　　贷：主营业务收入——外销收入

③根据企业出口货物出库单等，结转出口货物的销售成本。

借：主营业务成本——外销成本
　　贷：库存商品——××商品

④根据企业出口货物免退税申报表等，结转进项税额转出和应收出口退税。

借：主营业务成本——外销成本
　　贷：应交税费——应交增值税——进项税额转出
借：其他应收款——出口退税——增值税
　　　　　　　　　　　　——消费税
　　贷：应交税费——应交增值税——出口退税
　　　　主营业务成本——消费税

⑤根据银行付款单据等，结转收到出口货物的货款及汇兑损益。

借：银行存款
　　财务费用——汇兑损益（结汇损失）
　　贷：应收账款
　　　　财务费用——汇兑损益（结汇收益）

⑥根据银行收款单据等，结转收到的出口货物退税款。

借：银行存款
　　贷：其他应收款——出口退税——增值税
　　　　　　　　　　　　　　——消费税

五、外贸企业出口货物退运业务的账务处理

①根据企业出口货物退运发票等，冲减出口退运货物销售收入。
借：应收账款——××公司（负数）
　　或银行存款——人民币账户（负数）
　　贷：主营业务收入——外销收入（负数）
②根据企业出口退运货物入库单，冲减出口货物销售成本。
借：主营业务成本——外销成本（负数）
　　贷：库存商品——××商品（负数）
③根据出口退运货物申报表，冲减出口货物进项税额转出。
借：主营业务成本——进项税额转出（负数）
　　贷：应交税费——应交增值税——进项税额转出（负数）
④如果企业的出口货物已经退税，根据企业补交税款完税证明等，做退回税款处理。
借：其他应收款——出口退税——增值税
　　　　　　　　　　　　　——消费税
　　贷：银行存款——人民币账户
借：应交税费——应交增值税——出口退税
　　贷：其他应收款——出口退税——增值税
　　　　　　　　　　　　　　——消费税

六、外贸企业出口转内销业务的账务处理

①根据税务部门出口货物转内销通知，结转出口货物转内销销售收入及征收的增值税款。
借：主营业务收入——外销收入
　　贷：主营业务收入——内销收入
　　　　应交税费——应交增值税——销项税
②根据企业纳税申报表等，结转当月销售货物应交增值税款。
借：应交税费——应交增值税——转出未交增值税
　　贷：应交增值税——未交增值税

七、外贸企业自营出口业务的账务处理实例

 例一

2015年6月份,红旗公司收到退税机关通知,要求企业对公司2014年12月份出口越南的一批共计FOB价2 000美元的衬衣合同做视同内销免税账务处理。原因是企业工作人员失误,截至2015年4月底仍未收齐单证,企业也未做延期收齐单证申请。出口当月美元对人民币汇率为6.10。

红旗公司账务处理如下。

(一)计算有关数据

出口货物销售额=出口货物FOB价×当月美元对人民币汇率=2 000美元×6.10=12 200元。

(二)视同内销货物的账务处理

借:主营业务收入——外销收入　　　　　　　　　　　　12 200
　　贷:主营业务收入——内销收入　　　　　　　　　　　12 200

 例二

2015年8月份,红旗公司与韩国A公司签订了一笔出口化妆品合同,共计货款FOB价10 000美元。当月红旗公司从国内蓝星公司购入该化妆品,以电汇方式支付价款为50 000元,增值税为8 500元。商品和进货发票均已收到。

红旗公司账务处理如下。
根据企业采购货物的银行付款单据、入库单等,结转采购货物的成本。

借:库存商品——化妆品　　　　　　　　　　　　　　　50 000
　　应交税费——应交增值税——进项税　　　　　　　　　8 500
　　贷:银行存款——人民币账户　　　　　　　　　　　　58 500

 例三

红旗公司于2015年4月份向美国B公司出口一批皮包,货款FOB价10 000美元,退税率14%,但公司一直未收到货款。红旗公司于当年8月份收齐了该批货物的相关单证后做了退税申报,并通过了税务机关的审核,做

了退税账务处理,但未收到退税款。因皮包质量问题,美国客户退运。出口当月美元对人民币汇率为6.20。该批商品已退回供应商公司,商品货款58 500元已退回。

红旗公司账务处理如下。

(一)计算有关数据

①出口退运货物的销售额 = 退运货物出口FOB价 × 当月美元对人民币汇率 = 10 000美元 × 6.20 = 62 000元。

②出口退运货物已申报退税额 = 退运货物出口FOB价 × 当月美元对人民币汇率 × 出口货物退税率 = 10 000美元 × 6.20 × 14% = 8 680元。

③出口退运货物进项转出额 = 退运货物出口FOB价 × 当月美元对人民币汇率 × (出口货物征税率 − 出口货物退税率) = 10 000美元 × 6.20 × (17% − 14%) = 1 860元。

(二)退运货物的账务处理

①根据企业开具的出口货物负数发票,冲减出口货物销售收入。

借:应收账款——B公司　　　　　　　　　　　　　　−62 000
　　贷:主营业务收入　　　　　　　　　　　　　　　−62 000

②根据企业退运货物入库单等,冲减已结转的出口货物销售成本。

借:主营业务成本　　　　　　　　　　　　　　　　−50 000
　　贷:库存商品——皮包　　　　　　　　　　　　　−50 000

③根据企业退运货物冲减的免退税申报表等,冲减进项税额转出。

借:主营业务成本　　　　　　　　　　　　　　　　−1 860
　　贷:应交税费——应交增值税——进项税额转出　　−1 860

④根据企业免退税申报表等,冲减应收退税额。

借:其他应收款——出口退税　　　　　　　　　　　−8 680
　　贷:应交税费——应交增值税——出口退税　　　　−8 680

⑤根据供应商负数发票、银行入账单据等,结转退回供应商的货物成本、进项税款。

借:银行存款　　　　　　　　　　　　　　　　　　58 500
　　贷:库存商品——皮包　　　　　　　　　　　　　50 000
　　　　应交税费——应交增值税——进项税额　　　　8 500

例四

2015年9月份,红旗公司出口韩国A公司10 000美元商品全部报关出口,当月单证及信息都齐全,货款未收到。出口时美元对人民币汇率为6.30。化妆品的增值税退税率为13%,消费税税率为30%。该出口货物出口当月做退税申报。

红旗公司账务处理如下。

(一)计算有关数据

①出口货物销售额=出口货物FOB价×当月美元对人民币汇率=10 000美元×6.30 =63 000元。

②出口货物应退增值税税额=出口货物购进价值×出口货物增值税退税率=50 000元×13%=6 500元。

③出口货物应退消费税税额=出口货物购进价值×出口货物消费税退税率=50 000元×30%=15 000元。

④出口货物增值税进项税额转出=出口货物购进价值×(出口货物增值税征税率−出口货物退税率)=50 000×(17%−13%)=2 000元。

(二)账务处理

①根据企业出口货物专用发票等,结转出口货物销售收入。

借:应收账款——A公司　　　　　　　　　　　　　　63 000
　　贷:主营业务收入　　　　　　　　　　　　　　　　63 000

②根据企业出口货物出库单等,结转出口货物销售成本。

借:主营业务成本　　　　　　　　　　　　　　　　　50 000
　　贷:库房商品——化妆品　　　　　　　　　　　　　50 000

例五

2015年10月份,出口韩国A公司的货款已经收到,当月美元对人民币汇率为6.40。另外,上月的退免税申报表已通过税务机关审核,可以进行退税账务处理。

红旗公司账务处理如下。

(一)计算有关数据

①收到韩国A公司货款=出口货物FOB价×当月美元对人民币汇率=

10 000 美元 × 6.40 = 64 000 元。

②货款汇兑损益 = 收款人民币金额 − 应收账款人民币金额 = 64 000 元 − 63 000 元 = 1 000 元。

(二) 账务处理

①根据税务机关审核通过的退税申报表，结转应退增值税款、消费税款、增值税进项税转出额。

借：其他应收款——出口退税	21 500
贷：应交税费——应交增值税——出口退税	6 500
主营业务成本——消费税退税款	15 000
借：主营业务成本	1 500
贷：应交税费——应交增值税——进项税额转出	1 500

②根据银行收款单据，结转收到的货款。

借：银行存款	64 000
贷：应收账款——A 公司	63 000
财务费用——汇兑损益	1 000

例六

2015 年 11 月份，上月退税款 21 500 元已由退税部门转存入企业银行账户。

红旗公司账务处理如下。

根据银行进账单等单据，结转收到的出口货物退税款。

借：银行存款——人民币账户	21 500
贷：其他应收款——出口退税	21 500

第二节　外贸企业委托代理出口业务的账务处理

一、外贸企业委托代理出口货物退税的条件

企业既可以自己办理货物出口业务，其前提是企业必须有进出口权，也可以委托其他企业代理出口，当然更可以代理其他企业出口。企业采取哪种办法出口，需要根据自身出口业务的实际情况来决定。上节我们介绍了企业

自营出口业务的账务处理，本节我们介绍企业委托代理出口业务的账务处理。

按国家有关规定，对外贸企业委托其他外贸企业代理出口业务的退税，由委托方外贸企业办理退税。外贸企业委托代理出口业务的退税计算方法，与外贸企业自营出口业务的退税计算方法是一样的。

委托代理出口货物的退税申报过程与自营出口货物的退税申报过程基本相同，但企业需提供受托企业主管退税部门出具的出口货物代理出口证明、委托企业与受托企业签订的代理出口协议等。

委托代理出口货物的收汇及结汇问题一般由受托企业办理，然后把人民币货款再付给委托企业。但符合国家外汇管理局有关要求的委托企业，也可以自己结汇。

企业委托代理出口业务的出口退税需满足下列条件，否则是不能实现退税的：

一是受托方必须是具有进出口经营权的外贸企业；
二是出口商品是增值税、消费税的应税货物；
三是取得出口商品的进项发票，并在规定期限内通过税务机关认证；
四是委托企业与受托企业签有代理出口协议；
五是有受托企业提供的税务机关出具的出口货物代理出口证明；
六是有受托机关提供的出口货物报关单（无纸化退税申报推广之前适用）；
七是退税申报要按时完成，不能逾期；
八是退税申报要通过税务机关审核才能退税。

二、外贸企业委托代理出口业务退税申报需提供的资料

外贸企业委托其他企业代理其出口业务，需要向税务部门提供以下电子申报资料。

①出口货物明细申报表、购进货物明细申报表、退税申报汇总表等。
②受托方提供的由受托方主管退税部门出具的出口货物代理出口证明。
③受托方提供的出口货物报关单出口退税联（实行无纸化退税申报的地区除外）。
④与受托方签订的代理出口协议复印件。
⑤税务部门要求提供的其他资料。

三、外贸企业委托代理出口业务涉及的主要会计科目

（一）委托代销商品

核算企业已发到受托公司的委托代理出口货物的成本。

（二）库存商品

核算企业购入商品的成本。

（三）应收账款

核算企业委托代理出口货物应收未收的货款。

（四）主营业务收入

核算委托代理出口货物的销售收入。

（五）银行存款

核算企业收到的委托代理出口货物的销售货款或购入商品支付的货款以及收到的出口退税款等。

（六）营业费用

核算企业支付给受托单位的代理费用等。

（七）主营业务成本

核算委托代理出口货物的销售成本及进项税转出额等。

（八）应交税费

核算企业采购货物的进项税额、出口货物的进项税额转出及应退税款。

（九）其他应收款

核算企业出口货物的应收退税款。

四、外贸企业委托代理出口业务的账务处理

①根据企业购入商品的增值税专用发票、入库单等，结转购入商品的成本。
借：库存商品——××商品
　　应交税费——应交增值税——进项税
　　贷：银行存款——人民币账户
　　　　或应付账款——××公司
②根据企业出口商品的出库单等，结转委托代理出口商品的成本。
借：委托代销商品——代理出口商品——××商品
　　贷：库存商品——××商品

③企业根据收到的受托单位转来的出口报关文件等,结转代理出口商品销售收入。

借:应收账款——××公司
　　贷:主营业务收入——外销收入

④根据银行收款单据及受托公司的代理费发票,结转收到的委托出口货物的货款及支付的代理费。

借:银行存款——人民币账户或外币账户
　　营业费用——出口代理费
　　贷:应收账款——××公司

⑤根据银行收款单据等,结转委托代理出口商品的销售成本。

借:主营业务成本——外销成本
　　贷:委托代销商品——代理出口商品——××商品

⑥根据企业委托代理出口商品免退税申报表等,结转出口商品的转进项税额转出及应收出口退税款。

借:主营业务成本——进项税额转出
　　贷:应交税费——应交增值税——进项税额转出
借:其他应收款——出口退税——增值税
　　　　　　　　　　　　　——消费税
　　贷:应交税费——应交增值税——出口退税

⑦根据银行收款单据等,结转收到的委托代理出口货物的退税款。

借:银行存款
　　贷:其他应收款——出口退税——增值税
　　　　　　　　　　　　　　——消费税

五、外贸企业委托代理出口业务的账务处理实例

 例一

2015年8月份,红旗公司委托四方公司为其代理一笔出口业务,向俄罗斯D公司出口一批化妆品,出口货物FOB价为15 000美元。化妆品当月已经采购入库,红旗公司已收到增值税专用发票,货款已电汇支付。化妆品价款共60 000元,增值税税款10 200元。

化妆品的增值税税率为17%,出口退税率为13%,消费税税率为30%,出口当月美元对人民币汇率为6.20。

化妆品8月已经运到四方公司,四方公司当月已办理完报关出口手续,

出口单证已经准备齐全并于当月交付给红旗公司。四方公司按代理出口货物价款的 3% 收取代理费，出口货物货款 15 000 美元已经收到，四方公司扣除代理费 450 美元后的余款当月转入红旗公司账户。

红旗公司账务处理如下。

（一）计算有关数据

① 代理出口货物销售收入 = 出口货物 FOB 价 × 当月美元对人民币汇率 = 15 000 美元 × 6.20 = 93 000 元。

② 支付的出口货物代理费 = 出口货物 FOB 价 × 代理费率 × 当月美元对人民币汇率 = 15 000 美元 × 3% × 6.20 = 2 790 元。

③ 收到的委托代理出口货物货款 = 代理出口货物销售收入 − 委托出口代理费 = 93 000 元 − 2 790 元 = 90 210 元。

④ 出口货物增值税进项税转出额 = 购进货物价值 ×（出口货物征税率 − 出口货物退税率）= 60 000 元 × 4% = 2 400 元。

⑤ 代理出口货物应退增值税税款 = 购进货物价值 × 出口货物增值税退税率 = 60 000 元 × 13% = 7 800 元。

⑥ 代理出口货物应退消费税税款 = 购进货物价值 × 出口货物消费税退税率 = 60 000 元 × 30% = 18 000 元。

（二）委托代理出口货物的账务处理

① 根据企业购进货物增值税专用发票、入库单、银行付款单据等，结转外购货物成本。

借：库存商品——化妆品　　　　　　　　　　　　　　　60 000
　　应交税费——应交增值税　　　　　　　　　　　　　10 200
　　贷：银行存款　　　　　　　　　　　　　　　　　　70 200

② 根据企业委托代理出口货物出库单等，结转发出的委托代理出口货物成本。

借：委托代销商品——代理出口商品——化妆品　　　　　60 000
　　贷：库存商品——化妆品　　　　　　　　　　　　　60 000

③ 根据代理公司转来的出口单证等，结转企业委托代理出口货物销售收入。

借：应收账款——D 公司　　　　　　　　　　　　　　　93 000
　　贷：主营业务收入——外销收入　　　　　　　　　　93 000

④ 根据代理公司转来的出口单证等，结转企业委托代理出口货物销售成本。

借：主营业务成本——外销成本 60 000
　　贷：委托代销商品——代理出口商品——化妆品 60 000
⑤根据银行收款单据、出口代理费发票，结转企业委托代理出口货物货款及代理费。
借：银行存款——美元账户 90 210
　　营业费用——出口代理费 2 790
　　贷：应收账款——D 公司 93 000
⑥根据企业退免税申报表等，结转委托代理出口货物进项税额转出。
借：主营业务成本——进项税额转出 2 400
　　贷：应交税费——应交增值税——进项税额转出 2 400

例二

2015 年 9 月份，红旗公司出口俄罗斯 D 公司的化妆品的退税申报已经通过税务机关的审核，可以做退税账务处理。红旗公司在当月月底已经收到退税款。

红旗公司账务处理如下。

①根据退税部门审核通过的免退税申报汇总表，结转委托代理出口货物的应退税额。
借：其他应收款——出口退税——增值税 7 800
　　　　　　　　　　　　——消费税 18 000
　　贷：应交税费——应交增值税——出口退税 25 800
②根据银行收款单据，结转收到的出口退税款。
借：银行存款——人民币账户 25 800
　　贷：其他应收款——出口退税——增值税 7 800
　　　　　　　　　　　　　　——消费税 18 000

第三节　外贸企业代理出口业务的账务处理

一、外贸企业代理出口货物的条件

代理出口业务就是具有进出口权的外贸公司利用自己的出口代理权，接受委托方的委托，为其代办出口货物的出运、报关、收汇等业务的行为。

外贸公司代理出口，是一种有偿的服务业务。外贸公司只收取代理费用，货物的所有权、出口退税权、货款的所有权都归委托公司所有。外贸公司对出口货物只记入台账，收取的货款也做往来处理，只有收取的代理费作为营业收入，并照章纳税。

代理出口企业对于收到货款的结转，有异地结汇法和全额收汇法两种。异地结汇法是根据银行的分割结汇通知，来分割委托方的货款与受托方的代垫费用、代理费用。全额收汇法是银行将全部货款转给受托企业，由受托企业扣回代垫费用、代理费用后，通知银行把剩余货款转给委托企业。

外贸企业在做代理出口业务时，需要具备以下条件：

一是外贸企业必须是正常经营的企业；

二是外贸企业必须具有外贸部门批准的进出口代理权；

三是外贸企业必须与委托企业签有书面代理合同或协议；

四是货物出口后的有关单证，要能够及时转给委托企业，不能影响委托单位办理出口退税；

五是收到的货款要及时转给委托企业，不能挪用或长期占有。

二、代理出口企业需要为委托企业免退税提供的资料

外贸企业接受委托企业委托代理出口货物后，为了不影响委托企业办理出口退税申报，需为委托企业提供以下资料：

①代理企业在其主管税务机关办理的出口货物代理出口证明；

②代理出口货物的出口货物报关单的出口退税联（未执行无纸化退税申报的企业），如果将代理出口的货物与其他货物一并报关出口的，需提供出口货物报关单的出口退税联复印件。

三、外贸企业代理出口货物涉及的主要会计科目

（一）受托代销商品

核算企业已收到的委托单位发来的代理出口商品。

（二）受托代销商品款

核算企业代理出口的商品价款。

（三）应收账款

核算企业已经报关出境的代理出口商品的货款及因汇率变动造成的汇兑差额。

（四）应付账款

核算企业应付委托企业的代理出口商品货款及因汇率变动造成的汇兑差额。

（五）银行存款

核算企业收到的代理出口货物货款和支付的各种费用。

（六）其他业务收入

核算企业收到的委托企业支付的代理费。

（七）应交税费

核算代理企业收到代理费后应交的税费。

四、外贸企业代理出口货物的账务处理

①根据企业仓库转来的商品入库单，结转代理出口货物的成本。
　　借：受托代销商品——××商品
　　　　贷：代销商品款
②根据代理出口货物报关单证等，结转应收的代理出口货物货款。
　　借：应收账款——××公司——货款
　　　　贷：应付账款——委托企业——货款
③根据代理出口货物出库单等，结转代理出口货物的成本。
　　借：代销商品款
　　　　贷：受托代销商品——××商品
④根据海关港杂费用发票等，结转代垫的代理出口货物报关发生的费用。
　　借：其他应收款——代垫费用
　　　　贷：银行存款——人民币账户
⑤根据银行收款单据，结转收到的出口货物货款。
　　借：银行存款——人民币账户
　　　　贷：应收账款——××公司——汇兑差额
　　　　贷：应收账款——××公司——货款
⑥根据收到银行收汇分割单、代理出口发票等，结转扣回的代垫报关费用、出口代理费及转付给委托单位的货款。

借：应付账款——委托企业——货款
　　贷：其他应收款——代垫费用
　　　　其他业务收入——代理费收入
　　　　银行存款——外币账户
　　　　应付账款——委托企业——汇兑差额
⑦根据代理费收入发票，计算代理手续费的税费。
借：其他业务支出——增值税
　　贷：应交税费——应交增值税

五、外贸企业代理出口货物的账务处理实例

 例一

2015年9月份，红旗公司与金光公司签订代理出口协议，代理金光公司出口空气净化器到沙特阿拉伯PP公司。出口货物共计100台，出口货物价款共计为FOB价30 000美元。代理协议规定双方结转价格为150 000元，结汇方法采用全额收汇法结算货款，红旗公司按出口货物实收价款的3%收取代理手续费。出口货物已于当月运抵红旗公司并办理了入库手续。

红旗公司账务处理如下。

根据代理出口商品入库单等，结转代理出口入库的货物成本。
借：受托代销商品——金光公司　　　　　　　　　　　150 000
　　贷：代销商品款　　　　　　　　　　　　　　　　150 000

 例二

2015年10月，红旗公司代理金光公司出口的货物当月已报关发运。共发生装卸、搬运费及报关费等共计5 000元，当月美元对人民币汇率为6.40。

红旗公司账务处理如下。

（一）计算有关数据

代理出口货物的应收账款 = 出口货物FOB价 × 当月美元对人民币汇率 = 30 000美元 × 6.40 = 192 000元。

（二）代理出口货物的账务处理

（1）根据海关的代理出口货物专用发票、报关资料等，结转应收的出口货物货款。

借：应收账款——PP公司	192 000
贷：应付账款——金光公司	192 000

（2）根据出口货物出库单、报关资料等，结转代理出口货物的成本。

借：代销商品款	150 000
贷：受托代销商品——空气净化器	150 000

③根据企业收到港杂费发票，结转发生的结关费用。

借：其他应收款——代垫费用	5 000
贷：银行存款——人民币账户	5 000

 例三

2015年11月份，红旗公司收到银行收汇通知，代理金光公司出口货物货款30 000美元已经收入红旗公司账户。红旗公司扣除结关费用和代理费用后，剩余货款由银行付给金光公司。当月美元对人民币汇率为6.30，代理手续费收入的增值税率为6%。

红旗公司账务处理如下。

（一）计算有关数据

①收到的代理出口货物货款 = 出口货物FOB价×当月美元对人民币汇率 = 30 000美元×6.30 = 189 000元。

②收到的代理出口货物货款的汇兑损益 = 出口货物FOB价×（收汇当月美元对人民币汇率 − 出口当月美元对人民币汇率）= 30 000美元×（6.40 − 6.30）= 3 000元。

③代理出口货物代理费收入 = 出口货物FOB价×代理费率×当月美元对人民币汇率/1.06 = 30 000美元×3%×6.30/1.06 = 5 349.06元。

④应付金光公司出口货物货款 = （出口货物FOB价 − 出口代理费）×当月美元对人民币汇率 − 港杂费 = （30 000美元 − 30 000美元×3%）×6.30 − 5 000元 = 178 330元。

⑤出口代理费收入应交增值税 = 出口代理费收入/（1 + 增值税税率）×增值税税率 = 5 670元/1.06×6% = 320.94元。

（二）代理出口货物账务处理

①根据银行收款单据等，结转收到的代理出口货物货款。

借：银行存款——美元账户	189 000
应收账款——PP公司——汇兑差额	3 000

贷：应收账款——PP 公司——货款　　　　　　　　　　　　192 000
　　②根据企业开具的代理费发票、银行付款单据等，结转应收的代垫费用和出口代理费用，同时结转划转给金光公司的代理出口货物货款及汇兑损益。
　　借：应付账款——金光公司——货款　　　　　　　　　　　192 000
　　　贷：其他应收款——代垫费用　　　　　　　　　　　　　　5 000
　　　　　其他业务收入——代理费　　　　　　　　　　　　　5 349.06
　　　　　应交税费——应交增值税　　　　　　　　　　　　　　320.94
　　　　　银行存款——美元账户　　　　　　　　　　　　　　178 330
　　　　　应付账款——金光公司——汇兑差额　　　　　　　　　3 000

第四节　外贸企业进料加工业务的账务处理

　　在加工贸易中，生产企业是加工贸易的主体，但外贸企业也可以从事加工贸易。由于外贸企业自己没有加工能力，所以外贸企业的加工业务是委托给生产企业进行的。生产企业接受委托，为外贸企业加工成产品后，再由外贸企业回购出口。外贸企业的加工贸易也分为进料加工和来料加工，本节我们先介绍外贸企业进料加工贸易的账务处理。

一、外贸企业进料加工业务的加工方式、退免税政策及退税计算方法

　　外贸企业进料加工业务分为两种方式：委托加工和作价加工。
　　委托加工方式是指外贸企业从境外进口料件后，无偿划拨给受托加工业务的生产企业。待产品加工完毕后，外贸企业支付给生产加工企业加工费并回购产品。产品复出口后，外贸企业可凭生产企业开具的加工费发票来申报退税。
　　作价加工方式是指外贸企业从境外进口料件后，把进口料件作价销售给生产企业进行加工，同时开具增值税专用发票。生产企业加工完毕后以销售方式交付给外贸企业，同时为外贸企业开具增值税专用发票，发票金额包括进口料件价款和加工费两部分。
　　外贸企业的进口料件在进口报关后，就是海关监管的货物。企业的委托加工生产或出口过程，都不能超出进料加工手册规定的范围。
　　外贸企业进料加工业务退税也是以加工费增值税专用发票为计算依据的，其计算公式如下：

委托加工业务增值税应退税额＝回购的委托加工商品的加工费增值税专用发票金额×出口货物退税率。

作价加工业务增值税应退税额＝回购的作价加工商品增值税专用发票金额×出口货物退税率。

二、外贸企业进料加工业务涉及的主要会计科目

（一）银行存款

核算企业支付的进口料件款、回购加工产品加工费及销售商品收到的货款、收到的出口退税款等。

（二）应收账款

核算企业作价销售进口料件或出口货物而应收未收的货款。

（三）原材料

核算企业的进口料件或国内购入材料的成本。

（四）库存商品

核算企业委托生产企业加工后回购商品的成本。

（五）委托加工商品

核算企业委托给生产企业进行加工的原材料的成本。

（六）主营业务收入

核算企业出口货物的销售收入。

（七）其他业务收入

核算企业作价加工销售原材料的收入。

（八）主营业务成本

核算企业出口货物的销售成本及进项税额转出等。

（九）其他业务成本

核算企业作价加工销售的原材料的成本。

（十）应交税费

核算企业作价销售原材料的销项税款、回收商品的进项税款及出口货物的退税款等。

三、外贸企业进料加工业务的账务处理

①根据企业进口料件形式发票等，结转进口料件的成本。

借：库存材料——进口料件
　　贷：应付账款——××公司
　　　　或银行存款——外币账户

②根据企业进口料件出库单等，结转委托加工材料成本。

借：委托加工材料——进口料件
　　贷：原材料——进口料件

③根据企业作价加工的增值税专用发票等，结转转出的进口料件销售收入。

借：应收账款——××公司
　　贷：其他业务收入——材料销售收入
　　　　应交税费——应交增值税——销项税

④根据企业作价加工的进口料件出库单等，结转转出的进口料件成本。

借：其他业务成本——材料销售成本
　　贷：原材料——进口料件

⑤根据企业回购商品的增值税专用发票、入库单、银行付款单据等，结转委托、作价加工商品的加工费或加工商品成本、进项增值税。

借：库存商品——××商品
　　应交税费——应交增值税——进项税
　　贷：银行存款——人民币账户
　　　　或应付账款——××公司
　　　　委托加工材料——进口料件

⑥根据企业出口货物专用发票、银行入账单据等，结转进料加工出口货物销售收入。

借：应收账款——××公司
　　或银行存款——外币账户
　　贷：主营业务收入——外销收入

⑦根据企业出口货物出库单等，结转进料加工业务出口货物销售成本。

借：主营业务成本——外销成本
　　贷：库存商品——××商品

⑧根据企业出口货物免退税申报表等，结转出口货物免退税不得免征和抵扣税额、出口货物应退税额。

借：主营业务成本——进项税额转出
　　贷：应交税费——应交增值税——进项税额转出
借：其他应收款——应收出口退税
　　贷：应交税费——应交增值税——出口退税

⑨根据银行收款单据，结转收到出口退税款。

借：银行存款——人民币账户
　　贷：其他应收款——应收出口退税

四、外贸企业进料加工业务账务处理实例——委托加工方式

例一

2015年6月份，红旗公司在商务部门办理了进料加工审批手续，并在海关办理了进料加工登记手册，从事进料加工业务。当月红旗公司与越南MP公司签订了家具进料加工合同。家具完工后销售给MP公司。进口合同金额为CIF价20 000美元，出口合同金额为FOB价30 000美元，进口料件100%免税。当月红旗公司从MP公司进口的家具用木材已经到货并已清关，红旗公司已经办理了进口料件入库手续，货款已经支付。6月份美元对人民币汇率为6.10。

红旗公司账务处理如下。

（一）计算有关数据

免税进口料件成本＝进口料件CIF价×美元对人民币汇率＝20 000美元×6.10＝122 000元。

（二）账务处理

根据企业免税进口料件发票等，结转进口料件成本。

借：原材料——进口木材　　　　　　　　　　　　　122 000
　　贷：银行存款——美元账户　　　　　　　　　　　122 000

例二

2015年7月份，红旗公司与国内生产企业紫英公司签订了家具委托加工制造合同。合同规定家具所用木材由红旗公司提供，紫英公司收取包含部分

辅料费在内的加工费 30 000 元及增值税 5 100 元。当月红旗公司把进口木材发往紫英公司。

红旗公司账务处理如下。

根据企业免税进口料件出库单等,结转委托加工的材料成本。

借:委托加工物资——进口木材　　　　　　　　　　　　122 000
　　贷:原材料——进口木材　　　　　　　　　　　　　　122 000

 例三

2015 年 8 月份,红旗公司委托紫英公司加工的家具已经加工完毕。当月紫英公司将加工费交付给红旗公司,红旗公司已经验收入库。加工费当月付清。

红旗公司账务处理如下。

（一）计算有关数据

入库家具成本 = 转出的委托加工材料成本 + 加工费用 = 122 000 元 + 30 000 元 = 152 000 元。

（二）账务处理

根据企业回购的委托加工商品的增值税专用发票、入库单、银行付款单据等,结转回购的委托加工商品成本。

借:库存商品——家具　　　　　　　　　　　　　　　　152 000
　　应交税费——应交增值税——进项税　　　　　　　　　5 100
　　贷:委托加工材料——进口木材　　　　　　　　　　　122 000
　　　　银行存款——人民币账户　　　　　　　　　　　　 35 100

 例四

2015 年 9 月份,红旗公司进料加工的家具当月已经办理了报关出口手续,发往越南 MP 公司。货款当月未收到。出口货物当月单证齐全且信息齐全。进口木材的征税率为 17%,退税率为 11%,当月美元对人民币汇率为 6.40。

红旗公司账务处理如下。

（一）计算有关数据

①委托出口家具的销售收入 = 出口货物 FOB 价 × 当月美元对人民币汇率 = 30 000 美元 × 6.40 = 192 000 元。

②委托加工出口货物免退税不得免征和抵扣税额 = 委托加工商品的加工

费增值税专用发票金额×（出口货物征税率－出口货物退税率）＝30 000元×（17%－11%）＝1 800元。

③委托加工出口货物应退税额＝委托加工商品的加工费增值税专用发票金额×出口货物退税率＝30 000元×11%＝3 300元。

（二）账务处理

①根据企业出口货物专用发票等，结转出口货物销售收入。

借：应收账款——MP公司　　　　　　　　　　　　　　　192 000
　　贷：主营业务收入——外销收入　　　　　　　　　　　　192 000

②根据企业出口货物出库单等，结转出口货物销售成本。

借：主营业务成本——外销成本　　　　　　　　　　　　152 000
　　贷：库存商品——家具　　　　　　　　　　　　　　　152 000

③根据企业进料加工出口货物免退税申报表等，结转出口货物免退税不得免征和抵扣税额。

借：主营业务成本——进项税额转出　　　　　　　　　　1 800
　　贷：应交税费——应交增值税——进项税额转出　　　　1 800

例五

2015年10月份，红旗公司的出口货物申报汇总表通过了退税部门的审核，可以做退税账务处理。出口货物货款当月已收到，当月美元对人民币汇率为6.30。

红旗公司账务处理如下。

（一）计算有关数据

①企业收到的进料加工出口货物的货款＝出口货物FOB价×当月美元对人民币汇率＝30 000美元×6.30＝189 000元。

②企业收到进料加工出口货物货款的汇兑损益＝出口货物FOB价×（收到货款当月的美元对人民币汇率－出口货物当月的美元对人民币汇率）＝30 000美元×（6.40－6.30）＝3 000元。

（二）账务处理

①根据退税部门审核通过的上月出口货物免退税申报汇总表等，结转进料加工出口货物应退税额。

借：其他应收款——应收出口退税　　　　　　　　　　　3 300
　　贷：应交税费——应交增值税——出口退税　　　　　　3 300

② 根据银行收款单据,结转收到的进料加工出口货物货款及汇兑损益。

借:银行存款——美元账户　　　　　　　　　　　　　　189 000
　　财务费用——汇兑损益　　　　　　　　　　　　　　　3 000
　　贷:应收账款——MP 公司　　　　　　　　　　　　　192 000

③ 根据银行收款单据,结转企业收到的进料加工出口货物退税款。

借:银行存款——人民币账户　　　　　　　　　　　　　　30 000
　　贷:其他应收款——应收出口退税　　　　　　　　　　30 000

五、外贸企业进料加工业务账务处理实例——作价加工方式

例一

2015 年 6 月份,红旗公司与日本 TX 公司以进料对口形式签订了进料加工合同。合同规定,红旗公司从 TX 公司进口布料后加工衬衫,衬衫加工完毕后仍出口到 TX 公司。进口布料价值为 CIF 价 30 000 美元,出口衬衫价值为 FOB 价 40 000 美元。当月红旗公司进口的布料已经到港,办理报关手续后已运抵红旗公司。布料款当月支付,进口布料全额免税,当月美元对人民币汇率为 6.10。

红旗公司账务处理如下。

(一)计算有关数据

免税进口料件的成本 = 进口料件的 CIF 价 × 当月美元对人民币汇率 = 30 000 美元 × 6.10 = 183 000 元。

(二)账务处理

根据企业免税进口料件发票等,结转进口料件成本。

借:原材料——布料　　　　　　　　　　　　　　　　　183 000
　　贷:银行存款——美元账户　　　　　　　　　　　　183 000

例二

2015 年 7 月份,红旗公司与国内成衣生产企业——金豆公司签订了衬衫加工合同。加工合同规定加工方式为作价加工,合同不含税总价值为 240 000 元。合同规定,生产衬衣所耗用的布料,由红旗公司作价销售给金豆公司。生产所耗用的辅料由金豆公司负责采购,但要符合红旗公司的标准要求。当月红旗公司把进口布料以 180 000 元的价格作价销售给金豆公司,发生销项增

值税 30 600 元。

红旗公司账务处理如下。

①根据企业作价销售免税进口料件增值税专用发票等，结转进口料件作价销售收入。

  借：应收账款——金豆公司   210 600
    贷：其他业务收入——材料销售   180 000
      应交税金——应交增值税——销项税 30 600

②根据企业作价销售免税进口料件出库单等，结转免税进口料件销售成本。

  借：其他业务成本——材料成本   183 000
    贷：原材料——布料   183 000

 例三

2015 年 8 月份，金豆公司受托制造的衬衫加工完毕并交付给红旗公司，同时将开具的增值税专用发票一并交付给红旗公司，加工费当月结清。当月红旗公司把货物发往日本 TX 公司。当月出口货物单证齐全，货款 40 000 美元已经收到。衬衫的征税率为 17%，退税率为 17%。当月美元对人民币汇率为 6.20。

红旗公司账务处理如下。

（一）计算有关数据

①进料加工贸易出口货物销售收入 = 进料加工贸易出口货物 FOB 价 × 当月美元对人民币汇率 = 40 000 美元 × 6.20 = 248 000 元。

②作价加工商品的增值税发票税额 = 发票金额 × 加工商品的征税率 = 240 000 元 × 17% = 40 800 元。

③出口货物应退税额 = 购进出口货物增值税发票金额 × 出口货物退税率 = 240 000 元 × 17% = 40 800 元。

（二）账务处理

①根据企业回购的加工商品增值税专用发票、入库单等，结转回购商品成本。

  借：库存商品——衬衫   240 000
    应交税费——应交增值税——进项税   40 800
    贷：银行存款——人民币账户   280 800

②根据企业出口货物销售专用发票等，结转进料加工货物销售收入。

借：银行存款——美元账户　　　　　　　　　　　　　248 000
　　贷：主营业务收入——外销收入　　　　　　　　　　248 000

③根据企业出口货物出库单等，结转进料加工贸易和一般贸易出口货物销售成本。

借：主营业务成本——外销成本　　　　　　　　　　　240 000
　　贷：库存商品 ——衬衫　　　　　　　　　　　　　240 000

例四

2015年9月份，红旗公司的退税申报汇总表已经通过退税部门审核，可以做退税账务处理。退税款当月已经收到。

红旗公司账务处理如下。

①根据退税部门审核通过的出口退税申报汇总表，结转进料加工出口货物应退税款。

借：其他应收款——应收出口退税　　　　　　　　　　40 800
　　贷：应交税费——应交增值税——出口退税　　　　　40 800

②根据银行收款单据，结转收到的一般贸易出口货物退税款。

借：银行存款——人民币账户　　　　　　　　　　　　40 800
　　贷：其他应收款——应收出口退税　　　　　　　　　40 800

第五节　外贸企业来料加工业务的账务处理

一、外贸企业从事来料加工贸易的特点及税收政策

外贸企业来料加工业务与进料加工一样，也是委托其他生产企业代为加工生产的。产品完工后，外贸企业再收回，同时支付生产企业加工费用。

外贸企业来料加工业务只能以委托加工方式由生产企业加工，不能以作价加工方式来处理。外贸企业收到生产企业加工完毕的产品，于收到当月凭生产企业开具的加工费普通发票，到其主管税务机关开具来料加工贸易免税证明，生产企业凭其可以免征加工费收入的增值税。

外贸企业在做来料加工业务时，可以在国内采购与加工产品配套的辅助

材料等。但购入辅助材料的进项税是不允许抵扣的，需要转入加工产品的成本。

外贸企业来料加工进口料件，也不做账务处理，只在备查账簿做进货登记。委托生产企业加工时，也只做出货登记。进出货物只登记数量，都不用登记金额。加工完毕收回的产品，其成本只包括加工费和在国内采购的辅料费等，不包括进口料件的成本。因此，外贸企业来料加工业务的账务处理相对来说是比较简单的。

外贸企业来料加工业务执行的也是免税政策。就是说外贸企业出口委托生产企业加工的商品后，不用缴纳出口关税和出口增值税等。来料加工产品中所含的在国内采购的辅料费等成本，开具发票时可以开进加工费中，并同样享受免税政策。

二、外贸企业来料加工业务涉及的主要会计科目

（一）银行存款

核算企业委托加工产品支付的加工费及销售货物收回的货款。

（二）库存商品

核算企业委托生产企业加工后购回的产品的加工费成本。

（三）主营业务收入

核算企业来料加工出口货物的销售收入。

（四）主营业务成本

核算企业来料加工出口货物的销售成本及国内采购材料的成本。

（五）应付账款

核算企业来料加工业务国内采购材料应付未付的货款。

（六）应收账款

核算企业来料加工业务出口货物的应收未收货款。

三、外贸企业来料加工业务账务处理

①根据企业收到的生产企业开具的来料加工商品加工费发票、商品入库单等，结转委托加工产品的加工费。

借：库存商品——××商品
　　贷：银行存款——人民币账户
　　　　或应付账款——××公司

②根据企业出口货物销售专用发票等，结转来料加工出口货物的销售收入。

借：银行存款——外币账户
　　或应收账款——××公司
　　贷：主营业务收入——外销收入

③根据企业出口货物的出库单等，结转来料加工出口货物销售成本。

借：主营业务成本——外销成本
　　贷：库存商品——××商品

四、外贸企业来料加工业务账务处理实例

例一

2015年8月份，红旗公司与欧盟JS公司签订了皮鞋来料加工合同。合同规定，由JS公司提供加工用皮革，经红旗公司加工后，再由JS公司回购，合同价值为FOB价30 000美元。当月红旗公司在外贸部门申请了来料加工贸易经营权，并在海关办理了来料加工手册。来料加工用皮革当月运抵红旗公司并已经验收入库，并在备查账簿做了进货登记。

当月红旗公司与国内生产加工企业金棉公司签订了委托加工协议。协议规定，红旗公司来料加工的皮鞋委托给金棉公司进行加工，委托加工费用共计140 000元。协议规定红旗公司当月预付50 000元加工费给金棉公司。委托加工的皮革均已送到金棉公司。红旗公司备查账簿已做出库登记。

红旗公司账务处理如下。

根据银行的付款单据，结转预付的加工费。

借：预付账款——金棉公司　　　　　　　　　　　　　　　50 000
　　贷：银行存款——人民币账户　　　　　　　　　　　　50 000

例二

2015年9月份，红旗公司委托金棉公司加工的皮鞋已经全部加工完毕，当月运抵红旗公司，红旗公司已经验收入库。加工费发票也已交付红旗公司。加工费余款90 000元当月付清。红旗公司凭加工费发票为金棉公司办理的来料加工免税证明也已交付金棉公司。

红旗公司账务处理如下。

根据企业收到的加工费发票、入库单等，结转来料委托加工产品的成本。

借：库存商品——皮鞋　　　　　　　　　　　　　　　140 000
　　贷：银行存款——人民币账户　　　　　　　　　　90 000
　　　　预付账款——金棉公司　　　　　　　　　　　50 000

 例三

2015年10月份，红旗公司来料加工的皮鞋已经报关出口。货款30 000美元当月收到。红旗公司当月已做来料加工免税申报。当月美元对人民币汇率为6.40。

红旗公司账务处理如下。

（一）计算有关数据

来料加工出口货物销售收入 = 出口货物FOB价 × 美元对人民币汇率 = 30 000美元 × 6.40 = 192 000元。

（二）账务处理

①根据企业开具的出口货物专用发票等，结转来料加工出口货物销售收入。

借：银行存款——美元账户　　　　　　　　　　　　192 000
　　贷：主营业务收入——外销收入　　　　　　　　192 000

②根据企业出口货物出库单等，结转来料加工出口货物销售成本。

借：主营业务成本——外销成本　　　　　　　　　　140 000
　　贷：库存商品——皮鞋　　　　　　　　　　　　140 000

书目介绍

乐贸系列

书名	作者	定价	书号	出版时间

📖 国家出版基金项目

书名	作者	定价	书号	出版时间
1. "一带一路"国家投资并购指南	冯斌 李洪亮 Gvantsa Dzneladze（格）Tamar Menteshashvili（格）	98.00元	978-7-5175-0422-1	2020年3月第1版
2. "质"造全球：消费品出口质量管控指南	SGS通标标准技术服务有限公司	80.00元	978-7-5175-0289-0	2018年9月第1版

📖 跟着老外学外贸系列

书名	作者	定价	书号	出版时间
1. 优势成交：老外这样做销售（第二版）	Abdelhak Benkerroum（阿道）	58.00元	978-7-5175-0370-5	2019年10月第2版

📖 外贸SOHO系列

书名	作者	定价	书号	出版时间
1. 外贸创业1.0——SOHO轻资产创业	毅冰	59.00元	978-7-5175-0490-0	2021年1月第1版
2. 外贸SOHO，你会做吗？	黄见华	30.00元	978-7-5175-0141-1	2016年7月第1版

📖 跨境电商系列

书名	作者	定价	书号	出版时间
1. 直面危机：跨境电商创业	朱秋城（Mr. Harris）	59.00元	978-7-5175-0478-8	2021年2月第1版
2. 跨境电商全产业链时代：政策红利下迎机遇期	曹磊 张周平	55.00元	978-7-5175-0349-1	2019年5月第1版
3. 外贸社交媒体营销新思维：向无效社交说No	May（石少华）	55.00元	978-7-5175-0270-8	2018年6月第1版
4. 跨境电商多平台运营，你会做吗？	董振国 贾卓	48.00元	978-7-5175-0255-5	2018年1月第1版
5. 跨境电商3.0时代——把握外贸转型时代风口	朱秋城（Mr. Harris）	55.00元	978-7-5175-0140-4	2016年9月第1版
6. 118问玩转速卖通——跨境电商海外淘金全攻略	红鱼	38.00元	978-7-5175-0095-7	2016年1月第1版

📖 外贸职场高手系列

书名	作者	定价	书号	出版时间
1. 外贸会计上班记（第二版）	谭天	55.00元	978-7-5175-0439-9	2020年7月第2版
2. 开发：在外贸客户发掘中出奇制胜	蔡译民（Chris）	55.00元	978-7-5175-0425-2	2020年6月第1版
3. MR. HUA创业手记（纪念版）——从0到1的"老华"创业思维	华超	69.00元	978-7-5175-0430-6	2020年6月第1版
4. 新人走进外贸圈 职业角色怎么选	黄涛	45.00元	978-7-5175-0387-3	2020年1月第1版
5. Ben教你做采购：金牌外贸业务员也要学	朱子赋（Ben）	58.00元	978-7-5175-0386-6	2020年1月第1版
6. 思维对了，订单就来：颠覆外贸底层逻辑	老A	58.00元	978-7-5175-0381-1	2020年1月第1版

书名	作者	定价	书号	出版时间
7. 从零开始学外贸	外贸人维尼	58.00元	978-7-5175-0382-8	2019年10月第1版
8. 小资本做大品牌：外贸企业品牌运营	黄仁华	58.00元	978-7-5175-0372-9	2019年10月第1版
9. 金牌外贸企业给新员工的内训课	Lily 主编	55.00元	978-7-5175-0337-8	2019年3月第1版
10. 逆境生存：JAC 写给外贸企业的转型战略	JAC	55.00元	978-7-5175-0315-6	2018年11月第1版
11. 外贸大牛的营与销	丹牛	48.00元	978-7-5175-0304-0	2018年10月第1版
12. 向外土司学外贸1：业务可以这样做	外土司	55.00元	978-7-5175-0248-7	2018年2月第1版
13. 向外土司学外贸2：营销可以这样做	外土司	55.00元	978-7-5175-0247-0	2018年2月第1版
14. 阴阳鱼给外贸新人的必修课	阴阳鱼	45.00元	978-7-5175-0230-2	2017年11月第1版
15. JAC 写给外贸公司老板的企管书	JAC	45.00元	978-7-5175-0225-8	2017年10月第1版
16. 外贸大牛的术与道	丹牛	38.00元	978-7-5175-0163-3	2016年10月第1版
17. JAC 外贸谈判手记——JAC 和他的外贸故事	JAC	45.00元	978-7-5175-0136-7	2016年8月第1版
18. Mr. Hua 创业手记——从0到1的"华式"创业思维	华超	45.00元	978-7-5175-0089-6	2015年10月第1版
19. JAC 外贸工具书——JAC 和他的外贸故事	JAC	45.00元	978-7-5175-0053-7	2015年7月第1版
20. 外贸菜鸟成长记(0~3岁)	何嘉美	35.00元	978-7-5175-0070-4	2015年6月第1版

外贸操作实务子系列

书名	作者	定价	书号	出版时间
1. 外贸高手客户成交技巧3：差异生存法则	毅冰	69.00元	978-7-5175-0378-1	2019年9月第1版
2. 外贸高手客户成交技巧2——揭秘买手思维	毅冰	55.00元	978-7-5175-0232-6	2018年1月第1版
3. 外贸业务经理人手册(第三版)	陈文培	48.00元	978-7-5175-0200-5	2017年6月第3版
4. 外贸全流程攻略——进出口经理跟单手记(第二版)	温伟雄（马克老温）	38.00元	978-7-5175-0197-8	2017年4月第2版
5. 金牌外贸业务员找客户(第三版)——跨境电商时代开发客户的9种方法	张劲松	40.00元	978-7-5175-0098-8	2016年1月第3版
6. 实用外贸技巧助你轻松拿订单(第二版)	王陶（波锅涅）	30.00元	978-7-5175-0072-8	2015年7月第2版
7. 出口营销实战(第三版)	黄泰山	45.00元	978-7-80165-932-3	2013年1月第3版
8. 外贸实务疑难解惑220例	张浩清	38.00元	978-7-80165-853-1	2012年1月第1版
9. 外贸高手客户成交技巧	毅冰	35.00元	978-7-80165-841-8	2012年1月第1版
10. 报检七日通	徐荣才 朱瑾瑜	22.00元	978-7-80165-715-2	2010年8月第1版
11. 外贸实用工具手册	本书编委会	32.00元	978-7-80165-558-5	2009年1月第1版
12. 快乐外贸七讲	朱芷萱	22.00元	978-7-80165-373-4	2009年1月第1版
13. 外贸七日通(最新修订版)	黄海涛（深海鱿鱼）	22.00元	978-7-80165-397-0	2008年8月第3版

出口风险管理子系列

书名	作者	定价	书号	出版时间
1. 轻松应对出口法律风险	韩宝庆	39.80元	978-7-80165-822-7	2011年9月第1版

书名	作者	定价	书号	出版时间
2. 出口风险管理实务(第二版)	冯斌	48.00 元	978-7-80165-725-1	2010 年 4 月第 2 版
3. 50 种出口风险防范	王新华 陈丹凤	35.00 元	978-7-80165-647-6	2009 年 8 月第 1 版

外贸单证操作子系列

书名	作者	定价	书号	出版时间
1. 跟单信用证一本通(第二版)	何源	48.00 元	978-7-5175-0249-4	2018 年 9 月第 2 版
2. 外贸单证经理的成长日记(第二版)	曹顺祥	40.00 元	978-7-5175-0130-5	2016 年 6 月第 2 版
3. 信用证审单有问有答 280 例	李一平 徐珺	37.00 元	978-7-80165-761-9	2010 年 8 月第 1 版
4. 外贸单证解惑 280 例	龚玉和 齐朝阳	38.00 元	978-7-80165-638-4	2009 年 7 月第 1 版
5. 信用证 6 小时教程	黄海涛(深海鱿鱼)	25.00 元	978-7-80165-624-7	2009 年 4 月第 2 版
6. 跟单高手教你做跟单	汪德	32.00 元	978-7-80165-623-0	2009 年 4 月第 1 版

福步外贸高手子系列

书名	作者	定价	书号	出版时间
1. 外贸技巧与邮件实战(第二版)	刘云	38.00 元	978-7-5175-0221-0	2017 年 8 月第 2 版
2. 外贸电邮营销实战——小小开发信 订单滚滚来(第二版)	薄如骢	45.00 元	978-7-5175-0126-8	2016 年 5 月第 2 版
3. 巧用外贸邮件拿订单	刘裕	45.00 元	978-7-80165-966-8	2013 年 8 月第 1 版

国际物流操作子系列

书名	作者	定价	书号	出版时间
1. 货代高手教你做货代——优秀货代笔记(第二版)	何银星	33.00 元	978-7-5175-0003-2	2014 年 2 月第 2 版
2. 国际物流操作风险防范——技巧·案例分析	孙家庆	32.00 元	978-7-80165-577-6	2009 年 4 月第 1 版

通关实务子系列

书名	作者	定价	书号	出版时间
1. 外贸企业轻松应对海关估价	熊斌 赖芸 王卫宁	35.00 元	978-7-80165-895-1	2012 年 9 月第 1 版
2. 报关实务一本通(第二版)	苏州工业园区海关	35.00 元	978-7-80165-889-0	2012 年 8 月第 2 版
3. 如何通过原产地证尽享关税优惠	南京出入境检验检疫局	50.00 元	978-7-80165-614-8	2009 年 4 月第 3 版

彻底搞懂子系列

书名	作者	定价	书号	出版时间
1. 彻底搞懂信用证(第三版)	王腾 曹红波	55.00 元	978-7-5175-0264-7	2018 年 5 月第 3 版
2. 彻底搞懂关税(第二版)	孙金彦	43.00 元	978-7-5175-0172-5	2017 年 1 月第 2 版
3. 彻底搞懂提单(第二版)	张敏 张鹏飞	38.00 元	978-7-5175-0164-0	2016 年 12 月第 2 版
4. 彻底搞懂中国自由贸易区优惠	刘德标 祖月	34.00 元	978-7-80165-762-6	2010 年 8 月第 1 版
5. 彻底搞懂贸易术语	陈岩	33.00 元	978-7-80165-719-0	2010 年 2 月第 1 版
6. 彻底搞懂海运航线	唐丽敏	25.00 元	978-7-80165-644-5	2009 年 7 月第 1 版

外贸英语实战子系列

书名	作者	定价	书号	出版时间
1. 十天搞定外贸函电(白金版)	毅冰	69.00 元	978-7-5175-0347-7	2019 年 4 月第 2 版
2. 让外贸邮件说话——读懂客户心理的分析术	蔡泽民(Chris)	38.00 元	978-7-5175-0167-1	2016 年 12 月第 1 版

书名	作者	定价	书号	出版时间
3. 外贸高手的口语秘籍	李凤	35.00元	978-7-80165-838-8	2012年2月第1版
4. 外贸英语函电实战	梁金水	25.00元	978-7-80165-705-3	2010年1月第1版
5. 外贸英语口语一本通	刘新法	29.00元	978-7-80165-537-0	2008年8月第1版

📖 外贸谈判子系列

书名	作者	定价	书号	出版时间
1. 外贸英语谈判实战（第二版）	王慧 仲颖	38.00元	978-7-5175-0111-4	2016年3月第2版
2. 外贸谈判策略与技巧	赵立民	26.00元	978-7-80165-645-2	2009年7月第1版

📖 国际商务往来子系列

书名	作者	定价	书号	出版时间
国际商务礼仪大讲堂	李嘉珊	26.00元	978-7-80165-640-7	2009年12月第1版

📖 贸易展会子系列

书名	作者	定价	书号	出版时间
外贸参展全攻略——如何有效参加B2B贸易商展（第三版）	钟景松	38.00元	978-7-5175-0076-6	2015年8月第3版

📖 区域市场开发子系列

书名	作者	定价	书号	出版时间
中东市场开发实战	刘军 沈一强	28.00元	978-7-80165-650-6	2009年9月第1版

📖 加工贸易操作子系列

书名	作者	定价	书号	出版时间
1. 加工贸易实务操作与技巧	熊斌	35.00元	978-7-80165-809-8	2011年4月第1版
2. 加工贸易达人速成——操作案例与技巧	陈秋霞	28.00元	978-7-80165-891-3	2012年7月第1版

📖 乐税子系列

书名	作者	定价	书号	出版时间
1. 外贸企业免退税实务——经验·技巧分享（第二版）	徐玉树 罗玉芳	55.00元	978-7-5175-0428-3	2020年5月第2版
2. 外贸会计账务处理实务——经验·技巧分享	徐玉树	38.00元	978-7-80165-958-3	2013年8月第1版
3. 生产企业免抵退税实务——经验·技巧分享（第二版）	徐玉树	42.00元	978-7-80165-936-1	2013年2月第2版
4. 外贸企业出口退（免）税常见错误解析100例	周朝勇	49.80元	978-7-80165-933-0	2013年2月第1版
5. 生产企业出口退（免）税常见错误解析115例	周朝勇	49.80元	978-7-80165-901-9	2013年1月第1版
6. 外汇核销指南	陈文培等	22.00元	978-7-80165-824-1	2011年8月第1版
7. 外贸企业出口退税操作手册	中国出口退税咨询网	42.00元	978-7-80165-818-0	2011年5月第1版
8. 生产企业免抵退税从入门到精通	中国出口退税咨询网	98.00元	978-7-80165-695-7	2010年1月第1版
9. 出口涉税会计实务精要（《外贸会计实务精要》第二版）	龙博客工作室	32.00元	978-7-80165-660-5	2009年9月第2版

书名	作者	定价	书号	出版时间

专业报告子系列

书名	作者	定价	书号	出版时间
1. 国际工程风险管理	张 燎	1980.00 元	978-7-80165-708-4	2010 年 1 月第 1 版
2. 涉外型企业海关事务风险管理报告	《涉外型企业海关事务风险管理报告》研究小组	1980.00 元	978-7-80165-666-7	2009 年 10 月第 1 版

外贸企业管理子系列

书名	作者	定价	书号	出版时间
1. 外贸经理人的 MBA	毅冰	55.00 元	978-7-5175-0305-7	2018 年 10 月第 1 版
2. 小企业做大外贸的制胜法则——职业外贸经理人带队伍手记	胡伟锋	35.00 元	978-7-5175-0071-1	2015 年 7 月第 1 版
3. 小企业做大外贸的四项修炼	胡伟锋	26.00 元	978-7-80165-673-5	2010 年 1 月第 1 版

国际贸易金融子系列

书名	作者	定价	书号	出版时间
1. 国际结算单证热点疑义相与析	天九湾贸易金融研究汇	55.00 元	978-7-5175-0292-0	2018 年 9 月第 1 版
2. 国际结算与贸易融资实务(第二版)	李华根	55.00 元	978-7-5175-0252-4	2018 年 3 月第 1 版
3. 信用证风险防范与纠纷处理技巧	李道金	45.00 元	978-7-5175-0079-7	2015 年 10 月第 1 版
4. 国际贸易金融服务全程通(第二版)	郭党怀 张丽君 张贝	43.00 元	978-7-80165-864-7	2012 年 1 月第 2 版
5. 国际结算与贸易融资实务	李华根	42.00 元	978-7-80165-847-0	2011 年 12 月第 1 版

毅冰谈外贸子系列

书名	作者	定价	书号	出版时间
毅冰私房英语书——七天秀出外贸口语	毅冰	35.00 元	978-7-80165-965-1	2013 年 9 月第 1 版

"创新型"跨境电商实训教材

书名	作者	定价	书号	出版时间
跨境电子商务概论与实践	冯晓宁	48.00 元	978-7-5175-0313-2	2019 年 1 月第 1 版

"实用型"报关与国际货运专业教材

书名	作者	定价	书号	出版时间
1. 国际货运代理操作实务(第二版)	杨鹏强	48.00 元	978-7-5175-0364-4	2019 年 8 月第 2 版
2. 集装箱班轮运输与管理实务	林益松	48.00 元	978-7-5175-0339-2	2019 年 3 月第 1 版
3. 航空货运代理实务(第二版)	杨鹏强	55.00 元	978-7-5175-0336-1	2019 年 1 月第 2 版
4. 进出口商品归类实务(第三版)	林青	48.00 元	978-7-5175-0251-7	2018 年 3 月第 3 版
5. e 时代报关实务	王云	40.00 元	978-7-5175-0142-8	2016 年 6 月第 1 版
6. 供应链管理实务	张远昌	48.00 元	978-7-5175-0051-3	2015 年 4 月第 1 版

书名	作者	定价	书号	出版时间
7. 电子口岸实务（第二版）	林 青	35.00 元	978-7-5175-0027-8	2014 年 6 月第 2 版
8. 报检实务（第二版）	孔德民	38.00 元	978-7-80165-999-6	2014 年 3 月第 2 版
9. 现代关税实务（第二版）	李 齐	35.00 元	978-7-80165-862-3	2012 年 1 月第 2 版
10. 国际贸易单证实务（第二版）	丁行政	45.00 元	978-7-80165-855-5	2012 年 1 月第 2 版
11. 报关实务（第三版）	杨鹏强	45.00 元	978-7-80165-825-8	2011 年 9 月第 3 版
12. 海关概论（第二版）	王意家	36.00 元	978-7-80165-805-0	2011 年 4 月第 2 版

"精讲型"国际贸易核心课程教材

书名	作者	定价	书号	出版时间
1. 国际贸易实务精讲（第七版）	田运银	49.50 元	978-7-5175-0260-9	2018 年 4 月第 7 版
2. 国际货运代理实务精讲（第二版）	杨占林 汤 兴 官敏发	48.00 元	978-7-5175-0147-3	2016 年 8 月第 2 版
3. 海关法教程（第三版）	刘达芳	45.00 元	978-7-5175-0113-8	2016 年 4 月第 3 版
4. 国际电子商务实务精讲（第二版）	冯晓宁	45.00 元	978-7-5175-0092-6	2016 年 3 月第 2 版
5. 国际贸易单证精讲（第四版）	田运银	45.00 元	978-7-5175-0058-2	2015 年 6 月第 4 版
6. 国际贸易操作实训精讲（第二版）	田运银 胡少甫 史 理 朱东红	48.00 元	978-7-5175-0052-0	2015 年 2 月第 2 版
7. 进出口商品归类实务精讲	倪淑如 倪 波 田运银	48.00 元	978-7-5175-0016-2	2014 年 7 月第 1 版
8. 外贸单证实训精讲	龚玉和 齐朝阳	42.00 元	978-7-80165-937-8	2013 年 4 月第 1 版
9. 外贸英语函电实务精讲	傅龙海	42.00 元	978-7-80165-935-4	2013 年 2 月第 1 版
10. 国际结算实务精讲	庄乐梅 李 菁	49.80 元	978-7-80165-929-3	2013 年 1 月第 1 版
11. 报关实务精讲	孔德民	48.00 元	978-7-80165-886-9	2012 年 6 月第 1 版
12. 国际商务谈判实务精讲	王 慧 唐力忻	26.00 元	978-7-80165-826-5	2011 年 9 月第 1 版
13. 国际会展实务精讲	王重和	38.00 元	978-7-80165-807-4	2011 年 5 月第 1 版
14. 国际贸易实务疑难解答	田运银	20.00 元	978-7-80165-718-3	2010 年 9 月第 1 版

"实用型"国际贸易课程教材

书名	作者	定价	书号	出版时间
1. 进出口商品归类教程	李锐文 林坚弟	60.00 元	978-7-5175-0518-1	2021 年 9 月第 1 版
2. 外贸跟单实务（第二版）	罗 艳	48.00 元	978-7-5175-0338-5	2019 年 1 月第 2 版
3. 海关报关实务	倪淑如 倪 波	48.00 元	978-7-5175-0150-3	2016 年 9 月第 1 版
4. 国际金融实务	李 齐 唐晓林	48.00 元	978-7-5175-0134-3	2016 年 6 月第 1 版
5. 国际贸易实务	丁行政 罗 艳	48.00 元	978-7-80165-962-0	2013 年 8 月第 1 版

中小企业财会实务操作系列丛书

书名	作者	定价	书号	出版时间
1. 做顶尖成本会计应知应会 150 问（第二版）	张 胜	48.00 元	978-7-5175-0275-3	2018 年 6 月第 2 版
2. 小企业会计疑难解惑 300 例	刘 华 刘方周	39.80 元	978-7-80165-845-6	2012 年 1 月第 1 版
3. 会计实务操作一本通	吴虹雁	35.00 元	978-7-80165-751-0	2010 年 8 月第 1 版